사회사상사

비판적 사회인식의 발생사

히라타 기요아키(平田清明) 엮음
장하진 옮김

집필자(집필순)

제1장 하나다 게스케(花田圭介) 홋카이도대학 명예교수

제2장 다나카 쇼지(田中正司) 요코하마대학 명예교수

제3장 아사노 기요시(淺野淸) 도요대학 교수

제4장 센가 시게요시(千賀重義) 요코하마시립대학 교수

제5장 이마이 히로미치(今井弘道) 홋카이도대학 명예교수

제6장 노지 히로유키(野地洋行) 게오기쥬쿠대학 교수

제7장 히라타 기요아키(平田淸明) 교토대학 명예교수

제8장 히라이 도시히코(平井俊彦) 교토대학 명예교수

머리말

파리 제3대학에서 한 필자의 강의는 마르크스주의를 일본의 사회·역사와 관련지우고자 한 것이었다. 필자에게는 곤란했던 문제는, 외국어로 강의하는 능력이 부족했던 것 이상으로, 동양의 한 나라와 서양의 한 나라에 대한 비교사회사적인 인식의 부족이었다. 귀국해보니 다시 이 상념이 나를 사로잡았다. 자기나라의 사회사의 진면목은 거의 해석이 불가능하거나, 서구사의 제 범주에 의한 표현은 다소간의 변용내지 변질을 면할 수 없다. 이것과 비교해보면 서구의 제(諸) 개념은 메이지 이래의 노력으로 상당히 소화되어 있다. 그리고 이들 개념은 이미 서구에 특수한 개념은 아니다. 환언하면 우리 사회는 이미 이들 개념으로 표현되는 보편성을 실현해 간다. 그러나 동시에 그러한 것에 의해 도리어 심각한 사회적·문화적 이질성을 노정하는 것은 아닐까? 소화된 것이 많아질수록, 소화되지 않은 것이 실은 소화된 것과 혼동되어, 그 존재를 부정해 버리는 경우가 상당하지 않을까? 그리고 이질성을 통감한 때에는 사회의 보편성에 대한 부인(否認)으로 인지하지 않을 수 없는 것은 아닐까?

그렇게 생각하는 가운데 다시 한 번 학생들과 함께 바로 연구하는 길밖에 다른 길은 없을 것이라는 느낌이 들었다.

그 무렵 유럽 각지에서 공부를 하고 있던 친구들이 속속 귀국하고, 서로 공동의 토론장을 찾고 있었다. 출판사로부터 의뢰받은 집필을 같은 생각을 하고 있는 친구들의 공동작업으로 하면 어떨까 하여 이 생각을 출판사 편집부에 이야기하였더니, 다행히도 받아들여졌다.

그때 이래 우리들은 단속(斷續)적이긴 하지만 연구모임을 계속하였다. 거의 동년배의 친구들 외에, 대학원을 마치고 이제 막 교단에 선 젊은 연구자들도 작업에 참가하였다. 이들 모두에게 교육자로서 학문적 의무감에 촉발(觸發)될 것이 기대되었던 것이다.

사회사상사란 이름하에 오늘 우리나라에서 강의되어야 하는 것은 무엇인가? 그것은 패전 직후 허다하게 발견되는 사회주의사(史)에서는 본래 있을 수 없다. 또한 사회운동사 그 자체에도 있을 수 없을 것이다. 이들 어느 것과도 관련은 되겠지만, 그것으로 해소될 수 없는 사회적 사유(思惟)의 발생사, 그것이 지금 필요하지 않을까?

그러한 모색 하에 본서는 베이컨에서 시작하여 루카치에서 일단 끝나는 사회인식의 발생사로서 편집되었다. 여기에는 서구사회사의 제 시기를 대표하는 사상이 문제사의 소재로서 채택되고 있으나 이것을 결코 망라한 것은 아니다. 대표적인 것을 예로 들어 상세한 설명을 하고 있는 것도 아니다. 단지 우리들은 여기에서 우리의 역량으로 할 수 있는 한, 사회형성의 비판적인 이론사를 구성하였다. 따라서 이 책의 서술은 역사적 기술이라기보다는 오히려 논리적으로 전개되고 있다.

그러한 조감 하에서 해석서로서 사회적 사유의 발생사를 지금 여기에 독자들에게 내놓게 되었다. 본서가 독자의 사회적 자기형성에 다소라고 기여한다면 저자로서 다행으로 생각한다. 또 세린쇼인(青林書院) 편집부 여러분, 특히 이나바 후미히코(稲葉文彦)씨에게는 연구회의 발족 이래 준비부터 최종원고의 정리에 이르기까지 5년에 걸쳐 수고를 해주신 데 대하여 감사의 말씀을 드린다.

1979. 6. 2

히라타 기요아키(平田清明)

차례

제1장

베이컨의 사회사상

1. 베이컨의 경력: 그의 필력

경의를 표하여 벨람 경이라고도 불리는 영국의 철학자·수필가·정치가·법률가인 프란시스 베이컨(Francis Bacon, 1561~1626)은 엘리자베스 여왕의 국새상서(왕의 도장을 맡고 있는 장관 - 역자)의 아들로 런던에서 태어나, 법학을 전공한 후 하원의원이 되어, 에섹스 백작(R.P. Essex)의 총애를 받았으나, 여왕에게는 중용되지 못하고 40대까지 겨우 『베이컨 수필집(Essays)』(초판 1597년, 후에 증보)를 집필했을 뿐이다. 제임스 1세(1566~1625, 재위 1603~1625)의 치세 때 기사(Knight) 작위를 받았고, 『학문의 진보』[1605년, 후에 『학문의 존엄과 증대(De dignitate et Augmentis Scientiarum)』로 개정증보]를 저술하여, 신왕의 신임을 얻어 사법관직을 거쳐 추기관(樞機官), 국새상서, 대법관에 임명되어 세인트 올반즈 자작을 하사받았다. 그러나 제임스1세의 총애는 많은 정적을 만들어, 자신이 책임자인 최고민사재판소의 소송사건에 관련된 부정으로 상원에서 유죄를 선고받고 금고생활을 미친 후 은퇴하였다. 바쁜 정무에 시달리면서 집필한 작품이 유명한 『신기관(新機關, Novum Organum)』(1620), 『뉴 아틀란티스(New Atlantis)』(1627)이다. 『학문의 존엄과 증대』, 『신기관』은 개정하여 그의 필생의 기획으로 집필한 『대혁신(Instauratio Magna)』의 일부가 되었다. 이 책의 방대함은 동시대의 저서인 로리(W. Rowley, 1585~1642)의 『세계역사』, 스펜서의 설화 시 『신선여왕(The Faerie Queene)』에 필적하는 것이다.

아주 평범하게 말하면, 베이컨의 철학사상의 근본은 학문에 있어서 중세의 아리스토텔레스적 전통인 아프리오리즘(apriorism, 단순한 귀납명제로부터의 연역법)에 대신하여 참신하고 철저한 경험주의(관찰·실험에 근거한 새로운 귀납법)를 창도한 점에서 찾을 수 있다. 이러한 새로운 학문의 방법과 성과로서 자연에 대한 인간의 과학기술적 지배의 관점에 기초한 미래의 과학적 유토피아사상, 낙관론적 문명사회의 진보사상 등이 그의 사회사상의 근본을 이루고 있다. 예를 들어, 러시아의 헤르첸(A.I. Gertsen, 1812~1870)의 표현에 의하면 "베이컨은 콜럼버스와 같이 과학에 있어서 새로운 세계를, 다시 말해서 사람들이 옛날부터 이에 입각해 있으면서도 스콜라 철학에 완전히 관심을 빼앗겨 잊어버리고 있었던 세계를 발견하였다. 그는 교조주의에 대한 맹목적 신앙을 뒤흔들어 놓았다. …… 그를 이어 관찰과 탐구의 정신에 몰두한 헌신적인 연구가 시작되며 런던, 파리, 이탈리아 각지에서 자연과학자의 학회가 발족된다." 이와 같은 평가는 단지 19세기 러시아 사상가에 국한된 것이 아니고, 오늘날에는 아주 일반적인 견해이다.

이러한 견해에 커다란 오류는 없다. 그것은 베이컨의 유명한 '네 가지 이돌라(idola, 선입견)' 논쟁을 상기하는 것만으로도 충분하다. 그러나 먼저 경계해두지 않으면 안 될 것은, 이와 같은 일반적 견해가 베이컨의 실제사상과 행동에 부합하고 있다기보다는 주로 그의 필력에 의한 평가가 아닌가하는 점이다. 일찍이 시인 쉘리는 그를 평하여 "베이컨 경은 무엇보다도 먼저 시인이었다"라고 날카롭게 지적하고 있다. 참신한 방법론에 의한 전통적 학문의 비판이 그의 업적으로 평가되는 이유의 하나는, 시적인 빛을 간직한, 간결하고 힘차며, 때로는 극적이기도 한 그의 필력에 기인하는 것으로 생각된다. 그러한 의미에서 '극히 평범한' 베이컨도 좀 더 시적으로 표현해 두는 것이 좋을 듯하다. 예를 들면 ―문학사가 부시(W. Busch, 1832~1908)의 표현을 빌리면― "베이컨은 사람들에게 연구를 권고하고 설교하는 것만으로 그치지 않았다. 그는 과학의 신데렐라를 어리석음에서 끌어내어 세계의 여왕자리에 앉혔던 것이다." 좋은 의미든 나쁜 의미든 간에 그의 필력을 충분히 인정한 뒤에, 이와 같은 아주 평범한 견해가 실제의 베이컨을 평가하는 데 적합하며 정확한 것인가는 다음 절(제1장 2)에서 검토할 것이다.

일반적으로 사회 또는 정치사상가로서 중요한 위치를 차지하고 있는 마키아벨리(N. Machiavelli, 1469~1527)와 홉스(T. Hobbes, 1588~1679)의 관계에서 볼 때, 베이컨은 자연관에 관하여 텔레지오(B. Telesio, 1508~1588)의 저작에서 많은 것을 시사 받았듯이, 사회관에 있어서는 마키아벨리의 저작에서 깊은 영향을 받았으며, 만년의 저술활동에서는 젊은 홉스로부터 직접적인 조력을 받았다. 그리고 그는 르네상스로부터 근세에 이르는 과도기에 위치한 유럽 사회에서 혁명군의 손에 의하여 처형된 영국의 찰스1세의 아버지를 섬겼던 사상가였다.

2. 베이컨의 사상에 대한 평가: 영국혁명의 선구자

베이컨의 명성은 그가 살아 있을 때보다는 사후에 —영국공화국, 왕정복고, 명예혁명의 시기를 거쳐— 한층 더 높아졌다. 왕립협회(Royal Society 혹은 영국학사원, 1662년 공인됨)의 초창기의 자연연구가들에 의해서 베이컨의 아픔이 자연과학혁명의 기치로 된 것이 그 첫째 이유일 것이다.

그것은, 마치 베이컨이 당시의 청교도 의회파의 원두당(圓頭黨, Roundhead)적인 사회혁명사상의 선구자와 같은 인상을 주는 정도였다. "새로운 철학은 모든 것을 회의(懷疑)한다. ……"로 시작하는, 저 유명한 시인 던(J. Donne, 1573~1631)—그는 성 바울 대성당의 사제장이기도 하였다—의 『세계의 해부(An anatomy of the world)』(1611)에 나타나 있는, 모든 낡은 것의 해체에 대한 두려움. 이러한 두려움을 야기한 베이컨의 '새로운 철학'은 청교도사상과 함께 낡은 질서에 대한 용감한 도전이었다. 드디어 다음 세대의 독립피 시인 밀턴(J. Milton, 1608~1674)도 베이컨에 이어 '어머니인 자연의 비밀'을 새롭게 호소하면서, 공화국의 시기에도 중판을 거듭하고 있는 베이컨의 유작을 열심히 연구하였다. 그리고 더 나아가서, 종교적 반동과 신학적 기만의 옥스퍼드나 케임브리지—일반적으로 케임브리지 플라톤주의로 일컬어지는 운동의 창시자인 위치코트와는 동세대의 사람이었다—를 증오한 디가즈의 윈스탠리(G. Winstanley, 1609~1652)의 『자유의 법』에서도 베이컨에 대한 동조가 엿보인다. 즉 "자연의 비밀을 아는 것은 신의 역사하심을 아는 것이다.…… 진실로 영적인 것을 알고자하면, 운동과 성장의 근원인 영혼 …… 하늘의 항성, 유성 등의 제 물체와 지상의 풀, 나무, 물고기, 짐승, 새 및 인간들의 제 물체가 어떻게 살며 그들을 지배하고 있는가를 알아내야 한다. ……."

늠름하고 씩씩한 수필가, 혁신적인 철학자, 법조계의 정치가로서 다방면에 걸쳐 재능을 발휘하였으며, 한 세대 후의 퓨리턴 〈공화국〉혁명의 지도이념을 제시한 통찰력을 갖춘 선구자인 베이컨의 사상은, 그 후 볼테르(Voltaire, 1694~1778) 등에 의해 프랑스에 전해지고 마침내 전 유럽으로 퍼져나갔다. 즉 베이컨은 '위대한 철학자, 훌륭한 역사가, 우아한 문장가'이며 '경험주의 철학의 아버지'이며, 요컨대 "그 이후에 시도된 모든 자연과학의 실현은 모두 그의 저서에 예시되어 있는 것에 불과하다." 그리고 그는 "세상 관례대로 생존 시 보다 사후에 더 숭앙받았으며, 그의 적(敵)은 런던의 궁정에 있었으나 숭배자는 외국인이었다"(볼테르, 『철학서간』). 사실 보헤미아의 코멘스키(J.A. Komensky, 1592~1670), 이탈리아의 비코

(G. Vico, 1668~1744)는 물론이거니와, 그 후에도 독일의 칸트(I. Kant, 1724~1804), 피히테(J.G. Fichte, 1762~1814) 등은 그들 주저의 제사(題辭)에서 베이컨의 금언을 인용하였으며, 마르크스(K. Marx, 1818~1883)는 '유물론의 창시자'라 칭하였다. 오늘날에도 어떤 의미에서는 이러한 베이컨에 대한 평가는 가장 평범하고, 가장 표준적인 것이기도 하다.

물론 지금까지 그의 명성에 오점이 없었던 것은 아니며, 오히려 생전에 자신의 영달을 위해 은인인 에섹스 백작에 대해서 행한 '눈에 거슬리는 배신행위'는 많은 비난을 자초하였으며, 또한 만년에 국왕의 총애를 받는 대법관의 신분으로서 뇌물을 받은 혐의로 단죄를 받은 것은 그의 인격에 대해 공공연한 의혹을 불러일으켰다. 청렴결백한 대법관 모어(Sir T. More)와는 너무나 대조적인 그의 세속적인 인격은, 18세기의 시인 포프(A. Pope, 1688~1744)에 의해 '인류 가운데 가장 현명하고 가장 총명한 사람이면서도 가장 비열한 사람'으로 표현되어, 19세기의 유력한 문인 정치가 마콜리(T.B. Macaulay, 1800~1859)에 의해 유럽에 널리 전해졌다. 볼테르가 '그가 너무나 위대하기 때문에 돌이킬 수 없는 결점'으로 지적한 오점을 남겼다. 그러나 그의 개인적인 성격상의 결함은 그 후 지금부터 약 백여 년 전에 —현재까지도 사용되고 있는 『전집』의 편집자 스페팅의 고증에 의해서— 면밀하게 반증되었을 뿐만 아니라, 그와 같은 개인적인 문제는 그의 자연해석이나 사회사상의 어떤 내용과도 직접적 관련은 없는 것이다. 따라서 근세 초기에 참선한 실험적인 방법으로 자연법칙을 발견함으로써 자연에 대한 과학기술적 지배를 주창하여, 자연을 합목적적으로 재생산하는 인간의 힘을 인정하고 산업에 기반을 둔 미래의 〈인간왕국〉의 건설을 예견하고, 필연적으로 도래할 청교도혁명과 산업혁명을 예감한 철학자라고 하는 베이컨에 대한 영예로운 평가는 여전히 계속되고 있다. 〈아는 것이 힘〉이라는 그의 이념의 실현이야말로 산업혁명에 해당되며, 산업혁명의 기술적인 추진자들은 대부분 '공화국혁명'의 담당자들과 함께 청교도 또는 기타의 비국교도로 구성되어 있다. 이와 같이 베이컨은 사후에도 생존을 계속하였던 것이다.

이와 같은 극히 일반적이고도 표준적인 —특히 일본에서는— 베이컨에 대한 평가에는, 확실히 사후에 건립된 기념상에 있기 마련인 미화내지 과장이 포함되어 있다. 퓨리턴 공화국혁명의 서막시대에 국왕, 그것도 왕권신수설(『자유왕국의 사실법』, 1598)로 유명한 제임스 1세에게 중용되어 충직하게 복무한 대법관을 '공화국'이나 청교도사상에 연관 지어 평가하기란 매우 어렵기 때문이다. 그러나 그에 대한 그러한 평가가 허술하고 사실무근인 것은 아니다. 그 약간의 증거를 베이컨 자신의 저술에서 인용하면, 우선 귀족에 관해서는 “귀족이 많으면 국가의 빈곤과 불편을 야기할 뿐만 아니라, 민주국가에서는 귀족이 필요 없게 되며 귀족이 없는 민주국가의 국민은 …… 한층 더 정숙하고, 반란을 일으키는 일도 드물다. 예를 들면, 각 주로 나누어져 있고 종교도 다양한 스위스가 훌륭하게 해나가는 것은 개인의 신분에 대한 고려에 의해서가 아니라 실리가 그들을 결합시키고 있기 때문이다.” 또한 네덜란드의 훌륭한 통치는 “평등이 있는 곳에서는 의결(議決)이 비교적 공평하고, 지불이나 납세가 제대로 집행되고 있기 때문이다.” 다음에 상인에 관해서는 “그들은 나라의 문맥(門脈)으로, 그들이 번영하지 못하면, 왕국은 …… 혈관이 비게 되고 영양부족이 될 것이다.” 인민에 관해서는 “그들은 작은 숲에서 만약 어린 나무를 너무 번성하게 두면 관목만 자라 큰 나무는 결코 자랄 수 없는 것과 같이, 국가에서도 신사계급이 너무 많으면 평민은 비천해진다.” 더욱이 이와 같은 ‘심각한 빈곤과 커다란 불만’ 그것이 곧 ‘반란의 원인’이며, “재산을 잃은 사람은 모두 사변이 일어나는 것을 좋아한다는 옛말도 있듯이 그것은 진실이다.” 따라서, “특히 국가의 부와 재산이 소수의 사람에게 집중되지 않도록 적당한 정책이 상구되지 않으면 안 된다.” 그러기 위해서도 “훌륭한 군주는 의회와 함께 지배하지 않으면 안 된다”는 것이다. 더욱이 현재 그러한 의회(하원)에서 베이컨 자신이 엘리자베스 여왕의 군사징세 요청에 대하여, 하원의 자유를 옹호하여 이를 신랄히 비판함으로써 여왕의 분노를 샀던 것은 잘 알려진 사실이다. 이러한 인용 가운데에서는 ‘공화국’과 관련된 점을 쉽게 발견할 수 있을 것이다.

다음으로 퓨리터니즘과 관련된 점을 지적하면, 우선 그의 어머니가 신학에 있어서는, 캘빈주의 개혁운동의 지도적인 역할을 담당한 쥬엘 주교의 저작 『아포로기아』를 번역할 정도의 캘빈니스트였으며, 가정의 종교의례에 있어서는 외형적인 신비보다도 그날그날의 노동의 내면을 중요시하는 청교도이었다고 전해지고 있다. 베이컨 자신의 말을 인용하면, ‘상쾌한 감각에 호소하는 제례의식, 지나치게 외면적이고 위선적인 경건, 도가 지나친 전통존중’ 등은 종교의 가면을 쓴 사악한 관례적 미신을 낳게 하고, ‘원숭이가 인간을 닮았기 때문에 한층 더 추하게 보이는 것과 같이’ 종교의 가면을 쓴 것이 미신을 한층 더 추하게 한다. 외면적인 신비가 이러한 미신을 낳고 기적도 또한 미신에 빠지게 하는 것으로, 그것으로 무신론은 반박되지 않는다. “하나님은 일찍이 무신론을 반박하기 위해서 기적을 행한 적은 없었다. 하나님의 평소의 역사하심은 그것으로 충분히 무신론을 반박하고 있기 때문이다.” 그에 의하면, 인간의 노동을 통해 하나님의 역사하심에 따르는 것만이 참된 신앙의 근본이며, 기적에 의한 미신보다는 노동에 기초한 무신론이 오히려 참된 신앙에 가깝다고 한다. “하나님에 대한 그러한 무가치한 견해보다는, 차라리 전혀 의견을 갖지 않는 편이 더 유익할 것이다. 왜냐하면 후자는 비신앙이나 전자는 모독이기 때문이다.” 즉, “속인은 승려만큼 사악하지 않다”(성 베르나르, Bernard)는 것이다. 더욱이 베이컨은 성 바르톨로메오제(祭)의 학살, 화약사건 등 모두 구교도에 의해서 획책된 학살, 음모를 예로 들어 구교도의 미신과 불경스런 모습을 탄핵하고 있다. 더 나아가서, 이와 같이 신앙에 있어서 외면적 신비나 기적이 미신에로 인도한다고 하면, 신학에 있어서 스콜라파의 교설이나 논쟁은 신기한 언어나 번잡한 논의로서 신성을 욕보이고 있는 것이다. 따라서 그는 트리엔트 회의에서의 스콜라논의를 예리하게 비판한 한 주교의 말을 인용하고 있다. 즉, ‘이심원(離心圓)’, ‘주전원(周轉圓)’ 등의 용어로 천체궤도를 번잡하게 설명하는 스콜라 천문학자와 똑같이 스콜라 신학자는 “교회의 행위를 설명하기 위해서 잡다하고 교묘한 공리(公理)·정리(定理)를 만들어 냈다.” 즉 “속된 잡담을 피하고 거짓된 지식에서 나오는 반대 이론을 물리치라”(디모데전서 6:20)는 것이다. 그 외에 종교개혁기의 논쟁에 관계되는 몇 편의 시론에서 베이컨 자신 청교도 측에 동정을 보이고 있다는 사실을 알 수 있다. 이상의 인용을 통하여 그를 퓨리터니즘에 연결시키는 것은 그다지 어려운 일이 아닐 것이다. 이렇게 하여 베이컨을 ‘경험주의 철학의 아버지’(볼테르)이며, ‘유물론의 창시자’(마르크스)이고, 퓨리턴 ‘공화국’ 혁명의 사상적 선구자라고 평가하는 것은 베이컨의 이미지에 잘 어울리는 것이다.

3. 논쟁과 우상파괴: 패권주의적 유물론자

그러나 위에서 기술한 바와 같이 아주 평범하면서도 표준적인 베이컨의 평가에 대해 재차 언급한 것은 그 후 —20세기 30년대 이후— 그와 같은 베이컨의 평가에 대해 다양한 이론적 해석이 내려지고 있기 때문이다. 그것도 그와 같은 해석을 함에 있어서 자연학의 〈혁신〉과 종교의 〈개혁〉이 각각 상이한 사회적 성격을 가진 것으로, 의외의 영역에서 —사회사상에 있어서도— 결합되어 나타나고 있기 때문이다. 지금까지 서술해 온 ‘베이컨’은 명백히 한편으로 ‘자연’ 지배에 관해서는 과학혁명에 의한 유물론적인 생산력 사상을, 다른 한편으로는 ‘이상사회’의 건설에 관해서는 종교개혁에 의한 ‘인간왕국’ 사상을 가지고 있다. 또한 실제로 그 후의 베이컨에 대한 해석은, 한편으로는 '유물론자' 베이컨으로, 다른 한편으로는 '퓨리턴' 베이컨이라는 각기 다른 과격한 일면적 해석을 극단적으로 하고, 막스베버(M. Weber, 1864~1920)의 『프로테스탄티즘의 윤리와 자본주의 정신(Die protestantische Ethik und der Geistes des Kapitalismus)』에 따라 말한다면 '프로테스탄티즘의 윤리와 실험과학정신' —마르크스는 베이컨에 있어서의 유물론을 '신학적 협잡물(俠雜物)'이라고 한다.—을 통일적으로 이해하려고 하는 그 나름대로 흥미 있는 과학사회사적인 해석을 하고 있다. 이에 대한 알기 쉬운 한 예는 파링톤(B. Farrington, 1891~1974)에게서 볼 수 있다. 즉, 그의 '정관적 생활과 능동적 생활' 중에서 "베이컨이 후자를 지지한 이유는 여러 가지 원인이 있겠지만, 다소 그가 캘빈주의적 분위기 속에서 성장한 데 기인하는 것이다. 머튼(R.K. Merton)은 17세기 영국에 있어서의 과학의 사회적 여러 관계에 대한 광범위한 연구를 통하여, 왕립협회의 창립멤버에는 청교도가 결정적 우위를 차지하고 있었다는 흥미 있는 사실을 밝혔는데, 이러한 사실은 당시의 문헌이 자아내는 인상을 통계적으로 뒷받침했던 것이다. 이 점은 '봉건주의와 단절한 채 획기적인 산업시대로 빌돋움한' '신봉자들'의 '캘빈주의적 분위기'와, 베이컨의 '능동적 생활' 본위의 '노동의 철학'과 결부되어 있다. 파링톤의 경우 일단 결론지어진 내용에 대해서는 그 이상 언급하지 않았으나, 일반적으로 이런 종류의 해석에서 청교도의 '천직'에 따르는 김악·공정 등의 경제적 에토스 외에 실용·실험 등의 과학적 에토스를 들고, 전술한 베이컨의 기념상에 혼을 주입하여, 언뜻 보기에 상반하는 듯이 보이는 두 가지 관점을 일거에 통일적으로 설명하고 있다. 이와 같은 선명한 통일적 해석이 의거하고 있는 것은, 단지 예를 들면 엘리자베스 왕조 말에 런던의 그레셤대학의 설립 등에 나타난 상인·퓨리터니즘·실용과학의 세 요소를 결합한 것과 같은 몇 개인가의 사례연구라고 하는 외형적 예증만으로 끝나지 않는다. 더 나아가서 사상의 내면에까지 거슬러 올라가, 캘빈의 예정설에 기초한 신의 비우연적 법칙이라는 종교적 관념 속에서 자연의 필연적 법칙이라는 과학적 개념성립의 사상적 근거를 구할 수 있었던 것이다.

그런데 베이컨에 있어서 '자연지배'의 측면과 '인간왕국' 창출의 측면을, 이와 같은 실험과학에 대한 캘빈주의적 에토스에 의해서 통일적으로 설명하려는 방식에 대해서는, 지금까지 몇 가지 점에서 반론이 제기되었다.

첫째는, 앞에서도 언급한 바와 같이 마르크스로부터 유래된 것으로, 유물론적인 '자연지배'에 기초한 '인간왕국'의 건설에 있어서, '신학적 협잡물'—이 협잡물의 혼재는 당시의 영국 선귀족의 이중성격에서 설명된다—은 베이컨의 사상에서도 나타나고 있으며, '신앙에 속한 것은 신앙에 맡겨두고' 자연 속에서는 신의 모습을 찾지 않는 데에서 바로 자연과학의 혁신이 시작된다고 하는 반론이다. 여기서는 근대 자연과학의 탄생이 종교적·신학적 전통에도 불구하고 고전고대의 합리성의 부활로 가능하게 되었다는 일반적 통념을 계승하고 있다.

이에 대하여, 두 번째의 반론은 자연의 신화(神化), 이성(경험에 대한)의 과대평가, 노동(육체노동)의 과소평가를 특징으로 하는 고전고대의 전통에도 불구하고, 기독교 성서사상의 '누에고치' 속에서 자란 것 가운데 하나가 근대과학으로 여겨지고 있다. 그러나 그것은 실험·실용 등 근대과학의 기초적인 개념에 관해서는 설명이 가능하지만, 그 이성의 확대해석은 불가능하다고 반론이 제기되고 있다. 전술한, 선명한 '통일적 설명'의 내면적인 열쇠가 된 신학적 '예정' 개념과 과학적 '법칙' 개념의 결합에 대하여 언급하면, 원래 신의 구제(救濟)의지에 우연이란 있을 수 없다는 '예정' 개념을 자연의 필연적 결정성으로서의 '법칙' 개념과 동일시하는 것은 너무 지나치게 확대시킨 것으로 무리가 따른다. 이것은 어떤 의미에서는, 베이컨적인 자연 속에서는 캘빈적인 신과 유사한 모습을 찾을 수 없다고 하는 과학사상사적 실증을 시도한 것이라고 할 수 있을 것이다.

셋째로, 다행히 일본에서는 어느 정도 알려져 있는 폴그레이브(F. Palgrave, 1788~1861) 등에 의해서 일찍부터 대표되어 온 것으로 근대과학내지 기계론적 세계상과 캘빈주의의 대응이라는 기본도식을 전제로 하면서도, 그 대응점을 한편으로는 '수공업의 합리화' 혹은 '매뉴팩처 기술'의 합리적 규범—단순한 '실험'의 축적이 아니다—과, 다른 한편으로 '독립적인 캘빈파와 매뉴팩처 자본가'의 합리적인 생활규범—단순히 근면한 '노동'이 아니다—의 양자에 공통적인 '체계적 합리화'에서 찾으며(이러한 공통점을 찾아내는 방식에 대해서는 전술한 두 번째 반론에서 상당히 의문시되고 있다), 이 '체계적 합리화'를 척도로 판단컨대 베이컨—'화폐자본의 사상가'—은 근대적인 수준에서는 낙제라는 것이다(이러한 평가의 전제가 되는 베이컨 학설의 이해에 대해서는 별도로 검토할 필요가 있을 것이다). 결국 지금까지 서술한 것을 요약하면, 〈베이컨은 결코 근대적 사고의 창시자가 아니다. 그는 오히려 중세적 세계상의 해체의 종점에 위치한 사람〉인 것이다. 앞에 서술한 첫 번째 반론이 베이컨에게서, 영국의 신귀족이 낡은 신학으로부터 탈피하는 모습을 보여주고 있다면, 바로 이 세 번째 반론은 그에게서 화폐자본가의 '번데기'적 모습의 한계를 보여주는 것이며, 더욱이 두 번째의 반론은 그 '번데기'의 탈피를 가능케 한 종교적 '누에고치'의 존재와 그 의미를 밝히려고 한 것이라고 말할 수 있다. 이상에서 열거 한 세 가지는 각각 〈자연에 대한 인간의 과학기술적 지배〉를 추진하는 바로 그 '인간'에 대한 사회적 규정을 보여주며, 그와 같은 사회적 규정을 각각 가지고 있는 '인간'에 의하여 포괄되는 사회사상의 성격이 무엇인가를 암시하고 있다. 즉 각기 신귀족, 독립캘빈파, 화폐자본가의 사회사상이다.

그러나 네 번째도 이러한 세 가지 반론을 포함·일괄하여, 위에서 말한 이론적 해석은 모두 베이컨에 곁들여 세워진 기성의 전통적인 견해를 다소라도 전제한 위에서 그것에 이론적인 해석을 가한 데 불과하다. 따라서 그러한 해석은 앞에서 말한 베이컨에 대한 평가와 그 각각의 관점이 처음부터 성립되지 않는다면, 자연히 단순한 이론의 유희에 불과하게 된다. 즉 어떤 과학사회사가 말하고 있는 바와 같이, 〈이러한 해석 전체는 지적인 오락(sports)과 완고한 독단이 묘하게 결합된 하나의 특수한 변론에 불과한〉 것이 된다. 이러한 최후의 총괄적인 반론은 다시 한 번 기존의 극히 일반적이고 표준적인 베이컨의 평가에 대한 재검토를 촉구한다. 그러나 그것과 함께 실제로는, 이론적 제 해석의 논쟁에서 항상 중심적 위치를 차지하고 있었던 자연과학의 사회사상적 의의—근대과학의 성립과 종교 개혁의 관계—라는 문제는 잠시 옆으로 밀어둔다(과학사회사는 마침내 지금보다 한층 더 세분화된 형태로 근대 과학을 담당한 사회 각층의 사회사상을 문제로 취급해 갈 것이다).

여기에서는 이상에서 서술한 이론적 해석이 시작된 것과 거의 같은 시기에 —주로 독일에서—실로 그것과 대항관계에 있었던 다른 또 하나의 베이컨 해석에 대해 언급하겠다. 그것은 지금까지 서술해 온 퓨리턴 '공화국' 혁명의 사상적 선구자로서의 베이컨에 대한 전통적 견해와는 전혀 관계없이, 아니 오히려 그 전통적 견해를 단번에 분쇄해 버리기 위해서 제창된 새로운 해석이다. 즉 쿠데타적 해석에 의하여 세워진 극히 권력주의적인 철학자, 오로지 힘의 철학자로서의 베이컨 상(像)이다. 그 해석에 의하면, 베이컨의 '자연' 지배의 '유물론'이 효용을 지상목적으로 하는, 과학기술의 힘에 의한 극히 패권주의적인 '인간제국'의 건설이었다고 한다면, 그 '인간제국'에 관한 그의 '유물론'도 또한 그 제국의 효력을 지상목적으로 하는 국내외에 대한, 소위 국가공학적인 패권주의였다는 것이 다. 한마디로 말해서, 패권주의적 유물론자로서의 베이컨에 대한 평가—당시 독일에서는 이러한 나치즘적인 베이컨의 유물론과 싸우는 것이 독일 유물론자의 급선무로 생각되고 있었다.—이다. 이 견해에서는 전술한 영국혁명의 선구자로서의 베이컨의 공화주의나 퓨리터니즘과의 관련이 완전히 무시되고 있다. 그러나 그것보다도 실제로는 오히려 왕권신수설이 지배하고 있던 제임스1세 때에 임명된 대법관답게 민중폭동의 원인, 의회의 기능, 민주국가의 국력의 기초를 제대로 이해하고 있었던 것 이상으로 왕국의 통치와 강화책을 알고 있었으며, 청교도에 대한 동정 이상으로 영국 국교회, 수장을 정점으로 한 영국 국내 및 스코틀랜드의 종교적 통일을 바랐던 베이컨, 즉 왕당파·영국 국교도로서의 베이컨을 뒷받침하는 자료와 해석은 —18세기에 서간이 출판된 이래 특히 19세기 후반 이후의 전기 및 정치사 연구에 의해서— 착실히 준비되어 있었다. 따라서 소위 쿠데타적 해석에 의하여 패권주의적 유물론자로 불리는 베이컨의 모습은 퓨리턴 '공화국' 혁명의 사상적 선구자로서의 베이컨의 모습과 비교하여 볼 때, 그것보다 한층 더 조잡하고 황당무계한 것이다. 사실 적어도 왕권설, 수장설에 관한 한 그 후의 정치사상사 연구에서는 이러한 해석방식이 확고하게 정해졌으며, 오히려 문제는 베이컨이 혁명의 선구자로서 '진보적' 이었는가 아니었는가라는 문제로부터 〈만약 국왕이 그의 진언을 보다 잘 들어주었더라면, 왕국은 과연 혁명을 피할 수 있었는가?〉의 여부에 대한 소위 반(反)사실적 논제로 옮겨가고 있다(이러한 문제에 대한 해답 —결론적으로는 '부정'이지만— 및 그러한 질문 설정방식 자체에 관한 사회과학론적 해명은 다음으로 미룬다).

앞 절(제1장 2절)에서 서술한 영국혁명의 선구자로서의 베이컨에 대한 평가와, 위에서 논한 패권주의적 유물론자로서의 베이컨에 대한 평가를 대조해 볼 때 공화파인가 왕정파인가, 청교도인가 국교도인가에 대하여 두 의견이 서로 정면에서 대립하고 있다는 것은 두말할 필요가 없다. 그러나 자연에 대한 과학기술적 지배에 관해서는 양자의 차이가 그다지 명백하지 않다. 그 때문에 왕정파·국교도로서의 베이컨을 잘 알고 있는 사람도, 베이컨은 "학문과 사색에 있어서는 여명의 빛을 발하였지만, 정치사상가로서의 그의 입장은 종교개혁시대의 전제군주제에 묶여 있었다"(G.P. Gooch, 1873~1968), 즉 자연과학사상에 있어서는 '진보적'이었으나 사회사상에 있어서는 '보수적'이었다고 자주들 말한다. 더욱이 이러한 경우 두 가지의 베이컨의 모습을 대조할 때 특히 주의하지 않으면 안 되는 것은 베이컨이 청교도 공화파의 선구자로 추정된 것이나, 패권주의적 국교도·왕당파로 추정된 것이나 둘 다 그 근본을 말하면, 그의 자연지배의 사상 즉 그의 과학사상에 대한 —서로의 차이점이 분명치 않은— 해석에서 유래하고 있다는 점이다. 시종일관 사회비판을 하고 있는 『유토피아』의 저자 토마스 모어의 경우와는 반대로 시종 자연개발에 일관하고 있다 해도 무방한 과학적 유토피아 『뉴 아틀란티스』의 저자의 경우에는, 유달리 이 점이 사회사상으로서 중요한 의미를 가진다. 이 절에서는 우선 베이컨이 주로 자연연구를 의도하고 제창하였던 경험주의적 방법(관찰·실험에 기초한 귀납적 방법)을 사회연구와의 관계에서는 어떻게 생각하고 있었는가에 대하여 보충하는 것에 그치고, 베이컨의 사회사상 전체 속에서 과학기술적 자연지배라는 관념이 차지하는 위치와 역할에 대해서는 다음 절에서 서술하기로 한다.

베이컨 자신이 모든 학문일반의 쇄신을 위해서 제창한 경험적 방법이 단지 자연과학에만 적용되어야 한다고는 생각하지 않았다. 그것은 마침내는 인간의 사상·행동, 사회의 제 사실에도 똑같이 적용될 수 있을 것이라고 예상하였다. 이 점에 관해서는 다음과 같은 그의 분명한 증언이 있다.

> 내가 나의 방법에 의해서 완성되지 않으면 안 된다고 하는 것은 단지 자연과학에 대해서 뿐인가 아니면 다른 모든 학문 즉 논리학, 윤리학, 정치학에 대해서도 적용되는가 하는 의문이 있다. 여기에 대하여 물론 본인은 위에서 서술한 것이 그 모두에 대하여 적용된다고 생각한다. 그리고 삼단논법에 의하여 처리되는 보통의 논리학이 단지 자연과학뿐만 아니라 모든 학문에 미치는 것과 같이, 본인의 귀납법에 의한 논리학도 모든 학문을 대상으로 하는 것이다. 즉 나는 자연지(自然誌)와 발견표를 노여움, 두려움, 수치심 및 여러 가지 사회생활의 사례, 더 나아가서 기억, 결합·분리, 판단 등의 정신활동에 대해서도 작성할 수 있다고 생각하는데, 그것은 추위와 더위 및 영양과 성장 등에 대해서 작성하는 것과 똑같은 것이다. 그러나 그럼에도 불구하고 나의 분석방법에는 자연지가 준비 되고 정비된 후, 단지 정신의 활동과 과정을 고려에 넣을 뿐만(보통의 논리학이 하는 것과 같이) 아니라 '사물의 본성'까지도 고려하는 것으로서, 본인은 정신이 모든 경우에 적당한 방법을 '사물의 본성'으로 이끌어 갈 수 있는 것과 같이 정신을 이끌어 간다. 따라서 본인은 학문적 탐구방법에 있어서, 탐구하는 주제의 성질과 상태에 따라서 분석방법을 어느 정도 바꾸는 여러 가지 다양한 소선들을 부여하는 것이다.

요약하여 말하면 경험적 방법(관찰·실험에 기초한 귀납적 방법)이 '사회생활의 사례'에도 적용될 수 있다는 것과, 또한 취급하는 주제가 예를 들어 법일 경우, 법이라는 '사물의 본성'에 입각하여—자연을 취급할 경우의 기계적 적용이 아니라—분석되어야 한다는 것이다. 여기에서 말하는 법의 〈본성〉에 관하여 말하면—다른 어떤 법률 논문에 따르면—"국가의 여러 가지 법이 가지는 참된 의미는 그것이 자연·관습·정치의 기반으로부터 유리될 때는 벽에 장식으로 걸려있는 꽃과 같이 된다"고 설명한다.

뜻밖에도 법에 대한 분석방법으로 예시되고 있는, 이와 같은 자연주의적 사회관에 기초한, 경험주의적 방법에 의한 사회과학의 착상은 앞에서 대조적인 것으로 제시한 베이컨에 대한 두 가지 평가와 관련지어서 말하면, 그 전자— '영국혁명의 선구자'로서의 모습—와의 관계에서는[영구법(永久法)에 대한 참고로서의] 중세 자연법의 '자연'과는 원리적으로 차이가 있는 자연개념을 상정하는 것으로서 근대 자연법 개념형성의 단서를 연 것이라고 해석되며, 한편 후자— '패권주의적 유물론자'로서의 모습—와의 관계에서는, 소위 왕국공학의 도구로서 사용되는 실증적 법 개념의 형성을 도운 것이라고 해석되고 있다. 그것이 사실 어떤 의미를 가지는가에 대해서는, 베이컨의 사회사상 전체의 구조로부터만 판단될 수 있을 것이다.

4. 현실의 왕국과 지상의 천국

지금까지 서술해 온 몇 가지 베이컨에 대한 평가와 그 해석은 그것들이 실상인가 허상인가 하는 역사적 문제를 배태하고 있는 이외에, —그것보다도 절실한 현실문제로서—그러한 평가가 내려진 그 시대의 사회사상을 반영하고 있다. 그러나 본 절에서는 가능한 한 베이컨의 실제 행동과 사상에 입각하여 위에서 기술한 바, 다양한 베이컨의 평가가 지니고 있는 여러 가지 관점이 그의 사회사상 전체 가운데서 어떠한 위치를 차지하고 있었으며, 어떠한 기능을 발휘하고 있었는가를 해명해 보고자 한다. 과학기술적 '자연'지배가 그의 '사회'사상 전체의 구조 속에서 어떠한 〈의미〉를 가지고 있는가도 이에 의해서 저절로 명백해질 것이다.

그런데 본론의 서두에서 서술한 간략한 전기에서도 볼 수 있는 바와 같이, 베이컨은 결코 지체가 높고 이름난 집안에서 태어난 것이 아니라, 유능하여 대법관에 등용된 나이트(세습작위는 아니다)—궁정 젠트리—의 아들이었다. 외가 쪽 백부가 여왕의 오랜 권신인 윌리엄 세실(W. Cecil. 1520~1598)이었으나, 이 백부도 베이컨이 10세 무렵에 겨우 버리 경(Sir Burghle)이 된 신귀족이다. 젊은 베이컨은 이 백부와 그의 정적(政敵)인 귀족의 총신(寵臣) 레스터 백작 (R.D. Leicester, 1532~1588)의 탐탁치 못한 관계를 상세히 보았으며, 그 자신 정신(廷臣)이 되기 위해서는 레스터백작과 같은 총신 귀족의 추천이 반드시 필요하였다. 이리하여 그의 사회관은 성년(盛年)을 준귀족—궁정 젠트리—으로서 지낸 정치 경험으로부터 형성 되었던 것이다. 그러나 한결 복합적인 성격은 그가 아버지와 같이 당시 신학문의 연구나 신정치가의 육성에 있어서 시대에 앞서 있는 케임브리지—옥스퍼드에 대해—에서 배웠다는 것이다. 농촌에 거주하는 젠트리도 아니고 오랜 가통을 자랑하는 귀족출신도 아닌 사람으로서 그의 생애 중 몇 번의 기로에서 정치가와 철학가 사이의 선택에서 고민하였다. 따라서 한 마디로 정치경험 속에서의 사회관의 형성이라 할지라도, 그의 행동이나 사상은 언제나 다분히 정치와 학문 사이의 분열 또는 유착된 모습을 보이는 복합적인 것이다. 그뿐만 아니라 그는 "인간이 자기를 노출시킬 때는 상대를 신용할 경우, 격정에 휩쓸린 경우, 부주의한 경우,…… 필요에 따른 경우에 국한된다"고 하여 신중하고 태연한 태도로 좀처럼 본심을 실토하지 않았다. 따라서 이하에서 말하는 '베이컨'은 그의 본심에서 우러나온 참모습이라기보다는 단순히 그가 말했던 사항을 정리하려는 하나의 시도이다.

우선 법조인 정치가로서의 베이컨은 40대 후반에 간신히 사법관직에 취임[1607년 법무차관, 1608년 성실청(星室廳) 서기관]하기까지, 하원의원(1585년 이래)에 불과하였다. 그와 같은 자신의 사회적 신분을 그 자신은 다음과 같이 파악하고 있었다. 즉, 위로는 '고위의 귀족이 너무 강력하게 되는 것을 견제하는 데 도움'이 될 뿐만 아니라, 아래로는 '국민에 대하여 가장 직접적으로 권위를 갖고 국민의 소요를 진정시키는 데 제일 유력한' 입장에 있다고 하는 자기인식이다. '태어나면서부터의 귀족'은 그 '태어나면서부터의' '선량함'에 의해서 국민이 복종하게 되지만, 대부분의 귀족은 '시간이 지남에 따라서 점차 빈곤하게 되지 않을 수 없는' 객관적 상황에 놓이게 된다. 이에 대해 자신의 '새로운 귀족'으로의 길은 '유능함'(실력)에 의거하지 않으면 안 된다. 일반적으로 '모든 사람은 자기 운명의 건축가'라고 하는 고사는 진실이며, '운명 그 자체는 맹목적이나, 그 모습이 보이지 않는 것은 아니다.' 요는 자신의 운명을 개척하는 유능함이다. 여기서 '유능함'이란 날 때부터의 '선량함'이 아니며 그에 의하면 '선행과 악행을 뒤섞지 않고는 좀처럼 입신할 수 없는' 그러한 것이다. 베이컨은 성년기를 끝낸 후 비로소 사법관직에 임명되며 그 수년 후에는 —그 자신이 인용한 옛 속담 '뱀은 다른 뱀을 삼키지 않으면 용이 될 수 없다'와 같이— 왕국의 중추적인 '높은 지위'에 올라 마침내 '새로운 귀족'의 대열에 끼게 되었다. 이것은 그가 말하는 '신하의 명예의 등급'에 따르면 제4급의 '직무감능자'(職務堪能者: 군주 밑에서 요직을 차지하여 직책을 충분히 수행할 수 있는 자)의 명예로부터 제1급인 '국무분담자'('소위 군주의 오른팔')의 명예에로의 승전이며 —덧붙여 제2급은 '전쟁지휘자' 제3급은 '총신'— 〈힘의 산물〉로서의 신귀족 자작—'시대의 산물'로서의 구귀족에 대하여—의 작위를 받은 것이다. 그는 그간 자신이 거친 여러 가지 사회경험, 소위 사회적 훈련으로 '높은 지위'로의 '야심'과 그것을 이루기 위한 '자신을 위한 지혜', '눈에 띄는 현명함', '교지'(狡智) 등등 소위 사회적 요령을 익히게 되었을 뿐만 아니라, 또한 그러한 지혜, 현명함이 어떤 것인가에 대한 올바른 안목까지도 갖추게 되었다. 총괄하여 말하면 "높은 지위에 오르는 것은 대단히 고생스러운 것으로 보통 하나의 고통을 겪은 다음에는 더 커다란 고통이 뒤따른다. 그것은 흔히 천한 형태를 취하고 나타나는데 사람들은 천한 일을 겪고 난 다음에 결국 존귀함에 이르게 된다." "자연계에서 물체가 있어야 할 위치로 향하고 있을 때는 심하게 움직이나 일단 제 위치에 도달하면 정지하는 것과 같아, 정신적 덕성도 야심을 이룰 때까지는 극렬하게 움직이나 일단 권위를 얻게 되면 침착하고 조용해진다. 높은 지위로 올라가는 길은 나선형의 계단을 이루고 있어서, 많은 당파가 있을 때는 올라가는 동안은 어딘가에 자신의 몸을 위탁하고 나중에 지위를 얻은 뒤에는 중립을 유지하는 것이 좋다." 그러나 그 때문에 인간관계에서 구사되는 수많은 교지는 필경 비유하자면 "편리한 계단과 출입구는 있으나, 방다운 방이 없는 집과 같은 것이다." 사회적인 선행은 악의 있는 개인에게 편리한 방편이 되며, 반대로 개인의 선의는 사회적인 악습의 좋은 제물이 되는 것이다. 그러한 사회경험 속에서 젊은 나이에 —36세경— 이미 베이컨은 "세상에 진정한 우정이란 드물며 특히 동년배 사이에서는 극히 희귀하다"고 단언하고, "이러한 말세에는, 덕성을 숨기고 있는 사람보다도 활동적인 사람 편이 쓸모 있다"고 말하며, 선악을 분별하지 못하게 하는 거짓된 세속적 지혜와 재능에 대해서는 '자신의 견실한 행동에 의하여 일을 행하는 것' —'방다운 방을 가진 집'과 같이 실속 있는 사람이 되는 것—이라는 말로 대치시키고 있다.

한편, 이와 같은 법조인 정치가로서의 베이컨의 안목과는 정반대로, 그의 심중에서 항상 머리를 쳐드는 것은 말하자면 철학자로서의 베이컨의 자아 즉 그 '자신의 영혼'이었다. "내 영혼은 오랫동안 낯선 타향의 손님이었다"(시편 120:6)는 말은, 늘 '기회와 교육' 때문에 자신의 자질에 맞지 않는 직업에 종사해야만 했음을 통감한 그의 비탄이었다. 그것은 만년에(60세 때) 자신의 일생을 회고하면서 한 개탄의 말—"하나님이 주신 재능을 나 자신에게 제일 맞지 않은 일에 잘못 허비하였나이다"(『기도문』)—에 잘 표현되어 있다. 힘이 미치는 한 세상적인 지혜, 세상적인 재능을 다하여 얻어낸 '높은 지위'도, 사실은 '주권 혹은 동치와 명성과 직무라는 삼중의 노예'에 불과하였으며, "권력을 구하느라 자유를 잃고, 타인에 대한 권력을 구하느라 자신에 대한 권력을 상실한 것은 실로 어리석은 욕망이었다." 그에 의하면, 실로 크나큰 행운으로 높은 지위에 오른 사람은 불행하게도 '자기 자신에게는 소원(疏遠)한' 사람인 것이다.

현실사회에 대한 세지(世智), 날카로운 견식과는 정반대인 이러한 '자신의 영혼'에 대한 철학적 통찰에 기초하여, 저 유명한 베이컨의 '세 가지 야심이 구별된다. 널리 알려진 바와 같이, 세 가지의 야심 중 첫째는 자국 내에서 자신의 권세를 펼치고자 하는 탐욕스런 욕망으로서 소위 권세욕이다. 그 두 번째는, 국제무대에서 타국에 대하여 자국의 세력을 신장시키고자 하는 패권욕이다(동시대에 있어서 네덜란드 독립 전쟁에 대한 영국의 개입 및 원조, 스페인 무적함대의 격퇴, 아일랜드식민·해상권의 탈취, 버지니아 식민, 동인도회사의 설립 등에서 보이는 스페인, 프랑스에 대한 국제 항쟁이 상기될 수 있다. 베이컨은 스콜라학파 일부의 전쟁론에 대하여, 먼저 침략도발을 받지 않을 경우'에도 전쟁의 합법적 이유는 있을 수 있고 또한 '바다의 주인이 되는 것은 왕국의 지상과업'이라고 하며, 더 나아가서 식민에 대해서는 나무를 심는 것과 유사한 장기적인 '영웅적 사업'이라 하여 장려하고 있다). 베이컨에 의하면, 이상에서 언급한 두 가지는 모두 천박한 탐욕성을 벗어나지 못한 야심이다. 이에 대하여 세 번째 야심은 주로 진리탐구를 기본으로 하는 건전하고 고귀한 것이다. 즉 자국 내에서나 이외의 다른 사람들이나 다른 나라사람들, 결국 인간사회에 있어서 다른 인간에 대한 것이 아니라, 자연계에 있어서 인간 이외의 자연물에 대한 모든 인간, 전(全)사회, 전 인류의 지배력을 회복하고 증대하고자 하는 야심으로 소위 '인간독립국'의 자립적 증대를 도모하고자 하는 것이다.

이 세 번째의 야심은, '야심'이라고는 하지만 '건전하고 고귀한 것'으로서, 베이컨은 이것을 '인간애'(Philanthropia)—그는 이것을 '타인의 행복을 회구하는 것'이라고 설명하면서 단순한 '휴머니티'보다 풍부한 의미를 갖는다고 말한다—에 기초하여 '세상사람들의 영성(靈性)을 위해서' 유용한 것이라고 하고 있다. 그는 총신 에섹스 백작에 의해 여러 요직에 천거되고 있을 무렵(1590년 전후), 엉뚱하게도 다음과 같은 고백을 —백부 버리 경 앞으로— 하고 있다. 즉, "나는 명예를 사랑하는 태양산이나 다사다망함을 사랑하는 쥬피터 밑에서 태어난 사람은 아니다."—사실, 관상(觀想: 學理)의 별이 나를 열중케 하고 있으므로—라고 고백한다면 하고 전제한 후, 그는 "사회에서 제가 목적하는 바는 조심스럽고 소극적인 데 반하여 관상에 있어서 제가 목적하는 바는 광대합니다. 저는 모든 지식을 제 자신의 영역으로 간주하고 있으며, 생각건대, 만약 두 종류의 해적 —하나는 가치 없는 논쟁·반박·요설, 또 하나는 맹목적인 실험·소문·기만—을 제가 추방할 수 있다면, 저는 꾸준한 관찰, 근거 있는 결론, 유익한 발명과 발견을 가져올 수 있을 것입니다. 저의 이러한 바람이 호기심·허영심, 그것이 천성에 의한 것이든 …… 〈인간애〉에 의한 것이든 어느 쪽이든 간에 저는 결코 제 마음속에서 떨쳐버릴 수가 없습니다.…… 저는 보잘 것 없는 책벌레 혹은 (아낙사고라스가 말한 바와 같이) 땅속깊이 있는 저 진리의 광산에서 참된 개척자가 되고 싶습니다." 베이컨은, 이 '인간애'가 몸에 배려면 '선'을 행해야 한다고 하고 스스로 그 '인간애'에로 향하는 경향을 '본성적 선'이라 하였는데, 그것은 신적 성격을 가진 것으로서 인간정신의 탁월한 제 가치 중에서 가장 위대한 것이라고 간주하고 있다. '건전하고 고귀한' 야심인 이러한 '인간애'에 기초한 진리탐구, '관상' 곧 학문이 '세상 사람들의 영성을 위하여' 유용하다는 것은 모두 '인간애'가 가지는 상술한 바와 같은 신적 성격에서 유래하는 것이다. 즉 베이컨에 의하면 진위(眞僞)·선악판단의 유일한 최고의 기준은 "그 자체로 판단을 내리는 유일한 것으로서의 진리는 다음과 같은 것을 가르친다. 진리를 탐구하고 …… 현재 진리를 인식하며 …… 인식된 진리를 믿는 것, 이 세 가지는 인성의 지고한 선(善)이다"고 말해진다. 그리고 '감각의 빛', '이성의 빛'에 의해서 인식된 진리를 믿고 받아들이는 것이야말로 '성령에 의한 조명'이며, 따라서 이러한 의미에서 학문연구는 '세상 사람들의 영성을 위해서' 유용하다. 이리하여 영성에 도달한 세상 사람들에 의해서 세워지는 나라야말로, ─그의 표현에 따르면 '인간정신이 인애(仁愛) 속에서 움직이고, 섭리에 따르며, 진리의 축 위에서 회전하는'─ 〈지상의 천국〉인 것이다. 따라서 베이컨이 자연에 대한 학문의 지배의 주체로서 상정(想定)하고 있는 '인간독립국'은 비록 '지상의' 것이었지만, '천국'인 것이다. 그러나 이 천국을 앞에서 세속적인 지혜와 날카로운 안목이 보여준 현실적으로 지상에 존재하는 왕국과 비교해 볼 때, 그 둘 사이에는 현실과 이상의 분열이 존재한다.

그러함에도 불구하고 그와 같은 '천국'을 현존하는 왕국의 개조에 의하여 실현하려는 의도를 가지고 있거나, 혹은 그러한 실현이 가능하다는 견해를 베이컨은 가지고 있었다. 그것은 예를 들어 인생의 기로에 서 있을 때의, 그의 고뇌에 얽힌 고백(1603년경) 가운데 나타나고 있다. 즉 "나는 나 자신의 기회와 교육 덕분에 국사에 종사하게 되었지만, 아직 젊기 때문에 정견(定見)을 갖지 못하였으므로 여러 가지 터무니없는 소견에 현혹되지 않을 수 없었다. 더욱이 …… 공인(公人)으로서의 생활에 필요한 학예를 익히고 다른 한편으로는 공정과 겸손을 잃지 않는 한도 내에서 유력한 연고자의 추천을 구했다. …… 이 모든 것은 세속적인 일에 속하지만, 내가 일단 공직에 취임한다면 세상 사람들의 영성을 위해서 전력할 것이다." 베이컨은 '천박하고 탐욕스러운' 야심에 의해서만 획득되는 왕국의 높은 지위의 명예란 '국왕이나 요인과 가까이 할 수 있다는 것과, 자신의 지위를 향상시킬 수 있다는 것' 뿐만 아니라 '선을 행하기에 편리한 지위'이기도 한데, 그 지위에 오른 '속임수 없는 인간'은 최선의 포부를 갖기만 하면, 선의 실현에 도움이 될 것이라고 생각하였다[물론 이것은 괴로운 나머지 울부짖는 고백과 같은 것으로, 베이컨 자신 약간의 허위, 현실과 이상의 유착(癒着)을 의식하고 있었음에 틀림없다]. 이와 같이, 현실의 영국왕국과 이상적인 '지상의 천국'을 쉽게 결부시킨 베이컨을 이해하는 데 중요한 열쇠가 되는 것은 바로 그의 머릿속에 있었던 '국왕'—제임스 1세를 포함하여—의 개념이다. 즉 그에 의하면, '자기 본위의 사고'—그것은 종신(從臣), 시민의 경우에는 '손쉽지 않은 악덕'이다—도 일국의 국왕에게는 허용될 수 있는 것이며, 그것은 실제로 "군주의 일은 군주개인의 일선상의 일에 그치는 것이 아니므로, 군주의 선악은 공동 운명의 안위에 관련된다"는 관념으로부터 오는 것이나, '위선 없는 인간'이 명예로운 높은 지위를 '선을 행하기에 편리한 지위'로 알고 힘껏 일할 때, 그와 같은 '향상을 바라는 사람의 마음속에 있는 의도를 잘 볼 수 있는 군주야말로 선한 군주라는 것이다. 즉, '인간'인 동시에 '신'(또는 신의 대리)이라고 하는 참언은 왕자가 반드시 갖추고 있어야만 할 품격을 나타내고 있는 것으로서, 베이컨이 즐겨 사용하고 있는 비유에 따르면, 국왕은 각층의 종신 및 여러 당파를 조용히 움직여서 지구상에 많은 이익을 가져오는 '제일동인'(第一動因: 原動天)과 같은 것이다. "군주는 선한 세상과 악한 세상을 만드는 천체와 흡사하다. 천체를 닮아서 높은 존경은 받으나 평안은 얻지 못한다." 요컨대 국왕은 '신'(또는 신의 대리)으로서 자신과 신하의 '천박한' 인간적 야심을 견제하고, '인간의 형성'으로 통하는 '고귀한' 야심을 인도해 나감으로써 '지상의 천국'의 실현을 가능하게 하는 존재인 것이다.

그가 말하는 자연에 대한 과학기술적 지배에 의한 '인간독립국'의 건설을 그 현실과 이상의 사이에 걸친 베이컨 자신의 행동과 사상에 입각하여 이상과 같이 볼 때, 앞에서 서술한 —제2절 참조— 영국혁명의 선구자로서의 베이컨의 영예스러운 면만에 대한 평가는 너무 베이컨의 이상적인 면만을 강조한 것이며, 한편 패권주의적 유물론자로서의 이해—제3절 참조—는 너무 현실주의적인 면만을 강조하였다는 것을 알 수 있다. 또한, 논쟁의 주요문제 중의 하나였던 베이컨에 있어서 과학적 지식과 기독교적 신앙의 결부에 관해서도, 그것이 자연법칙과 신의 섭리의 대응관계라기보다는, 오히려 그가 말하는 소위 '지상의 천국'과 국왕의

'신성'의 관계에서 구해질 수 있는 것이다. 앞에서 말한 바와 같이 그의 학문적 저작—법률가·정치가로서의 시론적(時論的) 저작에 대하여—이 자연개발에 시종 관련되고 있는 점이 사회사상사에 있어서 특히 중요하다. 더욱이 베이컨의 사상 중에서 영국 신귀족으로부터 탈피하는 모습과 화폐자본가의 한계를 보는 것—제3절 참조—은 제한을 두지 않고는 허황된 추상론에 그치고 말 것이다. 다음 절에서는 우선 앞에서 베이컨에 대한 명예로운 평가—'공화국'과 퓨리터니즘에 연결되는 것—를 입증하기 위해서 사용한 몇몇 증거—제2절 참조—를 좀 더 넓은 전체적 맥락 속에서 보기로 하겠다.

5. 베이컨사상의 유토피아적 측면: 전체상에 대하여

사회사상사에 있어서 종교가 어디에서나 문제로 제기되는 것은 아니다. 그러나 베이컨의 경우에 그것은 단지 문제가 될 뿐만 아니라, 가장 우선적으로 취급되어야 할 문제이다. 그 이유는 베이컨 자신이 "종교는 인간 사회의 중요한 유대이므로, 그 유대가 바르고 참된 통일의 유대이어야 바람직하다"고 하는 사상을 가지고 있었기 때문이다. 종교적 유대는 사회의 질서·조화를 위해서 불가결한 것이며, 종교를 사법(司法)·진언(進言)·재정(財政)과 나란히 '통치의 네 기둥'의 하나로 여기고 있다. 일반적으로, 당시의 영국에서 사실상 종교가 얼마나 커다란 사회적·정치적 영향력을 가지고 있었는가에 대해서는, '지상법(至上法: 영국 국교회의 지상권을 왕국의 군주에게 부활시키는 법안)·'통일법(統一法: 프로테스탄트적인 기도문의 공적 사용)의 의회제정(1559) 및 '39개조'의 제정(1563년 성직자회의) 이후의 상황 하에서 반불(反佛)=반교황 애국반란(1559) 후의 스코틀랜드와의 통일, 식민지 아일랜드의 교회파반란(1579)의 진압, 또 한 국내에서는 일반적으로 카톨릭 측으로부터의 소위 '북방 제백(諸伯)의 반란'(1569), 그 반대로 청교도 측으로부터의 기도문개혁법안의 하원제출(1571) 등등이, 모두 시대의 절실한 사회·정치문제였다는 것을 생각하면, 쉽게 상상이 갈 것이다. 베이컨 자신은—카톨릭 국제제력의 총수인 필리페 2세(Felipe II: 스페인 합스부르크가의 왕, 1556~1598)의 군사력을 배경으로 구교회의 반동공세가 한층 더 표면화된 1580년대 이후에—카톨릭과 청교도의 쌍방에 대하여 국교회가 취하여야 할 '평화와 교화(教化)'의 입장을 설명한 종교논설을 여러 편 집필하였고(1589, 1592), 또한 스코틀랜드 합병, 아일랜드 식민을 논한 소론도 있다(각각 1603, 1608~1609).

앞에서도 어느 정도 지적한 바와 같이. 당시의 카톨릭 신앙 또는 국교회 내의 카톨릭적 경향의 실태에 대한 베이컨의 비판은 매우 날카롭고 광범위하게 영향을 미치고 있었다. 그 비판의 예봉은 수많은 개척순교자(J. Foxe, 1516~1587, 『순교자전』 1563년 참조)를 낳게 한 탄압자를 비롯하여 화약사건의 카톨릭 음모자, 지나칠 정도로 비관용적인 국교회 내의 주교, 또한 당시 국교 내에서는 일반적이었던 현란한 카톨릭적 허식과 법의(法衣)에 대해서까지도 가해졌다. 그 예리함은 무지한 신앙에 빠지는 것보다는 오히려 무신론 편이 낫다고 단정할 정도였다. 그는 "화를 내는 사람은 하나님의 정의를 이룰 수가 없습니다"(야고보서 1:20)를 취지로 하여, 무력행사나 박해에 의한 '종교의 홍포(弘布)', '양심의 강제' —이러한 것들은 '몽매하고 무지한 가운데 이룩된 평화'를 가져오게 할 뿐이다.—에 반대하고. 성서에서 말하는 '사랑의 법칙'에 따라야할 뿐만 아니라 '인간 사회의 법칙'까지도 소홀히 해서는 안 된다고 강조하고 있다. 당시 '함께 있는' 무식한 민중의 맹목적인 신앙에 대해서는 지나친 관용을 베풀면서 '함께할 수 없는' 타 종파에 대해서는 지나치게 비관용적이었던 국교회 내의 풍조에 대하여, 종교의 본진을 망각한 교회의 이러한 무원칙적 태도야말로 미신을 보존·육성시켜 '인간의 마음속에 절대왕제'를 건립하는 것이라 하여 엄중히 탄핵하고, 이것에 비하면 무신론 쪽이 훨씬 낫다고 그는 생각하였다. 왜냐하면 "무신론은 인간으로 하여금 상식, 철학, 인정(人情)으로서의 신심(信心), 법, 세평(世評) 등에 의지하게 한다. 종교가 없이도 이런 것들이 외면적인 도덕을 형성해 주며", '사랑의 법칙'이라는 미명에 가려진 '인간사회의 법칙'에 대한 유린보다는 이편이 오히려 낫다고 생각하였다. 또한 엘리자베스 여왕에 의해서 보존된 눈부시고 아름다운 —'즐거이 감각에 호소하는(베이컨)' — 법의(法衣), 예식(禮式)은 성찬, 성일, 주교제, 기도문과 함께 당시 신·구 양교도간에 격렬하게 벌이고 있던 논쟁점이었나. 그와 같이 '쾌락적 감각에 호소하는 제례(祭禮)의식'의 타락을 성서를 논거로 하여 그릇된 미선의 온상이라고 단정하는 것은 확실히 새로운 신앙에 귀의하는 자의 관점인 것이다.

그러나 당시 국교회 내부에서도 똑같이 성서에 의거하여 외부의 타 종파에 대해서는 수장(首長: '지상법'에 기초한)의 힘의 행사를 극력 삼갔으며, 소위 국교회 체제 내에 개혁파가 존재했던 것을 상기하지 않으면 안 된다. 캔터베리 대주교(1575년 이후) 에드먼드 크린탈은 그 대표적인 일례로서, 여왕 정부 내의 요인 중에서도 몇 사람의 동조자가 발견되는 정도였으니 오히려 이편이 시대의 주류인 것으로 생각된다. 여기에서 '체제 내'라고 하는 의미는, 그것이 어디까지나 주교제 내부의 개혁을 의도한 것으로, 장로제 및 기타 새로운 제도의 도입—예를 들면 토마스 카트라이트(T. Cartwright, 1535~1603)에서 볼 수 있는 것과 같이—은 어떠한 주교 제의 개혁도 회피하고자 하였다. 상술한 바와 같이 국교회의 현상에 대한 베이컨의 비판은 그것이 아무리 날카롭고 전면적인 것으로 보일지라도, 사실은 그 체제의 테두리를 넘는 근본적인 개혁—소위 종교개혁—과 연결되는 것은 아니었다. 오히려, 종교개혁에 대한 그의 태도는 비교적 명확한 것으로 그는 "새로운 교리의 도입은 …… 사람들의 지성과 신앙에 대한 폭정의 과시에 불과하다고 하였으며, 후에 엘리자베스 여왕 시대를 회상한 어떤 소품(小品)중에서는, 여왕이 행한 온건한 개혁이 성급한 개혁보다 낫다고 하면서 여왕 치세 동안의 '가장 위험한' 시책의 하나였다고 기록하고 있다. 베이컨이 무엇을 가지고 '위험'하다고 생각하였는가 하면, 그것은 여왕의 개혁이 신교도에 편승하여 '사도의 가르침은 진리에 가장 가깝다'고 가르치고 있었던 주교제의 해체를 위협하였기 때문이다. 그가 이렇게 '위험'시한 근거에 대해서는 두, 세 가지의 설명을 덧붙여 둘 필요가 있다. 우선 일반적으로 베이컨은 '새로운 교리의 도입'이 단지 사변적인 교의상(教義上)의 이단에 머무르는 한, 아무런 위험도 수반하지 않는다고 생각하였다. 그에 의하면 새로운 교리·종지(宗旨)의 출현이 참으로. '두렵게 되는 때는, 그것이 '정치적인 사건'과 결합하여 '통치체제에 커다란 변혁을 초래하는' 경우였다. 예를 들면 고대의 아리우스파(A.D. 4세기, 그리스도의 신성을 부정)나 근대의 아르미니우스파[Arminius: 캘빈의 예정설에 관하여 고머파(Gommer)와 대립]와 같은 경우는, "인간의 사상에는 커다란 영향을 끼쳤지만, 통치체제에는 그다지 커다란 변혁을 일으키지 못했기" 때문에 위험하지는 않았다. 베이컨에 의하면, 성직자가 '국왕이나 특정한 선정자(選定者)의 임용에 의하지 않고 시민에 의해서 선임(選任)되는 경우'에는 왕국에 위험이 생긴다. 즉, 베이컨은 국왕을 으뜸가는 수장(首長)으로 하는 국교회에 있어서는, 주교제에 대한 공격은 곧 세속적 왕제에 대한 공격의 서곡이 될 수 있다고 생각하였기 때문에, —'시민의 복지'를 해치는 '폭정의 과시'로서— 위험시하였던 것이다[런던탑에 투옥되었던 웬트워츠(P. Wentworth, 1530~1596)의 사건 참조]. 앞에서 무신론이 미신보다 낫다고 하는 것도 실은 "무신론은 지금까지 국가를 어지럽힌 일이 없다"고 하는 이유에 기초를 둔 것이다. 즉, "무신론은 사람으로 하여금 오로지 자신의 일선만을 생각게 하기 때문에 자신에 대하여만 마음을 깊이 쓰게 된다. 무신론에 기울어진 시대(시저의 시대와 같이)는 평화스런 시대였다는 것을 우리들은 알고 있다."

종교, 특히 청교도개혁에 대한 베이컨의 태도를 결정짓는 근본적인 사고방식은 우선 첫째로, 퓨리터니즘은 카톨릭적 미신과 똑같이 '사도(使徒)가 가르치는 진리'에서 벗어난 또 하나의 미신이며, '시민의 복지'를 해치는 '폭정의 과시'라는 것이다. 그가 카톨릭적 미신에 예봉을 가한 것은 첫째로는, 그것에 반발하여 청교도적 미신이 생겨났기 때문이었다. 즉, "미신을 피하려 하면서 미신에 빠지는 예도 있다. 이전에 받아들여졌던 미신으로부터 가능한 한 멀리 떠나는 것이 제일 좋다고 단순하게 생각하는 것이 바로 그것이다. 그러므로 독한 설사약을 먹은 경우와 같이 불순물과 함께 영양분까지도 잃어버리지 않도록 주의하는 것이 중요하다." 다음 둘째로, 그에 의하면 그와 같은 과격한 개혁에 대한 '단순한 생각'은 '민중이 개혁자가 되었을 때에 흔히 있는' 일이며, 일반적으로 말하면 "미신의 수괴(首魁)는 민중이며, 모든 미신에 있어서는 현명한 사람들이 우둔한 사람들의 뒤를 따른다"는 것이다. 셋째로, 이것은 가장 중요한 것으로, 국교회를 중심으로 종교의 일치를 달성하기 위해 자행한 무력행사 즉 '칼'의 사용방식에 대하여 음미한 것이다. 앞에서 본 바와 같이 베이컨은 온 인류가 하나가 되는 수단으로서 '사랑의 법칙'('영적인 칼')과 함께 '인간사회의 법칙'('세속적 칼')을 존중하나, '제3의 칼'('마호메트의 칼')의 사용은 절대로 피해야만 한다고 비관용적인 주교에 대해서 강력하게 부르짖고 있다. 그러나 거기에는 중요한 조건이 하나 설정되어 있었는데, 즉 전술한 '위험한 경우', 다시 말하면 '공공연한 부패나 국가에 대한 모반이 존재하는 경우'에는 '충분한 신중함을 가지고' 국교회의 수장이기도 한 '군주는 그 칼을 사용'할 수 있는 것이다. 그 뿐만 아니라 청교도개혁에 대한 베이컨의 태도를 그 전체의 맥락 속에서 볼 때, 그가 "그 칼을 인민의 손에 맡기는 것은 두려운 일이다"고 말하고, "인민의 손에 검을 갖게 해서는 안 된다"고 되풀이하여 강조하고 있다는 것을 잊어서는 안 된다. 따라서 국왕이 칼을 뺄 때 가져야할 '신중함'이라는 것도 결국은 다음과 같은 분열을 회피하는 교묘한 수단에 불과하다. 즉, "새로운 종지(宗旨)의 발생이나 종파의 분열을 피하는 데는 폐해를 개혁하고, 사소한 의견의 차이를 조정하고, 혹독한 박해를 사용하지 않고, 온건하게 일을 처리하며, 주요한 책동자를 폭압이나 가혹한 처벌로 노엽게 하는 대신 농락하고(잘 구슬리고) 부추기는 방법으로 제거해버리는 것이 가장 훌륭한 방법이다."

그런데, 다음으로 앞에서 서술한 베이컨에 대한 평가에 있어서 '공화국'으로 이어지는 측면에서 지적해 둔 몇 가지 사상적 요소에 관해서도 똑같이 새로운 검토가 필요하다. 가능한 한 앞에서(제2절) 논의하였던 순서에 따라 서술하면, 우선 귀족에 관해서 베이컨은 동시대의 스위스나 네덜란드의 실례에서 '귀족을 필요로 하지 않는 민주국'의 장점을 배우고 있었을 뿐만 아니라, 귀족이 역사적으로 '명예와 재산 사이의 일종의 불균형'에 빠지지 않을 수 없는 사회계층임을 인식하기까지 하였다. 그런데 적어도 영국에 관한 한, 그에 의하면, 귀족은 한편으로 '국왕에 위엄을 더해주는' 동시에 '국정에 협력하며', 다른 한편으로 '인민에게 생명과 활력을 불어 넣는 장점을 가지고 있고, 따라서 바람직한 것은 한편에서는 국왕의 권력을 없애지 않는 정도로, 다른 한편에서는 인민의 난폭함을 제지할 정도로 귀족의 위치와 힘이 유지되는 것이다. 그는 문벌 귀족이 갖는, 풍설(風雪)에 견디어 낸 옛 성채와 같은 고귀한 개인적 성격이 국왕에게 더욱 이용가치가 있다고 보고 있었던 것으로 생각된다. 다음에 상인은 앞에서 서술한 바와 같이 왕국에 영양을 공급하는 '문맥(門脈)'으로 중요시 되었는데, 그것은 그들에게 직접 부당(不當)한 세금을 부과하기보다는, '교역의 총액'이 줄지 않는 한도 내에서, 각 주에 대한 '상납금' 부과에 의해서 '국왕의 수입을 충당하기' 위한 것으로 부국(富國)의 견지에서 나온 것이라고 생각된다. 더욱이 평민에 관해서, 베이컨이 그들의 비천화(卑賤化)를 염려하는 것은 —즉 "귀족이나 신사(Gentleman)의 너무나 급격한 증가는 보통 사람을 가엾은 농민이나 노복으로 떨어지게 하여, 결국 신사를 위한 노동자에 지나지 않는 사람으로 만들어 버린다"고 말하는 것은— "극단적으로 되면 백 명에 한 사람 정도밖에 투구를 쓰는 데 적합하지 않게 되며, 특히 육군의, 중견인 보병이 되지 못하게 되는 것"을 걱정하였기 때문에, 결국은 강병(强兵)의 견지에서 나온 것으로 생각된다. 마키아벨리와 같이 베이컨도 용병은 영속적인 병력으로는 믿을 수 없다고 판단하고 "용맹한 기질을 갖춘 국민을 갖는 군주야말로 자신의 힘을 자각할 수 있다"고 말하고 있다. 베르길리우스(M.P. Vergilius, B.C. 70~B.C. 19)가 말하는 '정예(精銳)한 무기와 풍요한 국토를 겸한 나라' —그러기 위해서는 가래를 가진 경작자가 '본인 자신의 토지에 가래를 사용하게' 되기를 그는 희망하였다—야말로 그의 이상이었다. 요컨대 그것은 부국강병의 견지이며, 구체적으로는 영토·인구 면에서 타국에 뒤지는 영국이 빈농약병(貧農弱兵)의 프랑스왕국에 대하여 '중간인민(中間人民)'의 양병(良兵)을 가지고 대항할 수 있다고 생각하였다. 이러한 견해는 국내에 있어서 본국인, 타국인이 종사하여야 할 일의 구별에도 나타나고 있다. 일반적으로 본국인이 종사하여야 할 일거리로서는 토지경작자(귀족·젠틀맨 등의), 자유가신(自由家臣)—이것은 영국 외에 폴란드에 특유한 것으로서 '군사관계에 있어서는 자영농 (yeomanry)에 뒤지지 않는' 계층—의 일 및 단야공(鍛冶工), 석공, 목공과 같은 '힘센 남성적 기술직공'의 일거리가 주어지고 손끝으로 하는 '좌업(坐業), 옥내 기공(技工)'의 일거리는 —고대의 노예에게 할당된 일— 타국인에게 할당되고 있다. 이것이 강병책의 일환으로 생각되었던 것은 그의 다음과 같은 말 가운데 아주 명확하게 표현되어 있다. 즉 마지막으로 말한 종류의 일은 '그 성질상' 군사적 성격에는 확실히 적합하지 않다. 그리고 대개 호전적인 인간은 모두 게으른 자로서, 노동보다도 오히려 모험을 사랑하는 자들이다. 더욱이 그들의 사기를 떨어뜨리지 않기 위해서는 지나치게 이런 경향을 교정해서는 안 된다. 따라서 스파르타, 아테네, 로마 기타의 국가에서 국민이 노예를 사용하여 그와 같은 수공업에 종사시킨 것은 이들 국민에게 대단히 유리하였던 것이다. 또한 전술한 바와 같이 베이컨은 '국민'의 커다란 '빈곤'과 '불만'을 '반란'의 소인으로서 경고하고 있다—그는 "실로 배고픔에서 오는 반란은 최악의 것"이라고 말한다(1594~1598년의 영국의 기근 참조)—는 것도 그 근본적인 의도를 찾아보면, 사실은 그의 생각에 따르면 악역(惡疫)과 비슷한 것인 반란·내전을 예방·진압하기 위한 것이었음이 틀림없다. 그에 의하면 일반적으로 "반란의 원인내지 동인은 종교의 혁신, 각종 과세, 법률이나 관습의 변경, 특권의 박탈, 제반의 압정, 무능한 인물의 승전, 타국인, 결핍, 제대병사, 심한 파벌투쟁, 기타 대중을 선동하여 공통 목적을 위해서 그들을 결집시키는 모든 것"이나, 반란·내전으로 인한 이런 모든 것은 사회의 '병폐'로 취급된다. 그런데 반도의 두목·수령에 대해서는 "이러한 종류의 인물은 확실한 방법으로 정부 측으로 끌어들여 화해시키든가, 아니면 그 인물이 속한 당파 중의 누군가를 대립시켜 반목에 의해서 명성을 분할하도록 획책하여야 한다. 일반적으로 국가에 적대하는 모든 당파·결사를 무너뜨리고, 패싸움으로 분열시켜 서로 소원하게 하고, 또한 적어도 서로 시기심을 일으키게 하는 것은 나쁘지 않은 구제책이다." 나아가 군주는 "모든 경우를 염려하여 반란을 조기에 진압하기 위해서 한 사람 내지 몇 사람의 무용(武勇)있는 자를 측근에 두도록 하여야 한다." 즉, 베이컨은 궁극적으로 모든 것을 국가를 위한 치안구국(治安救國)의 견지에서 보고 있다. 반란·내전이 예외 없이 '병폐'가 되는 것은 대외전쟁과의 대조에서이며 국민의 소위 '비이성적' 본질에 기초한다는 것이다. 즉, "외국과의 전쟁은 운동에 따르는 열과 같은 것으로서 체구의 건강을 유지하는 데 유용"하지만, "내란은 실로 열병과 같은 것이다." 그리고 국민들이 지니고 있는 사회적 "불만은 인간의 육체에 있어서 체액과 같은 것으로서, 체액이 때때로 병적인 열을 내거나 염증을 일으키거나 하는 것과 같이 불만은 국가에 있어서 동일한 작용을 야기하는 것이다." 이러한 사회적 염증에 대하여 "군주는 이러한 불만이 올바른 것인가, 그릇된 것인가에 따라 그 위험도를 재서는 안 된다. 그것은 국민을 너무나 지나치게 이성적인 것으로 생각하는 처사이다." 더욱이 베이컨은 이와 같은 민중반란의 위험이 왕국에 대하여 절박하고 중대한 위기가 되는 것은, 첫째로 "상층계급에 있어서의 빈곤과 도산(倒産)이 하층계급에 있어서의 결핍 및 곤궁과 합치하는 경우", 또 하나는 "상층계급(귀족)이 기회를 보아 궐기하려고 기도하면서, 하층계급의 사람들 간에 불만이 일어나기를 조용히 기다리고 있는 경우"라고 지적하고 있다.

이상에서 부국강병, 치안구국의 관점에 입각한 왕국의 해외경제발전과 국내의 〈빈곤〉 구제에 관한 베이컨의 사상을 엿볼 수 있을 것이다. 그는 고대 로마제국과, 동시대의 스페인 왕국의 강국으로서의 위대함—'로마 사람이 세계에 진출하였다고 하기보다도 세계가 로마에 참가하였다고 말하고 싶을 정도'의 위대함—이 무엇으로부터 유래하는가에 대해 탐구하고, 그 위대함의 원인을 최대한의 이민족 귀화(시민권 부여), 식민거류지의 건설에서 찾고, 더 나아가서 그 수단으로서 해상권의 제패를 중시하는 것을 엿볼 수 있다. "확실히 오늘날 우리들 유럽제국의 해상에서의 우월한 이익—이것은 우리의 대영제국의 주된 천혜(天惠)의 하나로서—은 현저하다. 그 이유는 첫째, 유럽제국은 무릇 온건한 육상국이 아니라 그 주위의 대부분이 바다에 면하여 있으며, 둘째 이유는, 동·서 양(兩)인도의 부는 대부분 해상의 지배자에 속하는 것으로 생각할 수 있는 것이다"(영국의 동인도회사 설립은 1600년). 국내의 빈곤구제에 관해서 베이컨은 다음과 같이 말하고 있다. 즉 "금전은 비료와 같은 것으로 흩뿌리지 않으면 아무 소용이 없다. 그러기 위해서는 고리대금업자의 탐욕스러운 상업독점, 광대한 목장 등을 견제하는 것, 혹은 적어도 엄격히 통제하는 것이 필요하다." 그리고 구제를 위해서 특히 유효한 방책으로는 '무역의 자유와 균형, 매뉴팩처의 보호, 게으름의 절멸, 근검·절약정책에 의한 낭비와 사치의 금지, 토지의 개량과 경운(耕耘), 판매가격의 통제, 세금부과의 경감 등'이 있다. 상신(上申)한 자료까지 살펴보면, 거기에는 직물, 곡물매매, 인구분포, 도로건설, 습지대, 간척 등에 걸치는 구체적 방책에 대한 언급을 볼 수 있으며, 그가 후세에 '만성적 개혁론자'라는 별명을 받은 까닭을 알 수 있다.

사회경제사 연구가 가르치는 바에 의하면, 당시 전문직으로서의 법률가는 의사직처럼 매매·대차(貸借)의 대상이 될 정도로 유리한 직업이며, 또 중앙정청의 업무의 태반은 공록(公祿)을 먹는 국가 관료들에 의해서가 아니라, 종종 뇌물의 수수에 의거한, 정신(政臣)의 사적(私的) 고용에 관계된 가신(家臣)에 의해서 행해지고 있었다. 법조 출신의 정신 코스라는 베이컨의 경력을 상기한다면, 그가 얼마나 깊숙이 금전에 얽매어 있었는가 하는 것을 알 수 있다. 이미 30대에 "아무리 신분이 높은 사람이라 할지라도 몸을 굽혀 자신의 재산을 점검해 보는 것을 부끄러워해서는 안 된다"는 말을 하여, 일반적으로 부자가 되기 위해서는 사치를 삼가고 경상비지출을 수입의 3분의 1로 절약하지 않으면 안 된다고 말하고 있다. 사치스런 가옥을 건축하는 것이 유행하고 있던 당시의 정신들 사이에 몸을 담고 있던 때에도, "집은 살기 위해 짓는 것이지 보이기 위해 짓는 것은 아니다"고 말하며, 또한 정원에 값비싼, '사람들의 눈을 놀라게 하기 위한 조각상'을 장식하는 풍조에 대하여, 그것은 '정원의 참된 완상(玩賞)을 깨뜨리는 일이 많다'고 경계하고 있다. 이러한 베이컨에게 있어서 금전과 부는 이미 어떤 의미에 있어서도 경멸의 대상은 아니다—그는 "부를 경멸하는 사람을 너무 신용하지 말라"고 말하고 있다—는 것은 당연한 일이지만, 그는 또한 "많은 부는 분배되지 않는 한 아무런 실제적인 효력을 나타내지 않으며 단지 상상의 일에 불과하다"고 말하고 있고, "과시하기 위한 부를 구할 것이 아니라, 정당하게 축적하여 정직하게 사용하고, 기꺼이 나누어 주며, 흐뭇한 심정으로 남겨놓을 수 있는 부를 구할" 것을 권하고 있다.

그런데, 과연 무엇이 〈정당〉하고 〈정직〉한 것이며, 또한 무엇이 그 반대의 것인가 하는 부에 대한 그의 사회적 가치판단—곧 그의 정치경제학적 식견의 기초가 되는—이 나타나게 된다. 그에 의하면, "토지의 개량이야말로 부를 획득하는 가장 자연스런 방법이다. 그것은 우리들의 위대한 어머니인 대지의 은총이기 때문이다. 그러나 그것은 매우 더디게 이루어진다"(위의 마지막 구절과 같이, 그에 의하면 흔히 "선량한 수단과 정직한 노동에 의해서 획득되는 부는 이루어짐이 더디다"고 한다). '토지의 개량'이 경지의 개간을 주로 한다는 것은 두말할 필요도 없지만, 반드시 이에 한정 되는 것이 아니라, 양, 말, 목재, 철, 아연, 석탄 등 각종 공업원료, 동력원을 '끊임없이 공급한다는 점'에서 바다와 같은 대지의 개량을 의미하였다. 이 점이 베이컨에 있어서 소위 '자연'지배의 사상에 연결되는 것이다. 그런데 그것을 최선의 '가장 자연스런 방법'으로 취급한 배경에는, 당시의 영국의 농업생산의 성장이 현저한 인구증가를 따를 수 없다는 문제가 있었다. "한 나라의 인구가 …… 그것을 유지하여야 할 그 나라와 자원을 초과하지 않도록 주의 하여야 한다. 그리고 인구는 단지 숫자에 의해서 계산되어서는 안 된다. 소비하는 것이 많고 생산하는 것이 적은 소수인은, 생활정도가 낮고 벌어들이는 것이 많은 다수인보다는 국가를 보다 빨리 소모시킨다." 이러한 사태는 동시에 농산물 가격, 특히 곡물가격의 등귀와 빈민의 곤궁화의 원인을 이루는 것이었다. 따라서 상술한 바와 같은 광의의 '토지의 개량'—마침내 '자연'의 지배에 연결되는—은, '빈민의 구제'에 의한 '국가의 소모' 방지에 적절한 '가장 자연스런 방법'으로 세워진 것이기도 하였다. 토지의 개량에 의한 이러한 최선의 방법과, 반대로 부의 가장 '성실치 못한' 사용에 의한 가장 '정당치 못한 획득'은 베이컨에 의하면, 이식(利息)에 의한 방법이다. 그러나 이 점에 관한 그의 고찰은 그의 일생 중에서 비교적 크게 변하고 있었다는 것에 주목하지 않으면 안 된다. 우선, 당시 행하여지고 있던 이식(利息) 반박론 중 하나를 받아들이는 것으로부터 그는 출발한다. 즉 "고리대금업은 최악의 수단의 하나이지만 가장 확실한 이득수단이긴 하다. 그 이유는 〈다른 사람의 이마에 흐르는 땀으로〉 빵을 먹기 때문이며, 또한 주일에도 안식하지 않고 경작하기 때문이다." 뒤에 그는 이와 같은 이식반박론은 '기지에 찬 공격'이긴 하지만, 무이식(無利息)의 대차(貸借)가 현실적으로 행하여 질 수 있다고 꿈꾸는, 즉 다시 말해서 "그러한 의견은 유토피아적이다"라고 하여 거부하고, "이식은 〈인심이 각박하기 때문에 허용되는 것〉으로" 단정하고, 오히려 이식이 실제로 수행하고 있는 기능의 공과(功過)를 음미하여 다음과 같은 구체적인 방책을 제시하고 있다. 즉 일반적인 비교적 저율(5%)의 이자와 예외적인, 특허를 요하며, 특정인과 특정의 거래장소(주요 상업도시)에 한정되는 비교적 고율(9%)의 이자—단 일부 국고납입—의 조합이다. 전자는 '토지 가격의 하락'을 멈추게 하고 산업상의 '근면하고 유익한 개선을 장려하며' 이로부터 '국왕이나 국가가 받아야 할 조세의 감소'를 예방하게 되며, 한편 후자는 대상인(大商人)의 '거래를 계속하게 하고 활발하게 함과 동시에 국고를 풍족하게 한다는 점에 착안한 것이다. 저율, 고율 어느 경우에도 공통적으로 적용되는 착안점은 어디까지나 국부(國富)가 있어야 민부(民富)가 존재할 수 있다는 사상이다. 이 점은, 상술한 바 빈민구제에 의한 빈국(貧國)구계의 사상과 상통하는 점이 있다.

이와 같은 산업에 있어서의 '근면하고 유익한 개선'이라는 것이 사실상 어떤 의미를 갖는가하는 것은, 문헌자료에 따르면 명백하지 않다. 역사적 배경으로부터 고찰하건대, 그것들은, 종래 유럽 선진국으로부터의 수입에 의존하고 있던, 모직물공업에 불가결한 소쇄자(梳刷子) 등의 철제품, 전비를 위한 군수 금속제품 및 초석, 화약에 관련된 광산, 야금, 금속공업의 자립적 발전을 비롯하여, 기타 대륙 선진국으로부터의 새로운 산업(예를 들면 제지, 제당, 명반제조 등)의 도입, 혹은 재래분야에 있어서의 새로운 기술의 채용(제염업, 유리공업 등)이었다—즉, 국방과 자급자족산업의 발전이었다—고 생각되었다. 베이컨은, 카나리아제도의 최초의 사탕업자의 예를 들어, '발명이나 특권에 있어서 제1인자가 갖는 행운'에서 오는 부를 일컬어, "그러므로, 만약 사람이 판단의 힘과 발명의 힘을 겸비하는 〈참된 이론가〉의 본분을 발휘할 수 있다면, 그는 위업을 이룰 수 있으리라"고 말하고 있다.(이것이 그의 소위 '과학적 자연지배의 사상에 연결되고 있는 것은 명백하다.)

그런데, 사회적·정치적으로 '근면하고 유익한 개선'을 '장려'하는 사람은 누구이며, 발명자에게 '특권'을 부여하는 사람은 누구인가 하는 것이 절실한 문제가 된다. 이 점에 관한 베이컨의 의견은 비교적 세부에 이르기까지, 서간(書簡)자료에 명백하게 나타나 있다. 유독 독점특허장의 부여는 당시 가장 중요한 정치·경제적 사안(事案)의 하나이었기 때문이 다. 베이컨의 견해는 경제사 중 소위 초기득점시기의 위정자에 어울리는 것이었다. 즉 그에 의하면 원리적으로 "왕권에 대한 싸움은 전혀 없으며, 또한 있을 수도 없는 일"이고, 만약 만에 하나라도 그와 같은 징조가 나타난다면, 가차 없이 싹부터 제거해버리지 않으면 안 되며, 또한 이론적으로는 "국가의 공사(公事)에 있어서는 공정하고 온당한 방법을 취하는 것이야 말로 최선의 길"이며, "통치기구에 조금이라도 변경을 가하는 듯한 소리에 귀를 기울이는 것은 국가로서는 가장 위험한 것이다." 예를 들면 '웨일즈 지방의회의 사법권(재판관할권)'에 관한 문제를 논증한 어떤 소론에서, 그는 무릇 사법권이 의거하는 '옛적부터의 주요한 기초'인 국왕의 대권[당시 지방의 치안판사는 매년 갱신되는 중앙의 대법관재판소 발행의 수권서(授權書)에 기초하고 있었다]이 '문책당하고 흔들리게'되면, 그것이 단서가 되어 마침내는 '나라의 의회나 법률가들이 보다 많은 특권을 논의하는 길'이 열리게 될 것이므로, 따라서 그것은 '나라의 통치 전체에 관련된 혁신의 위험한 시초가 될 것이다'라고 말함으로써, 사법상의 지방분권에 강하게 반대하고 있다. 확실히 그의 소론(所論)을 상세하게 살펴보면, 주로 정치·군사적인 국제관계에 있어서 자국의 외교·안전보장의 문제는 상원(귀족원)에, 과세제정법에 관계되는 문제는 하원(서민원)에 할당되며, 특히 후자에 관해서는 민주국 네덜란드의 모범에 따라서 "어떠한 나라든지 국민에게 과도한 조세를 부과하는 나라는 대(大)독립국다운 자격이 부족하다"고 결론짓고 있다. 확실히 이러한 것은 사실일 뿐만 아니라, 앞에서도 언급한 1593년의 의회에서 베이컨이 잠시 특별세 결정에 관계되는 하원의 특권을 옹호한 변론—"만약 제안이 통과되면 신사(Gentleman)는 그들의 접시를 팔지 않으면 안 되며, 농민은 그들의 놋쇠와 냄비를 팔지 않으면 안 될 것이다"—은 여왕을 몹시 분노케 하는 것이었다. 이 점에서는 '언론의 자유'를 위해서 싸우다가 옥사한 피터 웬트워츠의 경우와 공통된 점을 느낄 수 있다. 그러나 베이컨의 경우에 그것은 타국과의 관계 및 자국 내 인민(주로 젠트리)과의 관계를 모든 면에서 부드럽게 하기 위한 것으로서, 의회의 소집·해산권을 비롯하여 결정적으로 중요한 권한은 전과 다름없이 모두 국왕 및 추기관(樞機官)의 수중에 귀착되고 있다. 예를 들면 의회에서 가결된 제정법의 시행을 유보하는 권한을 국왕에게 인정하는 소론(1606)에서 그것이 잘 표명되어 있다. 그 뿐만 아니라, '통치의 네 기둥'의 하나에, 의회에는 없는 진언(進言)이 언급되어 있었듯이, 베이컨은 작은 심의기관—그는 '예를 들면 무역, 재정, 소송 기타의 문제에 관한 위원회'의 상설(常設)을 권하고 있다—의 운영방법에 국왕의 '통치의 비결'이 숨겨져 있다고 말하며, 더 나아가서 왕가의 재정과 같은 경우에는, 위원회보다도 더 규모가 작은 대장상(재무부장관) 한 사람만의 감시에 위탁하는 것이 적당하다고 말하고 있다. 베이컨 사회사상의 다양하고 복잡한 참 모습이 조금이나마 그 전모를 드러내는 것은, 가장 심각한 사회경제의 문제해결 때문에 왕국이 정치적 위기에 직면해 있을 때의 그의 발언이다. 그것은 독점의 폐해뿐만 아니라 독점특허의 대권이 하원에서 문제로 되었을 무렵(1601)에 드러나고 있다[여왕이 즐겨 운영하였던 독점특허장의 교부는, 이것을 부여받은 자가 의회제정법의 조문(條文) 및 통례적인 생산·교역의 규정조항에 관계없이 특별히 행동할 권리를 갖는다는 점에서, 하원의 권리와 근본적으로 모순되고 있다]. 즉 그가 말하는 바에 의하면, 국왕의 대권에 의해서 여왕은 '제정법 기타에 의해 구속되고 있는 사항을 자유롭게 행사하고' 또, '자유로 와야 할 사항을 구속하는' 일을 행할 수 있다. 의회가 그것을 할 수 없다고 의결한다면 그것은 잘못이며, 수립된 관행은 준수되어야 한다. "삼가 여왕폐하께 복종하고, 청원에 의해서 신하의 고뇌를 구제해주기를 강하게 바라는 것이 지금까지의 관습이었다. 그 중에서도 그 구제책이 여왕의 패권과 가까울 경우에는 특히 그러하다." 앞에서 우리들은 빈곤구제의 일환으로서 그가 '독점의 억제'를 들고 있는 것을 보았으나, 그것도 실제로는 이와 같은 대권론을 배경으로 하고 있는 것이다. 이상에서 살펴본 바와 같이 베이컨에게는 젠트리, 농민 기타의 사회계층의 존재와, 그들 각자가 현실적으로 수행하고 있는 각기의 사회적 기능을 인식하고, 통치기구 전체 중에서 각 계층이 대표하는 하원, 상원 및 기타 기관이 차지하는 위치와 정치적 역할을 가능한 한 존중하면서, 국왕을 지상으로 하는 '훌륭히 규정되고 규제된 사회'상(像)에 맞추어 전체를 혼란 없이 부드럽게 질서를 유지한다는 것이 중요하였다. 소위 유선형(流線型) 개혁—밑으로부터냐 위로부터냐를 불문하고 무릇 개혁·혁신·혁명에 대하여—에 있어서 특히 중시된 것은 실태에 따른 적절함과 실제적인 효과라는 것이었다. 그러나 앞에서도 서술한 바와 같은 후진약소국 영국에 있어서, 국방을 위한 산업을 급격히 발전시키고, 또한 국내(특히 지방)의 치안을 유지하는 것은 어떠한 적절함이나 효과도 기대할 수 없을 만큼 극히 어려운 작업이었다고 생각된다.

6. 진보사상의 열쇠: 국왕대권론

앞서(제2절) 청교도 '공화국'혁명의 선구자로서의 영광스런 베이컨의 평가는 종교적 관용과 의회주의라는 두 관점이 상당히 퇴색되어, 베이컨사상의 전체 속에서는 전혀 다른 특별한 의미를 가지고 있었다는 것을 보여 주었다. 따라서 전술(제3절)한 바와 같이 자연과 사회에 대해서 힘의 사상가였던 패권주의적 유물론자로서의 베이컨 쪽이 오히려 실상에 가깝다고 생각할 수도 있다. 그러나 이것도 또한 너무나 일방적으로 —테크노크라트적 권력주의로— 채색된 정치가상(像)이며, 베이컨이 말하는 '영성(靈性)'과 '인간애'의 철학을 무시한 것이다. 확실히, 베이컨의 공적인 새로운 경험주의적 귀납법은 단지 자연현상에 국한되지 않고 널리 사회사상(社會事象)의 해명에도 적용되어야 하는 것이었지만(제3절 참조), 그는 그 새로운 방법에 의해서 독자적인 사회이론체계의 전개를 보이는 논저를 쓰는 데까지는 이르지 못하였다(종래 학설사를 취급한 대부분의 사회사상사 교과서에서 베이컨이 크게 취급되지 않고, 겨우 『뉴 아틀란티스』를 언급하여, 그것을 과학기술적 유토피아라고 하는 데에 그치는 것은 바로 이 때문이다). 그러나, 인간의 사회성 또는 개인의 덕은 사회를 통해서만 현실적으로 발현될 수 있다—"실로 인간성에 있어서 미덕의 커다란 보급은 훌륭히 규정되고 규제된 사회에 기대하지 않으면 안 된다"—는 통찰은 일찍부터 그에게 있었고, 그의 유명한 학문 분류 속에서도 '개인적'인 것과 구별된 '사회적' 인간학의 분야가 포함되어 있었다. 그러나 그 자신이 그것을 구체적으로 전개할 수 없었던 이유는, 첫째로는, 그가 당시의 왕조정치의 와중에 있어 그 일언일구가 직접 자타의 운명을 좌우할 정도의 사회적 지위를 차지하고 있었기 때문일 것이다. 사실 예를 들면, 『헨리 7세의 역사』 및 기타의 사서(史書)도 그와 같은 유의 왕조사의 효시를 이루는 것으로서 존중되고 있으나, 원래는 제임스 1세의 광휘(光輝)에 빛나는 계보를 찬양하기 위한 저술이었다. 또한 당시 신사의 필독서로서 널리 알려진 『에세이』에는 정치가로서 장구한 기간에 걸친 생활경험을 토대로 한 실천적 지식[세지(世智), 세재(世才), 견식, 통찰들]이 담겨 있는데, 그 초판에서 정치론을 찾는 것은 무리이지만, 후의 증보판 『정치·윤리의 에세이 또는 권고』에서 때로는 논제가 내정·외교의 시사문제에까지 미치는데, 그 경우에는, 자국 영국의 왕위 혹은 왕권 그 자체에 관해서는 —'구태여 아무 것도 말하지 않겠다.'는 식으로 비교적 의식적으로— 신중하게 언급을 회피하고 있다(공표된 저서에서 베이컨이 침묵하고 말하지 않았던 이와 같은 부분이 오히려 뒤에 그를 '영국공화국혁명'의 선구자로 해석하게 하는 여지를 남겨 주었다).

그런데, 일반론으로서의 그의 사회사상 —자연사상에 대해— 즉 인간성(人間性)·인간정신·정사(正邪)·선악·이기선(利己善)·공공선(公共善)·법 등에 관한 그의 사상은 출판된 종합저작만으로도 비교적 명확하게 나타난다. 그것은 국왕을 최고로 하는 '훌륭하게 규정되고 규제된 사회상'(앞 절 뒷부분 참조)에 맞추어 인간성을 질서지우고자 하는 근본적 지향(志向)에 의해서 방향 지어지고 있다. 몇몇 조항에 대하여 약술하면 아래와 같다. 즉 우선 '인간정신'에 관해서는, 텔레지오와 나란히 스승으로 숭앙하는 이태리 학자 고젠치아(1509~1588)의 소설에 따라서, 신의 손길에서 유래하는 이성적 혼과, 제 원소(原素)에서 유래하는 비이성적 혼이라는 두 가지 혼이 있다고 주장하면서도, 정신적 제 기능의 기원을 심리학적·생리학적으로 규명하여야 한다고 —이것은 당시 아직 미개척의 분야였다— 제창하였다. 여기에서는 정신현상에 대한 경험주의적 방법의 적용과 함께, 전통적인 혼에 대한 이분론의 형태로, 앞에서 말한 '신 또는 신의 대리인'으로서의 국왕과, '비이성적인' 인민의 대립의 이론화가 배태되어 있다. 두 번째로 윤리에 관해서는, 논리가 지력(이성)에서 나오는 것이라고 한다면, 그것은 의력(의지)에서 나오는 것이며, 선에 인도되고 올바른 이성으로 제어된 의지는 정념(情念)의 '박차'에 도움 받아 지체(肢體)를 '하인'과 같이 움직임으로써 행동으로 나타나게 된다. 따라서 선의 이론과 함께 그것이 구호만으로 끝나지 않기 위해서는, 정념을 비롯한 인성(人性) 각 부분의 실제적 훈련이 반드시 필요하다. 그런데 그 '선'의 이론을 근본적으로 파고 들어가면, 인간정신을 포함하여 모든 것은 '그 자체가 전체인 선'과, '보다 큰 전체의 일부인 선'의 두 가지, 선으로 본성을 높여가는 성질을 가지고 있다. 즉 '개별적인 선'과 '공통적인 선'의 두 가지로서, 전자의 '이기적인 선'보다 후자의 '서로를 위한 선'쪽이 가치가 높을 뿐만 아니라 효력도 크다. 어떤 선이든지 선이 되는 행위가 곧 올바른 행위인데, 그 올바름은 신의 목소리 혹은 양심의 목소리에 의해서 알려지며 —자연법은 본능 또는 자연의 빛에 의해서 인간 속에 나타난다— 더 나아가서, 옳다고 알려진 것을 행하려는 의지를 갖게 하는 것은 신적 의지에로의 귀순(참가) 또는 선에 대한 본성적 욕구(경향)이다. 이들은 누구에게든지 인성상(人性上) 갖추어져 있는 능력이므로, 자연법은 만인 가운데에 보편적 합의에 의해서 나타난다. 여기에서는 아직 윤리학이 기독교신학으로부터 절반 정도 밖에 독립해 있지 않은 —홉스 이전의— 낳은 그대로의 모습이 보일 것이다. 여기에서 '절반 정도'라는 것은, 윤리적 인식이 '신의 목소리 또는 양심의 목소리'에 의한 것이고, 윤리적 결의가 '신적 의지로의 귀순 또는 선에로의 본성적 욕구'에 의한 것이며, 각기 절반은 천상으로부터의 신적 계시에 의해서, 절반은 지상의 자연적 이성에 의해서 설명되고 있기 때문이다. 이 이성은 인성의 매체에 의해서 굴절된 신의 빛의 반사라는 의미에서, 인간에 있어서 '자연의 빛'이라고 불려진다. 이러한 의미에서는, 베이컨의 소위 실험적 방법도 말하자면 굴절·반사에 의한 신의 빛의 편향을 바로잡아 그 참빛을 가져오게 하기 위한 방법이었다고 해석되는 것이다. 인성과 윤리에 관한 이와 같은 성·속(聖俗) 2계(界)의 기본적 관계는 '서로를 위한 선'에 대한 개념을 매개로 하여 기타 제반의 사회문제에 관한 베이컨의 사상에 나타난다. 우리들은 앞에서 베이컨이 말하는 '자연법'의 '자연'이 무엇을 의미하는가에 관하여 해답을 보류해 두었으나(제3절 끝부분), 그것은 근본적인 사고 위에서, 영구법(永久法)으로의 참가라는 중세 자연법의 '자연'의 의미에서 이탈하는 것 또한 절반이었다고 말하지 않으면 안 된다.

계속해서 셋째로, 법에 관해서 말한다면, 전술한 바, 이런 종류의 논제에서는 영국 국왕의 대권 그 자체에 대한 직접적인 언급이 신중히 회피되고 있지만, 법조계 정치가인 그에게는 생전에는 출판되지 않았지만, '직업적 저작'으로서 법학관계의 잡다한 저작이 있다. 그 중에서도 영국법의 '과실(果實) 바구니'라고 불리는 때의 『법의 공리』가 가장 유명하고 중요하다. 이 논저는 1630년에, 다른 논문과 함께 『관습법원리』라는 제목으로 공간되었는데, 후에 만년의 홉스에 의해서 비판의 직접적인 대상이 되었기 때문에, 법에 관한 두 사람의 견해 차이를 잘 보여주는 것이다. 베이컨에 있어서, 관습법(불문법)은 법률가의 숙련된 이성에 의한 사회관습의 해석에 기초한 판례의 체계였으나, 제정법(성문법)주의의 홉스에 의하면, 그와 같은 설명은 지어낸 이야기에 불과하고, 원래 법이란 주관자의 명령 이외에 아무 것도 아니다. 관습법 가운데 정비되지 못한 혼란을, 전자가 재해석의 체계화에 의해서 수정하고자 한 데 반하여, 후자는 전혀 다른 법 원리에 기초하여 그러한 혼란을 근본적으로 일소하려고 하였다["받아들여지고 있는 법을 함부로 변경하는 것은 해롭다"는 몽테뉴(1533~1592)의 관습존중의 정신을 계승하여 베이컨은 "신기한 것은 거절해서는 안 되지만 경계하지 않으면 안 된다"고 말하고 있다]. 홉스의 평론 재목에 어울리게 전자 『법의 공리』의 저자 베이컨을 직업법률가의 입장이라고 부를 수 있다면, 후자 홉스는 '철학자'의 그것이다. 사실 『법의 공리』는 그 속에서 저자 자신이 말하고 있는 것처럼, "단지 효용만을 위한 저작이고, 어떤 신기(新奇)한 과장, 방법, 용어, 전거(典據), 창시의 영예를 가진 작품은 아니다. 그리고 이러한 것은 법학자의 임무로서 베이컨이 시종 견지하고 있는 태도였다. 그는 법학자의 임무는 '변화보다는 오히려 정리와 해명에 있다'고 하고, 또한 '법 자체가 아니라 법의 기재법에 관한 사항'에 있다고 되풀이하여 기술하고 있다. 따라서 앞의 '효용만을 위해 바쳐졌다'는 것은, 현존하는 판례의 취급에 있어서 판단하기 어려운 것과 복잡한 것은 법의 유효한 기능을 방해하는 것으로서 제거되지 않으면 안 된다는 것이다. 다시 말해서 현행 법질서 자체에는 손을 대지 않을 뿐만 아니라, 그것을 한층 더 실효성 있게 한다는 것이다.

그러나 오늘날 어떤 의미에서는 '법 개혁'으로 받아들여지는 베이컨의 '개혁사상'은, 역사가에 의해서, 소위 대반란(1642~1660)에 있어서 법이 혁신사상에 연결되는 선행형태로서 설명되기 쉽다. 왜냐하면, 베이컨 다음 세대에 있어서 영국혁명기의 최대 장점의 하나는 법률가의 소송수속에 있어서의 번잡, 지체, 불명료한 점 등이었기 때문이며, 한편 오랜 기간 동안 내려온 관습법은 정연치 못한 많은 점을 포함하면서도 국왕의 대권행사에 대한 제어장치의 역할을 하고 있었기 때문이다. 그 외에도 베이컨의 법 개혁 속에서 사법행정의 지방분권화의 사상을 간파해볼 수 있다고 하는 해석자까지도 있다. 확실히 베이컨 자신 부정한 판결로 공평을 뒤엎어 소태와 같이 쓰게 만들고 정의를 땅에 떨어뜨리는 자(아모스서 5:7), 또는 지연시켜 '결국 흐지부지 끝내버리는 자'가 있다고 비난하며, 사법관직으로서 지녀야 할 자세에 대한 에세이를 쓰고 있다. 뿐만 아니라, 시편에서 '악인에게 그물을 내려치시리니'(시편 11:6)라는 구절을 인용하면서, 가혹한 형법, 시대에 뒤진 형법이 마치 '그물'과 같이 민중들에게 던져져서는 안 된다고까지 말하고 있다. 이러한 것을 하나하나 따로 떼어서 읽으면 대반란의 선구자로서의 베이컨에게로 인도되는 것은 쉬운 일이다(Ch. Hill, 트레버-로우퍼). 그러나 한편 베이컨이 1641년에야 겨우 폐지된 중앙고등법원, 성실청(星室廳)을 '왕국의 최고의 영지(英智)와 고귀함을 갖춘 제도의 하나'로 들고 있는 것도 또한 사실이었다. 더구나 성실청은, 앞의 보통재판관이 제3등급의 명예를 가진 '직무적격자'였다면, 제1등급의 '국무를 분담하는' 기관이었다.

그러면 이상의 상이한 두 면을 근거로 하여 어떠한 결론을 내려야 할 것인가? 여기에서는 우선, 홉스와의 비교에서 '직업 법률가의 입장'이 전체 속에서 차지하는 위치에 대하여 생각해 보기로 하자. 그것은 베이컨 자신이 분명한 언급을 회피한 논제, 즉 국왕의 주권문제와 관계가 있다. 베이컨은 사법관의 직무는 '법을 기술하는 데' 있지 '법을 선포하는 데' 있지 않다는 것 즉 법률을 해석하는 데 있지 법률을 제정하는 데 있지 않다는 것을 여러 차례 되풀이하여 말하고 있다. 법을 제정하는 '입법자'의 명예는 —'건국'의 명예 다음으로— 주권자에게 귀착되어야 하며, 법을 선포하는 지혜는 법을 다루는 지혜와는 엄격히 다르다. 베이컨은 "율법은 정당하게 다루어지기만 한다면 좋은 것입니다"(디모데전서 1:8)고 하는 구절을 인용하며, 소위 그 초법규적인 법의 '이치(理)'는 12동판법의 마지막 구절을 흉내내어 '국민의 안녕'에 있다고 하고 있다. 베이컨에 의하면, 국왕과 사법관 사이에 지켜야 할 관계를 훌륭히 나타내고 있는 것은, 양 옆의 약간 아래쪽에서 두 마리의 사자에 의해서 떠받쳐지고 있는 솔로몬의 옥좌이다. 사법관은 주권의 어떠한 부분도 해치지 않아야 하며, 또한 저항해서도 안 된다. 여기까지 오면 벌써 그의 전체 사상 속에서 '직업 법률가의 입장'이 차지하는 위치는 명백해진다. 즉, 베이컨에 의하면, "철학자는 공상적인 나라의 공상적인 법을 만들기 때문에, 그 말하는 바가 별처럼 너무 높아서 빛을 내지 못한다. 이와 반대로 법률가는 현실적으로 존재하는 나라의 있는 그대로의 법에 대해서 쓰는 것이지, 어떤 있어야 할 법에 대해서 쓰는 것은 아니다. 왜냐하면, 법률가의 지혜와 입법자의 지혜는 전혀 다르기 때문이다." 이리하여 입법자, 즉 국왕에 대해서 말한다면, 국왕의 주권은 선행하는 어떤 법이나 계약에 기초하여 성립한 것이 아닐 뿐만 아니라, 자신이 정한 선례를 표기하는 것도 위법이 아니며, 오히려 시간이 흐름에 따라 항상 법을 —파괴하는 것이 아니라— 초월하여 나아가야만 한다. 이렇게 범위를 확대하여 해석해보면, 앞에서 홉스와의 차이점에 대해서 말한 것이 부분적이고 일면적이었다는 것을 알 수 있다. 왜냐하면 베이컨은 사법과는 구별된 입법의 견지에 있어서는, 그도 또한 법이란 주권자의 명령 이외의 그 어떤 것도 아니라고 하며, 더욱이 여기에서는 관습, 판례를 넘어선 차원에서의 법원리가 고찰되고 있기 때문이다. 따라서 홉스와의 비교를 계속한다면, 당연히 입법의 주권이 누구에게, 어떻게 그리고 어떤 의미를 가지고 귀속되는가를 고찰하는 것이 문제시될 것이다. 베이컨은 그것이 세습의 군주내지 국왕에게, 단지 신의 성스러운 권위에 의거하여 어떤 선행하는 세속적 계약도 없이, 그리고 국민의 복지와 안녕을 점차로 전보시키기 위한 권력으로서 귀속된다고 생각하였다. 유명한 그의 『학문의 진보』를 위한 권력에 있어서도 또한 일관되게 국왕의 대권에 기대를 걸고 있는 것이다. 앞에서 우리들은, 당시의 영국왕국과 베이컨이 꿈꾸고 있었던 '지상의 천국'을 결부시키는 열쇠가 되는 개념이 다름 아닌 '국왕'이라는 것을 지적하였다(제4절). 그 '국왕'이란 실로 위에서 기술한 바와 같은 의미에서의 군주이며, 그래서 다른 경우에는

'쉽지 않은 악덕'인 '자기본위'가 군주의 경우에는 단지 허용될 뿐만 아니라, 고유한 미덕으로 여겨지는 것은 (p. 110~114 참조) 이상과 같은 이유에서였다.

마지막으로, 앞에서도 그 중요성을 수차 지적했던 베이컨에 있어서 자연과학 '혁명'이 갖는 사회사상사적 의의에 대하여 말해보기로 하자. 이 점은 베이컨에 대해 전통적인 평가를 내리는 데 중요한 계기를 이룬 것으로서, 왕립협회 초창기의 자연과학자들이 베이컨을 환영했던 이유이기 때문에 더욱 중요하다. 우리들은 지금까지 그의 사상의 전체구조를 훑어오면서, 저 유명한 그의 '선입견론'이 카톨릭 대중의 미신과 그것에 인도된 당시의 제 학문에 대한 비판을 의미하고, 그가 제창하는 토지개량과 새로운 산업이 소위 과학기술적 자연지배의 주장과 연결되며, 마지막으로 대체로 '학문의 진보'의 사상은 그 실현을 국왕의 대권에 기대하는 취지로부터 나온 것이었음을 살펴보았다. 이러한 것들로부터, 우리는 자연연구의 아카데미아를 나폴리에서 개최한 창시자인 텔레지오보다도 베이컨이 학문 진보의 마키아벨리스트에 더 가깝다고 하는 인상을 받을 수 있다. 아마도 이편이 실상에 가까울 것이다. 사실, 주저 『학문의 진보』를 문예왕 제임스 1세에게 바친 베이컨은, 한 나라 학문의 대계는 '국왕의 사업'이라고 되풀이하여 강조하며, 흔히 유토피아 서적으로 알려져 있는 『뉴 아틀란티스』에서도, 학문의 빛을 찾으며 '인간 자립국(自立國)의 영역을 확장하고자 하는' 사람에게 먼저 필요한 것은 가부장적 통치에 의해서 관리되는 질서 잡힌 사회라고 말하고 있다. 책 속에 있는 솔라모나 국왕은 다시 말해서 제임스 1세였으며 유토피아적인 이야기는 아닌 듯싶다. 베이컨이 자연과학자로서 자연에 대하여 말하고 있는 것이 아니라 대법관으로서 자연과학에 대하여 말하고 있다고 한 동시대의 의사 하비(W. Harvey, 1578~1657)의 평가는 베이컨의 참 모습을 재치 있게 표현하고 있는 것이다. 초창기 왕립협회의 지도자이며, 또한 기계론적 자연관의 형성자이기도 한 보일(R. Boyle,1527~1591), 올딘버그, 후크(R. Hooke, 1635~1703) 등이 베이컨주의를 표방하였을 때, 그들이 의미한 베이컨도 기계론적 자연연구의 선구자로서의 베이컨이라고 하기 보다는 오히려 학문경세가, 과학정치가로서의 베이컨이었다고 생각된다. 그러나 상세한 내용은 자연사상사 및 기타 분야에 양보하기로 하자.

[부기] 본고는 필자의 敎대학 박사학위 논문 가운데 베이컨의 사회사상사에 관한 부분이 주요 내용을 이루고 있다.

제2장

영국 시민사회 사상의 성립

1. 청교도혁명의 사상사적 의의

17세기의 영국은, 청교도혁명과 명예혁명으로 상징되는 혁명과 동란의 세기로 알려져 있으나, 그것은 또한 영국이 상업과 항해를 통해 세계로 진출하여 세계제패의 기초를 이룩한 시대이기도 하다. 17세기의 영국의 사상은 왕성한 활력에 차 있었으며, 거칠고 미완성된 맹아적 형태이기는 하나 날카로우며, 본질적으로 근대사회의 근본원리를 표현할 수 있었던 하나의 배경을 이루었고, 이 시대 인간의 공통적인 관심사를 한 마디로 표현 한다면 그것은 '신앙과 상업'의 문제였다고 말할 수 있을 것이다.

서구 중세사회는 소위 '기독교적 통일문명사회'로서, 신을 정점으로 하는 전일자(全一者)의 원리와 함께, 국가가 교회의 원리에 따라서 구성되어 있었던 점이 그 기본적인 특징이었다. 그것은 교회가 하나님의 섭리에 따라서 조직된 것과 같이, 국가도 하나님의 섭리를 기초로 하여 구성되고 통치된다는 것이었지만, 중세 말기 이래 점차 현재화(顯在化)한 〈교회와 국가〉간의 이해의 대립은, 그것이 계기가 되어 일어난 종교개혁에 의한 개인의 양심의 지각과 함께, 그때까지 서구의 국가관이 한결같이 전제하고 있었던 교회적 국가관으로부터의 해방을 촉진하게 되었다.

근대 시민사회는 무엇보다도 이러한 '교회의'질서원리에서 해방된 '세속적' 국가로서 탄생하였으며,[1] 이와 같은 교회적 질서로부터의 해방을 가능하게 한 또 하나의 배경으로서는 15세기 말부터 활발하게 진척된 지리상의 발견을 계기로 한 상업의 발달을 들지 않으면 안 된다.

16세기부터 18세기에 걸쳐 스페인, 포르투칼, 네덜란드, 영국, 프랑스 등의 서구제국이 신대륙 아메리카를 무대로 행한 세계적 상업 패권싸움과, 그것으로 상징되는 '상업과 해운'의 발달은, 그때까지의 국지적인 봉건사회와는 다른 새로운 근대적 상업사회로서의 시민사회의 형성과 자기인식을 낳게 하였다.

이와 같은 세속적·상업적 사회로서의 근대 시민사회형성의 계기가 된 것이 근대 최초의 선구적 시민혁명이라 불리는 영국의 청교도혁명이다. 청교도혁명은 1642년부터 60년에 걸쳐 영국에서 전개된 내전으로, 그것은 그때까지의 전통적인 교회적 국가관에서 해방된 세속적·상업적 사회로서의 시민사회의 탄생을 알리는 것이었다. 원래 청교도혁명은 직접적으로는 '로마에서 분리되어 나온 카톨릭'으로서 다분히 국가=교회정치적 색채를 띠고 있던 국교도(Anglican)에 대항하는 비국교도(Puritan)의 투쟁으로서, 퓨리터니즘과 국교주의의 두 종파중의 어느 쪽이 영국을 지배할 것인가를 결정하기 위한 종교전쟁이었다. 그러나 그것은 단순한 종교투쟁에 머무르는 것이 아니라, 실제로는 오히려 국교도와 보수적인 영주의 반동 세력에 의해서 방어되고 있던 찰스1세의 전제지배에 대하여, 요먼(독립자영농민)과 진보적인 젠트리를 주체로 하는 신흥 부르주아계급이 봉건적인 구질서를 고수하는 국가권력을 실력으로 전복하고, 국가권력을 신흥계급의 수중에 장악함으로써, 자본주의의 자유로운 발전을 가능케 하는 사회혁명으로서의 성격을 갖는 것이었다. 청교도혁명이 종래 배심재판도 없이 개인을 투옥하거나, 개인의 동의 없이 터무니없는 세금을 부과하고, 개인의 재산을 자의로 몰수하거나, 영국의 오랜 의회제도를 파괴하고자 하였던 찰스1세와, 그와 손을 잡은 반동세력에 대해 신흥 시민계급이 보편적인 자유를 회복·획득하기 위해 치룬 투쟁이었다고 하는 이유가 바로 여기에 있다.

청교도혁명의 사상적 특징은, 청교도들의 그러한 부르주아적 자유가 그들 자신이 신앙을 통해서 발견한 인간의 양심에 대한 자연권적 관념에 기초를 둔 점에 있지만, 실제로는 청교도들도 처음부터 이러한 양심의 자연권적 관념에 의거하여 '보편적인 자유'를 주장한 것은 아니었다. 혁명의 초기에 청교도들이 혁명의

---

1) 시민사회라는 어의를 이루는 civil이라는 말 속에는, 이러한 비교회적=세속적이라는 의미 외에도, 문명적(civilized)이라는 의미가 있으나, 미개·야만 사회에 대한 문명사회로서의 시민사회의 개념이 일반화한 것은, 시민사회의 기원이 미개사회와 문명사회의 대비적 고찰을 통하여 의문시된 18세기 이후라고 말할 수 있다.

기치로서 높이 추켜세운 것은, 노르만정복 이전에 앵글로 색슨족이 오랫동안 향유하고 있었다고, 당시의 앵글로 색슨족이 뿌리 깊게 믿고 있었던 '옛적부터의 제 권리와 제 자유'의 관념이었다. 노르만정복 이후 1688년까지의 영국인들은 청교도혁명 좌파인 수평파(The Levellers)나 경작파를 포함하여 한결같이 이러한 '잃어버린 옛적부터의 제 권리와 제 자유'의 회복을 찾아, 그 기치 하에 일어났던 것이다. 그러나 그들은 혁명의 과정에서, 혁명의 실제적인 교훈을 통해서 점차 이러한 마그나 카르타(대헌장) 이후의 '옛적부터의 제 권리와 제 자유'의 실태가 그들이 확립시키려고 한 여러 가지 자유를 그들에게 보증하기는커녕,[2] 어디까지나 국왕에 대한 복종을 대가로 하는 일부계급의 예외적 특권내지, 법의 지배로부터의 면제에 불과하다는 것을 알게 되었다. 그간의 사정은 청교도 좌파인 수평파가 투쟁의 과정에서 점차 마그나 카르타에 대한 평가를 바꿈에 따라서, 즉 마그나 카르타나 관습법(Common Law)은 '노르만의 국왕에게서 되찾은 시민의 권리와 자유의 일부에 불과'하며, 더욱이 그것은 '인간으로서의 권리보다는 오히려 재산에 대한 권리를 지키기 위한 것으로' 실제로는 시민에 대한 억압과 예속의 표시에 불과하다고 생각함에 따라서, 법으로부터 해방되기 위해서는 '역사 그 자체가 심판받지 않으면 안 된다'고 하고 있었던 것에서도 분명하다.[3] 따라서 그들은 마그나 카르타나 관습법 대신에 그들이 자신의 신앙을 통해서 찾아낸 양심의 자연권적 관념에 호소함으로써, 인간이 인간인 한 모든 인간이 갖는 '자연적 자유'(natural liberty)의 관념을 확립하였다.

근대의 부르주아적 생산관계가 요청하는 보편적 자유의 관념은 이 자연적 자유의 관념 위에서 성립 되었으며, 그들은 이와 같은 양심의 자연권적 관념 위에서 인간의 자기보존의 자연권까지도 이끌어냄으로써, 그 위에서 사회구성의 원리를 전개하기조차 하였다. 예를 들면, 리차드 오버톤은 「자유로운 시민에 대한 하원(下院)의 호소」(An Appeal from the Commons to the Free People, 1647) 속에서, "모든 생물이 일체의 억압으로부터 자기를 보존하는 것은 신의 손길이 인간

2) Hill, Christopher, *Puritanism and Revolution*, London, 1958, p. 76.

3) Robertson, D.B., T*he Religious Foundations of Levellers Democracy*, New York, 1951, p. 113~116. Hill, 앞의 책 , p. 75 f.

의 마음속에 새긴 자연의 근본원리이므로, 만인이 일체의 억압으로부터 자신을 방어하는 것은 의문의 여지가 없는 이성의 원리이며, 그것을 부정하는 것은 자연법을 부정하는 것"[4] 이라고 주장하고 있다. 그들은 이러한 '자연의 근본적인 이성적 원리'로서의 자연법에 의거한 자연권의 관념 위에서 시민의 저항권을 정당화하고 있었을 뿐만 아니라, 그와 같은 권리주체로서의 시민의 '동의'에 기초한 자발적인 사회로서의 시민사회의 관념까지 이끌어 내고 있었다. 당시 청교도 사회관의 특색의 하나는, 그들이 신봉하는 '교회 계약'의 모델에 따라서 '자유로운 국가'의 관념을 구성하고 있었던 점에 있으나, 그들이 말하는 바, '시민의 동의'라고 하는 관념 속에는 명백히 정부의 활동을 제한하고, 권력의 간섭으로부터 개인의 자유를 지키려고 하는 지향조차 존재하고 있었다. 예를 들면, 아이어튼(H. Ireton, 1161~1651)은 "정부는 필요악이며 인간의 타락의 결과이므로 폐지할 수는 없으나 제한할 수 있으며, 그 침략에 대해서 개인을 옹호할 수 있을 것이다. 시민의 동의의 공적은 이러한 결과를 달성한 점에 있었던 것"[5]이라고 기술하고 있다. 이러한 사고방식이 개인의 자유라는 관념을 전제하고 있는 것은 분명하지만, 청교도혁명의 권리선언이라 할 수 있는 1648년의 '시민협약'(The Agreement of the People) 속에는, 양심의 자연권적 관계에 기초한 이러한 새로운 사회관의 특색이 이미 비교적 명백히 표현되어 있다. 우리들은 이러한 양심의 자연권적 관념을 기초로 한 청교도의 사회관 속에서, 그들 자신이 혁명의 초기에 의거하고 있었던 역사적 신화학(神話學)으로부터 〈선례〉 아닌 〈이성〉에 기초한 정치철학에로의 이행을 엿볼 수 있다. 그들은 인간의 천부적인 자연권의 관념 위에서, 근대의 시민적 사회관계가 요구하고 있던 보편적 자유에 대한 관념을 이끌어 냄으로써, 영국에 근대적인 시민사회를 수립하는 한편, 그 〈자연권 철학〉의 정선을 바다 저편에 전함으로써, 미국혁명과 프랑스혁명을 사상적으로 고취시켰다.

---

4) Woodhouse, A.S.P., *Puritanism and Liberty*, London, 1938, p. 324~325.

5) 같은 책, Introduction. p. 71.

2. 홉스의 시민적 국가론

1) 이기심의 해방

청교도혁명은 이처럼 영국의 시민사회형성에 있어서 역사상 획기적인 사건이었는데, 이 혁명의 와중에서 혁명의 격동을 눈앞에 보면서 새롭게 태어나고 있던 시민사회의 기초 원리를 명백히 한 사람은 새로운 '시민적 철학'의 건설자라고 일컬어지는 토마스 홉스였다.

주지하는 바와 같이, 홉스는 그의 주저 『리바이어던(Leviathan)』(1651) 및 기타 저작 속에서, '인간은 인간에 대한 이리'라고 하며, 인간의 자연상태를 '만인에 대한 만인의 투쟁상태'로 규정하였다. 그가 이와 같은 자연상태관으로부터 출발한 것은 그때까지의 사회관이 상정하고 있던 자연질서에 대한 실재관을 부정하고, 전통적·공동체적 연계를 단절한 위에서 다시 자유롭고 평등한 개인으로부터 이루어지는 새로운 사회관계를 구상하기 위해서였다. 그가 『리바이어던』에서 "만인에 대한 만인의 투쟁에서는 어떠한 경우에도 부정(不正)이란 있을 수 없다. 정(正)·사(邪)·정의·불의의 관념은 거기에 존재할 여지가 없다. 공통의 권력이 존재하지 않는 곳에 법은 존재하지 않으며, 법이 없는 곳에 불의는 없다. 전쟁 시에는 힘과 기만이 두 가지 주요한 덕이다. 정의와 불의는 육체의 능력과 정신의 능력의 어디에도 속하지 않는다.…… 또한 전술한 상태의 필연적 귀결로서, 거기에는 소유권도 지배권도 없고, 〈나의 것〉과 〈너의 것〉의 구별도 없으며, 단지 자신의 손에 넣을 수 있는 것만이 각자의 것이나 그것은 그가 소지할 수 있는 동안만의 일"(제13장)이라고 말한 것은 그 때문이었다. 그는 이렇게 자연상태에 있어서의 모든 법의 타당성[6]을 부정함으로써, 갖가지 신분적 제약에 속박되어 있던 개인을 해방시킴과 동시에, 인간을 있는 그대로의 자연의 욕구에 따라 살아가는 존재로 포착하는 것에서 문제를 시작하였다. 그에 의하면 인간에게 있어서 생존유지야말로 모든 규범에 우선하는 최고의 선이며, '인간은 그 자신의 자연, 즉 자신의 생명을 유지하기 위해서 자의대로 그 자신의 힘을 사용하는 자유'(제14장)

---

6) 홉스가 자연상태에 있어서의 자연법의 존재 그 자체를 부정하고 있었는가, 아닌가에 대해서는 워렌더 및 기타의 이론(異論)이 있으나, 그 타당성을 부정하고 있었던 것은 확실하다.

로서의 자연권(Jus Naturale)을 갖는다.

이러한 홉스의 사고방식은 개인의 욕구를 유일한 가치원리로 보는 사고방식이며, 더욱이 그는 이러한 인간의 자연적 욕구에 합치하는 인간의 욕망내지 원망(願望)의 대상을 선이라 부르고, 증오내지 혐오의 대상이 되는 것을 악이라고 부름으로써 선악의 기준 그 자체를 주관적으로 상대화하는 한편, 개개인이 선악의 궁극적 심판자라고 하였다.

홉스는 이렇게 자연상태에 있어서의 모든 법의 타당성을 부정한 다음에, 인간의 자연(自然)에 속하는 생명유지라는 자연의 제 원리로부터 출발함으로써, 그 위에 시민사회의 형성원리를 구축(構築)하려고 하였다. 그러나 자연상태에 있어서는 만인이 만물을 자유로이 사용하는 권리를 가지며, 각자가 자기보존의 목적 실현을 위한 수단에 대한 궁극적 심판자라고 할 때, 각자의 이해나 판단이 서로 충돌하므로 자연상태는 자연히 투쟁상태가 되지 않을 수 없다. 이 투쟁 상태로서의 자연상태는, 말하자면 인간을 자기중심적인 존재로서 파악하고 있었던 홉스의 인간론의 논리적 귀결이기도 한데, 이와 같은 투쟁 상태로서의 자연상태는 아무리 자유롭다고 하더라도 결코 바람직한 상태가 아닌 것은 명백하다. "그와 같은 상태에서는 근로의 대가가 주어진다는 보증이 없기 때문에 일할 까닭이 없으며, 따라서 토지의 경작이나, 항해, 해로로 수입되는 재화의 사용도 없고, 쾌적한 건물이나, 많은 힘을 요하는 물건을 이동하거나 재이동시킬 도구, 지표(地表)에 관한 지식이나 시간의 계산, 기술, 문자, 사회도 없다. 그리고 가장 좋지 못한 것은 끊임없는 공포와 폭력에 의해서 죽음을 당할 위험이 있으며, 인간의 삶은 고독하고·가난하고·험악하고·잔인하며, 더구나 짧기"(제13장) 때문이다.

홉스는 그래서, 우리들이 이와 같은 '끊임없는 공포와 무서운 죽음의 위험'에 놓인 상태에 직면할 때, 인간의 이성과 죽음에 대한 공포의 감정은 우리들이 자연상태에서 가지고 있는 자연권을 포기하고 평화를 찾을 것을 가르친다고한다. 거기에서 발견되는 '평화의 원리'로서의 이성이 명령 하는 것이야말로 홉스가 말하는 자연법이다.

2) 홉스의 자연법의 근대성

홉스의 자연법관에 있어서 첫째로 주목해야 할 것은, 그가 자연법관 그 자체를 결정적으로 전환시킨 점이다. 자연법의 관념은 그리스 말기 이래 서구사상의 전통을 이루어 온 것이었는데, 그것을 한마디로 말하면, 우리들 인간이 생존하는 이 자연의 세계에는 자연의 개개의 사건이나 인간 개개인의 일을 초월한 하나의 보편적인 이법(理法)이 존재하며, 이 이법이 바로 세계를 움직이고 있다는 사상이다. 이 자연의 이법은 교회의 세력이 강한 시대에서 세계를 지배하는 신의 법으로, 교회의 세력이 약할 때에는 보다 경험적안 이성의 법이라고 생각되었는데, 근대 이전에는 이 자연의 세계를 지배하고 움직이는 객관적인 이성의 '법칙'이 그대로 인간의 사회생활의 규범으로서의 자연법이 되었을 뿐만 아니라, 그러한 법이 처음에는 우리들 개개인이 가지는 권리까지도 보장해 준다고 생각하였다. 말하자면 그것은 우리들 인간이 가지는 잡다한 '권리'가 이에 앞서 존재하는 국가 또는 사회의 법에 의해서 주어지고 보장되는 것으로, 우리들이 가지는 권리가 그러한 성격의 것인 한, 그것이 국가·사회 등의 전체의 요구에 종속될 수밖에 없다는 것은 분명하다. 이에 대하여 홉스는 전술한 바와 같이 자연상태에 있어서의 모든 법의 타당성을 부정하며, 자연상태의 인간은 자기보존의 목적이라면 무엇을 해도 상관이 없는 〈천부적 자연권〉을 가진다고 한 다음에, 그와 같은 자연권을 '사회적으로' 실현하기 위한 '이성에 의해서 발견된 계율 또는 일반규칙'이야말로 자연법이라고 하였다. 그것은 자연법을 '그들 자신의 보존과 방위에 유용 한 것에 관한 단순한 결론 또는 정리에 불과하다'(제15장)고 하여, 개개인의 〈주관적〉인 청구권을 중심으로 생각하는 사고방식에 입각한 것이었다. 그가 자연법관의 코페르니쿠스적 전환을 수행하였다고 하는 까닭이 바로 여기에 있다. 그는 그때까지의 전통적인 자연법 사상가나 그로티우스 및 기타 대륙의 자연법사상가와는 달리, 권리와 법의 관계를 역전시킴으로써 자연법의 문제를 인간의 권리를 중심으로 생각하는 것이 가능케 되었다.

이와 같은 홉스 자연법의 근대성은, 그가 이러한 형태로 시민사회의 원리를 고찰할 무렵에, 평등한 권리주체 상호간의 입장의 교환을 상정하고 있던 점에서도 보이고 있다. 그는 자연상태에 있어서의 인간의 권리평등을 전제하고 있었기 때문에, 그러한 평등한 권리주체가 각자의 자기보존의 목적달성을 위해서 필요한 사물에 대한 권리를 무제약적으로 행사할 때에 생기는 투쟁 상태의 손실을 피하기 위해서는, 개개인이 서로의 입장을 교환하여 상대의 입장에 서서 생각해 볼 필요가 있으며, 그곳으로 인도하는 '이성의 지시'가 자연법이라고 생각하고 있었다.[7] 홉스의 자연법은 그런 의미에서 '나와 너의 위치전환'내지 '입장의 교환'을 상정한 논리였는데, 이러한 입장의 교환의 논리는 '개인적인 선'(자기보존)을 추구하는 주체로서의 인간이 각자 권리의 평등을 전제하면서, 그 권리를 '서로 승인'

하기 위한 공통적인 가치의식의 자각에서 나온 것이라고 할 수 있을 것이다. 그리고 그 자각을 구체화한 인간의 사회성의 원리를 표현한 것이 홉스의 자연법이었다.

이러한 시민사회 이론으로서의 홉스 자연법의 성격은, 홉스 자연법의 구체적 내용을 고찰할 때 더욱 명백해 질 것이다.

홉스의 자연법은 『리바이어던』 및 기타의 자연법론에서 볼 수 있는 바와 같이 평화유지를 목적으로 하고, 그러기 위한 자연권의 상호양도를 논술 하였는데, 그것은 또한 거기에서 성립되는 사회의 법적규범을 포함하는 것으로서, 계약이론을 중심으로 한 것이었다. 그 이유는, 그가 '매매, 임대차, 대차, 교환, 거래, 기타 계약상의 제 행위에 있어서의 약속의 실행'(제15장)을 정의의 원형으로 삼고, 그러기 위한 '계약자의 정의'를 사회의 기본적 구성원리로 삼고 있는 것으로부터도 알 수 있다. 홉스의 자연법이 '근대사회의 사법적(私法的)규범[8]이라 일컬어지고, 홉스의 '정의에 관한 자연법을 시민사회의 원리를 제공하는 것'[9]이라고 하는 이유가 여기에 있다. "사람들은 자신들이 맺은 약속을 이행해야만 한다"고 하는, 계약에 관한 홉스의 제3의 자연법은 '시민사회에 있어서 법규의 원칙'[10]을 보여주는 것이었다.

이러한 홉스 자연법의 근대성은, 그가 정의를, 교환하는 사물의 가치 내용과는 관계없이, 한결같이 계약의 준수여하에서 찾고 있었다는 점에서도 보인다. 예를 들어 근대 이전의 정의론에서는 아리스토텔레스의 '교환에 있어서의 정의'(Commutative Justiec)의 관념에서 전형적으로 볼 수 있는 바와 같이, 교환되는 사물의 가치가 실제로 동일할 것이 요구되었다. 바꿔 말하면, 가치가 동일한 사물이 서로 교환될 경우 정의가 보장된다고 하였던 데 비하여, 홉스는 정의의 실현을, 교환하는 사물의 가치가 객관적으로 동일한가하는 점에서가 아니라 교환

---

7) 후술한 스미스의 '상상 상(想像上)의 입장의 교환'에 의거한 동감(同感)이론은 이러한 홉스의 입장에서 교환논리의 '내면적인 주체화'로서의 성격을 가지고 있다는 점에 주의하라.

8) Tönnies, F., *Thomas Hobbes, Leben und Lehre*, 제3판, S. 203.

9) 太田可未, 『영국사회철학의 성립과 전개』, p.428

10) 福田歡一, 『근대정치원리성립사서설』, p.63

을 위해 각자가 계약을 준수하는가 하는 점에서 구했던 것이었다. 그는 교환된 사물의 가치가 동일한가 아닌가의 판정은 각 당사자의 〈주관적인〉 선택에 맡기고, 오로지 그러한 교환의 질서를 유지하기 위한 계약의 준수, 그를 위한 질서(평화)의 유지를 자연법의 주제로 하였다.11) 이와 같은 홉스의 사고유형은 그가 현실의 시민사회에 있어서 교환·계약관계의 존재를 전제함과 동시에, 그 위에서의 질서(평화)유지를 정치론의 주제로 삼았음을 보여 주는 것이다. 홉스의 자연법은, 계약이 구속력을 갖지 못했던 원시 수렵사회와는 달리, 계약의 준수가 분업·교환관계를 매개로 인격 상호간의 사회적 교통(交通)의 질서를 유지하기 위한 절대조건이 되었던 상업단계에서의 시민사회의 질서원리였다.

홉스의 자연법이 시민사회의 원리를 제공하여 시민사회를 기초 지었다고 하는 하나의 근거가 여기에 있으나, 이러한 홉스사상의 시민사회성은 그가 도덕 자체를, 각자가 자기보존을 상호 실현하기 위해 서로가 지키지 않으면 안 될 외적 규범으로 파악하고 있었던 점에서도 나타난다. 예를 들면 그는 평화를 위해 자연권의 상호포기를 권하는 제2자연법 속에서 말하고 있던, "너희는 남에게서 바라는 대로 남에게 해 주어라"고 한 복음(마태복음 7:12)의 법을 다른 곳에서는 "남을 판단하지 말아라. 그러면 너희도 판단 받지 않을 것이다"(마태복음 7:1)고 하는 명제로 바꾸어 말하면서, 바로 그것이 누구나 말하고 이해할 수 있는 자연법의 골자라고 하였다. 이와 같은 홉스의 사고유형은, 그가 도덕의 기준을 타인에 대한 선행에서가 아니라, 타인의 권리내지 소유의 상호불가침이라고 하는, 시민사회의 질서유지를 위해서 불가결한 정의의 유지·실현 속에서 구하고 있었다는 것을 보여준다. 시민사회 사상가로서의 홉스에게 있어서는, 자유·독립의 행위주체로서의 시민 상호간의 사회적 질서유지와 그를 위한 도덕이 문제였는데, 그를 위한 도덕의 기준내지 계율을 이루는 것이 '이성에 의해서 찾아낸 계율 혹은 일반규칙'으로서의 자연법이었던 것이다.

3) 상업을 위한 외적(外的) 국가론의 전개

이러한 사고유형 그 자체는 우수하고 시민사회적인 것이 명백하고, 계약·교환

---

11) 홉스 정의 이러한 성격에 대해서는 藤原保信, 『근대정치철학의 형성』 p.188 이하를 참조할 것.

사회로서의 시민사회에 있어서 유통의 규칙을 지키기 위해서는 이성이 명하는 바의 자연법에 따를 필요가 있다는 것을 알고 있어도, 인간은 반드시 자연법을 준수하는 것은 아니다. 인간은 이성보다도 정념(情念)에 따라 움직이는 존재일 수밖에 없기 때문이다. 그러므로 홉스는 사람들에게 평화의 원리로서의 자연법을 준수하도록 강제하고, 그것을 효과적으로 수행하는 기관으로서 공동의 권력을 확립할 필요성을 역설하였다. 이 권력은 외적의 침입이나 동포들의 침해로부터 대지의 과실이나 우리들의 노동의 산물을 보호하기 위한 강제 권력인데, 그는 이와 같은 공통의 권력을 확립하기 위한 방법으로서, 시민 상호간의 계약에 의거한 자연권의 상호간의 포기를 역설하였다. 거기에서 성립하는 것이 라틴어로 키비타스(Civitas)라고 불리는 코먼웰스(Common Wealth) 내지 리바이어던(Leviathan)이다. 바꿔 말하면 홉스는, 사람들이 상호간의 계약에 의거하여 자연권을 하나의 인격에 부여하고 그 의지에 복종함으로써, 자연법의 타당성을 유효하게 하는 조건으로서 국가가 성립한다고 생각하였던 것이다.

이러한 홉스의 국가론은 자연권의 사회적 실현을 위해 자연권의 포기를 역설하고 있는 점에서 기본적으로 모순된다고 할 수 있다. 홉스에 따르면, 국가의 권력은 인민과 주권자 사이의 계약에 기초한 것이 아니고 인민 측의 일방적인 '수권(授權)'의 산물이므로, 주권자는 인민에게 구속될 필요가 없다고 한다. 이와 같은 홉스의 사고유형이 다분히 절대주의적 성격을 가지고 있다는 것은 부정하기 어려운 사실이다. 그럼에도 불구하고 그 내용을 상세하게 검토해 볼 때, 홉스의 국가가 탁월한 근대적 성격을 가지고 있었다는 것은 분명하다. 근대 이전의(보다 엄밀하게는 17세기 후반까지의) 가부장제적 사회관에 있어서는, 사회와 정부는 모두 〈자연적〉인 것이며, 국가는 그 자체가 〈도덕적〉인 존재로 생각되고 있었다. 그것은 국가 또는 사회야말로 영원한 과거로부터 존재하는 자연적 실재라는 관념에 입각한 것이었는데, 홉스 이전의 유럽의 사상은 크든 적든 이와 같은 사고방식을 전제로 하고 있었다. 이에 대하여 홉스는, 국가는 계약의 정의를 유지하기 위한 〈수단〉으로서 〈인위적〉으로 〈구성〉된 것에 불과할 뿐만 아니라, 그것은 어디까지나 계약·교환관계에 입각한 시민사회의 유통질서를 유지하기 위한 단순한 〈외적〉 기구에 불과하다고 생각하였다. 다시 말하면 홉스의 국가는, 개개인의 자유로운 주관적 선택을 전제로 하는 '욕구의 체계'로서의 시민사회에 있어서, 개개의 당사자에게 계약을 준수하도록 하기 위한 계약 강제기관으로서 구상된 것이었다. 홉스가 리바이어던 국가의 절대성을 강조하면서도, 그 절대성은 어디까지나 각자의 자기보존과, 그 수단인 재화의 교환·계약의 안전을 지키기 위한 수단의 절대성에 불과하며, 따라서 각 개인의 생명을 빼앗을 수 없다고 한 것은 이와 같은 국가의 성격과 대응하는 것이라고 할 수 있다. 홉스의 국가는, 계약과 교역에 입각한 시민사회 유통의 질서유지기관으로서 시민국가의 본질을 체현한 것이었다. 그가 이 세상의 생활에 관한 주권자의 의무로서 외적방위, 질서유지, 시민의 부의 증대, 시민의 자유의 향유를 들고, 그것을 위해서 소유권의 보장을 생각하고 있었던 것도 이러한 홉스의 국가론의 시민사회성을 보여준 것이라고 할 수 있다.

홉스는 이와 같이 자기중심적인 인간의 자연적 욕구를 해방하고, 자기보존을 유일한 궁극적인 가치원리로 규정하고, 그와 같은 개개인의 자유로운 주관적 선택에 입각한 교환·계약의 질서를 유지하기 위한 법의 원리(자연법)와, 그 강제 권력으로서의 국가의 본질을 명확하게 그려냈다. 이러한 홉스 사회관의 특징을 보다 헤겔적으로 표현하면, 그것은 욕구의 체계로서의 시민사회에 대한 인식 위에서, 그 질서유지 원리와 이를 위한 '외적 국가'(der öussere Staat), 강제국가(der Notstaat)의 구축을 의도한 것이라고도 볼 수 있다. 그럼에도 불구하고 그가 주권의 절대성을 강조하고 자연권의 사회적 실현을 위한 자연권의 포기를 역설한 것은 모순일 수밖에 없는데, 그것은 홉스 단계에 있어서 시민사회와 시민사회인식에 대한 미성숙성을 보여주는 것이라고 할 수 있다. 홉스가 주권을 절대화할 수밖에 없었던 것은 계약에 의해서 성립하는 질서가 불안정하였기 때문이다.

이와 같은 17세기 사상의 시민사회이론으로서의 미성숙성은, 17세기의 자연법적 사회계약론이 한결같이 자연상태, 자연권, 원(原)계약이라는 가설 위에 그 논리를 구축하고 있다는 사실에서도 볼 수 있다. 이러한 가설이 모두 역사적·경험적 사실에 입각하지 않고, 추상적·비역사적인 의제(fiction)에 입각한 관념에 불과한 것은 분명하다. 데이비드 흄이나 아담 스미스, 아담 퍼거슨(A. Ferguson 1723~1816) 및 기타 18세기의 시민사회 사상가들이 한결같이 이러한 근대 자연법 논자의 기초개념 그 자체의 허구성을 날카롭게 비판한 이유가 여기에 있다. 그러나 근대 자연법의 주제와 내실(內實)이 실제로는 반드시 가공(架空)의 자연상태에서 살고 있는 추상적·고립적 개인에 의한 〈사회〉 설립의 계약을 설명한 점에 있는 것은 아니다. 그것은 전술한 홉스의 사회관에서도 볼 수 있는 바와 같이, '자연상태'라고 명명한 사회에서 〈소유의 교환·계약〉과 그 전제로서의 〈분업교환〉관계를 상정한 위에, 교통의 질서유지를 위한 〈정의〉의 법과 그를 〈강제〉하는 기관으로서의 〈정부〉(Civitas)의 확립에 의한 공동의 부(Common Wealth)의 실현을 의도한 것이었다. 다시 말하면 17세기의 근대 자연법도 18세기의 시민사회이론과 마찬가지로, 현실의 시민사회에 있어서 분업·교환관계의 존재를 전제한 위에서, 그를 위한 '법과 정부'의 확립을 주제로 하였던 것이다. 이러한 조직은 그로티우스 이래의 근대 자연법사상에서 크든 작든 보이는데, 이 법과 정부의 문제야말로 사실은 홉스, 로크로부터 아담 스미스에 이르는 17~18세기 사상의 공통된 주제를 이루는 것이었다.

근대 사회과학의 성립에 공헌한 18세기 시민사회이론의 정점을 이루는 아담 스미스의 특징은, 이러한 근대 자연법의 주제였던 '법과 정부'의 기초와 기원을 보다 역사적으로, 분업=교환=소유의 개념을 실마리로 하여 분명하게 밝힘으로써 경제학을 성립시켰다는 점에 있으나, 이러한 18세기 시민사회이론의 기초를 이루는 근대 자연법의 내실을 가장 명확하게 보여주는 것이 영국 경험론철학의 창시자로 일컬어지는 존 로크의 『정부론』이다.

3. 로크의 시민사회이론

1) 『정부론』에 있어서 과제의 이중성

로크의 『정부론(Tow Treatises of Government)』은 1690년에 출판되었으나, 그것은 지금까지 상정(想定)되어온 것처럼 1688년의 명예혁명을 정당화하기 위해서 쓰인 것이 아니라, 실제로는 1680년 전후의 정치 투쟁의 과정에서 샤프츠베리(A.A.C. Shaftesbury, 1621~1683)가 지도하고 있던 프로테스탄트의 왕위계승 촉진 운동을 옹호하기 위한 시국논문으로서 집필된 것이었다. 로크의 『정부론』이 플라톤의 『국가』나 홉스의 저서와 같이 보다 '영원한 구상 하에서' 쓰인 정치철학이 아니라 단순한 정치적 팸플릿에 불과하다고 일컬어지는 이유가 여기에 있다. 그러나 그것은 단순한 시국논문에 그치는 것이 아니라, 오히려 실제로는 1670년 전후부터 서서히 그의 마음속에서 배양되어 온 경제사회에 대한 인식과 당시의 신대륙 아메리카에 대한 인식의 진전을 배경으로, 그가 이 책에서 직접적인 비판의 대상으로 삼은 필머(R. Filmer, 1589~1653)의 논의에 역으로 촉발된 유럽 시민사회의 자기인식으로서의 성격을 갖는 것이었다.

로크는 필머가 그 과제를 그의 정치론의 기초로 하고 있던 소유론에 대한 비판을 통하여 전개함으로써 종래의 그로티우스적인 사회이론에 대신하는 새로운 시민사회 형성이론을 구축하기에 이르렀다. 그러나 그 사정을 이해하기 위해서는 그가 비판의 대상으로 삼았던 필머의 사상과 관련지어 이해하지 않으면 안 된다.

필머의 정치적 저작은 홉스의 저작과 같이 청교도 혁명기에 쓰였으나 1680년 전후에 크게 주목받게 된 것은, 그의 이론이 '동의야말로 정부의 기초'라고 하는 휘그당의 '피치자의 동의'이론을 분쇄하기 위한 이론적 근거를 찾고 있던 토리당의 기대에 부합하는 내용이었기 때문이었다.

필머의 정치론은 한 마디로 말하면 홉스의 이론과 마찬가지로 주권의 절대성을 주장하고 있으나, 이론적으로는 그로티우스 이래 인민주의자(Populist)의 사회〈계약설〉에 대하여 시민사회와 국가의 〈역사적〉 기원론을 전개함으로써 그 허구성을 폭로하고 정부의 역사적 〈기원〉 속에서 의무의 〈근거〉를 찾음으로써 정치적 의무를 발생사적으로 정당화하고자 하였다.

그는 따라서 『가부장론(Patriarcha)』(1680)등의 저술 속에서, 성서의 역사서술을 전거로 하여 〈가족〉에서 시민사회와 정부의 역사적 기원을 보고, 동시에 가족의 아버지가 그 자식들에 대해 가지고 있는 '자연적 지배권'에서 '자연적 국가'로서의 '아버지의 정부'의 기초를 구했던 것이다. 필머사상의 또 하나의 기본적 특징은 그가 이러한 아버지의 정부에 있어서 권위의 근거를, 창세기에 하나님이 아담에게 부여한 세상의 만물에 대한 '사적지배권'에서 구하고, 그 위에 〈정치적〉 지배권을 기초 시우려고 한 점에 있다. 따라서 그는 사적소유의 근거를 관계자의 동의에서 구한 그로티우스 이래의 동의에 의한 소유이론의 허구성을 극렬히 비판하고, 소유권의 〈기원〉은 대지와 모든 생물에 대한 아담의 사적 도미니온(지배에 의해서 획득한 소유)속에 있다고 주장하여, 아담의 직계자손만이 소유하는 소유권에서 왕권의 근거를 찾았다. 필머는 이와 같은 식으로는, 국가는 가족의 자연적 위계체제의 연장이며, 정치적 의무는 아버지에 대한 복종의 의무와 동일하다는 사상을 전개함으로써, 권력의 기초와 합법성의 근거를 시민의 동의에서 구하는 계약설적 사고방식을 부정하였다. 이러한 필머의 사상은 로크에 이르기까지 1500년간 유럽의 모든 정치사상의 공통적인 전제를 이루고 있던 가부장제(Patriarchalism)의 전통에 입각한 것이었으나, 그는 이 전통을 도덕이론화하여, 성서의 기술에서 볼 수 있는 인류사회의 발생사적인 〈기원〉을 근거로 자의적인 전제권력을 정당화하려고 하였다.

2) 『정부론』의 소유론적 구조

이와 같은 필머의 사고방식에 대하여, 로크는 필머에 대한 직접적인 비판을 주제로 한 『정부론』 제1권에서, 소유의 문제를 중심으로 필머의 부권론을 비판하려고 하였다. 예를 들면 그는 제1권 제4장에서, 필머가 아담의 '사적지배권론'의 논거로 삼은 창세기 1장 28절의 하나님의 증여는 아담에 대해서 뿐만 아니라 만인에게 공동으로 부여된 것이라고 주장함으로써, 만인이 소유권의 주체가 될 수 있다는 것을 논증하려고 하였다. 그러나 그가 거기서 논증한 것은 엄밀하게는 자연의 공유물에 대한 이용권('사용의 자유')으로서의 소유권에 불과했다. 그는 『정부론』 제2권 제5장에서 다시 소유권의 근거를 신의 피조물로서의 인간의 성격(인격 내지 신분)의 〈고유성〉에서 구하여, '각 사람은 그 자신의 신분 속에—그에게 고유한—소유권을 가지고 있기' 때문에 각 사람이 자기신분의 활동으로서의 〈노동〉을 가한 것은 그 사람의 소유물이 된다는 이론을 전개하였다. 이것이 로크의 유명한 '노동에 의한 소유'의 이론이다.

로크는 이와 같은 필머에 대한 비판을 계기로 소유권의 기초내지 근거를 노동에서 찾는 논리를 구축하였는데, 그는 이러한 형태로 소유권의 〈자연성〉과 〈배타성〉을 주장함으로써 필머와는 반대로 만인이 소유권의 주체이며 〈따라서 또한〉 정치적 〈동의〉의 주체일 수도 있다고 하였다. 이러한 로크의 이론은 소유의 근거를 생존의 필요나 동료의 동의에서 구하고 있던 당시까지의 소유론과는 달리, 소유권의 기초내지 근거를 노동에서 찾은 점이 크게 주목되는데, 그는 이러한 소유권을 근거로 만인이 정치적 동의의 주체가 될 수 있다고 주장함으로써 반(反)전제 이데올로기로서 휘그의 '피치자의 동의' 이론을 옹호하려고 하였다.

로크는 이와 같이 소유론을 기초로 하여 필머의 가부장제론을 비판하였는데, 그것이 갖는 의의를 이해하기 위해서는 당시의 가족의 실태를 알아야 한다. 당시의 가족은 오늘날과 같이 부부와 소수의 자녀들로 이루어지는 핵가족이 아니라 성인이 된 자녀들과 고용인·노예까지도 가족의 구성원으로 하는 가부장제적 가족이었다. 유럽에서는 17세기까지 이러한 가족이 독립된 생산단위를 이루는 한편 가족 그 자체가 하나의 국가적 성격을 갖는 것으로, 가족 내에서는 '가장'만이 그 구성원인 처, 형제, 자녀, 고용인에 대하여 절대적인 권한을 갖는 경제적 처리권(소유권)의 유일한 주체였다. 당시 사용되고 있었던 '인민'이나 '개인'이라는 말은 실은 이와 같은 가족의 가장을 지칭하고 있었으며, 시민사회에서 교환·계약, 더 나아가서 정치적 합의의 주체가 될 수 있는 것도 가장뿐이었다. 필머의

『가부장론』은 이와 같은 가족의 실태를 근거로 하여 그것을 정치 이론화한 것이지만, 필머에 반대한 인만주의자 뿐만 아니라 홉스까지도 실제로는 '설립에 의한 공동의 부(Common Wealth)'의 주체는 이와 같은 가족의 아버지라고 하였다. 이에 대하여 로크는 상술한 소유론을 근거로 하여 처나 자녀, 고용인도 각기 독립적인 인격내지 신분의 주체인 한 소유권의 소유자이며, 만인은 생명과 자신에게 속한 것을 처분할 수 있는 자유를 갖는다고 함으로써 가족 개개의 구성원도 각기 독립된 소유권(경제적 처리권)의 주체, 따라서 정치적 합의의 주체가 될 수 있다는 것을 명백히 밝혔다.

이러한 로크의 사고방식은 그리스 이래의 가부장제적인 가족사회(Oikos)에서 근대적인 시민사회로 이행하는 근본원리를 밝힌 것이라고 볼 수 있다. 왜냐하면 시민사회는 오이코스 경제가 붕괴하고 가족의 구성원이 가장의 경제적 지배권으로부터 해방되어 독립된 소유권(경제적 처리권)의 주체가 되는 때에 성립되는 것으로, 상술한 로크의 사상은 그와 같은 개인의 독립을 가능하게 하는 시민사회 주체의 독립선언내지 권리선언으로서의 의미를 가지고 있기 때문이다. 소유권 개념의 전회를 기축으로 하는 로크의 가부장제론 비판은 그러한 의미에서 근대 시민사회 개념 확립에 있어서 역사상 결정적인 의의를 가지고 있다. 그러나 정치사회 형성 이전의 자연상태에서 개개인이 소유권의 주체이며, 따라서 정치적 〈동의〉의 주체가 될 수 있다고 하여도 그것만으로는 아직 시민사회의 문제가 성립되지는 않는다. 가족사회와는 다른 시민사회의 문제가 고려되기 위해서는, 이와 같이 소유권의 주체가 모여 사회를 형성하는 근거와 필연성이 명백하게 되지 않으면 안 되기 때문이다. 이 과제를 적극적으로 해결하려고 한 것이, 필머가 전개한 정치권력의 〈역사적 기원〉론에 대한 또 다른 〈기원〉론으로서의 『정부론』 제2권 제2장~9장이다. 그는 거기에서 필머와는 달리 「정부의 또 다른 발생, 정치권력의 또 다른 기원」(제2권 제1절)에 대한 탐구를 시도하였는데, 필머가 전개한 '정치권력의 역사적 기원'과는 다른 시민사회의 〈올바른 기원〉을 명확히 밝히기 위해서 도덕적 의제(擬制)로서의 '자연상태'를 탐구하는 것으로부터 출발하였다. 이와 같은 접근방법은 그가 필머의 역사적 비판에 자극받아 문제를 보다 역사적으로 파악하여 바로 잡으려고 하는 반면, 어디까지나 근대 자연법의 전통에 따라서 필머를 비판하려고 하였던 것을 보여주는 것이다.

로크에 의하면 자연상태란 '만인이 자연법의 한도 내에서 자신이 적당하다고 생각하는 대로 자신의 행위를 처리하고 자신의 소유물과 신분을 처분하는 〈완전한 자유를 갖는 상태〉'(제4절)인데, 그것은 홉스가 묘사한 '증오와 악의와 폭력과 상호 파괴의 상태'가 아니라, '평화와 선의와 상호부조와 생존유지의 상태'(제19절)이다. 그는 '인간은 이 상태에서 자신의 신분과 소유물을 처분하는 무제한적인 자유를 가지고는 있지만(제6절), 자연상태에서 각자가 자유를 행사하는 것이 반드시 타인의 그것과 충돌하는 것은 아니며, 어떤 사람이 다른 사람과 전쟁상태에 들어가는 것은 군주가 시민에 대하여 전제를 행한 경우라고 생각하고 있었다. 그러나 자연상태가 이처럼 그 자체로서 완전한 평화의 상태라고 한다면, 이와 같이 자유스런 자연상태를 떠나서 '정치사회로서의 시민사회'로 이행할 근거 자체가 있을 수 없게 되어버리고 말 것이다.

이러한 의문을 푸는 열쇠를 제공하는 것이 제5장의 소유론이다. 그는 거기에서 소유권의 근거를 전술한 바와 같이 인격의 투영으로서의 노동에서 찾았다. 로크의 소유론은 본래 인격에 속하며, 인격에 고유한 것이 소유권이라고 하였던 그로티우스적인 총합의 관념을 전제로 한 것이었지만, 그는 거기에다가 신체의 활동으로서의 노동이라고 하는 개념을 도입하여 인격 그 자체와 그 활동의 산물을 명확하게 구별함으로써, 소유를 인격 그 자체와는 다른 인간의 자기대상화 활동의 산물이라고 생각하는 것을 가능케 하였다. 소유의 본질은 이와 같이 그것이 본래는 인격의 투영이면서도 인격이 대상화·객관화된 것으로서, 인격 그 자체와는 달리 양도·교환의 대상이 될 수 있다는 점이다. 그러나 소유가 이와 같이 인격이 대상화·객관화된 것인 한 각자가 소유의 획득을 위해서 아무리 자유롭고 자기중심적인 행동을 하여도 각자의 이해관계가 반드시 대립하지는 않을 것이다. 개개인이 〈자신의〉 노동으로 획득할 수 있는 것에는 자연히 한계가 따르고, 또한 가령 누군가가 생존하는 데 〈필요한〉 이상의 부를 축적하였다 하더라도 썩어버리면 아무 소용이 없기 때문이다. 그가 전술한 바와 같이 "자연상태의 인간은 스스로의 신분과 소유물을 처분하는데 무제한적인 자유를 갖는다"고 하면서도 홉스와는 달리 자연상태가 평화스런 상태라고 하는 이유의 하나가 바로 여기에 있다. 그러나 가령 우리들이 자신의 노동의 산물을 다이아몬드나 금·은과 교환하여 소유한다고 하면 그러한 물건은 부패하지 않기 때문에 얼마든지 축적하여 소유할 수 있을 것이다. 로크는 그 점에서, 우리들이 시민사회 성립 이전의 자연상태에서 화폐를 사용하고 있었던 것이 사실상 그것에 암묵적인 동의를 하고 있었던 것과 같은 의미를 갖는다는 것을 근거로 하여, 화폐형태로서의 재산의 축적과 그 귀결로서의 불평등을 정당화하는 동시에, 생존에 필요한 이상으로 소유를 증대하는 근거를 화폐의 발명과 교환경제의 성립에서 찾았던 것이다.

이러한 로크의 소유론은 소유의 근거를 생존의 〈필요〉 내지 관계자의 〈동의〉에서 찾고 있었던 당시까지의 제한적인 소유론에 대하여, 노동과 화폐의 이름으로 소유의 획득·증대·불평등을 정당화한 것으로서, 재산의 획득·증대의 자유를 찾고 있던 근대 부르주아적 생산관계의 요청에 응한 것이라고 할 수 있을 것이다. 그러나 이와 같이 소유가 증대하고 사회의 각 구성원 상호간에 소유를 교환하는 것이 일반화되는 한편 그 불평등이 증대되면, 당연히 사람들 사이에 소유를 둘러싼 투쟁도 격화되고 복잡해지지 않을 수 없게 된다. 이리하여 거기에 사람들의 '정직한 근로'의 산물을 보호하고 〈소유를 교환〉(=상업)하는 〈질서를 유지하기〉 위한 법과, 그것을 준수하는 강제기관으로서 〈정부〉의 설립이 필요하게 된다. 여기에서 성립하는 것이 로크가 말하는 '정치사회로서의 시민사회'이다.

3) 시민사회 형성이론의 전개

로크의 『정부론』 제2권의 주제는 실로 이러한 형태로 근대적인 〈사적 소유의 근본법〉을 책정하고, 그러한 교환관계에서 성립하는 시민사회에서의 유통(상품교환)의 질서를 유지하기 위한 〈법〉과, 그것을 〈강제〉하는 기관으로서의 〈자유로운 정부〉를, 그것을 저해하는 기관으로서의 필머적인 전제권력에 대항하여 확립하는 것이었다. 따라서 그는 『정부론』 제2권의 전반부분에 있는 자연상태론과 그것에 입각하여 시민사회론을 총괄한 제9장에서, 시민상호간의 투쟁을 해결하는 기관으로서의 정치사회의 목적이 시민의 소유권을 〈보호〉하는 데에 있다는 것을 명백히 한 다음에, 제10장 이하에서 일찍부터 자유민주주의 사상에서 교과서적인 위치를 점하는 정치기구론을 전개하였다. 그가 거기에서 전개한 국민주권, 입법권의 지상성(至上性), 권력분할·제한론, 신탁, 저항권 등의 제 관념이 오늘날 민주적 정치제도의 기초를 이루고 있다는 것은 새삼 설명할 필요도 없는 주지의 사실이다. 홉스는 전술한 바와 같아 각자의 자기보존을 위한 자연권에서 출발하여 그 사회적 실현을 정치사회의 목적으로 하였으나, 로크는 그것을 소유에 대한 자연권에까지 심화시킴으로써, 정치사회로서의 시민사회가 각자의 소유를 보호하고 교환의 질서를 유지하기 위한 '인위적' 구성물로서, 사람들의 동의에 기초하여 인위적으로 구성된 것이라고 하였다. 이와 같은 로크의 국가론이 홉스의 자연권 철학의 정신을 비판적으로 발전시킨 것은 명백하지만, 로크는 홉스와는 달리 권력관계의 성립을, 사회 계약에 참가한 사람들이 그 권력을 다시 특정한 인간에게 위임한다는 신탁(trust) 행위에서 구함과 동시에,[12] 주권자가 이 신탁에 역행한 경우에 국민에게는 저항의 권리가 있다고 한다. 그는 홉스와는 달리 정부가 국민의 신탁에 반하여 정치사회의 목적인 국민의 소유권을 침해할 때, 그 정부는 국민과 '투쟁 상태'에 들어간다고 말함으로써 국민의 저항권을 권리로서 정당화하였다.

로크의 정치이론이 자연권 개념에 입각한 자연법적 동의(同意)국가론의 전형으로 되어온 이유가 여기에 있다. 로크의 이론이 그런 점에서 다분히 추상적이고 허구적인 성격을 가지고 있다는 것은 부정할 수 없는 사실이나, 실제로 로크의 이론은 인간의 사회관계의 성립이 반드시 계약에 의한 것이라고 한 것은 아니었다. 그것은 오히려 전술한 바와 같이 기본적 전제인 '위대한 자연사회'(128절)로서의 자연상태에서의 재산의 소유와 그것의 교환관계에서 성립하는 사회관계의 존재를 전제한 것이었다. 그 위에, 그러한 현실의 시민사회에 있어서 각자의 '정직한 근로'의 산물을 보호하기 위한, 계약에 의한 정치적 결합체의 형성을 요청한 것이 로크의 정치사회론이다. 그가 "교역상의 약속이나 계약 등은…… 그들이 완전한 자연상태에 있어도 구속력을 가진다"(14절)고 하여 자연상태에 있어서 '교역상의 약속이나 계약'의 존재를 명확히 승인하고 있었던 것이 무엇보다도 좋은 증거이다. 로크가 '자연상태'와 '시민사회'의 구별의 지표(指標)를 공통권력의 유무에서 찾고, 정부의 해체와 사회의 붕괴를 명확하게 구별하고 있었던 것도 똑같은 사실을 보여주는 것이라 할 수 있다. 로크는 홉스보다 훨씬 명확하게 교환사회로서의 시민사회에 대한 인식 위에서, 시민사회에 있어서, 재산의 소유와 그것의 교환에서 이루어지는 인간 상호간의 사회적 교통의 질서유지를 위한 기관으로서 정치사회의 설립을 생각하고 있었다. 뿐만 아니라 그는 또한 그러한 교통의 질서유지 기관으로서의 '시민사회형성'의 필요 근거내지 시민사회의 탄생의 시기를

---

12) 홉스의 사회계약론에 있어서는, 다수의 개인이 모여서 하나의 결합체를 구성하는 행위와, 주권자를 설정하는 행위가 동일·불가분한 것이었는데 반하여 로크의 경우에는, 이 양자가 분리되어 있는 것에 주의해야 한다. 로크는 계약에 의한 사회결합을 전제한 위에서, 신탁에 의한 권력의 설정을 생각하고 있었던 것이다. 홉스가 주권자의 권리는 신민 측으로부터의 일방적 수권(授權)에 의한 것이라고 한 데 반하여, 로크는 정부는 오히려 사회로부터의 수탁자(受託者)에 불과하다고 하였던 것도 위의 사실과 관계가 있다.

뒤에 자세히 논술하는 바와 같이 화폐의 발명과 교환경제의 성립에서 찾고 있었다. 이러한 사실은 로크의 '시민사회'가 흔히 말하는 것처럼, 자연상태에 있어서 각자의 자유스러운 계약에 의거한 자발적·인위적 창조물이 아니라, '자연상태'라고 하는 이름의 시민사회에 있어서 상품관계의 존재를 전제한 것으로서 예상외로 역사적인 성격을 가지고 있음을 보여 준다.

이러한 로크 이론의 역사적 성격을 보다 명확하게 표현하고 있는 것이 '정치사회의 〈기원〉'을 논한 제8장의 논리이다. 그는 거기에서 "토지가 많고 인구가 적은 곳에서는 정부는 흔히 아버지로부터 비롯되었다"(105절)는 가족→국가의 〈역사적〉 사실에서 출발하면서, 그러한 국가의 역사적 〈기원〉에서 보이는 '개인지배'의 경제적(소유론적) 기초를 밝힘으로써, 〈상업의 발달〉에 따른 소유의 〈증대〉야말로 동의(同意)에 기초한 사회형성의 근거라는 것을 명확히 밝히고 있다. 가령 그에 의하면, 인류 최초의 여러 시대에는 "사람들의 욕망을 각자의 작은 소유의 좁은 범위 내에 한정시키는 단순하고도 가난한 생활양식이 가진 평등이 분쟁을 적게 하고, 분쟁을 해결하기 위한 많은 〈법〉을 필요로 하지 않았을"(107절) 뿐만 아니라, 거기에서는 '오늘날에도 여전히 아시아와 유럽 최초의 여러 시대의 모형으로 남아있는 아메리카 인디안'의 세계에서 볼 수 있는 것과 같이, '인구와 화폐의 결핍이 사람들에게 토지소유를 확대하려는 유혹을 갖지 못하도록 했기'(108절) 때문에, 사람들은 아버지의 정부나 개인 지배하에 있어서도 "폭정과 같은 지배의 억압을 느끼지 않았다"고 한다. 그것은 오히려, '법의 다양성보다는 외적의 침입과 침해에 대한 방위가 보다 더 필요했던 그들의 상황과 조건에 가장 적합한'(107절) 것이었다. 그러나 사람들의 "야심이나 사치…… 가 왕에게 국민과는 다른 특별한 이해(利害)를 가진 것을 가르쳤을 때, 사람들은 〈정부의 기원〉과 권리를 보다 주의 깊게 음미하고…… 권력의 〈횡포를 제한〉하고, 그 〈남용을 방지할〉 방법을 발견하는 것이 필요하다고 느꼈던 것"(111절)이라고 로크는 생각하였다.

그는 이렇게, 필머가 가부장제론의 근거로 삼았던 가족국가의 역사적 사실을 인정하는 것으로부터 출발하여 문제를 소유론적 입장에서 봄으로써, 아메리카 인디언의 세계를 모델로 하는 인류 최초의 시대에는 재산이 적었기 때문에 분쟁도 적었고, 따라서 필머적인 개인지배도 좋았다는 것을 명확히 한 다음에, 그 후의 사회의 역사적 발전과정에서 보이는 소유의 증대와 화폐경제의 발전이 소유권을 둘러싼 분쟁을 야기해, 거기에서 고도로 정밀한 법률과 그 강제 권력으로서의 정치사회가 필요하게 되는 사정을 명확히 하였다. 법률의 필요근거를 소유의 증대에서 찾는 고찰방법은 반드시 로크의 독창적인 산물인 것은 아니고, 고대의 루크레티우스(T.C. Lucre - tius, B.C. 94?~B.C. 55) 및 그 외의 사상에서도 보이며, 그것이 그로티우스에게도 영향을 미치고 있었다고 생각되지만, 로크의 특성은 그것을 가부장제론 비판의 무기로 사용함으로써, 그 위에서 시민사회론을 전개한 점에 있다. 다시 말해서 로크는 이와 같은 형태로 역사를 〈상대화〉하고 필머적인 아버지의 정부, 개인지배가 인류 최초의 여러 시대 외에는 타당하지 않다는 사정을 명백히 함으로써 필머를 비판하는 한편, 시민〈사회형성〉에 필요한 근거를 인류 최초의 여러 시대와의 〈대비〉 속에서 살펴봄으로써, 소유의 증대와 교환의 일반화 속에서 상업=문명사회로서의 시민사회의 성립을 보았던 것이다.

위에서 언급한 도식에서 또 하나 크게 주목하여야 할 사실은, 그가 '인류 최초의 시대'에 대한 서술에서 성서의 역사서술에서는 발견할 수 없는 아메리카 인디언을 모델로 사용하고 있었던 점이다.

그는 아메리카 인디언의 세계에서 볼 수 있는 사회·도덕사상(事象)을 근거로 하여, 필머의 가부장제론을 비판하고 있다.[13] 이와 같은 인디언 모델의 사용은 성서만이 유일한 근거로 여겨지고 있었던 시대에는 그 자체가 획기적인 발상이었는데, 그는 인디언의 아메리카야말로 '아시아와 유럽 최초의 여러 시대의 모형'이라고 함으로써, 시민사회에 필요한 근거를 이러한 인류 최초의 시대로부터 사회의 〈역사적 발전〉 속에서 찾았던 것이다. 이미 살펴본 바와 같이, 필머는 성서의 역사서술을 자신의 소론의 전거로 하여, 시민사회와 국가의 역사적 기원을 가족에서 찾아내는 동시에, 그 권위의 근거를 아담의 '자연적·사적 지배권'에서 찾음으로써, 성서의 역사적 기술에서 보이는 정부의 '기원' 속에서 의무의 〈근거〉를 찾았다. 이에 대하여 로크는, 성서의 역사서술에서는 발견할 수 없는 인디언의 생활 속에서 인류 최초의 시대의 모형을 봄으로써 필머의 그것과는 본질적으로 다른 시민사회 형성이론을 전개하게 되었던 것이다.

---

13) 예를 들면, 그는 1679년의 샤갈 노트 속에서 "캐나다의 왕은 선거제로서, 복종은 설득과 동의에 기초하고 있었는데, 그것이 이 지역의 세계에 있어서 왕권의 최초의 상태였다"고 함으로써, 그 사실을 가부장제적 세습제에 대한 부정의 하나의 근거로 삼고 있다. Schochet, G.J., *Patriarchalism in Political Thought*, Oxford, 1975, p. 266에 있는 Locke의 原稿 42 제B부의 6.

4) 삼단계론의 형성

이러한 로크 사상의 성격을 보다 명확하게 보여주고 있는 것이, 그가 상업사회로서의 시민사회의 근거를 인디언의 아메리카와의 비교를 통하여 단계론적으로 밝히고 있다는 사실이다. 이 점을 이해하는 데 실마리가 되는 것이 제5장 소유(所有)의 장에 있어서의 노동개념의 변화이다.

이미 살펴본 바와 같이, 그는 이 소유의 장에서 노동을 근간으로 하여 소유를 기초 지우고 있는데, 제5장 서두의 제26절 이후의 여러 절에서는, '노동에 의한 소유'의 모델로서 주로 자연산물의 채취노동과 수렵노동의 예를 들고 있다. 그는 각자가 자기 신체의 활동으로서의 노동을 가한 것은 그의 소유가 된다는 소위 '노동에 의한 소유'의 모델로서, 자연산물을 줍거나 수집하는 노동과 수렵노동을 생각하고 있었던 것이다. 로크가 거기에서 상정하고 있던 노동이, 사물에 대해 인격을 첨부 내지 주입하는 노동으로 일컬어지는 이유가 여기에 있다. 그것은 '그의 〈노동〉을 투입하여 그 자신의 것인 무엇인가를 그것에 결합한' 것은, '그것으로서 그의 〈고유한 것〉, 소유물이 된다.'(27절)고 하는 그의 표현이 보여 주는 바와 같이, 노동을 '사물에 대한 나의 인격의 무엇인가의 주입'으로 보는 견해에 입각한 것이었다. 이와 같은 노동개념과 그에 입각한 소유개념이, 소유를 인격의 속성으로 본 그로티우스의 총합의 관념을 확대·연장한 것에 불과하여, 근대의 그것과는 본질적으로 다르다는 것은 분명하다.

그러나 그는 같은 장의 32절 이하에서는, "〈소유권의 주요한 대상〉은 오늘날에는 대지의 과실이나 그곳에 생존하는 동물이 아니라 〈대지 그 자체〉"(32절)라고 전제한 다음에, "하나님과 인간의 이성은 그에게 대지를 〈개척〉할 것, 즉 생활의 편리를 위해서 대지를 〈개선〉할 것을 명했다"(32절) (〈〉 인용자)고 함으로써 '노동에 의한 토지의 개량'(41절), 특히 황무지 종획의 생산성을 강조하고 있다. 이 32절 이하의 부분에서는, 전술한 채취노동이나 수렵노동의 모델과는 본질적으로 다른, 토지를 점유한 이후의 농경노동의 모델을 제시하는 동시에, 노동이야말로 가치증대의 담당자라는 관점이 도입되기에 이르렀다. 예를 들면 그는 이 부분에서, "만물에 〈가치의 차이를 부여하는〉 것은 실로 〈노동〉이며,…… 인간생활에 유용한 대지의 〈생산물〉 중 10분의 9—아니 많은 경우에는 100 분의 99—는, 〈노동의 결과〉"(40절)라고 함으로써, '노동에 의한 소유'의 이론에 노동에 의한 〈가치의 증대〉라는 관점을 도입하고 있다. 이와 같이 가치를 증대시키는 것이 노동이라고 하는 관념은, 전술한 자연의 과실이나 동물을 '수집하는' 노동과 질을 달리한다는 것은 두말할 필요가 없다. 그는 '노동에 의한 소유'의 이론에 노동에 의한 가치의 증대라고 하는 페티적인 상업적 범주를 〈도입〉하고 노동의 생산성을 〈강조〉함으로써 그것을 〈정당화〉 하였는데, 여기에는 이미 완전히 근대적인 〈생산적〉 노동의 개념이 제출되어 있었다고 말할 수 있을 것이다. 그가 소유의 권원(權原)의 성립에 타인의 '동의'가 필요 없다고 할 수 있었던 근거는 여기에 있다. 로크는 그로티우스나 친구인 제임스 티렐과 같이 소유권의 기초를 '공유물의 이용권'에서 찾으면서도, 그들과 같이 자연의 공유물을 직접적으로 〈소비〉하기 위한 사물의 〈분할〉 내지 〈선점(先占)〉에 의해 자연의 공유물을 직접적으로 이용하는 것이 아니라, 생활의 〈편의〉를 위해 대지를 〈경작〉하는 것에 의한 〈개선〉(노동에 의한 자연의 공유물의 〈생산적〉활용)을 생각하고 있었기 때문에, 우리들이 자연의 공유물에 노동을 투하하여 그의 인격을 주입한 것은 타인의 〈동의〉내지 〈승인〉없이 그의 소유물이 될 수 있다고 생각하였다.

로크는 이리하여 당시의 유럽 세계가 인디언 아메리카의 모델에서 볼 수 있는 것과 같은 〈수렵〉을 주로 한 〈채취〉경제사회와는 달리, 자연의 공유물을 〈직접소비〉하는 것을 위주로 하는 경제가 아니라 생활의 〈편의품〉을 획득하기 위한 대지의 생산적 〈활용〉을 주로 하는 〈농경생산〉 사회임을 이미 명확하게 꿰뚫어 보고 있었던 것이다. 그러나 토지의 종획=점유에 의한 대지의 〈개척〉·〈개량〉의 결과, 노동생산물의 가치가 10배, 100배로 증대하였다고는 하지만, 화폐와 상업이 존재하지 않는다면 생존에 〈필요〉한 이상의 토지수확물은 조만간 부패해버리기 때문에 쓸데없이 낭비되지 않을 수 없을 것이다. 그것은 이 세상의 만물을 향유하도록 한 하나님의 의지에 역행하는 것으로서, 곧 자연법에 역행하는 것이라고 로크는 생각하였다. 그러므로 그는 노동에 의한 소유의 원리에, 그것은 어디까지나 (1) 〈자신의〉 노동에 의한 것이 아니면 안 되며, 또한 (2) 타인에게도 충분한 〈여지〉를 남겨놓지 않으면 안 된다는 제한과 함께, (3) 낭비해서는 안 된다고 하는, 자연법에 의거한 제한조항을 부과하였다. 그러나 만일 우리들이 생존에 필요한 이상의 수확물을 다이아몬드나 금·은과 교환하여 소유한다고 하면, 이들 귀금속은 쉽게 부패하지 않기 때문에 아무리 많이 축적·사유(私有)하였다고 하더라도 자연법에 반하는 것은 아닐 것이다. 로크는 그렇게 생각함으로써 사실상 상술한 제한을 〈해제〉하고 있었는데, 이러한 〈화폐〉형태로서의 부의 〈축적·소유〉가 의미를 갖는 것은, 필요한 경우에는 그것이 언제나 생활에 필요한 다른 사물과 자유로이 교환될 수 있기 때문임은 두말할 필요가 없다. 우리들이 생존에 필요한 이상의 부를 소유하려면 화폐와 상업이 불가결하며, 화폐와 상업이 없는 나라에서는 아무리 생산하여도 소유를 확대할 수는 없을 것이다.

로크는 같은 장의 46절 이하에서 다시 화폐와 교환·상업의 문제를 들고 나옴으로써, 화폐의 발명이야말로 사람들의 근로의 산물을 확대한 기회를 준 것이라고 하였다. 주지하는 바와 같이 스미스는 『국부론』 속에서, 상업이 발달하고 제조업이 개선되기 이전의 사회의 영주나 대지주는, 교환수단이 결여되어 있었기 때문에 영민(領民)에게서 수탈한 부를 결국은 자선이나 손님접대의 형식으로 사람들에게 환원하지 않을 수 없었다는 취지로 말하고 있으나, 로크도 다른 세계와 일체의 교역관계를 갖고 있지 않는 섬나라에서는, 그곳에서 생활하는 사람들이 '자신의 가족이 사용하는 이상으로 소유물을 확대하거나', '〈토지소유〉를 확대하는'(48절) 것은 있을 수 없다는 것을 인식하고 있었다. 로크는 토지의 점유 내지 종획에 의한 농업개량의 결과,14) 생산력이 아무리 증대하여도 화폐와 그것에 매개된 상품교역 관계가 존재 하지 않으면 소유의 확대가 불가능하다는 것을 간파함으로써, 당시의 영국에 형성되고 있던 새로운 상업사회가 농업생산력의 상승을 전제하면서도 그것과는 단계가 다른 사회임을 사실상 인식하고 있었다.15)

화폐의 발명과 교환·상업의 발달은 이와 같이 소유의 확대·축적을 가능하게 하였으나, 그것은 또한 동시에 그 필연적 귀결로서 사람들 사이에 소유를 둘러싼 분쟁을 야기했다. 로크는 우리가 자연상태에 있어서 화폐의 사용에 대하여 암묵적인 동의를 하였을 때, 우리는 토지의 〈불평등〉 소유에도 동의한 것으로, 화폐의 사용에서 생기는 부의 불평등과, 생존에 〈필요〉한 이상의 잉여생산물로서의 소유의 교환관계의 일반화가 '자기 자신의 신체와 소유물의 절대적 주인'이라는(123절) 국민 상호 간에 소유를 둘러싼 분쟁을 야기하는 것은, 말하자면 자연의 귀추라고 할 수 있을 것이다.

이러한 화폐와 교환의 일반화에서 발생하는 소유를 둘러싼 〈시민 상호〉 간의

---

14) 로크 시대의 엔클로우저는 16세기의 그것과 달리 농업개량, 농업의 자본주의화를 위한, 관계자의 동의를 전제로 하는, 소위 의회 엔클로우저이었던 것에 주의할 것.

15) 로크는 「이자론초고」 및 『이자·화폐론』에서, 화폐의 순환을 중심으로 한 경제순환의 인식에 도달해 있었으며, 『정부론』은 그 기초가 농업생산력의 상승에 있다는 것을 다시 명확하게 한 것이라고 하겠다.

분쟁의 해결기관이, 로크가 말하는 '정치사회로서의 시민사회'이었다. 그는 이 정치사회를, 전술한 바와 같이 소유를 자유로이 〈획득〉하는 활동과 그 성과물 자유로이 〈향유〉하는 것을 방해하는 전제권력에 〈대항하여〉 '〈자유로운〉 정부'를 확립하고자 하는 요구의 형태로 전개하였다. 그것은 그가 당면하고 있던 현실적인 정치적 과제가 〈자유스런 상업의〉 발전을 방해하는 필머적 전제권력과의 투쟁에 있었기 때문이었다. 로크의 정부가 전술한 바와 같은 홉스의 그것과는 달리 대개 몽테스키외적인 권력의 제한을 특색으로 하고, 행정권력에 대해 국민과 그 입법권력의 우월성을 강조한 것은 그 때문이었다. 그러나 로크의 국가론의 특색이 이 점에 있다는 것은 로크의 정치사회가 강한 강제력을 가진 정치〈권력〉이 아니라는 것을 의미하는 것은 결코 아니다. 그가 소유의 장에서 전개한 것과 같은, 소유 확대의 조건인 상업관계를 유지하기 위해서는, 그 자유로운 발전을 방해하는 전제권력으로부터의 자유와 나란히, 다른 시민의 침해로부터 우리들의 '정직한 근로'의 산물을 보호할 필요가 있으며, 그를 위해서도 소유 확대의 조건인 상품 〈교환〉의 〈질서〉를 유지할 필요가 있기 때문이다. 로크의 정부는 자유롭기는 하지만 어디까지나 강한 강제력을 가진 국가권력으로서, 노동에 의한 소유를 확대하는 조건을 이루는 교환·상업을 위해 '법과 정부'의 확립을 그 중심·기본문제로 하였다. 로크의 국가가 소유계급 전체의, 계급 전체로서의 이익옹호를 목적으로 하는 계급국가론적 구조를 가지고 있었던 사정을 이해하는 실마리의 하나가 여기에 있다. 로크의 국가는 소유가 적기 때문에, 분쟁도 적고 복잡한 법이나 권력기구를 필요로 하지 않았다. 그것은 수렵단계의 인류 최초의 시대와는 본질적으로 다른 생산적 기반에 입각한 상업사회로서의 시민사회에 있어서 상품(소유)교환의 질서 확립을 주제로 한 것이며, 그것이 이데올로기로서의 근대 자유주의의 과제이기도 하였다.

로크는 '노동에 의한 소유'의 기초를 확고히 하는 데 있어서 이와 같이 수렵내지 채취경제의 모델에서 출발하여, 토지를 점유한 이후의 농경노동에 대한 분석으로 이행하고, 거기에 화폐와 상업의 문제를 도입함으로써 화폐의 발명과 상업의 성립 속에 '시민사회'의 형성 근거를 찾았다. 이와 같은 로크의 사고방식은 그가 시민사회론을, 수렵을 주로 하는 채취경제사회, 토지점유 이후의 농경사회, 교환이 일반화된 상업사회의 세 단계의 대비적 고찰을 통하여 도출해냈다는 것을 보여주는 것이다.[16] 그러나 그가 '아시아와 유럽 최초의 여러 시대의 모형'으로 한 수렵사회의 표상은 구약의 세계에서는 보이지 않으며, 위의 '최초의 여러 시대'의 모델은 『정부론』의 본문 중에서 아메리카 인디언의 세계에 대한 언급이나, 그의 아코스타(José de Acosta) 및 기타의 항해·탐험기에 대한 강한 관심에서도 증명되는 바와 같이, 아메리카 인디언의 사회·도덕사상(事象)에 대한 관찰을 봉하여 얻어진 것이었다. 로크는 인디언의 생활 속에서 아시아와 유럽사회의 원형을 보고, 그것과 비교하여 시민사회의 문제를 고찰함으로써, 농경노동과 그것을 기초로 한 화폐와 상업의 일반화 속에서 상업=문명사회로서의 시민사회의 형성 근거를 보았던 것이다.

이와 같은 로크의 사고방식을 전술한 미개와 문명의 비교론이나, "이와 같이 전 세계는 처음에는 아메리카와 같은 상태에 있었다. 아니 현재의 아메리카 이상이었다"(49절)[17]는 그의 말과 결부시켜 생각해 볼 때, 우리는 거기에서 18세기의 4단계론의 선구적인 사상을 발견하게 될 것이다. 18세기의 사회과학의 모체를 이룬 4단계론(four stages theory)은 생활자료 획득양식의 차이를 관건으로 하여 사회·경제 단계의 계기를 역사적으로 해명하고자 한 것으로서, 1750년대에 튀르고와 스미스가 창시자인 것으로 생각되고 있으나, 로크의 『정부론』에는 사실상 그 선구적인 사상이 전개되고 있었다.[18] 원래 로크가 『정부론』에서 의도한 것은 18세기의 4단계론자가 전개한 것과 같은, 생존양식에 의거한 사회발전의 역사

---

16) 로크에게서도 목축으로 생활하는 사회에 대한 언급이 없지 않으나, 목축 사회에 대한 언급은 비교적 부수적일 뿐만 아니라, 그는 그것을 수렵사회나 농업 단계의 사회와 구별하고 있지 않다. 그는, '아시아와 유럽 최초의 여러 시대의 모형'으로서 인디언의 수렵사회의 모델을 도입하면서도, 그 한편에서는 구약의 기술에 따라서 문제를 전개하고 있기 때문에, 아벨이 양떼를 기르고 카인이 경작하는 세계를 그대로 동시대적으로 묘사하여, 목축을 수렵이나 농업과는 다른 독립의 단계로서 파악하고 있지 않다. 그러나 이러한 것이 반드시 로크가 목축사회의 특성에 대한 인식을 전혀 결여하고 있었다는 것을 의미 하는 것은 아니다. 로크는 오히려 구약의 '가장(家長)' 속에서 목축사회의 원형을 보면서도, 그것을 독립의 단계로서 인정하면 가부장제의 역사적 정당성을 인정하지 않을 수 없기 때문에, 수렵사회의 모델로 구약세계에서 보이는 목축=농업적 가부장주의를 비판하였다고 보는 것도 가능하지 않을까?

17) 이 로크의 말은 아코스타 등의 아메리카의 역사적 기원론에 대한 지식을 전제로 한 말이었다는 것에 주의할 것.

18) 미크도, 로크를 그로티우스, 푸헨도르프와 함께 4단계론의 가장 강력한 선구자의 한사람으로 보고 있다. 단지 미크는 그 근거를 그들의 소유론과, 로크가 "전 세계는 처음에는 아메리카와 같은 상태에 있었다"고 하여 사실상 생존 양식의 계기(繼起)의 관념을 전개하였다는 점에서 찾고 있을 뿐으로, 그 이상의 평가는 하고 있지 않다. Meek, R.L., *Social Science and the ignoble savage*, Cambridge, 1976, p. 20~23. 참조.

적·단계론적 설명이 아니라, 기껏해야 인류 최초의 여러 시대와의 비교에 의한 시민 사회형성에 필요한 근거를 역사적으로 증명한 것에 불과하다. 로크의 『정부론』과 18세기의 4단계론은 그 성격이나 역사적 과제에 있어서 그 의미가 명백히 서로 다르다. 그럼에도 불구하고, 로크가 전개한 시민사회 형성이론은 시민사회의 형성근거를 소유론적으로 파악하는데 있어서, 문제를 '아시아와 유럽 최초의 여러 시대의 모형'으로서 아메리카 인디언과의 비교에서 파악하였기 때문에, 이것으로부터 사회의 〈단계적〉 발전이라고 하는 관념을 도출하였다. 로크는 인류 최초의 시대의 원형으로, 성서의 역사 서술에서는 발견할 수 없는, 수렵으로 생활하는 아메리카 인디언을 모델로 도입하고, 그러한 수렵 내지 채취경제사회로부터 사회의 발전과정을 노동→소유→교환의 개념으로 분석함으로써, 당시의 유럽사회는 그것과는 본질적으로 다른 단계에 있는 사회로서 '자유로운 정부'를 필요로 하는 사정을 밝히려고 하였다.

5) 기원논쟁과 역사적 변화의 관념

로크 속에서 사회가 단계적으로 발전한다는 관념이 형성되는 것을 이렇게 파악하는 방식은 일반적으로는 역사 그 자체의 단계에 대한 인식을 무시한 것이라고 생각될 것이다. 그러나 로크의 이론이, 의무의 〈근거〉를 아담에게서 비롯되는 정치적 권위의 시원(始源)속에서 찾고 있었던 필머의 기원론에 대한 비판으로서 성립했다는 사정을 알게 될 때, 그렇지 않다는 것이 자연히 밝혀질 것이다. 17세기의 자연법적 사회이론은, 홉스의 『시민론(De Cive)』의 서문에서도 볼 수 있는 바와 같이, 소위 자연상태 속에서 '정부의 발생'과 '정의의 최초의 기원'[19]을 탐구함으로써, 인간의 천부적 자연권에 의거한 사회형성을 〈정당화〉하려고 하였다. 필머의 이론은 이러한 자연법적 사회계약론에 대한 대항이론으로서, 의무의 〈근거〉를 정부의 〈기원〉(origin or genesis) 속에서 찾고, 정치적 권위의 시원이 아담의 '자연적·사적지배권' 속에 있었다는 것을 근거로 하여, 자의적 전제권력을 정

---

19) *The English Works of Thomas Hobbes*, ed. by W. Molesworth. Vol. Ⅱ, London, 1841, p. xiv.

당화하려고 하였다. 그것은 정당성의 근거를 과거의 역사에서 찾는 발상으로, 필머는 통치의 본질을 이해하기 위해서는 그 기원만 알면 충분하다고 하면서, 권리(정당성)의 근거를 정치적 권위의 내력 속에서 찾음으로써, 인민주의자의 계약설을 비판하려고 하였다. 이와 같은 필머의 기원론에 대하여, 시드니(A. Sidney, 1622~1683), 로크, 티렐 등의 휘그 이데올로그가 그에 대한 비판의 무기로 삼은 것이 역사적 〈변화〉의 관념이었다. 즉, 그들은 아담이나 노아가 동의 없어 하나님의 직접적 위탁에 의거하여 가부장적인 절대군주가 되었던 것이 사실이라 할지라도, 사태는 그 후 역사적으로 변화·발전하고 있기 때문에, 필머의 주장은 오늘날에는 타당하지 않다고 한다. 이와 같은 발전사관은 그 자체가 권리(정당성)의 근거론으로서 기원론의 권원(權原)을 부정하는 의미를 갖는 것이었으나, 로크는 〈기원〉은 〈의무〉와는 관계없다고 하여 〈역사〉에 대한 〈이성〉의 우선을 주장하는 한편, 시드니나 티렐 등과 함께 역사적 〈변화〉의 관념을 도입함으로써, 전술한 바와 같은 인류 최초의 여러 시대에는 가부장제적인 개인지배가 좋았다고 하더라도, 소유관계가 복잡한 사회에서는 그것이 타당하지 않다고 하는 것을 밝혀 놓았다.

그러나 로크의 독자성이 그가 이러한 사회의 역사적 변화·발전의 관념을 인정했다는 점에 있는 것은 아니다. 로크의 독자성은 오히려, 그가 필머에 대한 비판을 계기로 필머의 역사직 기원론과는 다른 시민사회와 정부의 '나른 기원'론을 전개할 때, 그 모델을 인디언의 아메리카에서 찾았다는 점이다. 이미 살펴본 바와 같이, 필머는 인류 초기의 역사에 관한 성서의 기술을 그의 기원론의 근거로 삼았으나, 이에 대하여 로크는, 인디언의 아메리카 속에서 인류 최초의 여러 시대의 원형을 봄으로써, 인디언의 역사를 근거로 필머를 비판하였다. 그는 필머가 전제주의적 가부장론의 근거로 삼았던 성서의 역사서술에 대하여, 그것과는 다른 사회가 있으며, 그것이야말로 인류 최초의 여러 시대의 모형이라고 함으로써, 인디언의 사회·도덕사상(事象)을 논거로 하여 인류 최초의 시대가 반드시 가부장제적인 것은 아님을 논증하려고 하였는데, 이러한 성서의 세계와는 다른 인디언의 아메리카 역사에 관한 관심이야말로, 그의 가부장주의에 대한 비판의 무기가 됨과 동시에, 사회의 단계적 발전의 관념을 낳는 모체가 되는 것이었다. 그러한 의미에서 필머의 기원론과 그에 대한 비판의 무기로서 로크의 아메리카에 대한 관심이야말로, 로크에게 '단계' 인식과 이에 의거한 새로운 시민사회에 대한 인식을 가능하게 한 것이었다고 생각 되지만, 로크가 이러한 인디언을 모델로 사용하기에 이르렀던 것에 대하여는, 17~18세기의 유럽에 있어서 신세계로서의 아메리카가 가지고 있었던 의의를 새삼 묻지 않을 수 없다.

6) 로크와 아메리카

마키아벨리는 『로마사론』 제1권의 서두에서, 아무도 밟아보지 않은 새로운 도덕적 세계를 개척하려고 하는 자기 자신을 '또 한 사람의 콜럼버스'로 비유하는 바, 아메리카 발견은 당시의 유럽인에게 있어서는 문자 그대로 '인류사상 최대의 사건'(『국부론』)으로서, 유럽사회와 사상의 형성에 근본적인 영향을 미쳤다.[20] 그것은 스미스의 말을 빌리면, "유럽의 모든 상품을 무진장으로 흡수할 새 시장을 개척함으로써, 고래(古來)의 상업의 협소한 법위에서는 생산물의 대부분을 흡수할 시장이 없었기 때문에 일어나지 못했던 새로운 분업과 기술의 개량을 가져오고" '노동의 생산력을 개선'함과 동시에 '유럽 전체의 향락을 증가시키고 그 산업의 발달'[21]을 이끌어감으로써, 상업사회로서의 유럽 시민사회의 형성을 촉진하였다. 16세기에서 18세기에 걸쳐 아메리카를 무대로 전개된 유럽 각국 간의 세계적인 상업제패의 싸움은 당시의 유럽인에게 상업과 항해야말로 부유의 지름길이라는 것을 보여주는 것이었다.

아메리카 발견의 또 하나의 의의는, 그것이 이렇게 식민지에 대한 수탈·착취를 통하여 상업사회로서의 시민사회의 형성을 촉진하는 한편, 인디언의 아메리카가 그때까지 유럽인이 알지 못했던 인류사의 원형으로서, 성서에 묘사된 세계 밖에 알지 못했던 당시의 유럽인에게 커다란 충격을 주었던 점이다. 그것은, 그때까지 그 존재조차 알려지지 않고 성서에도 전혀 언급되지 않았던 〈다른〉 대륙이 존재한다는 것을 가르쳤을 뿐만 아니라, 그 신대륙에서 그들이 발견한 인디언의 생활양식은 종교나 법 또는 정부를 소유하지 않고서도 인간이 선량한 생활을 할 수 있다는 것을 사실로서 보여준 셈이었다. 이러한 사실은, 유럽인에게 있어서는

---

20) 근대세계의 형성사는 지금까지 주로 유럽 측에서 본 그 형성사로서, 유럽의 발전=정복의 역사로서 파악되어 왔다고 할 수 있다. 그러나 실제로는, J.H. 엘리어트도 『구세계와 신세계』에서 주장하고 있는 바와 같이 그러한 모습으로 "다른 것을 형성하고 있었던 것이, 동시에 그것에 의해서 스스로 형성되고 있었던 것이며, 유럽의 근대는 아메리카에 의해서 역으로 형성되었다는 것에 주의할 것.

21) Smith, A., *The Wealth of Nations*, Cannan ed., Vol. I, p. 414, Vol. II, p. 92

그때까지의 종교·정치·사회조직에 관한 지배적인 관념에 대한 도전을 의미하는 것으로서 놀랄만한 것이었다. 아메리카 발견의 최대의 충격은 몽테스키외의 말을 빌리면, 그것이 유럽 구세계의 '우리들과는 모든 것이 다른' 〈신세계〉라는 점이었다. 인디언의 아메리카는, 유럽인에게 그때까지 유럽인이 알지 못했던 새로운 지적 지평을 열어주어, 베이컨이 말했듯이 철학에 새로운 빛을 던져주었다. 근대 초기의 유럽인이 아메리카와 유럽의 비교를 통해서 유럽의 현상을 비판하는 한편, 신대륙에 대해서 유럽의 구세계에서는 실현할 수 없었던 유토피아적인 꿈을 꾸고 있었던 하나의 배경도 바로 이러한 점에 있었다고 할 수 있다. 신대륙 아메리카는 당시의 유럽인에게 있어서, 식민지적 수탈·착취의 대상이었던 반면, 정통파 기독교나 유럽사회의 현상을 비판하기 위한 현상비판기준으로서의 의미를 가지고 있었다.22)

근대 초기의 유럽 사상가들이 아메리카에 대해 다양한 관심을 품고 있었던 이유는 이러한 점에 있는데, 로크는 그러한 당시의 사상가들 중에서도 유독 아메리카에 대해 깊은 관심을 가지고 있었다. 그가 『정부론』 속에서 자주 인디언의 아메리카에 대하여 언급하고, 인디언의 사회·도덕 사상과 비교하여 문제를 고찰하고 있는 것아 단적인 표현인데, 그는 신대륙에 대한 항해기나 여행기에 이상하리만큼 큰 관심을 가지고, 신대륙의 자연사와 사회·도덕사상의 연구를 통하여 신대륙에 대한 상당한 인류학적 지식을 가지고 있었다.

그가 아메리카에 대하여 이렇게 관심을 갖게 된 직접적인 계기로는, 1669 년에 그가 샤프츠베리의 요청으로 캐롤라이나 식민지경영에 참여하여 헌법의 초안을 기초하는 데에 관계한 사실과, 1673년에 동상식민위원회(Council for Trade and Plantations)의 주사(主事)로 취임하여 그 직무를 수행하면서 다양한 식민지

---

22) 로크는 은화가 통용되는 세계에서는 일체의 영토정복에 반대하고 있으나, 아메리카에 대해서는 『정부론』에서 전개한 황무지의 종획론을 근거로 하여, 식민지의 영토정복을 정당화하고 있다. 그는 라스렛트도 지적하는 바와 같이, 왕립식민성의 실질적 추진자이었으며, 이러한 로크사상의 제국주의적 성격은 石原保德씨(「世界史의 <깊이>에 대해서」)가 주장하는 바와 같이, 라스 가사스(B. de las Casas 1474~1566)의 사상과 비교할 때 보다 명확하게 드러난다. 그러나 그것으로부터 로크의 아메리카에 대한 관심을 그 측면만으로 한정시킨다면 그것은 일면적인 것이며, 이러한 수탈적인 성격에도 불구하고, 그가 아메리카를 토대로 잉글랜드의 현상을 비판하는 사상을 전개하고 있었다는 것을 염두에 두지 않으면 안 된다.

문제에 접촉하였던 사실들을 들 수 있다.

그는 이러한 일에서 얻은 경험과, 아코스타나 아큐나(Cristobal d' Acuña) 등의 항해기에 대한 독서를 통하여 얻을 수 있었던 신대륙의 사회·도덕사상에 관한 지식을 자국의 현상비판의 기준으로 삼음으로써 그 위에 자신의 사상을 전개하기조차 하였다. 그가 전술한 바와 같이, 성서에 의거한 필머의 가부장제 사회론에 대한 비판의 논거에 인디언의 아메리카의 특징인 수렵사회의 모델을 사용하고 있었던 것은 이러한 그의 사고유형을 단적으로 표현한 것이라 할 수 있다. 로크나 그의 동시대인에게 있어서, 아메리카 신대륙은 식민지로서 수탈의 대상인 반면에, 그때까지 유일하고 절대적인 권위로 생각되었던 성서 중심의 전통적 세계로부터의 탈출을 가능하게 한 비판원리로서의 의미를 가지고 있었다. 그것은 혁명기의 청교도나 윌리엄 펜(W. Penn, 1644~1718) 등 로크의 동시대인에게 있어서는, 무엇이나 자유롭게 쓸 수 있는 타블라 라사(tabula rasa)이며 희망의 별이었다고도 할 수 있을 것이다.

이러한 아메리카에 대한 관심이 로크의 사상형성에 커다란 의미를 갖고 있었다는 사실은, 그가 신세계의 경험[사상기술(事象記述)]을 기초로 하여 유럽 사상의 전통과는 다른 몇 가지 새로운 사상을 전개하고 있다는 사실에서도 볼 수 있다. 예를 들면 그는 『인간오성론』 속에서 도덕의 계율을 이루는 것으로서, 그 자신이 출발하고 있었던 자연법 도덕론과는 본질적으로 다른 평판법(the law of opinion or reputation, or the law of fashion or private censure)의 관념을 전개하고, 이것이야말로 현실사회에 있어서 우리들의 행위에 대한 선악의 도덕적 판단기준이 될 수 있을 것이라고 한다. 이 평판법의 관념은 각 국민이 각기 다른 관습, 유행 및 도덕관념 을 갖는 것을 인정하는 것으로서, 로크의 인식비판의 전개와도 관계가 있으나, 그것은 무엇보다도 유럽의 그것과는 다른 도덕관념을 가진 나라가 있고 사회가 있다는 인식과 자각으로부터 나온 것이다. 그의 관용사상(寬容思想)의 전개도, 실제로 인디언의 아메리카의 사회·도덕사상의 연구를 통해서 얻은 도덕의 상대성에 대한 자각과 깊은 관련성을 가지고 있다. 로크의 관용론의 전개에는, 초기 단계로부터 그의 사상의 발전, 특히 그의 인식론적 회의의 심화가 큰 역할을 하고 있는데, 그것은 그의 아메리카에 대한 체험과도 관련을 갖고 있다.

신세계인 아메리카는 이리하여 당시의 유럽인에게, 〈문명〉사회로서의 시민사회의 의의와 성격을 반성=고찰하고, 시민사회의 〈기초〉와 〈기원〉을 자기인식 시키는 계기를 마련해 주었다. 그가 수렵을 위주로 생계를 영위하고 있던 인디언의 아메리카를 모델로 한 〈미개〉사회와, 화폐와 상업이 발달한 이후의 〈문명〉사회와의 비교연구를 통하여, 상업사회로서의 시민사회의 기원과 기초를 명확히 밝힌 배경에는, 이러한 아메리카에 대한 체험이 있었던 것이다.[23] 로크는 그와 같은 인류사의 원형으로서의 인디언의 아메리카에 대한 관심을 『정부론』의 집필전인 1670년대 초두에서부터 간직하고 있었는데, 그것이 의무의 근거를 정부의 역사적 기원에서 찾았던 필머의 기원론에 대한 비판과 결합되어, 전술한 바와 같은 미개와 문명에 대한 비교연구를 통하여 상업·문명사회로서의 시민사회의 기초를 확립하였다. 그러한 신대륙의 인류학적 역사에 대한 관심이, 필머의 소유론에 대한 비판을 계기로 심화된 노동→소유→교환관계의 분석을 매개로 하여, 상업을 위한 '자유로운 정부'를 확립하고자 하는 휘그의 요구와 결합되어 탄생한 것이 로크의 『정부론』이며 시민사회론이었다. 필머에 대한 비판의 정치적 팸플릿으로서 쓰인 『정부론』에서, 로크가 시드니나 티렐과 같이 단순한 전제비판론(專制批判論)에 머물지 않고, 인디언의 아메리카를 아시아와 유럽 최초의 여러 시대의 원형으로 하는 시민사회형성사론을 전개할 수 있었던 수수께끼를 푸는 열쇠가 바로 여기에 있다.

4. 18세기에 대한 전망

1) 로크사상의 계약론적 구조와 그 한계성

이와 같이 로크의 『정부론』은, 그가 수집해 온 신대륙에 대한 인류학적 자료를 필머에 대한 비판을 계기로 소유론적으로 정밀화한 결과 성립된 시민사회 형성이론이었다. 그러나 로크가 직접적으로 당면하고 있었던 현실적인 정치적 과제는 어디까지나, 이미 살펴보았듯이, 이러한 시민사회에 대한 인식에 대응하는 '자유로운 정부'를 전제권력에 대항하여 수립하는 것이었다. 로크의 이론이, 필머의

23) 미크는 아메리카 인디언을 모델로 한 '천박한 야만인'의 관념이 18세기의 4단계론의 발전에 결정적인 영향을 주었다는 것을 강조하고 있는데. 『법학강의』의 4단계론을 매개로 하여 경제학을 성립시키는 데 기여한 아담 스미스의 사상이 형성된 배경에도 마찬가지로, 아메리카에 대한 체험이 짙게 그늘을 드리우고 있었다고 말할 수 있지 않을까?

〈역사적〉 기원론과는 다른 정치권력의 '정당한 기원'론으로서, 이론전개의 출발점으로 삼았던 자연상태를 순수한 역사적 사실 그 자체와는 다른 도덕적 가설로서 받아들이고, 자연권의 관념에 기초한 계약이란 가설 위에 그 이론을 구성하였던 이유가 여기에 있다. 로크의 사상은 이러한 의미에서 전술한 바와 같은 역사적 접근에도 불구하고, 어디까지나 사회계약설에 근거한 국가구성에 대한 원리적 비판으로서의 의의와 성격을 갖고 있었다. 로크의 사상이, 아메리카혁명기의 사상가들에 의해 아메리카혁명의 사상적 지주로 되어온 것은 그 때문이었다. 로크는 실로 이러한 의미에서 '아메리카의 철학자'로 불리어왔다. 로크의 사상이 루소와 프랑스혁명에 이어졌던 것도, 로크의 사상이 홉스의 자연권의 철학정신을 계승하면서, 보다 자유로운 정치기구론을 전개하고 있었기 때문이었다. 그러나 이러한 로크 정치론의 계약론적 구조는 동시에, 시민사회이론으로서 로크 이론의 한계성을 보여준다.

시민사회 이론으로서의 로크 이론의 한계성을 가장 단적으로 드러내주는 것으로는, 로크의 정치·경제론에서는 시민사회의 관계의 근본원리가 〈분업〉으로 파악되지 않고 있다는 사실이다. 이미 살펴본 바와 같이 그는 자연상태에서 시민사회로의 이행의 계기를 〈화폐〉의 발명과 〈상업〉의 발달에서 찾고, 농업생산력이 증대되어도 외국무역이 없는 나라에서는 부의 축적·증대는 사실상 불가능하다고 하였다. 그가 '시민사회' 성립의 근거를 화폐와 상업의 발달에서 찾은 것은 그 때문이었으나, 이와 같은 로크의 생각은 동시에 그가 생산력 발전의 결정적 계기를 〈분업〉에서가 아니라, 〈화폐〉에서 찾았음을 보여주는 것이다. 로크는, 시민사회가 각자의 〈노동〉에 의한 〈소유의 교환〉관계에서 성립된 사회로서, 그것이 어떠한 형식의 분업과 교환관계에 입각하고 있는가를 그 나름대로 그려내고 있으면서도, 〈소유〉의 〈교환〉사회로서의 시민사회의 관계가 〈분업〉을 전제하며, 분업이야말로 생산력의 담당자라고 하는 것을 개념적으로 파악하지 못했기 때문에, 소유의 증대에 따른 자연상태로부터 시민사회로의 이행의 계기를, 자연상태에 있어서의 '〈화폐〉사용에 대한 암묵적인 〈동의〉'라고 하는 가설에서 찾지 않을 수 없었던 것이다. 로크의 정치·경제이론은 아담 스미스 이후의 경제학과는 달리, 결국 화폐의 정치학에 불과하였다.

로크가 시민사회의 인간관계를 자유로우며 독립적인 인격 상호간의 소유의 교환관계로서 파악했으면서도, 그러한 〈소유의 교환〉 관계에서 이루어지는 〈인격〉 상호간의 사회적 〈교통〉관계를 개개의 〈주체〉에게 〈자기의 식화〉시키지 못했던 사실 속에서도, 또한 시민사회이론으로서의 한계성을 볼 수 있다. 로크는 소유를 인격의 투영으로 봄으로써, 시민사회의 인간관계는 자유로우며 독립적인 〈인격〉 주체가 그 현존재로서의 〈소유〉를 서로 교환하는 관계로부터 이루어지며, 소유에 〈매개〉됨으로써 비로소 인격 자신이 현존재화(現存在化)될 수 있다는 것을 사실상 간과하고 있었다. 이와 같이 로크는 시민사회에 있어서 물상(物象)의 교환관계에 매개됨으로써 비로소 인격적 의존성에서 벗어나 보다 광범위한 교통관계에 들어설 수 있다는, 인간 상호간의 사회관계의 본질을 완벽하게 파악하였다. 그럼에도 불구하고 로크는 아직 그러한 소유의 교환관계에 매개된 인격 상호간의 사회적 교환의 문제를 개개의 주체가 자기 의식화되지 못한 채 머물러 있게 하였다. 그가 소유의 교환=분업관계에 입각한 시민사회에 있어서 사회적 교환의 주체의 윤리문제를 평판법이라는 형식으로 파악한 것도, 이에 대응하는 것이라 할 수 있다.

이 평판법이라는 관념은, 도덕 판단의 기준을 타인의 시인(是認)이나 부인(否認), 세상의 평판이나 유행에서 찾는 것으로서, 선악의 기준을 인간 - 인간관계에서 찾는 사고방식이다. 이와 같은 사고방식아, 도덕의 원리를 신이나 이성에서 찾았던 당시까지의 전통적인 도덕론과는 달리, 그 한도 내에서 탁월하게 시민사회적이었다는 것은 분명하다. 그것은 시민사회의 교통관계를 인격의 현존재로서 소유의 교환관계로 보았던 로크의 시민사회관에 대응하는 것이었으며, 아담 스미스는 후술한 『도덕감정론』 속에서, 이러한 타인의 시인·칭찬·소원이야말로 양심의 〈기원〉을 이루는 것이라 하고, 그 위에 도덕 감정을 확립시켰다. 그럼에도 불구하고 로크의 평판법은 스미스의 도덕감정론과는 달리, 도덕 판단의 원리를 〈타인〉의 시인·칭찬에서 찾을 뿐, 그것을 개개의 인간주체의 내적 윤리로서 내적으로 주체화하는 논리나 자기의식을 결할 수밖에 없었다.

2) 18세기 도덕철학의 주제와 특색

이러한 시민사회 이론으로서의 로크이론의 한계를 뛰어넘어, 17세기의 자연법적 사회이론에는 결여되어 있던 시민사회 도덕론을 확립함으로써, 보다 역사적·경험적인 사회이론을 전개한 것이 18세기 도덕철학이다. 18세기 도덕철학의 기본적 특징은, '도덕상의 주제에 실험적 연구방법을 도입한 하나의 시도'라는 흄의 『인간본성론』의 부제가 보여주는 바와 같이, 윤리학이나 정치학의 영역에 경험적 방법을 도입함으로써, 사회과학의 성립에 기여하였다는 점에 있다. 17세기의 자연법적 도덕철학이 도덕의 원리뿐만 아니라 사회구성의 원리도 〈추상적·합리주의적〉으로 뛰어나게 파악하고 있었는데 반하여, 18세기의 도덕철학이 뛰어나게 〈역사적〉, 〈경험적〉이었다고 하는 이유가 바로 이 점에 있었다.

18세기 도덕철학의 또 하나의 특색은, 이러한 자연법의 경험적 역사화라고 하는, 로크가 시도하려 했으나 이루지 못했던 과제를 도덕 감정의 이론으로서 전개하였던 점에 있다. 도덕감정론이란 도덕판단의 원리를 이성에서가 아니라, 인간에게서 저절로 우러나오는 감정 속에서 찾는 이론으로, 그것은 도덕문제에 관하여 합리주의적 사고방식을 취하고 있었던 17세기의 자연법적 도덕철학과는 달리, 도덕의 문제를 인간 - 인간관계 속에서 나타나는 감정의 문제로서 파악하였다는 기본적 특징을 갖는다. 이와 같은 새로운 동향의 사상을 대표하는 자로서는, 일반적으로 로크의 제자였던 샤프츠베리 3세, 스미스의 스승이었던 프란시스 허치슨(F. Hutcheson, 1694~1746)과 스미스의 친구였던 흄, 그리고 스미스 자신을 들 수 있다. 그러나 이러한 사고방식은 반드시 18세기에 들어서서 처음으로 등장한 것은 아니다. 그와 같은 사고방식은 실은 이미 17세기의 후반에 컴버랜드(R. Cumberland, 1631~1718)가 『자연법의 철학적 탐구(De Legibus Natu - rae Disquisitio Philosophica)』(1672) 속에서 나름대로 전개하고 있었다.

컴버랜드는 이 책에서, 시민사회의 인간관계를 소유의 교환으로 이루어지는 상호의존체계로 파악함으로써, '어떤 사람도 타인의 도움이 없이는 생존할 수 없다는 점이 시민사회의 기본적 특징'이라는 관점으로부터 문제를 출발시키고 있다. 그는 그 때문에 각자가 소유와 사회적 노동을 분할하고, 상호간의 소유를 상호인정(상호승인)하는 것이야말로 자연법의 기본이며, 그 위에 시민사회가 성립한다고 하였다. 그는 그의 도덕철학의 근저에 사적소유와 교환=분업에 대한 인식을 두고 있는데, 이러한 사적소유의 주체로서의 인간이, 홉스가 말하는 것과 같이 서로 악의(惡意)를 가지고 이기심을 추구하는 주체에 불과하다고 한다면, 필연적으로 홉스적인 상호 간의 공포의 투쟁 상태로 귀결되지 않을 수 없는 것이다. 컴버랜드는 이 점에서 홉스와는 반대로, 사적소유를 전제로 한 분업·교환사회로서의 시민사회의 교환의 질서를 유지하기 위해서는, 각자가 서로 타인에 대해서 상호진력(盡力)하는 상호인애(相互仁愛)가 필요하며, 인애적인 행위에는 반드시 응답이 있기 때문에 상호인애야말로 시민사회와 그 원리로서의 자연법 도덕의 근본원리라고 하였다. 이와 같이 컴버랜드의 견해가 홉스를 직접적인 비판의 대상으로 하였다는 것은, 이상에서 본 바와 같이 그 내용에서나, 그 책의 부제에서도 분명하다. 그는 홉스의 이기심설(說)에 반대하기 위해서, 타인과의 공감, 동정심 내지 타인과의 교통의 원리로서의 동감 등의 감정 원리를 끌어냄으로써, 홉스의 이기심설에 대항하려고 하였다.

이와 같은 컴버랜드의 견해는 도덕감정론이 반(反)홉스로서 출발하였다는 것을 보여주는 것으로 흥미 깊다. 도덕감정론은, 홉스의 상호간의 악의에 기초한 상호공포론에 반하는 상호인애론으로서 등장하였다. 이러한 도덕론의 골자를 확인해 두는 것은, 18세기의 도덕감정론의 과제와 성격을 아는 데 있어서 중요하다. 그러나 컴버랜드가 홉스에 대한 비판을 계기로 하여 그 나름대로 도덕 감정의 이론을 전개하고 있었던 것은, 그의 이론이 감정 원리에 입각한 시민사회 이론으로서 홉스나 로크보다 뛰어났다는 것을 의미하는 것은 아니다. 오히려 컴버랜드의 자연법론은 도덕감정론으로서 대단히 유치할 뿐만 아니라, 본질적으로 시민사회 이론이 될 수 없는 치명적인 결함을 가지고 있었다, 왜냐하면 자연상태의 인간 그 자체가 인애적이므로 서로 인애적인 행동을 한다고 하면, 새삼스럽게 정치·사회를 결성할 필요가 없기 때문이다. 스미스의 말을 빌려 문제를 더욱 비판적으로 전개하면, 인간의 '사회는 서로 간에 아무런 애정이나 애착이 없을지라도 그 효용에 대한 감각에서, 다양한 사람들 사이에서, 다양한 상인들 사이에서와 같이 존립하려고 하는'[24](『도덕감정론』) 것이며, 문명사회에서는 사람들은 끊임없이 많은 〈동포의 조력〉을 필요로 하지만, "우리들은 〔그것을〕 그들의 인간애〔나 인애〕가 아니라 이기심에 호소한다"[25](『국부론』 『법학강의』)는 점에 시민사회가 시민사회인 아유가 있기 때문이다. 시민사회의 특색은, 이와 같이 인간들이 서로 의존하면서, 이를 위한 상호 조력을 타인의 인애가 아니라 이기심에 호소하면서 달성한다는 점에 있는데, 컴버랜드의 도덕감정론은 이러한 시민사회의 근본원리로서 홉스가 제기한 문제에 대하여 아무런 해명도 하지 못하였다.

로크가 푸거나 푸펜도르프와 함께 그의 사상을 전개함에 있어서 컴버랜드를 전제하면서도 이에 가담하지 않았던 것은 그 때문이었는데, 컴버랜드로부터 제임

24) Smith. A., *The Theory of Moral Sentiments*, 1 ed. p.189.

25) Smith, *Wealth of Nations*, I, p.16. 또한, *Lectures on Justice, Police, Revenue and Arms*, ed. by E. Cannan, Oxford, 1896, p.169. 또한, 이상의 스미스의 사상은 그곳에 사용되고 있는 용어에서도 추측되는 바와 같이, 푸거(Fugger), 컴버랜드적인 '상호애정' '애착' '인애'론에 대한 비판으로서의 의미도 포함하고 있었다고 할 수 있다.

스 티렐을 거쳐 샤프츠베리, 허치슨에 이르는 18세기 전반의 도덕감정론은 기본적으로 이러한 한계성을 가지고 있었다. 그 한계를 깨뜨리고 홉스가 제출한 이기심에 대한 사회적 지양(止揚)의 논리를 전개한 사람이 흄과 아담 스미스인데, 그 중에서도 특히 주목할 만한 저작은 스미스의 『도덕감정론(The Theory of Moral Sentiments)』(1759)이다.

3) 『국부론』의 기초로서 『도덕감정론』이 갖는 의의

스미스의 『도덕감정론』이 동감(同感)을 근본원리로 하고 있다는 것은 잘 알려져 있는 사실이지만, 스미스의 동감(Sympathy)은, 컴버랜드나 샤프츠베리 혹은 허치슨의 그것과 같은 이기심에 대한 이타적 감정 원리로서가 아니라, 그 반대로 인간의 자애심이나 그로부터 생기는 인간의 자기편애성을 전제하면서, 그러한 입장이나 이해를 달리하는 사람들 사이의 사회적 교통원리로서 제기되었다. 그는 그 때문에 우리들이 타인에게 동정할 때 무의식적으로 상대방의 입장에 서서 생각하고 있는 인간 고유의 감정의 움직임을 인식하고, 우리들의 행위의 관찰자가 상상에서 의식적으로 입장을 교환하여 당사자의 입장에 섰을 경우에, 관찰자가 당사자의 행위나 감정에 동감할 수(감정적으로 들어가고 따라가는) 있다는 점에서, 인간의 사회적 행위의 적절한 기준을 찾았다. 그는 이리하여, 자신의 일을 첫째로 하고 자기중심적으로만 생각하는 인간 고유의 이기심이나 자기편애성을 전제하면서, 그러한 인간의 측량할 수 없는 이기심을 '상상 상(想像上)의 입장의 교환'에 의거한 동감이라고 하는 인간 고유의 감정 원리로서 지양하려고 하였던 것이다. 그와 같은 스미스의 사고방식은, 그가 인간의 이기심도 타인의 감정을 고려하여 행사될 때, 유덕하게 될 수 있다고 한 사실 속에서도 볼 수 있다. 그러나 이것은 『도덕감정론』의 주제가 이기심을 신중하게 고려해야 할 덕으로까지 높임으로써, 경제인의 윤리를 확립하는 점에 있었다는 것은 아니다.

스미스의 『도덕감정론』의 주제는, 그 초판의 구성이 보여주고 있는 바와 같이, 시민사회에 있어서 사회적 교통의 주체의 윤리를 확립함으로써, 시민사회의 교통의 질서를 유지하기 위해 필수불가결한 〈정의〉를 〈감정론적〉으로 확립하는 것이었다. 그는 『도덕감정론』에서 정의의 문제를 동감의 사회철학의 중심 주제로 삼음으로써, 상공업의 발전에 의해 부를 실현하는 조건으로서의 정의가 무엇인가를 밝히는 것을 과제로 하고 있었다. 그러나 이것은 『도덕감정론』의 주제가 정의의 〈법〉을 확립하는 데에 있었다는 것을 의미하는 것은 아니다. 이와 같은 시민사회의 교동의 질서를 유지하기 위한 정의의 〈법〉과, 그 준수를 〈강제〉하기 위한 〈정부〉의 문제는, 17세기의 근대 자연법이 이미 해결해 놓은 문제이었다. 단지 17세기의 자연법적 사회이론의 경우에는, 이러한 시민사회에 있어서의 교통의 질서를 유지한 다음에, 필수불가결한 문제인 정의의 〈법〉을 준수하기 위한 〈주체〉의 〈윤리〉가 확립되어 있지 않았기 때문에, 문제가 정의의 법과 그 범을 준수하도록 강제하기 위한 〈강제권력〉의 문제라는 형태로 밖에 전개될 수 없었다. 17세기의 자연법적 사회이론에 있어서는 홉스의 경우에서 가장 명확하게 보이는 바와 같이, 〈도덕〉의 문제는 결국은 '이성이 명하는 바'의 자연법의 문제에 불과하며, '개인적 선'을 추구하는 주체로서의 인간은 이성보다도 감정에 의해 움직이는 존재에 불과하기 때문에, 이성의 명령으로서의 정의의 〈법〉을 준수하는 것은 권력적으로 〈강제〉되지 않으면 안 되는 것이었다. 이에 대하여 스미스는 〈정의〉 그 자체를 〈동감〉원리에 의해서 〈감정〉론적으로 개념 지움으로써, 〈정의〉의 준수를 개개의 동감 주체에 '내면(內面) 모랄'화한 것이다. 이러한 스미스 이론의 특색은, 홉스나 로크는 물론 허치슨이나 흄에 있어서조차도 사회전체 또는 그 이해의 대표자로서의 통치자에게서 구해졌던 공평성(impartiality, 자연법적 제3자의 입장)의 담당자가 스미스에 있어서는 자신의 내부의 '공평한 관찰자'에서 구해졌던 사실 속에서 가장 단적으로 표현되고 있다고 할 수 있다. 스미스는 이러한 형태로, 로크에게 있어서는 어디까지나 외면적 윤리에 불과하였던 시민사회 주체의 윤리를, 자신의 내부의 공평한 관찰자라는 1인칭의 문제로 내면적으로 주체화함으로써, 평화스럽고 국가통제가 가장 적은 사회에서 가장 잘 번창하는 〈상업〉을 위한 〈자발적〉인 〈질서형성〉의 가능성을 증명하였다.

스미스의 『도덕감정론』이 갖는 또 하나의 의의는, 그가 이러한 형식으로 사회적 교통의 주체의 윤리를 타인의 시인과 칭찬을 끝없이 추구하는 인간 고유의 동감감정으로부터 이끌어냄으로써 경제학의 탄생에 있어 모체가 되는 논리를 전개하였다는 점이다. 이러한 스미스 사상의 특색을 가장 단적으로 보여주는 것이, 저 유명한 〈보이지 않는 손〉으로 알려져 있는 기만(欺瞞)이론이다. 그는 여기에서 행위의 작용인(作用因)과 목적인의 논리에 기초한 기만적인 과정의 서술을 통하여, 분업사회에서 각자의 이기심을 추구하는 활동 내지 '자신의 상태를 개선하려고 하는 각자의 노력'이, 의도되지 않은 채 사회전체의 부의 실현으로 이어지는 것을 명확히 밝힘으로써, 자유방임의 사상적 기반을 제공하였다.

스미스의 『도덕감정론』은 이와 같이 동감이론과 이에 입각한 기만이론을 통하여, 부의 세계에 대한 법칙적 파악의 길을 개척하는 한편, 상업을 위한 자발적인 사회형성의 가능성을 논증함으로써, 주·객 양면에서 『국부론』의 기초를 확립하였다. 그러나 이것은 『도덕감정론』이 직접 『국부론』으로 향하는 길을 열었다는 것을 의미하지는 않는다. 『도덕감정론』에는 아직 경제학이 과학으로서 독립하는 데에 불가결한 분업론이 결여되어 있었다. 이 간격을 메꿔 『국부론』으로 향하는 길을 연 것이 『법학강의』이다. 여기에서 그는 『도덕감정론』에서 감정론적으로 개념지운 '정의'의 준수를 모든 사람에게 강제하기 위한 '법과 정부'의 기초와 기원을 밝히기 위하여 사회·경제발전의 4단계론을 전개하였는데, 그 중심기초범주로서의 분업 개념이야말로 분업론을 기축으로 하는 『국부론』 체계의 직접적인 계기를 이루는 것이었다.

분업·교환관계에 의해 매개된 시민사회에 있어서 사회적 교통의 질서를 유지하기 위한 정의의 '법과 정부'의 문제야말로, 이미 살펴본 바와 같이 홉스·로크 이래의 근대 시민사회사상의 공통적 주제가 되는 것이었으나, 스미스는 홉스가 제기한 이기심의 문제를 극복하는 사회적 교통주체의 윤리를 확립하는 한편, 근대 시민사회의 기원과 성립과정을 사회·경제발전의 4단계론을 통하여 명확히 밝힘으로써, 그 제4단계로서의 상업사회의 메커니즘을 분업·교환 개념에 의해서 이론적으로 분석하였다. 그것은 홉스·로크 이래의 근대 자연법이 제기한 과제를 계승하면서, 그들이 해결하지 못했던 과제를 해결한 것이라고 할 수 있을 것이다.

제3장

프랑스 계몽사상과 루소

— 프랑스혁명과 계몽사상 —

1. 부르봉 절대왕정과 프랑스혁명의 서막

절대왕정이란 일반적으로 귀족계급(aristocracy)과 부르주아지의 세력 균형 위에 초계급적으로 우뚝 솟아있는 권력이다. 역사상 그 전형은 프롱드의 난을 극복하고 친정(親政)을 편 태양왕 루이14세의 치세이다. 칼을 찬 귀족으로부터 공권력을 박탈하여 중앙집권적 권력기구를 국내적으로 정비하는 한편, 새로 일어나고 있는 부르주아지를 왕권의 지주(支柱)로서 그 속에 포섭해 간 것이 바로 부르봉 절대왕정이다. 그것은 또한 봉건적 지배예속관계와는 다른, 상품생산에 기초한 물질적 제력(物質的諸力)의 증대나, 상품관계로서의 시회적 제 관계의 전개에 새롭게 대응한 봉건제의 말기적 국가형태이다.

세력균형 위에 선 권력으로서의 절대왕정에 있어서, 대외전쟁은 권력유지를 위해 불가결한 수단이다. 루이14세 시대의 수많은 전쟁은 영토 확장과 식민지획득을 초래하였다. 동시에 그것은 전쟁수행에 따른 엄청난 부채와 국민에 대한 가혹한 조세체계를 남겨놓았다. 중상주의적 대립의 총결산인 7년 전쟁(1756~1763)에서의 패배로, 프랑스에 대한 영국의 결정적인 우위가 확립되었다. 더 나아가서, 루이15세의 왕비의 모국인 폴란드에 대한 러시아, 프러시아, 오스트리아 삼국의 영토분할(1772)에 대해서도, 프랑스는 이전과는 정반대로 단지 수수방관만 할 뿐이었다. 부르봉 절대왕정의 약체화를 내외에 보여주었던 이 사건은 국민통합의 상징으로서의 부르봉왕가의 권위 실추를 초래 하지 않을 수 없었다.

앙시앙 레짐에 있어서 처음이자 마지막인 「국고재정보고서」(1788) 에 의하면, 세입은 5억 3천만 루블인 데 비하여 세출은 6억 2천 9백만 루블인 적자재정이며, 누적된 공채발행 잔고는 약 50억의 거액에 이르고, 공채 이자와 상각비만으로도 세출의 5할, 즉 3억 2천만 루블을 소비하고 있었다.

위의 일례에서 볼 수 있는 바와 같이, 18세기 말에 왕권은 약체화의 길을 걷게 되고, 특권신분에 대한 면세특권의 폐지에 의한 조세부담의 공평화를 꾀하지 않고서는, 이미 재정 재건의 목표를 달성할 수 없는 상태였다. 베르사이유 궁정 좌파인 혁신관료가 제기한 재정개혁안의 승인여부를 둘러싼 왕권과 귀족계급의 대립·항쟁으로서 프랑스혁명이 시작된 것은, 절대왕정 내부에 있어서 하나의 모순의 표현으로 이해될 수 있다.

공권력(公權力)의 귀속을 둘러싼 왕권과 귀족계급의 정치적 대립은 절대왕정의 저류(低流)를 이루는 것이나, 이 대립이 절대왕정하의 기본적 대립을 구성하는 것은 아니다. 절대왕정이 귀족계급으로부터 공권력을 박탈하였다고는 하나, 그 봉건적 수탈권까지 폐지한 것은 아니고, 오히려 역으로 귀족의 영주권을 보호하기 위해서 공권력을 재편성한 것이며, 누구보다도 먼저 국왕 자신이 최대의 봉건영주였다. 따라서 상품생산의 전개에 상응(相應)한 봉건제의 말기적 국가로서 절대왕정을 파악하는 관점에서 보면, 절대왕정하의 기본적 대립은, 첫째로 영주와 봉건농민의 대립 속에서 찾지 않으면 안 된다.

18세기 말 2,300만의 프랑스 농민은 국가의 조세부담에 허덕이는 국가의 신민이기 전에 봉건농민으로서의 성격을 가지고 있었다. 한편, 영주제 자체도 변모하고 있었다. 농민 등의 토지보유자로 부터 수취하는 봉건지대가 영주의 수입에서 차지하는 비중은 점점 낮아지고 있었으며, 공권력을 박탈당한 지방귀족에게 남은 것은 영민(領民)에 대한 인격적 지배권과 직영지 소작료 수입이었다. 영주가 영내에 부과하는 자의적인 시장세나 통행세 등의 상품유통에 대한 저해 요인도, 부르주아지의 사회적 권력의 증대에 따라 서서히 제거되고 있었다. 이러한 영주제의 위기에 대응하여, 파리 북부의 선진 농업지대의 소위 개명귀족들은 토지에 대한 영주권을 단순히 사적인 물권으로 간주하여, 스스로 지주적 경영에 착수하거나, 혹은 차지농에게 토지를 빌려주는 근대적 지주로 탈바꿈하여, 농업에 있어서 자본주의화의 추진자가 되었다.

상품생산의 발전에 의해 뼈만 앙상하게 남은 영주제는 프랑스혁명의 와중에서 무너졌다. 물권으로서의 토지소유권에 대한 봉건적 제 권리의 일원화, 망명귀족의 소유지 및 교회 소유지의 몰수와 국유화, 국유지의 매각 처분에 의한 토지소유 주체의 교체와 토지소유의 세분화에 의한 소토지 소유 농민의 인위적 창출 등, 이러한 위의 여러 계기들은 프랑스혁명의 농민혁명적 성격을 말해주는 것이며, 이러한 의미에서 프랑스혁명은 절대왕정하의 기본적 대항을 해소시킨 셈이다. 그러나 영주제가 피지배계급인 농민 계급의 힘만으로 붕괴된 것은 아니다. 절대왕정 하에서 사실상 성립되어 발전해 온 부르주아적 생산관계와 소유관계를 법적으로 확인하기 위한 투쟁 과정에서,[1] 새로운 사회관계를 형성하는 주체로서의 부르주아지가 부르주아적 지배확립의 한 과정으로서 영주제를 무너뜨렸던 것이다. 그러므로 다음에는 부르주아 혁명으로서의 프랑스혁명의 추진 주체인 부르주아 제 계층에 대하여 고찰해보기로 하자.

왕권에 의한 중상주의 정책의 추전은 농촌을 피폐시키고, 특권상인이니 무역상인 및 금융업자 등의 전기적 상업자본가와 왕권의 결합을 강화하였다. 그리고 이들 상층 부르주아지는 절대왕정과 대항하는 세력으로서가 아니라, 반대로 이와 결합하여 왕권의 지주(支柱)로서 기능하고 있었다. 그들은 징세청부제(徵稅請負制)에 의해서 절대왕정의 통치기구에 편입되어 있었을 뿐만 아니라, 이로 인하여 얻은 이익을 다시 왕권에 투자하였다. 일반적으로 부르주아지의 상층부는 산업 부르주아지로서가 아니라 전기적 상업자본가로서의 성격을 강하게 띠고 있었고, 그들은 토지구입에 의해서 기생지주화될 뿐만 아니라, 그 기원이 1523년에까지 이르는 관직매매제도에 의해서 귀족계급에 편입되어 가는 경향을 나타내었다.

부르주아지 중에 산업 부르주아지의 역사적 실존형태는 차지농업자, 또는 선대제 매뉴팩처의 선대제 자본가, 더 나아가서 농촌 매뉴팩처의 독립 자영농으로 나뉘어져 있으며, 이들은 절대왕정 내에서 서로 협조하거나 대립하면서, 상품생산과 유통을 담당하였다.

프랑스혁명 전야의 프랑스사회에서는, 선전자본주의국인 영국으로부터 기계·기술을 도입하기 시작하며, 가치관계의 전개 속에서 자본의 본원적 축적이 진행되고 있었다. 이 과정 속에는 프랑스혁명 후에 본격적으로 나타나는 자본과 임노동의 계급관계가 맹아적 형태로서 배태되고 있었다. 그러나 농촌공동체로부터의 농민의 해방이 직접적으로 자본에로의 인간의 흡수를 결과하지 않고, 소농이나 소상품 생산자가 자립적 생산자 층을 형성하고 있었다. 그러므로 18세기 후반에

1) "법제상의 구조와 현실의 불일치는 결코 영속하지 않기 때문에, 1789 년의 혁명이 사실과 법 사이의 조화를 재건하였던 것이다.", Georges Lefebvre, *Quatre-vingt-neuf*, 1939.

상품생산과 유통이 어느 정도 성숙하면, 부르주아적 관계에 대한 질곡인 절대왕정에 적대하는 혁명적 계급 및 혁명적 제 사상의 내부에 잠정적인 대립이 발생한다. 이 대립은 혁명사의 격동 속에서 구세력의 타도에 이어 지롱드와 자코뱅의 투쟁으로서, 더 나아가서는 자코뱅과 생 큐로트(sans-culotte)의 동맹과 대립으로 나타난다.

반혁명의 위협으로부터 혁명의 성과와 유산을 지키고, 조국방위전쟁을 수행하기 위해서는 부르주아지 정권으로부터의 후퇴가 불가피하며, 보다 광범위한 사회적 지지기반을 갖고 있는 자코뱅의 권력장악은 필연적인 것이었다. 소농민이나 소상품 생산자까지도 지지기반으로 포함하고 있는 자코뱅 권력은, 전 국민의 해방이라는 이념—특히 소유의 평등—을 내세우면서, 혁명과정에서 구사회의 구조에 대하여 철저히 부정(否定)하고, 부르주아혁명의 인간해방으로서의 보편성을 주장하였던 것이다.

부르주아적 원리는 건국민적 원리가 됨으로써 비로소 '인위'에 대신하는 '자연'의 원리로서 자신을 관철한다. 즉, 민족주의의 성립을 매개로 하여, 부르주아적 원리는 전 국민을 지배하는 원리가 된다. 이 과정은 부르주아적 권력에 의해서 직접 수행된 것이 아니라, 반대로 정권으로부터 부르주아지가 후퇴함으로써 가능하게 되었다. 이와 동시에 자코뱅 권력에 의한 광범위한 소토지 소유자의 창출과 부르주아적 제 관계의 확장은, 조국방위전쟁의 일시적 승리와 토지보유 농민이 보수화함에 따라서, 자코뱅 권력을 필연적으로 몰락시켰다.

부르봉 절대왕정하의 부르주아지는 정치적으로 무권리 상태에 놓여 있어 피지배자계급의 지위를 감수하면서도, 사회적 생산과 교환 및 이에 조응하는 법 이데올로기의 실질적 담당자로서 자기를 형성해 가고 있었다. 그 운동과 사상을 집약하고, 새로운 미래사회에 대한 포괄적 원리를 지니고 있으며, 이 혁명적 계급에 사회형성=변혁의 형태를 부여한 것이야말로 프랑스 계몽사상이라 불리워지는 사회운동이며 체제변혁의 사상이다.

본고에서는 프랑스혁명을 준비한 하나의 생산력으로서의 프랑스 계몽사상의 전개를, 혁명사의 전개에 조응하여 몽테스키외로부터 시작해 보자. 그리고 몽테스키외와 볼테르를 기수로 하는 18세기 프랑스 계몽사상이 종교 비판과 국가비판의 두 측면에서 절대왕정에 대한 비판의 토양을 형성한 후, 중엽 이후 급진화한 것, '자연'적 원리로서의 부르주아적 원리에 입각한 사회인식에 의해서 절대왕정의 권력기구가 외피(外被)로서 자각되기에 이른 것, 더 나아가서 그 속에서 부르주아적 원리의 비판적 구상자로서루소가 등장하게 되는 사정을 명확히 밝혀보기로 하겠다.

2. 귀족적 저항사상: 몽테스키외의 군주정체론

오늘날 몽테스키외 남작(1689~1755)의 이름은 『법의 정신』[2](1748)의 저자로서 널리 알려져 있다.

지방 귀족으로서, 보르도 고등법원장의 요직에 있었던 몽테스키외는 1728 년 4월에서 1731년 5월까지 오스트리아·이탈리아·네덜란드·영국을 방문하고, 이때 얻은 견문에 의거하여, 일찍부터 구상하고 있었던 역사에 관한 대작을 쓰겠다고 결심하고, 백부에게서 물려받은 관직을 매각하고, 그 작업에 전력을 기울이기 시작하였다.

동서고금의 경험적 사상(事象)을 정리·분류하는 작업을 하면서 몽테스키외가 얻은 교훈은 "천차만별의 법률이나 관습 하에서도 인간은 기분(fant-aisies)에만 끌리는 것은 아니다"(서문)는 확신이었다. 역사를 멀리 거슬러 올라가면 올라갈수록, 종교나 정치에 있어서 개별적 인격이 가진 의지결정 능력이 역사형성에 큰 힘을 미치고 있는 것처럼 보이나, 몽테스키외는 입법자나 군주의 인격적인 모든 힘을 역사형성의 주요인으로 간주하는 사고를 배척하고, 국왕을 포함한 만민에게 우월한 힘이 존재한다는 것을 발견한다. "다수의 사물이 인간을 지배하고 있다. 기후, 종교, 법, 정체(政體)의 원칙, 과거의 사물의 예, 습속, 생활양식. 이들 사물로부터 그 결과인 일반적 정신(esprit general)이 형성된다"(19편 4장). "가장 넓은 의미에서 법이란, 사물이 가지고 있는 고유성(nature des choses)에서 유래하는 여러 가지 필연적 관계이다"(1편 1장).

일견 우연적으로 보이는 인간의 모든 행동을 그 배후에서 규정하고 있는 제 법칙은, 몽테스키외에 있어서는 동시에 인간이 복종하지 않으면 안 되는 법이기도 하다. 법칙에서 법을 유도해내는 방법을 확립함으로써 자연법에 대한 관념은,

2) Montesquieu, *De I'esprit des lois. (Euvres completès)*, t. II, Éditions Gallimard.

인간의 자연권이타는 관념과는 다른 흐름인 사회체제의 자연법칙이라는 관념으로 전환되었다. 혹은, 자연법사상으로부터 사회체제에 대한 과학적 인식이 나온 것이라고 볼 수 있다. 이념적이고 추상적인 원리로부터 있어야 할 법과 정치체제의 구조가 연역되는 것이 아니라, 당위와 존재가 방법적으로 엄격히 구별된 상태에서, 인간이 그 생활 속에서 맺는 자연과 인간에 대한 제 관계로부터 출발하는 것이다. 인식대상은 현재 존재하고 있는, 혹은 과거에 존재하였던 여러 사물과 인간의 총체로서의 역사이며, 아들 경험적 제 사실을 관찰·비교함으로써, 최종 목표인 법과 정체(政體)의 형태를 규정하는 제 원리를 도출하는 것이다.

이렇게 경험적·실증적으로 제 사실을 분류·정리하여, 몽테스키외는 세 종류의 정체(政體)를 끄집어냈다. 이것은 바로 공화정, 군주정, 전제정의 세 가지다. 몽테스키외는 이들 정체를 구분하면서, 그것들이 역사적 '사실'에 기초한 것이며, "이것들의 본성을 찾아내는 데에는 가장 교양이 낮은 인간이 이에 대하여 품고 있는 관념만으로도 충분하다"(2편 1장)고 하였다. 공화정 속에는 민주정과 귀족정이 포함되어 있고, 이는 "국민의 집단 또는 단순히 국민의 일부가 주권을 갖는 정체"이며, "군주정이란, 단 한 사람이 통치하지만 제정된 법에 따르는 정체"이며, "이에 반하여 전제정에서는, 단 한사람이 법도 규범도 없이 만사를 자기의 의지와 기분에 따라서 처리하는 것"(2편 1장)이다. 세 정체의 '본성'은 이와 같이 정체의 기본구조를 이루는 것으로, 주권의 소재와 주권 행사의 양태를 구별하여 유형화한 것이다.

정체의 '본성'과 함께 또 하나의 중요한 개념은 원리이다. 양자를 구분하는 이유를 지적하면서 양자의 차이에 대하여 몽테스키외는 다음과 같이 말하고 있다. "정치체의 본성이란 정체로 하여금 그렇게 하도록 하는 것이고, 그 원리란 정체로 하여금 활동하도록 하는 것이다. 전자는 정체 특유의 구조이며, 후자는 그것을 활동시키는 인간의 정념이다"(3편 1장) 공화정에는 '덕'이, 군주정에는 '명예'가, 전제정에는 '공포'가 각기 정체의 고유한 원리라고 지적한다. 이들 원리는 각 정체를 내면에서 지지하며 그 형식을 영속시키는 데 필요한 인간의 정념이며, 또한 인간의 현실적인 물질적 생활이 정치적으로 요약된 것이다. 바꾸어 말하면, 정체의 원리는 정체의 구조와 정체의 하부구조의 접점에 위치해 있다. 이들 제 원리는 각 정체 하에서 인간을 복종시키는 데 필요한 것으로서 요청된 것이지, 공화제에는 덕이 존재하나 명예는 존재하지 않고, 군주정에는 명예만이 존재하고 덕은 존재하지 않는다고 몽테스키외가 주장하는 것은 아니다. "어떤 공화국에 사는 사람들이 덕이 있다는 의미가 아니라 덕을 가져야만 한다는 것", 그리고 "어떤 군주국에 사는 사람들이 명예를 가지고 있다든가, 특정의 전제국가에 사는 사람들이 공포를 가지고 있다든가 하는 것을 입증하는 것이 아니라, 이러한 것을 〈가져야 한다〉는 것을 표현한 것이다. 이러한 것들이 〈존재하지 않으면 그 정체는 불완전하게 되기 때문이다〉"(3편 2장).

'법과 조국에 대한 사랑'으로 정의되는 정치적 덕성은 평등한 사회로서의 공화정체를 유지하는데 불가결한 원리이다. 그것은 "자신의 이익보다는 공공의 이익을 부단히 앞세우고, 온갖 개별적 특성을 낳는다"(4편 5장). 그러나, 이와 같은 '자기포기'는 '어떠한 시대에 있어서도 곤란'하며, 또한 빈곤의 유지를 만인의 자유를 위한 조건으로 하는 공화정은 과거의 시대에만 존재할 수 있었다고 몽테스키외는 보고 있다. 이에 대하여 군주정과 전제정은 몽테스키외의 시대에 속하는 정체이다. 전제정이 아시아의 여러 국가에서 광범위하게 발견되는 정체임에도 불구하고 몽테스키외에게 전제정이 인식대상으로서 포괄된 이유는, 그것이 군주정의 변질물, 즉 타락 형태라고 하는 점이었다.

군주정도 전제정도 군주가 주권자라는 점에는 변함이 없다. 문제는 주권을 행사하는 방법이다. 어떻게 하면 군주정이 전제정으로 전락되는 것을 막을 수 있을까? "중간적·부속적·종속적 제 권력이 군주정, 즉 단 한 사람이 기본적인 법에 따라서 통치하는 정체의 본성을 형성한다." 그리고 "가장 자연적인 중간적 부속적 권력은 귀족의 그것이다"(2편 4장).

이와 같이 몽테스키외는 군주정을 군주정답게 하는 그 '본질'로서 귀족 계급을 상정한다. '중간적 권력'으로서의 귀족계급의 성격은, 그것이 군주정에서 차지하는 매개적 기능에서 나타난다. 군주에 의한 통치는 직접적인 형태를 취하지 않고, 법의 '수탁소(受託所)'로서의 귀족단체의 매개를 필요로 하며, 이것에 의해서 후자는 군주의 전제로부터 국민을 보호한다. 즉 군주정이 전제정으로의 전환을 저지하는 기능을 수행한다. 한편 이 중간단체는 군주정을 유지함으로써, 국민이 권력을 행사하는 '국민의 전제'로부터 군주를 지키는 기능도 수행한다.

"몇몇 유럽 국가에서 영주의 모든 재판권을 폐지하려고 생각했던 사람들이 있다. 그들은 자신이 영국 의회가 하였던 일을 하고 있다는 것을 깨닫지 못하였다. 군주정에 있어서, 영주, 성직자, 귀족, 도시의 특권을 폐지해보라. 즉각 인민적(populaire) 국가나 전제국가가 출현할 것이다"(2편 4장). 이와 같이 말하는 몽테스키외에 있어서, 눈앞에 있는 절대왕정은 군주정의 타락 형태인 전제정에 불과하였다. 절대왕정의 권력집중에 의해서 박탈당한 귀족의 공권력을 귀족에게 반환하고, 귀족계급을 군주정의 본질을 이루는 불가결한 단체로 만드는 것만이 군주정이 전제정으로 타락하는 것을 막아주는 유일한 길이라고 몽테스키외는 생각하고 있었다.

몽테스키외에 의하면, 현존하는 두 가지 정체 중 군주정만이 부르봉 절대왕정의 지배하에 있는 프랑스의 미래를 제시하는 것이다.

몽테스키외의 정치적 선택은 "자기의 편견에서가 아니라, 사물의 자연(nature des choses)에서 〔정치체의〕 제 원리"(서문)의 연역을 시도한 『법의 정신』 중 권력분립론을 전개한 유명한 장(11편 6장)에서 명확하게 그 모습을 드러낸다.

11편 6장에서는, 군주정에서 전제정으로의 전화(轉化)라고 하는 역사적 경향과, 그 전화의 저지라고 하는 실천적 의도는 둘 다 배경으로 물러나고, 군주정만이 고찰 대상으로 남아 선험적인 것으로서의 '정치적 자유'가 탐구·고찰되어야 할 주제로서 등장한다. "국가구조 내에서 정치적 자유를 발견하는 것은 그리 어려운 일은 아니다. 그것이 현재 존재하는 곳에서 그것을 발견할 수 있다면, 또한 우리들이 이미 그것을 발견하고 있는 것이라면, 왜 그것을 〈탐구〉해야 하는 것일까?"(11편 5장) 이것이 11편 6장 (「영국의 국가구조에 대하여」)의 서문에 있는 말이다.

있어야 할 군주정의 내부기구는 선진국인 영국을 모범으로 하고 있다. 그러나 프랑스의 대립국인 영국의 국제(國制)가, 정치적 자유가 개화한 군주정의 모범으로 생각되고 있는 것은 아니다. 사려 깊은 몽테스키외는 다음과 같이 부언하는 것을 잊지 않는다. "영국인이 현재 이러한 자유를 누리고 있는가의 여부를 검토하는 것은 나의 일이 아니다. 나로서는, 이 정치적 자유가 그들의 법률에 의해서 확립되어 있다는 것을 밝히는 것만으로 충분하며, 그 이상 〈탐구〉할 필요도 없다고 생각한다. 〔또한〕 나는 〔이 장의 서술에 의해서〕 다른 〔프랑스의〕 정체(政體)를 비방하려고하는 것은 아니며, 또한 〔프랑스와 비교하면〕 극단적인 정치적 자유이나, 〔영국에 비교하면〕 제한된 자유 밖에 가지지 못한 사람들을 모욕할 생각도 없다. 내가 그러한 것을 말할 이유가 있을까? 이성이 너무 지나치면 바람직하지 않다고 믿고 있는 내가, 인간은 극단보다는 항상 중용(中庸)에 만족하는 것이라고 믿고 있는 내가, 그러한 말을 할 이유가 있을까?"(11편 6장 끝 부분)

미스티피가시온의 말로 11편 6장을 끝맺어 놓았지만, 〈그것만으로는 충분하지 않다〉고 생각하였는지, 몽테스키외는 간단한 내용을 가진 제7장을 마련하여 (「우리들이 아는 군주정에 대하여」) 다음과 같이 말하고 있다. "우리들이 알고 있는 군주정은 우리들이 지금까지 서술해온 〔영국의〕 군주정과 같이, 자유를 직접적인 목적으로 하지 않고, 시민, 국가, 군주의 〈영광만을 목적으로 하고 있다〉…… 여기〔프랑스〕에서는, 세 가지 권력이 우리들이 서술해 온 국가구조의 모델에 기초하여, 배분되어 있지도 편성되어 있지도 않다. 이들 권력은 독자적 배분을 가지고 있으며, 그 배분에 따라 다소라도 정치적 자유에 근접하고 있다. 만약, 이들 세 권력이 정치적 자유에 근접해 있지 않다고 한다면, 〈군주정은 전제정으로 타락하게 될 것이다.〉"(11편 7장)

정치적 자유는 '제한정부'(gouvernements modérés)(11편 4장)에 있어서 권력이 남용되지 않은 경우에만 존재할 수 있다. 권력의 남용은 입법권과 행정권의 두 권력이 모두 어떤 동일 인물이나 동일 단체에 귀속되는 경우에만 발생한다.

몽테스키외의 권력분립론은 입법·행정·사법의 삼권분립을 의미하는 것은 아니다. 우선, 사법권에 대하여 몽테스키외는 다음과 같이 말한다. 상설재판소가 설치되어 있지 않기 때문에, 사법권은 "1년 중 어느 독정의 시기에, 법에서 규정된 방법으로 필요한 기간 외에는 존속하지 않는 재판소를 구성하기 위해서, 인민의 단체에서 선출된 사람들에 의해 행사되어야 한다." 따라서 사법권은 어떤 특정의 신분에 배타적으로 속하는 것은 아니며, 또한 상설적인 사법기관도 존재하지 않기 때문에, 사법권은 '말하자면 눈에 보이지 않는, 따라서 존재하지 않는 것같이 된다.' 그러므로 항상 존재하는 것은 입법권과 행정권의 두 권력이며, 이것을 몽테스키외는 '세 권력'이라고 부르고 있는 것이다. '행정권은 한 사람의 군주의 손아귀 속'에 있으며, "입법권은 귀족단체와, 또한 국민을 대표하기 위해서 〔국민에 의해〕 선출된 단체에 위탁될 것이다. 양자는 각기 별개의 집회와 토의를 거쳐, 별개의 견해와 이해관계를 가질 것이다." 두 입법단체 중 국민의 '대표자단체'는 부차적인 지위를 차지한다." 능동적인 의결은 국민의 대표자단체가 잘할 수는 없다. 그들은 단지 법을 만들고, 또한 만든 법이 잘 집행되고 있는가, 어떤가를 보기 위해서만 선출된 것이다." 국민의 정치적 권리는 대표자를 선출하는 투표권에만 한정되며, "대표자를 선출 하는 일 외에 통치에 참가해서는 안 된다." 따라서 두 입법단체 중 귀족계급의 것만이 실질적인 입법권의 주체이며, 더욱이 '귀족단체는 세습적이어야 한다'고 몽테스키외는 주장하고 있다.

국민과 귀족계급과 왕권, 이들 세 권력단체 사이의 권력분립과 정치적 균형이 권력의 남용을 막아준다. "우리들이 설명하는 정체의 기본구조는 다음과 같다. 입법부는 두개의 부(部)로 이루어지기 때문에, 그 상호간의 견제기능에 의해서 서로 속박될 것이다. 그리고 둘 모두가 행정권에 속박되나, 행정권도 또한 입법권에 의해서 속박될 것이다"(이상 11편 6장).

이러한 군주정의 구상에 있어서, 귀족계급의 공인된 권력 단체로서의 복권(復權)이라는 몽테스키외의 의도가 현실성을 획득하기 위해서는, 그것이 역사의 변혁과정에 조응한 것이지 않으면 안 된다. 즉, 새롭게 발흥하고 있는 부르주아지와 그들에 의한 새로운 사회형성에 대응한 것이 아니면 안 된다. 군주정의 원리인 '명예'의 본성은 '자기우선과 구분'[preferences et des distinctions, (3편 7장)]이다. 이 원리는 국민의 특수이익에 입각한 영리활동을 인정하며, 더욱이 거기에서 발생하는 경제적 불평등을 국민 내부의 '구분'으로서 적극적으로 승인하고, 그런 다음에 이 국민 내부의 '구분'을 국민과 귀족이라는 비천한 것과 고귀한 것의 '구분'으로 이끌어 가는 것이다. 군주정의 원리인 '명예'는 군주정이 갖는 신분적 질서의 고정화와, 국민에 의한 경제활동의 자유와의 공존을 목표로 하는 원리이며, 경제 과정이 정치과정에 포섭되도록 추진하는 원리이다. 국민의 정치적 능력을 검토하고, 그들에게는 '정무를 토의하는 능력'이 부족하다는 것을 지적하여, 국민을 오로지 경제적 영역에만 묶어놓으려고 한 몽테스키외는, 다른 한편에서는 귀족계급으로 하여금, 그 '군주정의 본질'이라는 지위에 상응하는 보편적 신분으로서 군사와 정치를 담당하도록 하였으며, 경제적 필요에 기초한 상업활동에 종사하는 것을 금하였다. "군주정에 있어서 귀족이 상업을 영위하는 것은 상업정신에 위배된다" "귀족이 상업을 영위하는 것 온 군주정의 정신에 위배된다"(20편 21장). 상업은 평등에 입각한 것이며, 군주정의 정신은 불평등과 '구분'되어 있기 때문이다. 귀족계급은 "재산을 가지고 군주에 봉사하고, 영락(零落)하면 그 지위를 타인에게 양도하고, 물려받은 자가 그 재산으로 군주에 봉사한다"(20편 22장). 귀족의 경제적 몰락은 매관제(賣官制)의 유지에 의해서, 다시 말해서 상층 부르주아지가 귀족신분으로 편입됨으로써 보완된다.

귀족특권의 재흥(再興)이라고 하는 몽테스키외의 실천적 의도는, 절대왕정 이전의 군주정적 봉건제에로의 단순한 복귀가 아니라, 부르주아지에 의한 새로운 사회형성에 대응하면서 귀족계급의 복권을 목표로 한 것이며, 부르주아지의 귀족화의 원리를 제시한 것이라고 할 수 있다.

역사의 과정은 이 몽테스키외의 정치적 기도를 딛고 넘어서 앞으로 전진한다. 프랑스혁명에 있어서 봉건적 제 권리의 무상폐기와, 영주권의 물권(物權)으로서의 일원화는 부르주아적 원리에 대한 귀족적 원리의 굴복을 보여주는 것이다.

그러나 왕권에 대항하는 유일한 정치적 복권신분인 귀족계급의 저항에 의해서 프랑스혁명의 막이 열리고, 그 와중에서 『법의 정신』은 '귀족계급의 교전(敎典)'[3]의 지위를 누리며, 전국 삼부회에 앞서 개최되었던 도피네주(州)의 지방 삼부회에서, 바르나브 등에 의해 몽테스키외의 제한군주정론은 역사의 무대에 등장하여, 이후의 소위 '1791년 체제'를 주도하였다. 절대왕정에 대한 귀족의 저항원리로서의 입헌군주정론은 프랑스혁명이 부르봉 왕조를 분쇄한 정치혁명으로서의 성격을 강하게 갖는 한, 프랑스혁명의 지도적 이념으로서 살아있는 것이다.[4] 또한, 인격의 지배에 대신하여 법의 지배의 이념을 제기하였다는 점에서, 몽테스키외는 프랑스 계몽사상의 전개과정 전체를 주도하는 사상가가 되었다.

3. 부르주아적 사회원리의 제 양상

1) 부르주아적 인간상과 자유의 이념: 볼테르에 의한 영국 자연권사상의 도입

몽테스키외와 나란히 계몽의 세기를 대표하는 또 한 사람은 볼테르[5](1694~1778)이다. 그는 18세기의 유럽에 있어서 최초로 저술가로서의 자립적 지위를 확립한 사람이며, 유럽의 사상계에 군림하는 이성적인 사람으로서 평생 세인의 존경을 받았다. 볼테르는 다재다능한 문필가이며, 또한 필요에 따라 집필한 무수한 팸플릿류나 편지 등에 의해서 경묘(輕妙)하고 신랄한 저널리스트, 선동가로서 명성을 떨쳤다.

볼테르는 두 차례에 걸쳐 옥중생활을 체험하였다. 두 번째의 바스티유 행(行)은 1726년에 귀족 자제와의 결투로 인한 보호구금이었다. 이주일 동안의 감금생활 후 망명을 조건으로 출옥을 허가한다는 당국의 제의를 수락하고, 볼테르는 영국으로 건너갔다. 이렇게 시작된 볼테르의 방랑여행은 1754년까지 계속되었다.

---

3) G. 르페브르, 앞의 책, p.25.

4) "역사의 기묘한 희귀에 의해서, 과거를 바라보고 있던 사람이 미래의 문을 연 것처럼 보였다.", Louis Althusser, *Montesquieu La politique et l'histoire*, PUF, 1974, p.121.

5) 볼테르 Voltaire라는 이름은 필명이다. 본명은 François-Marie Arouet.

볼테르는 1733년에 런던에서, 다음 해에는 루안에서 『영국소식』(별명『철학서간』)을 익명으로 출판하여, 선전문명국인 영국의 의회제도, 뉴턴철학, 셰익스피어희곡 등을 소개하였는데, 그 중에서도 로크의 감각론을 프랑스에 소개한 의의는 크며, 이는 18세기 프랑스 계몽사상 가운데에, 로크철학과 그의 자연권사상을 도입하는 단서를 이루는 것이었다. 또한 『영국소식』의 전반부를 차지하는 여러 종파의 동향에 대한 소개는, 몽테스키외의 『페르시아인의 편지』의 수법을 모방한, 프랑스 문명에 대한 간접적인 비판이었다. 이 저작의 출판은 카톨릭교회를 격분케 하여, 파리 고등법원은 이것을 분서 처분하였다.

사전에 통보를 받고 체포를 면한 볼테르는, 이후 10년간 독일 국경에 가까운, 애인 샤틀레공(公)부인의 영지 시레의 관(館)에서의 은거가 강제되었다. 1754년에 볼테르는 안주의 땅을 찾아 제네바로 여행한다. 제네바와 로잔, 그리고 남프랑스의 도르네와 페르네의 네 곳에다 거처를 잡은 볼테르는 60세에 겨우 신·구 양 종교로부터 똑같이 떨어진 거리에 그자선의 피난처를 획득할 수가 있었다. 여기를 거점으로 그는 정치비판의 전제로서 종교 비판을 전개하기 시작한다.

페르네의 관에 정주하기(1964)까지 그의 저작에 일관하여 흐르고 있는 것은 이신론(理神論)의 입장에서 교회권력과 광신에 대한 반대이다. 볼테르의 이러한 종교비판은, 종교로부터의 국가의 해방과 세속적 국가로부터의 개인의 자유의 옹호를 포함하고 있었다, 초기의 명작 『라 앙리아드(La Hen - riade)』(1728)는 종교전쟁을 종결시킨 앙리 4세를 찬양한 서사시이며, 비극 『자일(Zaire)』(1732)은 종교대립에 의해서 주인공들이 죽음에 이르는 사상극(忠想劇)이다. 이러한 계몽적인 저작을 통하여, 볼테르는 카톨릭의 비극 교화와 다수의 종파의 병존 및 신앙의 자유를 민중에게 호소하였다. 후년의 『철학사전』(초판 1764년)에서, 그는 세속적 국가의 완성을 위한 국가에 대한 교회 권력의 종속, 혹은 교권의 박탈을 주장하고, 교회가 담당하고 있는 공(公)교육이나, 여러 가지 사회적 제 기능—결혼, 매장, 유언 등—을 국가기구에 편입시킬 것을 제기하였다.6)

6) D·모르네는 『철학사전』을 다음과 같이 평가하고 있다. "구제도를 파멸시킨 여러 가지 악폐에 관한 가장 명료하고 가장 생생한 목록, 요컨대 가장 정확한 목록의 하나였다는 것은 의심할 여지가 없다.", Danier Mornet, *Les Origines Intellectuelles de la Révolution Française*, Paris, 1933.

국가는 카톨릭의 보편적 권위로부터 해방되어 세속적 국가로 된다. 세속적 국가는 세속적 기원(起源)과 세속적 목적을 갖는다. 국가는 이제 천상(天上)을 섬기는 존재가 아니라, 모든 개인의 자유와 행복의 실현을 위한 수단으로 된다. 각 개인의 자연권의 보호가 국가의 목적이 된다. 이러한 '자연'의 권리로서 개인적 자유의 보호를 목적으로 하고, 그것을 법에 의해서 명문화한 국가만이 '문명국가'라는 이름에 부합된다. 이러한 국가론의 구상은 몽테스키외의 법치주의 원리에 자연권으로서의 자연법의 관념을 접합시킨 것이다. 몽테스키외와 마찬가지로 볼테르는 국민의 전제는 거부하지만, 행정권의 보지자로서의 군주정을 거부하지는 않는다. 국왕의 신권(神權)을 박탈하여, 전제에 빠지지 않는 입헌제한군주정이야말로 볼테르가 구상한 프랑스의 미래상이다.

이와 같은 국가관의 배후에는 볼테르 특유의 인생관이 있다. 지상과 천상의 관계의 역전, 즉 지상의 사물은 천상에 의존하지 않고 그 자체로서 존재이유를 갖는다는 세계관은, 18세기 프랑스에 있어서 자신에 찬 부르주아지의 인생관을 표현한 것이었다. 기존 카톨릭의 금욕적 모럴을 타파하기 위해서, 볼테르는 '역겨울 정도로 이기적인'[7] 세속적 도덕을 제창한다. 굽은 몽둥이를 똑바로 펴기 위해서는 반대 방향으로 똑같이 굽히지 않으면 안된다. 1755년에 공간(公刊)된 『인간불평등기원론』의 저자에 대하여 보낸 다음의 편지는 볼테르가 문명의 진보에 대해 어느 정도 신뢰하고 있었는가를 보여주고 있다.

"당신의 저작을 읽게 되면, 사람들은 네 발로 걸어가고 싶어집니다. 그러나 나는 그 습관을 잃은 지도 60년 이상이나 되므로, 마침내 그 습관으로 되돌아가는 것은 나로서는 불가능하게 느껴집니다."[8]

볼테르의 이러한 현세 쾌락주의에 찬물을 끼얹은 것은 10만 명의 사망자를 낸 1755년의 리스본지진이었다. '모든 것은 선하다는 공리에 대한 검토'라는 부제를 가진 『리스본지진에 관한 시』(1756) 속에서, 볼테르는 라이프니츠의 '예정조화설'에 대하여 처음으로 회의를 표명한다. 또한, 주제 상으로는 이에 연속되는 철학소설 『깡디드』(1750)에서 '자신의 밭을 갈지 않으면 안 된다'라는 끝 구절을 가지

---

7) D·모르네, 같은 책, p.41.

8) 1755년 8월 30일자 편지, 볼테르전집, Theodore Besterman 판, Vol. 100, D. 6451, p.259.

고, 볼테르는 그의 모든 사상을 표현하였다. '모든 것이 선한 것은' 아니다. 겨우 남은 작은 땅을 가는 것부터 시작하지 않으면 안 된다. "노동을 하면 우리들은 세 가지 큰 불행, 즉 권태와 나쁜 행실과 궁핍에서 벗어날 수 있다." 어리석고 사악한 이 세상의 상징인 황폐한 화전도 경작에 의해서 생명이 소생될 수 있을 뿐만 아니라, 비옥한 땅으로 만들 수도 있다. 이 『깡디드』에는 염세주의적인 그림자가 드리우고 있음에도 불구하고, 볼테르는 인간의 진보와 행복을 위한 노력을 계속하는 인간상을 묘사하고 있는 것이다.

페르네의 관(館)에 정주하면서, 가까운 고을 농민들로부터 '페르네의 장로'로 존경받게 된 노(老)볼테르를 밤낮으로 괴롭히는 사건이 일어났다. 그리고 그 사건과의 전면적인 대결과정에서, 볼테르는 양식(良識)을 설교하는 사람으로부터 전투적 휴머니스트로 탈바꿈해가고 있었다.

1761년 10월, 즉 7년 전쟁의 한창으로, 사회불안과 경제적 위기가 진행되고 있을 때, 남프랑스의 툴르스 거리에서, 캘빈파의 상인 쟝 칼라즈가 자살한 아들에 대한 살인죄를 뒤집어쓰게 되었다. 가론강의 오른쪽 강변에 위치한 툴르스는 랑그독의 수도로 종교전쟁의 흔적을 생생하게 전하고 있는 도시이다. 성(聖) 바르톨로메오의 학살 10년 전인 1562년에 일어났던, 4,000명의 신교도를 학살한 날은 이 툴르스 거리의 카톨릭교도에게는 해방기념일이며, '칼라즈 사건'[9]이 심의된 해는 이 해방 2백 주년에 해당되는 해였다. 이와 같은 배경 하에서 툴르스의 고등법원은 종교적 판단으로 청교도인 칼라즈가 카톨릭으로 개종하려던 아들을 살해한 것으로 엄하게 책망하고, 최후 순간까지 '하나님을 그 증인으로'[10] 계속하여 자기의 결백을 주장하던 칼라즈를 마차로 찢어 죽이는 형에 처하였다.

1762년 3월에 볼테르는 이 사건의 결과를 듣고 심한 충격을 받았다. 진상의 해명을 위해 발 벗고 나서서 칼라즈의 무죄를 확신하고, 이 사건 속에 가공할만한 집단적 광신이 숨겨져 있다는 것을 발견한 볼테르는 '여론'을 환기시키기 위해서 파리에 거주하는 백과전서파의 친구들에게 편지를 보냈다. "여러분, 툴르스의 재판관들이 대단히 억울한 사람을 마차로 찢어 죽이는 형에 처한 것은 확실

9) 칼라즈 사건에 대해서는, 高橋安光 「칼라즈事件」을 참조할 것(一橋大, 『法學硏究』, 제5호, 1964).

10) 1762년 3월 25일자, 베르니 추기경에게 보내는 편지. 볼테르전집, Vol. 108, D. 10386, p.346.

합니다. 거기 랑그독 전체가 이 일 때문에(종교전쟁이 다시 일어날 것을 두려워하여) 공포에 떨고 있습니다. 우리들을 증오하고 우리들과 싸우고 있는 외국(영·프러시아)의 국민들은 격분하고 있습니다. 성 바르톨로메오의 날부터 지금까지, 이처럼 인간성의 명예를 더럽혔던 날은 없었습니다. 나는 절규하고 있습니다. 그리고 우리 모두 절규해야 할 것입니다."[11]

이 편지는 회람(回覽)되어 파리의 싸롱에서 낭독되었다. '시민의 생명을 지키기 위해 설치된 법정'으로서의 '여론(世論)'(『관용론』 제1장)에 이 사건을 제소하였던 볼테르는, 다른 한편으로 재심(再審)을 실현하기 위한 사적인 위원회를 설치하여 관계기관에 호소하였다. 볼테르의 기도는 성공하여, 다음 해, 국왕 고문회의가 개최되어 칼라즈 사건의 재심이 결정되고, 툴르스의 고등법원에 재판서류에 대한 송부 명령이 하달되었다. "인간성의 지배가 선언되고 있습니다. (베르사이유의) 거울 사이에서 일동이 감동 했다는 것은 나의 즐거움과 희망을 더욱 불러일으킬 것입니다. 이것은 국민의 목소리가 하나님의 목소리라는 것을 실증할 수 있는 기회입니다."[12] "더욱이 이 지상에는 정의가 있습니다. 인간성이 있습니다. 인간은 사람들이 말하는 정도로 사악한 것은 아닙니다."[13]

칼라즈의 명예회복은 새 시대의 도래를 알리는 일대 기념비이다. 정의를 획득하는 것은 여론의 힘이라고 하는 볼테르의 신념은, 칼라즈 사건 후에 그가 제기한 재심청구소송이 진행되는 과정에서 확증되었다. 볼테르는 혁명 발발 11년 전에 죽었다. 그러나 볼테르의 이름은 혁명의 '인권선언' 속에 영원히 살아 있다.

2) 자본주의적 경제 질서의 형성을 향하여: 케네와 중농주의자

"1750년경 프랑스인은 운문이나 소설, 설화적 역사나 더욱이 설화적인 성찰, 신학적 논쟁에 지쳤기 때문에 마침내 소백(小麥)에 대하여 논하기 시작하였다"(볼테르 『철학사전』 '소맥').

인간의 이성에 기초하여, 절대왕정하의 종교비판과 정치비판을 계속해온 프랑

---

11) 1762년 4월 4일자, 다미라빌에게 보내는 편지. 같은 책, Vol. 108, D. 10409, p.369.

12) 1763년 3월 12일자, 물도에게 보내는 편지. 같은 책, Vol. 110, D. 11078, p.115.

13) 1763년 3월 15일자, 다미라빌에게 보내는 편지. 같은 책, Vol. 110, D. 11103, p.127.

스 계몽사상에도, 1750년을 경계로 하여 하나의 변화가 일어난다. 그때까지는 논의가 별로 없었던 경제문제, 특히 소백 거래의 자유화를 둘러싼 문제가 주요한 논점이 되었다는 것은 절대왕정을 비판하는 칼날이 그 문화적·정치적·종교적 상부구조에 대해서 뿐만 아니라, 그 사회적·경제적 기초과정에까지 심화되었다는 것을 보여주는 것이다. 그것은 또한, 국가 재정의 위기와 영주제 지배의 약체화 과정 속에서 새로운 사회적 관계가 생겨났다는 것을 말해주는 것이다.

일반적으로 '중농주의'라고 번역되는 '피지오크라티'(physiocratie)는 '자연의 지배'를 의미한다. 케네(1694~1774)를 사부(師父)로 하는 피지오크라트에 공통된 사회인식은 사회체제에 대한 자립적·개관적 파악이다. 그들은 사회형성 원리로서의 계약설을 배격하여, 사회형성의 과정을 인간의 지의 소산이 아니라, 인간의 의지를 규정하는 자연사적 과정으로. 파악하였다. 그들이 '사물의 자연적 관계'라든가 '자연적 질서'라는 명사(名辭) 속에 함축시킨 것은 자유롭고 평등한 개인들 간의 가치관계의 전면적 전개로, 근간을 이루는 농업부문에서의 자본주의적 경영이 가져오는 물질적 생산력의 발전과, 농업자본의 확대재생산이 보중되면, 지엽적인 공업부분도 자연히 번성한다는 중농주의적 견해이며, 이러한 것으로서의 경제과정의 자연성장주의였다.

이와 같은 사회인식에 입각하여 중농주의자들은 절대왕정 하의 중상주의 정책 —'산업규칙'(reglements)에 의한 도시길드의 보호, 왕립 매뉴팩처 등에 의한 수출품·사치품 생산의 장려, '식량조달기구'에 의한 농촌의 피폐화 등—이나 경제의 자립적 발전을 저해하는 영주제 권력을 비판하면서 경제적 자유주의의 입장에서 각종 정책을 입안하고, 또한 실현하였다. 그것들은 다음의 세 가지로 크게 구별된다.

(a) 교역의 자유화, 특히 곡물거래의 자유의 실현.
(b) 여러 종류의 관세의 철폐와, 지주에 대한 직접단일지조(直接單一地租)의 부과.
(c) 새로운 세법에 의하여 징수하는 국고수입은 토지개량·운하개봉·도로하천의 복구 등에 대한 공공무자에 쓸 것.

(c)는 (b)를 전제하며, (b)는 절대왕정에 있어서의 귀족계급의 면세특권과 직접적으로 대립하는 것이다. 지적(知的) 관료에 의해 추진된 면세특권 폐지의 법제화는 특권계급의 반격을 초래하여, 뒤에 프랑스혁명의 서곡을 이루는 법으로, 이는 산업부르주아지를 중핵으로 한 부르주아지에 의한 정치권력의 탈취에 의해서 비

로소 가능하게 되는 것이다. 또한 지주에 대한 직접단일지조 부과세의 창설은 앙시앙 레짐에 있어서 소유권 관념의 변혁, 즉 인격적 지배권과 불가분의 관계에 있는 봉건적 토지소유권을 단순한 물권으로서의 소유권으로 전화시키지 않고는 불가능하다. 그것은 대혁명의 격동 속에서 점차 실현되어 갈 것이다.

한편, (a)의 곡물거래의 자유화는 절대왕정의 권력기구 중에 경제적 자유주의의 신봉자들을 얻을 수 있었던 것이 도움이 되어 점차적으로 실현된다. 절대왕정의 곡물정책은 '식량조달기구'라고도 불리는 것으로, 소비자 특히 도시주민에 대한 곡물의 안정적 공급을 목적으로 한 것으로서 생산자의 보호·육성에 대해서는 아무런 관심도 가지고 있지 않았다. 이 정책에 의하면 생산자는 자기소비분을 제외한 2년 이상의 곡물을 저장할 수 없도록 되어 있어, 이 정책이 농업생산의 확대·발전을 저해하는 것은 분명하였다. 이제 곡물거래의 전면적 자유를 주장한 중농주의자들의 정책이 어떻게 실현되어 갔는가를 살펴보기로 하자.

(1) 1754년의 칙령 — 역내(域內) 관세 등의 모든 지방특권에 대해서는 무조건 곡물거래의 자유가 승인된다.
(2) 1763년의 선언 — 튀르고와 뒤퐁(Du pont de Nemours)의 합작에 의해 농산물의 각 주간(州間)의 거래에 관한 완전한 자유의 선언.
(3) 1764년의 칙령 — 귀족신분에게도 곡물거래에 종사하는 것을 허가하고, 곡물창고의 설치를 인가하였으며, 곡물수출의 자유를 승인하였다.
(4) 1774년 튀르고의 재무장관 취임과 그의 포고 — 곡물수출의 자유를 제외한, 곡물거래에 가해지고 있던 모든 장애의 제거.

그러나 중농주의자들이 주장하는 곡물거래의 자유가 순조롭게 실현되고 있었던 것은 아니다. 1765년부터 70년에 이르기까지의 흉작과 1775년의 흉작은 곡물가격의 등귀를 초래하여, 그때마다 경제적 자유주의에 대한 반동이 생겨났다. 곡물수출의 자유를 제외한 모든 교역의 자유화는 프랑스혁명을 기다리지 않으면 안 되었다.

절대왕정 하에서, 정치권력을 탈취하지 않고 중농주의 정책을 실행할 수 있도록 구상된 것이 케네의 국가론 테제, '합법적 전제정치'(despotisme legal)이다. 케네의 이 조어(造語)는 despositaire(受託者)와 동일한 어원을 가진 것으로, '자연법을 수탁 받은 자에 의한 지배'를 의미하고 있다. 일반시민 가운데 분명히 존재하고 자각되고 있는 자연법을 지적 관료의 이성이 일반시민을 대신하여 실정법화하고, 이를 받아서 '보안행정권력'의 보지자로서의 주권자인 군주가 이 실정법을 공포·실행한다는 것으로, 이것은 자연의 지배자로서의 중농주의의 통치이념을 국가론상의 테제로까지 높인 것이다. 이 합법적 전제정치는 과도기의 목가적인 자본의 원시적 축적기의 국가론으로서, 중농주의 정책의 실현주체로서 구상되어 절대왕정의 공동화(空洞化)를 겨냥한 것이다.

합법적 전제정치와 나란히 케네에 의한 절대왕정의 공동화, 현재 존재하고 있는 사회적 제 관계의 부르주아적 원리에 기초한 이론적 포섭은, 그의 『경제표』에 있어서 '지주'범주의 파악 속에서도 볼 수 있다. 절대왕정 하에서 최대의 지주는 봉건영주로서, 영주의 상급(上級) 소유권에 기초한 관내 영역에 대한 인격적 지배권이나, 시장세 및 통행세 등의 역내 특권이 중농주의자들의 경제적 자유주의에 대한 적대물이었다는 것은 자명한 일이다. 그 지주계급으로부터 봉건적 제 권리를 사상(捨象)하고, 부르주아적 시각에서 영주권을 근대적 소유권으로서의 물권으로만 파악한 것을 기초로 하여, 사회적 재생산과정에 대한 자연주의적 파악이 케네에 의해 수행된다. 이때 지주계급은 부르주아적 부의 생산과 교환의 저해자가 아니라, '생산자'의 범주 속에 들어가며, '토지전불(前佛)'의 투자가로서의 사회적 기능 및 토지의 생산적 운용을 위한 관리자로서의 지위를 갖게 된다. 이와 같은 이론적 투시는 파리 주변이나 북프랑스 등 생산력이 아주 높은 지대(地帶)에서의 농업자본주의의 전개—영주 직영지의 일괄차지나 소농장의 병합차지에 의한 자본가적 '대차지농'의 성장과, 영세토지보유농민이나 농업 노동자층의 프롤레타리아화—를 배경으로 한 것이다.

이러한 농업자본주의의 전개에 조응하여 1760년대 말부터 70년대에 걸쳐서 몇몇 주에서 개별적이기는 하나 '구내'칙령이 발표되어, 부르봉 절대왕정은 원시적 축적기의 국가로서의 기능을 수행하게 된다. 중농주의자에 의한 이론과 정책의 입안·실현이라는 두 가지 운동은 절대왕정의 경제적 기초를 뒤흔들어, '인위'의 질서에 대신하는 '자연'의 체제로서의 경제과정의 부르주아적 편성을 추진시킴으로써, 후에 프랑스혁명으로 이어지는 체제변혁의 운동으로 되었다.

4. 자본의 원시적 축적기의 역사의식과 부르주아적 사회형성의 비판적 구성: 루소

1) 자본의 원시적 축적에 대한 비판으로서의 『불평등기원론』

보조를 맞추어 절대왕정에 비판의 화살을 돌리고 있던 프랑스 계몽사상 내에, 사회적 위기가 심각해짐에 따라 하나의 분열이 생기게 된다. 이것이 바로 '페르네의 장로'로 하여금, "당신의 책을 읽으면 네 발로 걷고 싶어집니다"라고 비꼬게 한 문명비판서인 루소(1712~1778)의 『인간불평등기원론』이다. 이 『불평등론』 속에서 비로소 루소의 독자성이 선명하게 나타나며, 단지 구체제에 대한 문명비판서로서 뿐만 아니라, 구체제 내에서 역사적으로 생성되어 온 새로운 사회관계에 대한 내재적 비판자로서의 지위를 차지하게 되나, 이 서적의 간행과 그것이 일으킨 파문으로, 1742년부터 계속 되어 온 디드로와의 친교도 끝을 내고, 루소는 그때까지 일익을 담당해 온 백과전서파로부터 이탈하여 그들과 대립한다. 이 백과전서파와의 단교 때문에 생긴 정신적 위기와 자신의 '자기혁명'으로서의 자립을 실천하는 와중에서 나온 것이 『신(新) 에로이즈』(1761). 『사회계약론』(1762), 『에밀』(1762)이다.

이 계몽사상 내의 이단아가 파악한 사태란 자본의 본원적 축적기라고 하는 인류역사상의 일대 획기적인 시기로, 원시적 축적과정에 대한 비판적·역사적 인식에서 루소는 독자적인 관점을 세우게 된다. 그러나 사회인식에 있어서 루소와 계몽사상의 차이와 대립은, 서로 다른 사회형성 원리에 기초한 절대적 대립이 아니라, 동일한 시민적 원리를 기초로 한 위에서의 이질적인 것이었다. "어떠한 사회도 교환이 없이는 존재할 수 없으며, 어떠한 교환도 공통의 척도가 없이는 존재할 수 없다. 어떠한 공통의 척도도 동등성(egalite) 없이는 존재할 수 없다. 그러므로 모든 사회에는 근원적 법칙으로서, 인간 혹은 사물에 있어서 어떤 동등성이 있다. 인간들 사이의 합의에 기초한 동등성은 자연적 평등과는 전혀 다른 것으로서, 실정(實定)적인 권리, 즉 정부와 법률을 필요로 한다.…… 사물간의 합의에 의한 동등성은 화폐를 발명케 하였다. 왜냐하면 화폐란 여러 종류의 사물의 가치에 대한 비교의 수단에 불과하기 때문이다. 그래서 이러한 의미에서 화폐는 사회의 진정한 유대(紐帶)이다."14)

이와 같이 상품생산자-교환자로서의 여러 개인들 사이의 가치관계를 모든 사회의 제1원리로 간주하고, 가치척도 기능으로서의 화폐를 유일한 사회적 유대로 간주하며, 또한 '소유는 시민사회의 진실한 기초'라고 모든 저작에서 루소가 되풀이하여 주장할 때, 이러한 루소는 사회에 관해 계몽사상가 특히 철학자나 중농주의자 등과 동일한 — 주의주의(主意主義)적 경향에도 불구하고 — 인식을 가지고 있다. 이제 루소에 고유한 사회·역사인식이 계몽의 주류에 대한 내재적 비판으로서 어떻게 전개되는가를 살펴보기로 하자.

1753년 11월, 디종의 아카데미가 모집한 현상(懸賞) 논제는, 「사람들 사이의 불평등의 기원은 무엇인가, 그리고 그것은 자연법에 의해서 정당화 되는가 어떤가」라는 것이었다. 루소는 출세작 『학문예술론』과 마찬가지로 이 현상논제에 재차 응모하였다. 그것이 바로 『인간불평등기원론』이라는 이름으로 1755년에 공간된 논문이다. 이 논문의 집필을 위해서 루소는 파리 교외 생제르맹의 숲에서 일주일 동안 머무르며 대지의 원초적인 모습과 접촉하면서 생각을 가다듬었으며, 파리에 돌아와서도 매일 저녁 볼로뉴의 숲을 산책하며, 문명에 대한 근저(根低)적인 비판의 관점을 모색하였다.

루소는 '불평등'을 정의(定義)하는 것으로부터 시작한다.

"나는 인간사회에 있어서 두 종류의 불평등을 생각한다. 그 하나는 자연적 또는 육체적 불평등이라 불리는 것으로서, 그것은 자연에 의해서 정해지며, 연령이나 건강, 체력, 정신 혹은 영혼의 자질의 차이에서 생긴다. 또 하나는 일종의 약속(convention)에 의거하여, 사람들의 동의를 얻어 확립되는 것으로서 적어도 정당화되고 있기 때문에, 사회적 또는 정치적 불평등이라고 부를 수 있다. 후자는 사람들이 다른 사람들의 희생의 대가로 받고 있는 모든 특권, 예를 들면 다른 사람보다도 부유하다든가, 존경받고 있다든가, 권력을 가지고 있다든가, 더 나아가서 사람들을 자신에게 복종시키고 있다는 등의 특권으로부터 생겨난다."(『불평등론』「본론」)

이와 같이 자연적 불평등과 사회적 불평등을 원리적으로 구별한 다음에, 루소는 『불평등론』 제2부의 인류의 발전사 속에서 사회적 불평등이 새로운 지배·예속관계를 성립시킨다는 것을 발생사적으로 서술하는 한편, "폭력(violence) 뒤에는 권리가 제기되며, 자연이 법에 굴복당한 시기를 지적하는 것"을 『불평등론』의 과

14) Rousseau, J-J. *Émile, (Euvres complètes)*, t. Ⅳ, Gallimard, p. 461.)

제로서 스스로 설정하고, 자연적 불평등과 사회적 불평등의 불비례성(不比例性)에 의하여, 현존하는 사회적 불평등의 반자연법적 성격을 결론지음으로써 디종의 아카데미에 답하였다. 루소는 이 논문에서 인류사의 서술을 직접 기도하고 있는 것은 아니며, 사회적 불평등, 특히 소유의 불평등의 발전·확대가 인류역사에서 가지는 의미를 밝히는 것을 주안점으로 하고 있다. 그러므로 위에서 말한 인용문 중의 '보다 존경받고 있다'는 것으로 봉건적인 지배·예속관계를 언급하고 있지만, 그것을 고찰대상에서 의식적으로 제외하고 있다. 그 이유는, 시민적 사상가의 예에 따라, 봉건적인 인격적 지배는 이성에 반한다고 하는 주장에 근거 하는 바가 크지만, 보다 근본적으로는 『불평등론』의 주제가 이러한 인격적 지배의 해명이 아니라, 부르주아적 원리에 기초한 지배·예속관계의 해명에 있기 때문이다. 봉건제 성립을 설명하는 하나의 원리인 정복설은 하등의 인격적 지배권을 발생시키지 않으며, 지배는 어디까지나 피지배자의 합의 또는 묵시적인 승낙에 의해서만 영속되는 것이다. "예속의 고삐는 인간의 상호의존과, 인간들을 결합시키는 상호간의 욕구로부터가 아니면 형성되지 않기 때문에, 어떤 한 사람을 처음부터 다른 사람 없이는 살 수 없도록 하지 않으면, 그 인간을 예속시키는 것은 불가능하다."(『불평등론』, 제1부 끝부분)

따라서 『불평등론』의 출발점은 봉건적 지배·예속관계를 방법적으로 사상(捨象)함으로써 나타나는 공동체 농민과 자연(본원적 생산수단)과의 일체성과 그들 상호간의 자유이다. 단지 혼자서 할 수 있는 일, 여러 사람의 손을 필요로 하지 않는 기술에만 전념하고 있는 한, 그들은 그 본성에 의해 가능한 범위에서 자유스럽고, 건강하고, 선량하고, 행복하게 살고, 서로 독립적 교역(commerce independent)의 선린을 계속 향유하였던 것이다."(『불평동론』, 제2부) 이와 같이 봉건영주에 의한 인격적 지배의 제 계기를 사상하고, 루소는 공동체적 농민의 자유와 독립을 적극적으로 확인한다. 이 공동체 농민의 자유와 독립은 중세의 고전 장원의 해체기에 국민의 부를 기초로 하여 꽃피우고 있었음과 동시에, 그것은 또한 역사를 멀리 거슬러 올라가 고전 고대 폴리스의 성립 이전에, 시인들에 의해서 묘사된 독립자영농의 세계와도 연관되어 표상된 '인류의 청년시대'이다.

한편 여기에서, 역사과정 이전에 존재하는 것으로서 '순수한 자연상태'가 상정된다.15) 그리고 '고립된 개인'에 대한 추상에 의해서 부르주아적 개인, 곧 자연인이 아닌 순수무구한 자연인, 곧 야만인이 묘사된다. 루소에 의해서 구상된 『불평등론』 제1부의 '자연인'은 부르주아적 인간성과 이에 입각한 부르주아적 사회

형성 과정을 근저로부터 비판하여, 그것을 인류사의 흐름 속에서 상대화하는 관점을 제시해주는 것이다.

한편 루소는, 공동체 농민에 있어서의 자유와 독립 그들의 생산수단인 토지와의 본원적 일체성을 출발점으로 하여, 분업과 소유의 성립이 사회적 불평등을 확대시키고, 마침내는 근대적인 지배·예속관계의 성립에 이르는 과정을 밝힌다. 이 주제를 논하는 데 있어서 루소는 로크에 의한 소유권론을 답습하여, 자기 노동에 기초한 소유로부터 어떻게 하여 소유에 기초한 소유가 발생하는가하는 문제를 중점적으로 다루고 있다. 자연적 불평등에 기초하여 있기 때문에 각자의 능력은 동동할 수 없으며, "가장 강한 자는 보다 많은 일을 하고, 가장 재주 있는 자는 자신의 일을 보다 교묘히 처리하며, 가장 재치 있는 자는 노동을 줄이는 방법을 발견하였다." 자연적 불평등에 조응하여 사회적 불평등, 특히 소유의 불평등이 성립되며, '이기심'은 이해관계에 눈뜨게 한다. 그리고 부자가 〈단 한 사람이 두 사람 분의 저축을 갖는 것이 유효하다는 것을 알게 되자마자〉 소유의 불평등으로서의 사회적 불평등은 그 의미가 변한다. 서로 인격적으로 자립하고 있는 제 개인들 간에, 부자와 빈자 사이의 상호의존이 발생한다. "부유하면 동포에 대한 봉사가 필요하게 되고, 궁핍하면 그 원조를 필요로 한다."(이상 『불평등론』 제2부). 그러나 이 부자와 빈자 사이의 상호의 존의 성립을 매개하는 것이 존재하는데, 루소는 이것을 강조하기 위해서 자연상태의 해체과정을 서술한 『불평등론』 제2부의 서두로 옮겨가, 원시적 축적기의 '폭력'과정을 인류사의 일대 획기적 시기라고 지적한다.

"어떤 토지에 울타리를 쳐서, '이것은 내 것이다.'라고 말한 것을 생각해 볼 때, 사람들이 그것을 믿을 정도로 단순한 것을 발견한 최초의 인간이 시민사회의 참된 창설자였다. 말뚝을 빼고 혹은 도랑을 메꾸면서, 〈이런 사기꾼의 말에 주의하라. 〔공유지의〕 생산물은 모든 사람의 것이며 토지는 어떤 다른 사람의 것도

---

15) 『불평등론』 제1부의 자연인에 대한 허구(虛構)는, 루소 자신의 말을 빌리면, 문제의 소재를 '명백히 하기' 위한 좌표설정이란 의의를 갖는다. 사적소유의 발전사로서의 문명사의 발생사적 서술, 즉 본래의 역사과정은 제2부에서 시작되는 것이다. 제1부는 이 역사과정 속에서 잃어버리고 있는 것, 혹은 잃어버린 것을 긍정적으로 설정한 것이다. 그러므로 '순수한 자연상태'는 역사 이전에 존재함과 동시에 현재의 근저에 머물러 있는 것이다. 이 점, 제3절 참조.

아니라는 것을 잊는다면 그대들은 파멸할 것이다!〉라고 동포들에게 절규한 사람이 있다면, 그 사람은 어떻게 많은 범죄와 전쟁과 살인과, 또한 어떻게 많은 비참과 공포를 인류에게서 제거해 낼 수 있을 것인가? 그러나 그때 이미, 사물은 더 이상 이전과 같은 상태가 계속될 수 없는 지점에까지 도달해 버렸다고 하는 것도 분명하다. 왜냐하면 이러한 토지(私有)의 사유라는 관념은, 순차적으로 밖에 발생할 수 없는 많은 선행하는 제 관념에 의존하고 있는 것이지, 인간정신 속에서 갑자기 형성된 것이 아니기 때문이다. 〈자연상태의 이 최후의 지점〉에 도달하기까지에는 많은 진보를 이룩하고, 많은 생활기술과 지식의 빛을 획득하여, 그것을 시대에서 시대로 전하고 증가시키지 않으면 안 되었다."

루소는 토지의 구획과, 부자와 빈자의 상호의존관계의 성립을 자연상태 해체의 마지막 시점으로서, 또한 시민사회의 성립을 촉진하는 일대 획기적 사건으로 파악하고, 『불평등론』 제2부 전체를 그 서두에서 제기한 주제를 전개하는데 충당하고 있다. 볼테르는 위에서 인용한 글을 읽고, "여기에 들어있는 것은 거지의 철학이다" "경작하고, 씨 뿌리고, 토지를 구획한 사람은 자기 노동의 고통의 열매에 대한 권리를 갖지 못하는가"16)라고 말하고 있다. 볼테르는 자기 노동에 기초한 소유권을 자연권으로서 적극적으로 옹호한 로크의 이론을 계승하면서, 루소에 반대하고 있다. 이미 서술한 바와 같이, 로크의 사상은 볼테르를 위시하여 프랑스 계몽사상에 지대한 영향을 주고 있고, 중농주의자에 의한 농업의 자본주의화 운동도 이 로크의 소유권에 입각한 것이며, 영국으로부터 영향을 받은 농지구획운동은, 『불평등론』이 공간된 1755년 당시의 프랑스에 있어서 '현대적 문제'로 등장하고 있었다. 로크는 농민층 분해과정에서 상승하고 있는 '자본가적 노동자'의 자기 노동에 기초한 소유를 만인의 자연권이란 이름으로 정당화하였다. 이 이론은, 자본가적 노동자가 될 수밖에 없는 빈농층에게도 공동체적 관습에 따른 공유지에 대한 입회권이 인정되고, 그러한 한도 내에서 빈농층에 '자기 노동에 기초한 소유'가 가능하였던 사정을 반영하고 있어, 역사적 타당성을 가지고 있었다. 그러나 구획에 관하여 로크는, 황무지나 휴경지의 생산적 활용이라는 생산력의 관점에 입각하여 적극적으로 옹호하였다. 그는 종획 운동이 공유지까지도 대상으

---

16) Havens, G.R, *Voltaire's marginallia on the pages of Rousseau*, New York, 1933, p. 15.

로 하여, 빈농층의 경제적 자립의 최후의 거점이며, 또한 인간과, 생활 제 수단=생산 제 수단으로서의 대지와의 본원적 일체성의 장(場)이었던 공유지에서 농민을 축출하는 것에 대한 인간적 의의를 불문에 부치고, 농업의 자본주의적 발전에로의 길을 개척한 것이었다.

〈이것은 내 것이다!〉라고 사람들에게 선언하게 하는 토지종획은, 로크에 있어서도 루소에 있어서도 자연상태를 해체시키는 일대 모멘트이며, 부르주아사회와 부르주아국가의 기원으로서 인식되고 있다. 이 종획에 의한 생산수단의 독점과 타인 노동의 구매수단인 화폐재산의 축적에 의해서, 공동체 농민의 상호자립성은 파괴되고, 부자와 가난한 자의 상호의존이 발생한다. "이전에는 자유롭고 독립해 있던 인간이 바야흐로 무수한 새로운 욕구 때문에, 말하자면 자연 자체에, 특히 그의 동포에게 복종하게 되어, 그는 그 동포의 주인이 되면서도, 어떤 의미에서는 그 노예가 되고 있는 것이다. 즉, 부유하면 동포에 대한 봉사를 필요로 하고, 가난하면 그 원조를 필요로 한다."(『불평등론』 제2부) 가난한 노예는 생활수단을 주인에게 의존하고, 부자인 주인은 노예의 노동에 의존한다. 이 상호의존 관계에서 주인으로 하여금 주인답게 하는 것은 노예의 노동이며, 한편 노예로 하여금 노예답게 하는 것은 주인의 '최강자'로서의 내재적인 힘이 아니라 주인이 갖고 있는 화폐의 힘이다. 그러므로 돈이 노예의 노동을 지배하고 있는 것이며, 돈이 지니고 있는 타인의 노동에 대한 지배력에 의해서 노예는 노예답게 되는 것이다.

'부자의 도둑질과 빈자에 대한 약탈과 만인의 유별난 정념'에 의해서 만인의 만인에 대한 '투쟁 상태'가 나타난다. 그것은 자연상태를 최종적으로 해체시키며, '소유의 정신'에 기초하여 만인의 보호를 목적으로 하는 법과 정부가 설립됨으로써 문명 상태가 개시된다. 이것에 의해서 '약자에게는 새로운 구속이, 강자에게는 새로운 힘'이 부여된다. 소유권의 확립에 의해서 부자의 교묘한 도둑질은 취소할 수 없는 하나의 권리'(『사회계약문』 1편 9장)가 된다. 빈자에 대한 부자의 매개적 지배, 부자 측에서의 부의 축적과, 빈자 측의 빈곤의 영속에 대해서 루소는 다음과 같이 압축된 표현을 남기고 있다. "화폐는 화폐의 근본이며, 처음 금화를 획득하는 것은 두 번째에 백만금을 얻는 것보다도 때로는 어렵다. 그 뿐만이 아니다. 가난한 사람은 그가 지불하는 모든 것을 영원히 잃어버리며, 그것은부자의 손아귀로 들어가거나 또는 환류(還流)하게 된다."[17] 노동에 기초한 소유의 권리는 가난한 사람에게 있어서는 무소유의 권리로서, 또한 부자에게 있어서는 다른 사람의 노동의 열매를 '교묘히 도둑질'할 권리로서 기능하고 있는 것이며, 이러한 의미에서 소유권의 확립은 근대적 노예제의 제도적 지주라고 루소는 지적하고 있다.[18]

『불평등론』은 이리하여 시민적 원리에 입각하면서도, 그 속에서 나타나는 근대적 지배에 대한 최초의 봉화를 올렸던 것이다. 인간의 재생산수단과의 본원적 일체성의 해체가 갖는 역사적 의의를 묻고, 잃어버린 것, 혹은 잃어가고 있는 것에 눈을 돌려 인류사를 회고하며, 미래를 전망하려고 하였던 사람이 바로 계몽사상 내의 이단아 루소이었다.

2) 자연법사상의 계승과 변혁: 루소의 〈인간〉의 발견

18세기 프랑스 계몽사상은, 그로티우스에서 시작되는 대륙 자연법사상과, 홉스에서 시작되어 로크에 이르러 완성된 영국의 자연권사상의 영향을 모두 강하게 받고 있다. 이 두 흐름 중에서, 신의 법과는 구별된 이성적 질서로서의 자연법을 현존하는 실정법과 대립시킨 그로티우스의 자연법사상은, 몽테스키외나 케네의 객체적 자연법 가운데 계승되어 체재인식의 학문으로서의 법학과 경제학의 성립을 촉진하였다.

영국의 자연권사상과 비교해 보면, 대륙의 자연법사상에는 인간의 천부인권의 관념이 희박하고, 복종계약에 의해 인민주권을 통치자에게 양도함으로써 현존의 지배가 그대로 옹호되고 있으며, 기존의 국가를 원리적으로 파악하기 위한 분석장치가 불충분하다. 한편 공동체에서 해방된 벌거벗은 개인이 구성하는 자연상태로부터, 개개인의 합의에 의한 문명 상태로의 이행이라는 관념은 희박하며, 몽테스키외나 중농주의자나 디드로에게서 볼 수 있는 바와 같이 인간의 '사교성'(sociabilite)을 사회형성의 설명원리로 간주함으로써, 개인과 사회의 모순·대립

17) Rousseau, J-J. *Sur l'économie politique*, 앞의 책 제3권, p.272.

18) 여기에서 말하는 도둑질은 부자와 가난한 사람 사이에서 행하여지고 있는 부등가교환이다. 이것은 일본어 역의 『정치경제론』에서는 '두 신분 사이의 사회계약'으로 표현되어 있다. 『불평등론』에서, 전쟁상태를 이끌어 내는 부자의 도둑질(usurpation)이 『계약론』에서는 소유권의 확립에 의해서 합법화되고 있다는 것에 주의하지 않으면 안 된다. 도둑질의 개념으로 루소가 표현하고 있는 것은 등가교환을 전제하면서, 자본과 임노동의 부등가교환이 실현된다고 하는 사태이다.

이나, 개개인에 의한 〈부단한 사회형성〉의 제 계기의 전개를 후퇴시켜 사회변혁 사상으로서의 의의는 경감되었고, 오로지 초역사적 존재로서의 자연법과, 현존하는 특수한 역사적 실정법이 대립항(項)으로 위치됨으로써, 자연법의 점진적 실현을 목표로 한 계몽의 법치주의 이데올로기의 조성 기반이 되었다. 이에 대해 인간 고유의 자연권에 입각하여 행위에 의한 국가 창출(創出)을 연역해낸 홉스-로크의 사상은 볼테르를 거쳐 백과전서파에 영향을 끼치고, 더 나아가서 루소에 의해 적극적으로 수용·계승된다.

볼테르에 의해 프랑스에 도입되고, 루소에 의해 계승된 영국의 자연권 사상은 사회질서에 관한 새로운 관념을 포함하고 있다. 봉건제의 해체기에 발생한 이 사상은 기존의 공동체 질서에서 해방된 인간 개개인을 고찰의 출발점으로 하여, 이들 개개인으로부터 이루어지는 자유로운 협동체로서의 국가를 도출해내려고 하는 점에서, 봉건제에 대신하는 새로운 사회형성 원리를 내포하고 있다.

이 새로운 관념이란 다음과 같은 것이다. 국가는 선의 제도도 아니며, 본래적인 불평등에 의해서 질서 지어지는 것도 아니고, 자유롭고 평등한 개개인, 기존의 공동체에서 해방된 개개인의 합의에 의해서 만들어졌다는 관념이 바로 그것이다. 다소간에 투쟁적 형태로 파악된 자연상태에서의 각자의 자기보존 등의 자연적 권리를 옹호하고 보호하기 위해서, 각 개인이 연합계약을 맺음으로써 최고의 권위로서의 국가를 형성한다. 그리고 국가는 각 개인에 대한 자연권의 보호만을 목적으로 하고, 이 목적에서 벗어나면 연합계약은 무효가 되고, 국가는 해체되어 자연상태가 다시 나타난다고 하는 작위로서의 제도론은, 기존질서와 분리되기 어렵게 결합되어 있는 개개인을 해방하고, 사회제도를 인간의 소산으로 간주함으로써 사회제도를 상대화했다는 의미에서 혁명적 의의를 갖는다. 시민적 국가론의 완성자 J. 로크는 이 자연권사상이 갖는 특징을 대략 다음과 같이 파악하고 있다.

(가) 자연권으로서의 인권(생명, 자유, 자기노동에 기초한 소유)이 모든 것에 우선하는 원리적 지위를 차지한다는 것
(나) 국가에 대한 사회의 우월
(다) 인간에 의한 지배에 대신하는 법의 지배라는 관념의 보편타당성
(라) 통치권력 기구의 조정자적(調停者的)·비자립적 파악
(마) 따라서 국가권력의 남용을 저지하기 위한 여러 가지 방안의 창출

(바) 마지막으로, 국가권력에 대한 국민의 저항권의 주장.

위에 열거한 자연권사상의 기본성격 내에, 볼테르 이하 프랑스 계몽사상은, 군주주권의 제한이론과 법의 지배의 정당성이란 관념을 적극적으로 도입하였다.[19] 루소는, 자연권사상의 개념장치—자연권, 자연상태, 문명 상태, 연합계약, 주권, 법의 지배, 정부 등—를 전부 계승하고,[20] 이들 모든 개념을 18세기 후반의 프랑스사회에 새롭게 적용하고 있다.

그러면 루소에 의해 변용되고 독자적 형태로까지 완성된 자연권사상의 개념장치는 무엇인가? 그것은 기초범주인 자연권 그 자체이다. 루소는 자연권 속에 소유의 권리를 포함시키지 않았으며, '생명과 자유'(『계약론』)에 한정하였다. 그리고 자기노동에 기초한 소유의 권리의 정당성을 인정 하면서도, 그것이 부자에 의한 강탈을 결과적으로 정당화하는 것이라는 점에 착안하여, 로크에 의한 소유권의 근거설정과는 다른 방향으로 자연권 사상을 변용시켰다. 그것이 『계약론』에서 연합계약의 소산으로 발생하는 사회적 승인형태로서의 소유권의 기초실정이다.

이러한 점에서 루소는 부르주아적 국가론, 원시적 축적기의 국가론의 대립자로서 자신을 규정하고 있다. 지상(至上)의 권위와 권력 장치를 구비한 국가가, 사실상 성립되고 있는 새로운 자본주의적 생산관계와 소유관계를 실정법으로써 인정하고 보호할 목적을 가지는 것, 그리고 시민사회와 시민국가가 국가에 대한 사회의 우위를 기초로 한 정합(整合)적 관계를 가지는 것이 부르주아적 사회형성론으로서의 시민적 국가론의 특징이다.

이와 같은 시민적 국가론이 프랑스 계몽사상에 의해서, 생산력 발전으로 뒷받침 된 사물의 자연주의적 파악 위에 접목된 것은 이미 지적한 바와 같다. 루소에 있어서 사물의 자연법칙은 케네에 있어서와 같은 규범성을 전혀 가지고 있지 않

---

19) 대륙의 자연법사상과 영국의 자연권사상 모두에서 영향 받은 디드로는 복종 계약설에 의해서 군주주권을 정당화함과 동시에 다른 한편으로는, 시민의 저항권 이론에 의해서 그 해체 가능성을 지적하고 있다. 『백과전서』 제1권 (1751년 간행)에 실린 '정치적 권위'를 참조할 것.

20) 『계약론』의 변호를 위해 집필된 『산에서 온 편지』의 「여섯 번째 편지」에서 루소는 몽테스키외, 상 피에르 사(師), 로크의 이름을 들고 "특히 로크는 나와 전적으로 동일한 제 원리에 기초하여, 동일한 문제를 취급하였다"고 말하고 있다. Rousseau, J-J. 앞의 책, t. Ⅲ, p.812,

으며, 단지 인간 사이의 사회적 불평등을 확대하고, 가난한 자에 대한 부자의 지배를 물질을 매개로 성립시키는 것으로서 파악되었다. 따라서 루소에 있어서는 계몽사상의 주류와는 정반대로, 이러한 자연법칙을 내적으로 가지고 있는 사회체(社會體)가 규범을 부단히 만들어내는 정치체의 객체로서, 통치의 대상으로서만 파악된다.[21]

공동체가 광범위하게 잔존하고 있던 18세기 프랑스에서, 로크를 그대로 도입하는 것이 반드시 그 계승을 의미하는 것은 아니다. 자연권사상이 갖는 사회변혁적 의의를 계승하려면 그 개념장치에 적합한 새로운 내용이 형성되지 않으면 안 된다. 그러려면 무엇보다도 먼저, 자연권사상과 객체적 자연법의 중핵적 개념이 되는 '자연'의 개념부터 재검토하지 않으면 안 된다. 루소의 『불평등론』과 『에밀』은 '자연'에 관한 새로운 정의의 시도이다.

눈앞에 전개되는 원시적 축적기의 인간의 추진적 정념으로서 루소가 검출해낸 것은 '이기심'이다. 이 정념은 사회 속에서 발생하는 것으로, 비교 능력과 자기반성에 의해서 강화되며, 자신을 다른 사람보다 앞서게 할 뿐만 아니라 '제1위를 차지하려고' 하는 것으로서, '상대적이고 인위적인 감정'이다. 이 정념에 사로잡힌 사람에 있어 판단의 주체는 항상 자신의 밖에 있으며, '터무니없는 억견(臆見)'에 끌려 다니게 된다. 또한 이기심은 자기보존이 달성되면 해소 되는 것이 아니라, 본질적으로 무제한적이고 추상적인 욕망이다. 이 정념으로부터 '경멸', '오만', '증오', '경쟁심', '복수심' 등의 전쟁상태를 야기하는 여러 가지 정념이 발생한다. 이러한 이기심과는 달리, 완전히 자기보존에만 입각한 정념으로서 루소가 이기심과 대치시킨 것은 '자기애'(amour de soi)이다. 자기애는 자신의 일에만 관심을 가지기 때문에 자신에 대한 참된 욕구가 충족되면 그것으로 만족한다. 그러나 이기심은 자신을 타인과 비교해보기 때문에, 만족하는 일이 결코 없으며 만족할 리도 없다.[22] 이 자기애야말로 인간의 '본원적 정념'이며 '언제나 올바른 질

21) 문명의 발전사를 타락사로 파악하는 『불평등론』과 『계약론』에서 보여주는 루소의 문제해결 방법은, 경제과정 속에서 규범성을 갖춘 자연법치, 즉 자연법의 발견·해명에 의한, 그 실정법으로서의 실현의 4방향이 아니라, 고전 고대적 어의에 있어서의 économie— 즉 '관리'(gouvernement)로서의 économie —에 입각하여, 사회형성 과정을, 경제과정을 관리하기 위한 법의 형성과정으로서 파악하는 것이다.

서에 합당한 것'으로서, 루소가 검출해낸 인간의 자연이다.

이기심과 자기애를 구별하고, 현존하는 부르주아적 인간을 '자연인'으로서 형상화하는 것이 아니라 오히려 그 반대로, 이 '자연인'이야말로 사회의 규정성을 띤 사회인이며, '본래적 인간'의 타락 형태라고 루소가 간주한 것은, 그의 역사의식에 의거한 바가 크다. 프랑스 계몽사상에 있어서, 현재는 낡은 인위적인 제도가 해체되고 있고, 그 속에서 자라난 제 요인에 의해 찬란한 미래가 열리고 있으며, 점차적으로. 발전하는 인간 본사(本史)의 당연한 출발점으로 파악되고 있었던 데 비하여 루소에게 있어서 문명의 발전사는 동시에 인간의 타락사에 불과하며, 원시적 축적과정에서 나타나는 투쟁 상태에 의해서 인간의 생존에 결정적으로 중요한 것을 잃어버리게 되며, 또한 이에 상응하여 인간의 자연적 정념을 잃어가고 있다는 인식으로부터, 현재는 인간 역사의 최종단계로서 파악되고 있었다. 따라서 이러한 극한상황에서 상실되어가고 있는 것을 본래적인 것으로서 인간 역사 앞에 위치시켜, 그 자연성과 본래성을 사람들에게 환기시키기 위해서 상상해낸 것이 전항에서 지적한 '순수한 자연상태'이다.

순수한 자연상태에 대한 서술에서 루소는 당시 유럽에 알려진 '문명인' 과 대조적인 아메리카의 '미개인'에 관한 보고자료를 이용하면서, 문명인이 가지고 있는 모든 사회성을 박탈하고, 오로지 대상적 자연에만 의존하는 고립자로서의 자연인을 그려내고 있다. 이러한 사회성의 사상(捨象)은 전혀 루소에게 독특한 것이며, 하나의 일관된 자각적 방법태도에 의한 것이다. 그것은 사회가 하나의 자립적 존재로 화하여, 개개인에게 변경할 수 없는 압도적인 힘으로서 작용하고, 사람들을 그 속에 휘말려들게 하여, 정념과 억견(臆見)의 노예로 만들고 있는 문명상태에서, 개개인이 참된 입지점(立地點)을 찾아내기 위해서는 우선 모든 사회적 제 관계를 끊고 자기 자신으로 되돌아가지 않으면 안 된다는 요청에 의거한 것이다.

이에 대하여, 종래에 자연권사상의 자연상태-사회상태의 도식(schema)에 있어서는 하등 '자연'이 고찰된 바 없고, 사회상태에 있어서의 인간은 자연인 가운데로 환원한 데 불과했다고 루소는 말한다. "사람들은 누구든지 끊임없이 욕구·탐

22) Rousseau, J-J. *Émile*, 앞의 책, t. Ⅳ, p.493.

욕·학대·욕망·오만에 대해서 말하면서, 자기들이 사회 속에서 얻은 관념을 자연상태 속으로 가지고 들어왔던 것이다. 결국 그들은 미개인에 대해 말하면서, 사회인을 묘사하고 있었던 것이다."

(『불평 동론』 본론) 또한 『에밀』에서 『로빈슨 이야기』를 들어 다음과 같이 말하고 있다. "그러한 상태에 의거해서야말로 다른 모든 상태를 평가하지 않으면 안 된다. 편견을 극복하고, 사물과의 참된 관련에 의거하여 판단을 정리하는 가장 확실한 방법은, 고립된 인간의 위치에 자신을 놓고 생각해 보는 것, 그리고 어떤 일에 있어서도 그러한 인간이 자기 자신의 유용성을 생각해서 자신에게 판단을 내리는 것처럼 판단을 내리는 것이다."[23]

고립은 자기 목적이 아니다. 새로운 사회형성과정이 인간 개개인의 손을 떠나서 홀로 돌아다닐 때와, 또한 인간 그 자체도 단순한 욕망의 노예로 화한 물질적 존재가 되어 있는 곳에서는 어디나, 파괴된 구래의 도덕이나 정의에 대신하는 인간 연대의 끈을 찾아내기 위해서 '인간 그 자체를 아는 것으로부터 시작'하지 않으면 안 된다.(『불평동론』 서문)

타인을 지배한다든가 타인에 의해서 지배되는 일도 없고, '사물의 힘'에 의해 찢는 일도 없이, 자기 자신 속에서 존립기반을 가졌던 '사회적 인간'의 형성에 기여하기 위해서는, 인간의 이기심과 욕망의 비대화에 의해 왜곡되고 있는 현존의 사회적 제 관계를 일단 청산하고, 그것으로부터 자신을 멀리할 필요가 있다. 백과전서파와 단교한 후, 디드로로부터 "혼자 있는 사람은 악당뿐"(『사생아』)이라고 매도당하면서도, 파리 교외에 은퇴하여 전원생활을 하면서 『에밀』과 『계약론』을 집필하고 있었던 고립인(孤立人) 루소를 버티게 하고 있었던 지주는 '사회적 인간'의 형성에 대한 그의 불타는 정열이었다.

『불평등론』이 잃어가고 있는 인간의 자연(自然)을 묘사하기 위해서, 인류사가 시작하기 전에 순수한 자연상태가 존재하였던 것으로 가정하고, 이 자연상태의 변질과정으로서 자연상태로부터 문명상태까지를 더듬어 간 반면, 『에밀』에서 루소는 문명상태의 한 가운데서 자연인을 교육·형성하려고 하였다. "자연의 인간을 상정하지만, 그 인간을 미개인으로 만들어 깊은 숲속으로 내몰려고 하는 것은 아

---

23) 같은 책, p.455.

니다. 사회의 와중에 휘말려 들어가 있어도 정념에 의해서나 사람들의 억견에 의해서 여기저기 여지로 끌려 다니지 않으면 그것으로 족하다. 자신의 눈으로 사물을 보고, 자신의 마음으로 사물을 느끼면 그것으로 충분하다."[24] "자연상태로 살고 있는 자연인과, 사회상태 속에 살고 있는 자연인의 사이에는 큰 차이가 있다. 에밀은 사람들이 살고 있지 않은 곳으로 추방당하는 미개인이 아니라, 도시에 살도록 만들어진 미개인이다."[25]

에밀은, 욕망이 자기 자신의 '필요'에만 의거하는 것과 같이, 또한 자기 자신의 힘에 의해서 실현 불가능한 욕망을 갖지 않도록 양육된다. 욕망만이 비대해지면, 그것을 채우기 위해서는 '타인의 손'이 필요하게 되며, 상호의존과 지배가 불가피하게 발생하기 때문이다. "우리들의 욕망과 능력 사이에 존재하는 불균형이야말로, 우리들이 겪는 불행의 씨앗이다."[26] "자신의 의사대로 행할 수 있는 것은 어떤 일을 함에 있어서 자신의 손을 타인의 손에 내밀 필요가 없는 사람뿐이다.…… 진정 자유로운 인간은 자신이 할 수 있는 것만을 바라며, 자신의 마음에 드는 일만을 한다."[27]

볼테르에 의해서 '사람이 바라는 바를 하는 힘'(『인간에 대한 시론(詩論)이라고 정의된 '자유'의 개념은 루소에 의해서 행복의 개념과 결부되어 재정의된다. 즉, 자기 자신의 힘으로 자신이 바라는 바를 하는 힘, 이것이 자유이다. "자신이 자신의 일을 충족시킬 수 있으면, 자신이 바라는 바를 행하는 사람은 누구나 행복하다. 그것이 자연상태에서 살고 있는 어른의 경우이다. 그 욕망이 자신의 능력의 한계를 넘어서고 있는데, 바라는 바를 행하는 자는 누구도 행복하다고 할 수 없다."[28] 그러한 사람은 정념의 노예이며, 자신의 욕망을 채우기 위해서는 불가피하게 타인의 자유를 침해 할 수밖에 없게 된다.

그러므로 에밀은 누구에게도 의존하지 않아도 되는 것과 같이, 자신의 필요와

---

24) 같은 책, p.551.

25) 같은 책, p.483~484.

26) 같은 책, p.303~304

27) 같은 책, p.309.

28) 같은 책, p.310.

욕망을 채우기 위해서는 '사회적 인간'의 의무로서의 노동을 배운다. 그리고 자유에 가장 상응하는 몇 가지의 기술을 몸에 익혀 성인이 된 에밀은 자기 자신의 선택에 기초하여 시민이 되기 위해서, 여러 가지 정체(政體)를 관찰하기 위한 여행길에 나선다.

이야기 식으로 쓰인, 자연인 형성을 위한 이 책에서 루소는 '인민'(Peuple)에게는 루소가 말하는 의미에서의 '교육'을 베풀 필요가 없으며, 다만 편견과 억견과 갖가지 정념의 노예가 되어, 사람을 지배하는 것에 익숙하고, 그 쾌락을 기억하고 있는 인간에 대해서만 교육의 필요성을 인정 하고 있다. "부자를 생도로 하여금 선택케 하자. 우리들은 적어도 한사람의 〈인간〉을 증가시키는 것은 확실하다. 한편 가난한 사람은 자신의 힘으로 〈인간〉이 되는 것이 가능하다."[29] 즉 인간교육·인간형성의 글인 『에밀』은 사람들 사이의 상호의존과 지배를 벗어나 본연의 인간으로 환원하는 것을 설파하고 있다.

"인간은 태어나면서부터 국왕이나, 궁정인이나, 귀족이나, 자산가인 것은 아니다. 모두 벌거벗은 가난한 인간으로 태어난다. 인간 모두에게는 인생의 비참, 슬픔, 불행, 결핍 등 온갖 종류의 고통이 존재한다. 그리고 모든 사람은 죽도록 운명 지어져 있다. 이것이 참으로 〈인간〉 모두에게 부여되고 있는 것이다. 어떤 〈인간〉도 이 사실로부터 제외될 수는 없다."[30] "인류를 구성하고 있는 것은 인민이다. 인민이 아닌 사람은 극히 소수이기 때문에, 그러한 사람들을 고려에 넣을 필요는 없다. 인간은 어떤 신분에 속하여 있든지 간에 똑같은 인간이다. 이러한 견해 하에서는 가장 사람 수가 많은 신분이야말로 가장 존경받을 만한 가치가 있는 것이다. 사고하는 인간에게 있어서 사회적인 차별은 모두 소멸된다. 그는 쓰레기 같은 인간들 속에서도, 찬양받을 만한 인간들 속에서도 〈동일한 정념, 동일한 감정〉을 인정하는 것이다."[31]

고통을 감수하는 존재로서의 자신을 자각하고, 타인의 고통 속에 자신을 '동일화'시켜 '함께 고통을 느끼는 것'(commiseration)이 루소가 파악한 절대왕정하의

29) 같은 책, p.267.

30) 같은 책, p.504.

31) 같은 책, p.509.

보편적 존재로서의 '인간'상이다. '피티에'를 인간의 자연적 원리에 앉힌 『불평등론』에서 루소는, 인간의 자연적 사교성을 주장하는 '철학자'를 야유하며, '인간을 고립시키는 것은 철학'이라고 말하고 있다. 이기심과 반성을 원리로 하는 철학자는, 고통당하고 있는 사람을 보고, '피티에'에게 마음이 움직여도 '손을 귀에 대고' "망하려면 망해버려라. 나는 안전하다."(이상 『불평동론』 제1부)라고 말한다. 이 에피소드 속에는 계몽의 '인간'상과 루소의 '인간' 상의 현격한 대립이 발견된다. 계몽의 '인간'은 지적이고 이상적인 존재이며, 찬란한 미래의 실현을 인간 지성의 발달에 두고 있는 계몽에 있어서는, 계몽되지 않으면 안 되는 광범위한 대중의 존재가 그들의 이상 실현에 큰 장애가 되고 있었다. 여기에서 선량(選良)의식이 발생하고, '철인' 지배와 법치주의가 결합하며, 또한 인간관에 있어서 자유와 평등의 이념의 불일치가 발생한다. 이에 대하여 루소가 파악한 '사회속의 자연인'이라는 관념은 '인간'을 더욱 구체적으로 만들고, 보편적인 것에까지 높여놓았다. 고통을 감수하는 존재로서 더 나아가서는 타인의 고통에 따라 움직이는 수동적 존재, 감정적 인간으로서 인간을 파악하고, '피티에'에 대한 착안에 의해서 광범한 서민, 농민대중 속에서 동일한 인간성을 발견한 루소는 모든 사회적 지위를 사상(捨象)할 수 있는 인간 평등의 관념을 제기하였던 것이다.

3) 복종계약과 사회계약: 혁명의 근거설정

국가형성의 설명 원리인 계약설은 부르주아적 사회질서의 형성 속에서 탄생되었다. 민법상의 소유권이나, 계약체결에 있어서 상품 소유자로서의 계약 당사자 상호간의 평등의 관념이 갖는 보편적이고 합리적인 성격으로부터, 이들 관념을 공법에도 적용할 수 있다고 생각한 것이 바로 계약설이다. 그것은 연합계약의 체결에 의한 법적 단체로서의 국가의 형성과, 복종계약에 의한 정부의 설립 및 그 통치 권력으로서의 타당성에 대한 근거의 논증이라고 하는 2단계 계약의 메커니즘을 내포하고 있다. 이 2단계 계약설은 통치 권력의 자의성을 폐지하고 법치주의에 입각하여 있지만, 정부와 인민 사이의 복종계약의 도입에 의해서, 현존하는 지배장치의 변호로 타락할 위험성을 항상 배태하고 있다. 그로티우스의 영향을 받은 디드로에 있어서, 사회형성의 참된 담당자로서 근로 인민을 상정하고 있지만 정치상의 개념으로서의 '주권자'의 파악에 있어서는, 군주주권의 주장에 머무르지 않을 수 없었던 것도 2단계 계약설이 갖는 부르주아적 한계에 기인하는 바가 크다.

이미 로크에 있어서 정부는 신탁 권력으로 파악되어, 그 통치는 인민의 '신탁'에 의해 근거 지어졌으며, 정부가 이 신탁에 반하여 법에 위반되는 경우에는 인민은 그 저항권에 의해서 기존 정부를 해체할 수 있는 가능성과 정당성이 주장되었다. 루소는 이 로크의 저항권 이론을 계승·발전시켜서, 종래의 이중계약설에서 볼 수 있는 인민주권과 군주주권의 혼동을 사회 계약설에의 일원화에 의해 해소하려 하였던 것이다. 루소가 『사회계약론』에서 "정부는 부당하게도 주권자와 혼동되고 있으나 정부는 주권자의 공복에 불과하다."(3편 1장) "비록 인민이 세습 정부를 세우고 있는 경우에도, 그것이 일가족에 의한 왕정이나, 혹은 시민 가운데 한 계급에 의한 귀족제이건 간에 인민이 행하고 있는 것은 결코 '복종'의 약속은 아니다. 그것은 인민이 다른 통치 형태를 채용하고 싶은 마음이 들 때까지 통치기관에 허락하고 있는 형태에 불과한 것"(3편 18장)이라고 주장할 수 있었던 것은 사회계약설에의 일원화에 의해서, 인민주권의 불가양성(不可讓性)과 불가분리성을 시종일관하여 전개해 왔기 때문이다. 『계약론』에서 여러 번 언급되는 복종계약설에 대한 비판적 언사는, 종래의 계약설의 비판적 계승자로서의 루소의 지위를 확고히 하는 증거이며, 현행의 『사회계약록』은 통치권력으로서의 정부의 위치설정에 초점을 두고, 복종계약설의 비판적 전개 속에서 사회계약에의 하강 작업을 수행하고 있는 것이다. "인간을 현재 존재하는 바, 그대로의 모습으로 파악하고, 법을 있을 수 있는 가능한 모습으로 파악한 경우에, 시민적 질서 속에 합법적이며 확실한 통치의 규칙이 존재할 수 있는가의 여부를 나는 연구하고 싶다." 이 『계약론』의 권두에 있는 한 구절이야말로 『제네바초고』와는 전개방법과 과제를 달리한 『사회계약론』의 실천적이고 이론적인 의도의 표명이며, 문제의 소재(所在)를 한마디로 요약한 것이다.

루소는 복종계약설에 기초해서 인민주권의 양도 가능성을 주장하는 그로티우스 이름의 영향으로 디드로를 의식하면서, 다음과 같이 논리를 전개한다.

"그로티우스에 의하면, 인민은 자신(의 주권)을 양도할 수 있다고 한다. 따라서 그로티우스의 설에 의하면, 인민은 국왕에게 자신을 양도하기 전에 인민이다.…… 그리하여 인만이 국왕을 선택하는 행위를 검토하기 전에 인민이 인민이 되는 행위를 검토하는 것이 타당할 것이다. 왜냐하면, 이 행위는 필연적으로 전자의 행위에 선행하는 것이며, 이것이야말로 사회의 참된 기초이기 때문이다."(1편 5장) 이 문장에서 루소는 이중계약설의 비판적 재구성을 도모하기 위해서 '계약'(Pacte)이라는 말 대신에 '행위'(Acte)라는 말을 사용하고 있다. 종래의 이중계약 —'연합계약'과 '복종계약' — 중에서, 연합계약만이 계약의 이름에 값하는 것으로 생각되고 있기 때문이다.

자연권 사상의 개념장치에 의거하면서, 루소는 자연상태로부터 문명상태로의 이행을 '사회계약'에 의해서 설명한다.(이하 1편 6·7장) 자연상태를 구성 하는 인간은 자신의 모든 힘과 함께, "자신의 주권을 공동체의 성원 모두에게 양도한다." 이 전면적 양도행위의 조건은 만인에게 평등하며, 각자는 각자에 대하여 서로 전면적으로 양도하기 때문에, 어떠한 유보도 없으며, 또한 "특정의 어떤 사람에게도 자신을 양도하지 않는다." 전면적 양도에 의해서 '공통의 상위자(上位者)'로서의 '일반의지'가 형성 되어, 각자는 이 일반의지에 대한 복종에 의해서 정치체를 구성하는 불가분의 성원이 된다.

사회계약에 있어서 계약 당사자는 자연상태를 구성하는 사람뿐이며, 그들에게 있어서 공통의 제3자가 계약 당사자가 되는 것은 아니다. "각 개인은 말하자면 자기 자신과 계약하고 있는" 것에 불과하며, "모든 인격의 결합에 의해서 형성되는 공적 인격"은 특정한 개별자를 의미하는 것이 아니라 '정신적이고 집합적인' 인격이다. 전면적 양도론에 있어서 공통의 제3자를 계약 당사자로서 설정하면, 루소의 사회계약은 홉스의 복종계약에의 일원화로 되돌아갈 것이다. 공통의 제3자에 대한 전면적 양도이든 부분적 양도이든 이것은 복종계약의 논리이다. 루소의 전면적 양도론은, 정부 설립에 선행하는 정치체 창출의 논리라는 것을 잊어서는 안 된다. 정부의 존재와 통치의 근거로 논리적으로 선행하는 것으로서, '인민이 인민이 되는 행위'가 사회계약으로서 설정되고 있는 것이다.

"사회계약에 의해 각 개인 측에 어떤 포기가 있었다는 것은 잘못이다."(이하 2편 4장) 전면적 양도가 실재적인 양도 행위를 의미하는 것은 아니라는 사실은 이 한 가지 문장으로서도 명백하다. 각자는 "〈말하자면〉 자신들이 내준 것은 모두 되찾아온다." 모든 것을 양도하고, 그 동일한 것을 모두 획득한다. 실재적 양도행위로서 이해하는 한 루소의 계약은 무의미하며 불가해하다. 전면적 양도와 전면적 획득, 이 실재적 행위가 아닌 '계약'에 의미가 있다고 한다면, 그것은 자연상태로 존재하고 있었던 것의 상태변경 속에서만 인정된다. 어떤 실재적인 양도행위를 의미하지 않는 이 전면적 양도란, 계약 당사자 상호간에 있는 보편적 연관을 '일반의지'로서 그들의 바깥에서, 그들 위에 정립하는 공동의 무자각적 행위이다. 이 보편자와의 연관에 의해서, 전면적 양도는 전면적 획득으로 전환된다. 각 개인이 양도한 모든 것이, 그 존재 이유를 새롭게 부여받아 산출된다. 즉, 각자가 점유하는 재산에는 소유권이 부여되고, 자연적이고도 사회적으로 불평등한 각 개인은 정신적·합법적으로 평등한 각 개인으로서 보편적으로 승인된다는 사태야말로, 루소가 '유리한 교환'으로서 이야기하고 있는 사회계약의 내실이다.

사회계약에 의해서 '정신적·집합적 단체'로서의 '정치체'가 형성된다. 정치체는 "수동적으로 법에 따를 때는 〈국가〉라고 불리고, 능동적으로 법을 만들 때는 〈주권자〉라고 불린다."(1편 6장) 또한 각 개인은 주권자의 일원으로서는 능동적으로 '시민'으로, 법에 복종하는 사람으로서는 수동적으로 '신민'으로 규정된다. 이 정치체의 수동성과 능동성, 지배와 복종이라는 대립물의 동일로서의 정치체가 구성되고 있는 것에 우선 주의하지 않으면 안 된다. "정치체의 본질은 복종과 자유가 일치하는 데 있으며, '신민(臣民)'과 '주권자'라는 두 단어는 서로 동등한 내용을 가진 상관적인 단어로서, 양자의 관념은 '시민'이라고 하는 단 한마디 속에 표명되어 있다."(3편 13장) 연합계약에 의해서 각 개인의 자유는 조금도 침해 되어서는 안 되며, 아니 연합에 의해서 더 한층 자유로운 존재가 되지 않으면 안 된다. 지배자와 복종자라고 하는 고정된 분업관계에 있어서 정치체를 파악해 왔던 것이 지금까지의 복종계약설이었음에 대하여, 루소에 있어서는 인민이 한편으로는 지배자로서, 다른 한편으로는 복종자로서 서로 대립하는 규정성을 자신 속에 일체화시킴으로써만 정치체에 있어서 고정된 분업관계를 폐기할 수 있다고 생각되고 있다. 각자는 이와 같은 법의 제정자로서의 주권자의 일원으로서, 시민인 각 개인에 대하여 관계를 맺는 한편, 국가의 일원으로서 수동적으로 주권자에 대해서 관계를 맺는다.

이 권리와 의무를 상기케 하는 이러한 '쌍무적'인 관계 속에 매개자인 정부가 위치한다. 즉 정부란 "시민과 주권자 사이에 설정되어 상호간의 연락을 도모하고, 법의 집행과 사회적 정치적 자유의 유지를 관할하는 중간 단체"(3편 1장)라고 규정된다. 정치체가 갖는 수동과 능동의 일체성은 매개항인 정부의 개재에 의해서, 국민에 대한 정부의 지배(집행권)와 정부에 대한 주권자의 지배(입법권)의 두 항목으로 나누어진다. 정치체가 갖는 고유한 일체성이 유지되기 위해서는, 역 방향으로 작용하는 두 힘이 동등하지 않으면 안 된다. 즉 집행권력과 입법권력이 균형을 유지하지 않으면 안 되는 것이다. 그렇지 않으면 집행권만이 비대해져 스스로를 주권자와 동등시하게 될 것이다. "특수의지가 부단히 일반의지에 항거하여 작용하는 것과 같이, 정부도 주권에 대해서 부단히 압력을 가한다. 이 압력이 증대함에 따라서 국가구조는 더욱 더 악화되는데, 이때 집행체의 의지에 저항하여 이것과 균형을 보지할 수 있는 다른 단체 의지는 전혀 존재하지 않기 때문에, 조만간 집행체가 주권자를 압도해버려 사회계약을 파기하는 때가 닥쳐올 것이 틀림없다."(3편 10장) 이것은 "대단히 잘 구성된 정부에 있어서도 자연스럽고 불가피한 경향이다."(3편 11장)

정부에 의한 주권의 찬탈을 '예방하고, 혹은 그 도래를 지연시키기 위해서 설립되는 것이 주권자인 인민의 '정기집회'이다. "사회계약의 유지만을 목적으로 하는 이 집회의 개회는 반드시 다음의 두 가지 의안을 제출함으로써 시작되어야 한다. 첫째 의안 — 주권자는 정부의 현재 형태를 계속해보고 싶은가? 둘째 의안 — 인민은 현재 통치를 위임받고 있는 사람들에게 금후도 이를 계속 위임하고 싶은가?"(3편 18장)

이들 의안을 인민이 부결하는 경우에 정부는 해체되지만 정치체가 해체 되는 것은 아니다. 정치체는 정부와 동의어는 아니며, 주권자인 인민의 연합에로, 그 본 모습으로 환원될 뿐이다. 주권자인 '집합된 인민'(3편 12장)은, 한편으로는 입법권의 보지자 자격에 있어서 정부의 형태(군주정, 귀족정, 민주정)를 법에 의해서 규정하고, 다른 한편으로는 '주권의 민주정으로의 갑작스런 차원 전화'에 의해서 〈자칭〉 '임시정부'[(Gouvernement Provisionnel), 3편 17장]를 구성한다. 이 임시정부의 테제에 의해서 루소는 "주권자 혹은 국민에 불과한 인민이 〈어떤 상황에서는〉 집행체 또는 시정자(施政者)가 될 수 있는" 것, 단지 '〈만인에 대한 만인의 새로운 관계〉에 의해서만'(3편 17장) 인민은 집행권의 행사자로도 될 수 있다는 것을 명백히 하고 있다.

임시정부와 민주정의 설립권을 부여함으로써, 루소는 계몽에 의해서 경멸당해 왔던 '인민'에 의한 자기통치의 사상을 제기하고 있다. 이 자기통치의 사상은 복종과 자유의 일치로서의 정체의 기본구조 속에 포함되고 발전된 것이며, 로크의 신탁통치론과 저항권의 주장을 비판적으로 계승한 것이다. 정부의 존재를 자명한 것으로 전제하고, 그 모든 기능을 명백히 할 뿐만 아니라 정치체 속에 있으면서 항상 '임시적인 것'에 불과한 정부의 새로운 설립까지 수미일관하게 해명되어서야 비로소, 복종계약설 비판으로서의 사회계약설에 의한 통치의 근거설정이 가능하게 된다.32)

32) '테르미도르반동'을 눈앞에 둔 1794년 5월 7일, 로베스피에르는 '국민 제전'(fêtes nationales)에 관한 의회보고에서 다음과 같이 말하고 있다. "모든 <광경> 중에서 가장 눈부신 것은 집합적 인민의 일대 광경이다."(Robespierre, *Textes Choisis*, t. Ⅲ Éditions Sociales, 1974. p.176). 젊은 날에 노(老) 루소의 문을 두드려 그 교리에 충실하려고 하였던 알드와의 한 변호사에게 '고양이'라는 별명이 붙은 혁명사가(革命史家) 미슐레의 마음 속, 곧 진실을 롤랑 바르트는 다음과 같이 대언(代言)하고 있다. "나는 인민 속에서 태어났다. 나는 인민을 마음 가운데 간직하고 있었다…… 그러나 그 언어, 인민의 언어는 끝까지 나를 끌어들이지 않았다. <인민에게 자신들의 언어를 말하도록 하는 것이 나에게는 불가능한 일이었다."……>

제4장

영국 고전경제학의 사회이론

1. 아담 스미스에 의한 경제학의 창설

1) 『국부론』의 과제와 방법

18세기 후반에서 19세기 초두에 걸쳐서 영국은 17세기 시민혁명에 이어 커다란 사회적 변동인 산업혁명을 경험한다. 그것은 정치적·종교적 자유·평등의 가치를 내걸고 출발한 시민사회가 자체의 바퀴로 움직일 수 있는 엔진을 갖추고, 자율적인 경제사회로서의 시민사회로 전개되는 것을 가능하게 한 역사적 사건이었다.

그러나 산업혁명의 빛나는 성과가 현실적인 것으로 된 것은 19세기 중반에 들어서면서부터였다. 오히려 산업혁명 그 자체의 진행과정은 해산의 진통 과정으로서, 구세력의 몰락과 반동, 신세력의 미성숙과 동요를 수반하는, 혼미와 위기의 시대로서 사람들의 눈을 흐리게 하였다.

이러한 산업혁명의 전야에 앞으로 도래할 자율적 경제사회의 발소리를 분명히 듣고 깨달아, 그것을 하나의 이론체계인 『국부론(An Inquiry into the Nature and Causes of the Wealth of Nations)』(1766)으로 세상에 내놓은 사람이 바로 아담 스미스였다.

이미 제2장에서 밝힌 바와 같이 스미스에게 주어진 커다란 과제는 홉스와 로크에 의해서 제기된 문제, 즉 이기적 인간을 주어진 여건으로 하여 어떻게 사회의 존립이 가능하게 되는가라는 문제에 대해 그들과는 다른 해답을 제시하는 것이었다. 그래서 스미스는 우선, 『도덕감정론』에서 시민사회의 존립의 대들보인 정의의 법이, 홉스와 같이 국가권력에 의하지 않더라도, 타인에 대한 동감(同感)에 의거한 개개인의 내면적인 윤리에 의해서 지지될 수 있다는 것을 지적하였다.

그러나 스미스는 이와 같은 시민사회의 내면적 사회형성에 대한 가능성의 지적만으로는 만족하지 않았다. 그는 『법학강의』에서 사회 자체의 존속과 발전의 열쇠로서 법과 경제의 역사를 고찰하고, 특히 근대 시민 사회가 정의의 법과 함께 상업에 의해 유지됨으로써, 객관적인 자율성을 가질 수 있다는 것을 착안하였다. 『국부론』은 이 사회체제를 유지하고 있는 상업과 경제를 해명하는 것으로서, 정의의 법에 관한 고유의 저작을 끝내 완성하지 못하였다.

사회 자체의 자율성을 인간의 경제활동 속에서 발견하기 위해서 스미스가 하지 않으면 안 되었던 것은, 눈앞에 가로놓여 있는 중상주의 경제학을 대치할 것을 제시하는 일이었다.

『국부론』이 출판된 1776년은 미국 독립선언의 해였다. 아메리카 식민지의 독립은 자본의 원시적 축적을 국가권력의 힘에 의해서 달성하려고 한 중상주의 시대의 종언을 알리는 것이었다. 그러나 『국부론』은 미국의 독립을 보고 쓰인 것은 아니다. 오히려 『국부론』의 출판에서 거슬러 올라가 그 이전 20여 년의 기간을 주목해 보면, 7년 전쟁과 아메리카 독립전쟁을 둘러싸고, 종래의 식민지 체제에 의존하고 있던 영국의 국부(國富)를 사수하기 위해서 중상주의를 지지하는, 국가의 이익을 옹호하는 세론이 들끓고 있는 시대였다.

스미스가 홉스의 문제에 대답하여, 국가권력의 공동화(空洞化)를 기도하는 윤리학과 법학을 건설하고자 한 것도 실은 이 중상주의 국가 체제의 비판에 있었던 것이며, 『국부론』도 또한 이 중상주의 경제정책에 대한 비판으로서 쓰인 것이다.

중상주의란, 자본의 순환에 필요한 화폐 자본의 축적, 원재료 등 재생산수단의 확보, 공동체적 속박으로부터 해방되어 자신의 노동력을 자유롭게 판매하는 노동자의 확보라는 과제를 중세(重稅)나 공채, 종획에 의한 토지수탈, 보호무역이나 식민지 지배라는 국가권력의 매개를 통해 달성하고자 하는 체계이다. 그것은 정책의 최고 역점을 상품의 유통에 의한 가치실현, 곧 유효수요의 창출에 두고, 따라서 궁극적인 부를 화폐인 금·은을 곧 무역차액이라고 파악하는, 국부를 물신화(物神化)한 이론이다.

이같이 국부에 중점을 둔 파악을 비판하여, 진실한 부가 국민 〈한 사람 한 사람〉이 받는 노동생산물의 증대에 있다는 것을 밝히는 것이야말로, 스미스 경제학의 첫 번째 동기가 되었던 것은, 『국부론』의 서두가 다음의 한 구절로부터 시작되고 있는 것에 상징적으로 나타나 있다.

"국민 각자의 연년의 노동은, 그 국민이 매년 소비하는 일체의 생활필수품 및 일용품을 공급하는 궁극적인 근원이 되며, 이들 필수품 및 일용품은 그 국민 각자의 노동에 의해서 생산된 생산물이거나, 또는 그 생산물로서 다른 여러 나라 국민으로부터 구매한 것이거나 둘 중의 하나이다.

따라서 이 생산물 또는 타국으로부터 구매한 물건이, 그것을 소비할 사람들의 수에 대하여 갖는 비율의 대소에 따라서, 그 국민은 필요로 하는 일체의 필수품 및 일용품을 풍부하게 혹은 부족하게 공급받게 된다."

이와 같은 기본적 관점을 명백히 한 스미스는 『국부론』의 서론에서 이러한 풍요의 증대의 원인은 두 가지 사정에 의존하고 있다고 지적한다. 그 하나는 생산제력(生産諸力)의 수준이며, 다른 하나는 한 나라 인구 중 얼마만큼의 사람들이 유용한 노동에 종사하고 있는가에 달려 있다고 지적하여, 후자 보다는 전자의 원인 쪽이 보다 크다고 하였다. 그것은 무엇 때문일까?

우리들이 살고 있는 문명사회를 수렵이나 어로에 의거하고 있는 미개 사회와 비교해 보자. 미개사회에서는, 노동할 수 있는 모든 사람들이 유용한 노동에 종사하고 있음에도 불구하고, 사람들의 식사나 의복은 빈약하고, 때로는 아사의 위협마저 받고 있다. 이것과 비교해서 문명사회에서는, 많은 사람들이 일하지 않고 더욱이 일하지 않는 사람들이 보다 많은 부를 누리고 있음에도 불구하고, 사회의 최하층의 사람들에게까지도 미개 사회와는 비교할 수 없을 정도로 많은 생활필수품과 편의품이 공급되고 있는 것을 생각해 보라. 이것은 유용노동자의 비율보다도 생산제력의 향상이야말로 사람들의 풍요의 보다 큰 원인임을 보여주는 것이다.

이와 같이 국부 증전의 원인을 분석하는 관점을 확립한 스미스는, 「서론」에서 『국부론』의 편별(篇別)구성을 다음과 같이 소개 하였다. 제1편, 노동생산력 개량의 제 원인과 노동생산물이 분배되는 순서. 제2편, 일국의 유용 노동자수를 규정하는 자재의 축적에 관하여(이상 두 편은 국부의 원인을 이론적으로 해명하는 것이다). 제3편, 제 국민에 있어서 어떻게 부의 진보에 차이가 나는가를 비교사적으로 검토. 제4편, 부의 차이를 생기게 한 정책체계의 검도. (이상 두 편에서는, 유럽을 중심으로 한 현상분석이 행하여지고, 특히 중상주의가 비판의 대상으로 등장한다) 마지막으로 제5편 스미스가 이상으로 삼은 자연적 자유체계에 있어서의 국가재정의 존재방식에 대해서.

이상에서, 『국부론』이 무엇을 과제로 하고, 무엇을 논하고자 하는가가 거의 명백하게 되었다. 다음에, 스미스가 이 과제를 수행할 때 취한 방법을 지적해 보기로 하자. 그것을 한마디로 요약하면, 사회인식의 밑바닥에 분업론을 깔고 있었다는 것이다.

스미스는 제1편 서두에서, 노동 생산제력의 개선은 주로 분업에 의해서 초래된다고 선언하고, 그 예로 핀 매뉴팩처를 찾아, 그 제조공정을 살펴보았다. 한 개의 핀을 만드는 데 약 18개의 공정으로 분할·분업화함으로써 각인의 작업능률이 올라가, 열 사람이 하루에 4만 8천 개, 따라서 일인당 4천 8백 개의 핀이 완성된다는 계산에 경탄하고, 만약 분업이 행하여지지 않으면 한 개도 만들 수 없다는 것을 지적하고 있다. 스미스는 이어서 사회 전체에 눈을 돌려 문명사회에서는 농업과 제조업이 분할되고 또한 제조업 부분에서도 다수의 분업이 행해지고 있어, 그 광대한 사회적 분업이야말로 문명사회의 풍요를 지탱해 주고 있는 것이라고 결론내리고 있다.

이러한 스미스 분업론의 특색은, 공장 내 분업과 사회적 분업이 동일시되는 점에 있으나, 이 동일시는 의식적인 것으로 생각된다. 그것은 그가 제1편의 주제를 소개할 때 노동생산력 개량의 원인과, 노동생산물이 분배되는 순서가 동시에 거론된다고 말하고 있었던 것을 상기하면 이해될 수 있다. 즉, 그는 분업이라는 인간 노동의 조직방식이 노동생산력 개량의 원인일 뿐만 아니라, 풍요로운 문명사회의 사회형성원리, 즉 제 분업관계 자체라는 것을 보이고자 하였던 것이라고 생각할 수 있다.

그런 점에서 분업을 기반으로 하고 있는 문명사회의 사회형성의 특칭을 보기로 하자. 사람들의 생활원리에 착안하여 미개사회와 문명사회를 비교해 보면, 전자가 인간이 생활수단을 자신의 노동에 의해서 자연으로부터 직접 확보하고 있는데 대하여, 후자는 인간이 자신의 노동을 팔기 위한 상품의 생산에 사용하고 있으며, 따라서 자신이 소비하는 생활 수단의 대부분은 자신의 노동생산물을 팔아서 얻은 화폐로 사회의 다른 구성원에게서 구입하고 있다는 점을 자각하게 된다. 문명사회에서는 화폐가 미개사회의 노동과 같은 역할을 수행하고 있음에 착안하여, 스미스는 〈노동은 본원적 구매 화폐〉라고 하였다. 문명사회에서 가장 특징적인 것은 모든 사람이 소위 '상인'으로서 교통(交通)하고, 생활을 영위하는 '상업사회'(Commercial Society)라고 하는 점이다.

그러나 이 상업사회에서의 사회적 상호의존관계는, 다른 사람들에 대한 개개인의 자비나 국가에 의한 강제에 의해서 지탱되고 있지 않다는 점에 주의하지 않으면 안 된다. 어떤 상인이 다른 상인과 교환관계에 들어서는 것은 서로 자신의 이익이 실현되기 때문이며, 그 밖의 다른 어떠한 이유도 없다. 그러나 이러한 개개인의 자기 이익추구행위가 짜 맞추어지고 그 사회적 결과로서, 문명사회의 사람들은 거대한 '결합 노동'(Joint Labour)으로서 자연에 작용하여 그 공동의 성과 속에서 각자가 그 노동에 따라서 풍부한 부를 이끌어내고 있는 것이다.

스미스는, 개개인의 동기와 그 사회적 결과는 서로 다르다는 『도덕감정론』에서 발견한 사회분석의 방법을, 『국부론』에서 분업론으로 전개함으로써 문명사회의 풍요와 자율성의 비밀을 주체적이고 객체적으로 분석하는 길을 열었다.

2) 문명사회에서의 동등한 시민관계와 계급관계

스미스가 말하는 상업사회는, 사람들이 평범한 상인으로서 교통하는 시민사회이지만, 이 점에서 곧, 스미스가 문명사회를 독립생산자의 집합으로 이상화하였다고 결론지어서는 안 된다. 그것은 무엇보다도 먼저 공장 내에서의 자본의 소유자와 노동자의 관계까지도 감히 주체적인 동등한 시민관계로서 파악하고자 하는, 스미스의 의식적인 설정에 의한 것으로 생각된다. 이 점은, 공장 내 분업과 사회적 분업을 동일시한 것으로도 볼 수 있으나, 더욱이 분업론-생산론은 동시에 분배론이라고 한 스미스의 논점을 심화시키는 것으로서 한층 명백해진다.

그런데 상업사회에서 사람들은 그 생활필수품과 편리품의 대부분을 자신의 노동에 의해서가 아니라, 자신이 생산한 노동생산물, 즉 상품의 교환 속에서 타인의 상품을 지배함으로써 향유할 수 있다. 이 점에서 스미스는, 도대체 자신의 상품이 얼마만큼의 가치-교환가치가 있는가 하는 문제는 상품이 교환에서 발휘하는 힘, 즉 타인의 노동생산물 또는 타인의 노동을 얼마만큼 지배할 수 있는가에 나타난다고 생각했다.

그러나 자신의 상품이 이와 같이 다른 상품-노동을 지배할 수 있는 것은 자신의 상품을 획득하기 위한 '수고와 심려'(Toil and Trouble)가 소비되고 있기 때문이다. 그러므로 상품의 교환가치는 이에 투하된 노동에 의존하고 있다고도 할 수 있다.

이리하여 스미스는 지배 노동생산물과 지배 노동을 동일시한 다음에 그것을 다시 투하노동과 동일시하고 교환가치의 실질적인 척도로서 취급하고 있다. 그리고 이것이 명목적인 척도인 화폐보다 우월하다는 이유로서 일정량의 노동은 노동자로 하여금 일정한 안락이나 행복을 포기하지 않으면 안 되도록 한다는 점에서 언제 어디에서나 동일하며, 금·은과 같이 그 가치가 변동하는 것이 아니라는 점을 들었다. 따라서 스미스는 노동을 사실상, 그것의 상환조건으로 포기되는 안락과 행복을 보장하는 일정량의 생활수단과 동일시하며, 비슷하게는 일정량의 곡물로 치환된다고까지 결론을 내렸다.

이러한 혼동은 뒤에 리카르도의 비판을 받게 되지만, 스미스에 비추어 생각해 볼 때, 이러한 동일시는 계급사회인 시민사회를 대등한 시민관계의 사회로 파악하고자 한 데서 생겨났음을 알게 된다. 이것은 독립생산자의 집합인 미개사회에서는 어떤 사람의 하루 노동과 그 생산물은 자신이 소비하는 생활자료와 동일하며, 또한 이것과 교환조건으로 지배할 수 있는 타인의 노동생산물 또는 노동이, 타인의 하루 생활자료와 동일하다는 이유가 개재되어 있기 때문이다. 그런데 문명사회는 분업사회이며, 풍요로운 생산력은 한 사람의 노동으로 몇 사람 분(예를 들어 열 사람 분)의 생활자료를 생산케 하며, 따라서 그 지배할 수 있는 타인의 노동은 몇 사람 분(열 사람 분)으로 증대된다. 그러므로 문명사회에서는, 비록 노동자가 미개사회보다도 많은 생활자료를 지배하고 소비한다고 하여도(예를 들어 세 사람 분이라고 하더라도 빵을 세 사람 분 먹는 것은 아니며, 한 사람 분의 빵과, 두 사람 분의 빵에 해당하는 편의품을 소비하게 될 것이므로, 미개사회의 세 사람 분의 빵은 문명사회의 한 사람 분의 생활자료가 된다) 투하노동(3)보다도 지배노동(10) 쪽이 커지게 되어, 잉여(7)가 생기게 된다고 스미스는 말한다.

이 잉여야말로 자본의 이윤, 토지의 지대가 되는 것이다. 왜냐하면 이 잉여는 분업이 갖는 생산력이 만들어낸 것이나, 스미스에서는, 분업노동=공동노동은 토지를 제공하고 자재를 제공하는 사람이 있음으로 하여 비로소 전개될 수 있는 것이라고 전제되어 있었기 때문이다.

결국 자재의 제공자, 토지의 제공자, 노동의 제공자는 모두 한결같이 사회의 공동노동에 참가하여 잉여 증대에 기여한다는 것이다. 그러므로 노동자가 노동과의 교환으로 임금을 획득하는 것처럼, 자본가가 자재와의 교환으로 이윤을 얻고, 지주가 토지와의 교환으로 지대를 얻는 것은 타인의 이기심에 대한 동감에 의해서 지지되는, 상업사회의 등가교환의 법칙에 의해서 설명될 수 있는 것이다. 이 점으로부터 스미스는 임금·이윤·지대가 구성되어 상품가격이 되고, 이 상품가격이 그 생산에 참가한 여러 계급에게 풍족한 생활(우리들의 예로는, 노동자에게 3, 자본가와 토지소유자에게 각각 3·5)을 보장하는 것만큼 타인의 노동(10)을 지배하게 한다고 결론을 내렸다. 이 가격구성론은 또한 리카르도의 비판을 받게 되는데, 모든 것이 계급사회임에도 불구하고, 주체적인 동등한 시민관계에 의하여 성립되어 있다고 한, 스미스의 문명사회관에 뿌리를 박고 있는 것이다.

3) 자연적 자유가 지배하는 사회에 대한 전망

그러나 스미스의 시민사회론은 결코 현상(現狀)을 긍정하고, 그것을 설명하는 것만으로 끝나는 이론은 아니다. 문명사회에서 계급관계와 동등한 시민관계가 공존하는 것은 불가피한 일이라고 하더라도, 될 수 있는 한 전자는 뼈대만 앙상하게 남고, 후자가 실질화되는 그런 문명사회의 존재방식을 이상형으로 함으로서, 독립 생산자가 약동하는 사회를 유토피아화 하는 것과 같은 파악이 스미스 시민사회론의 한 측면을 형성한다.

그런데, 분업론을 끝낸 스미스는 문명사회에 부(富)를 가져다주는 두 번째의 사정인, 그 사회의 인구 중 유용노동에 종사하는 사람들의 비율의 증가라고 하는 문제의 해명에 들어선다.

스미스는 유용노동을, 가치를 창출하고, 가치를 증대시키는 생산적 노동(이것은 스미스의 경우, 분업노동에 관한 것이다)으로서 재정의한 다음에, 이 생산적 노동의 다과(多寡)는, 생산적 노동을 고용하는 자재(資財)의 다과에 비례한다고 지적한다. 자재 증대의 요점은, 생산적 노동자가 만들어낸 잉여 중 얼마만큼이 자본의 소유자에 의해서 비생산적 노동자인 하인 등의 고용에 소비되고, 얼마만큼이 생산의 유지와 확대를 위해서 생산적 노동자를 고용하는 기금(Fund)으로서 축적되는가에 있는 것이다.

더 나아가서, 축적된다 하더라도 그것이 어떤 분야에 어떤 순서로 투자 되는가에 따라 한 나라의 생산적 노동자의 수는 차이 가 나게 된다고 스미스는 지적하고 있다. 이것은, 동액의 자본 중, 농업자본만큼 많은 생산적 노동을 활동시키는 것은 없으며, 농업에서는 사용인뿐만 아니라 역축(役畜)도 생산적 노동자이며, 자연도 또한 노동하기 때문이다. 이 때문에 농업에서는 동량의 자본을 투하하여도, 임금과 평균적인 이윤을 회수할 뿐만 아니타 지대를 회수할 수가 있어, 그것은 당연히 보다 많은 생산적 노동자를 고용하는 기금이 될 수 있을 것이다. 다음에 제조업의 자본은, 직접 생산적 노동을 고용하는 데 대하여, 상업자본은 농·공자본의 제품을 매개함으로써 생산적 노동의 고용에 간접적으로 기여하는 데 그친다. 그래도 국내에 체류하는 국내 상업자본은 국내의 생산적 노동의 고용에 기여한다는 점에서, 외국의 무역자본보다도 한 나라의 부의 증대라는 견지에서는 중요한다. 이리하여 스미스는, 자본투하는 농업 → 공업 → 국내 상업 → 외국무역의 순서로 행해지는 것이 '자연적 순서'라고 한다. 이러한 스미스의 견해는 중농주의적 편견에 사로잡혀 있다고 하여, 이 또한 리카르도의 비판을 받게 되지만, 스미스는 단지 생산적 노동자의 수의 증대뿐만 아니라, 일국의 자율적 재생산구조를 염두에 두고서 이상과 같은 견해를 제시한 것이다.

어떻든 자본소유자가 소비하지 않고 축적하며, 이와 같은 자연적 순서로서 축적하게하기 위해서는 어떻게 하여야 하는가? 그것은, 법과 정책이 어떠한지에 달려 있다고 스미스는 생각하고 있다.

대체로 시민사회의 성원은 자신의 이익을 추구하며, 그 자신의 이익은 흔히 사회적 지위의 향상이라는 형태를 취한다. 그러므로 사회적 지위의 향상이 자본의 축적에 의해서 달성될 수 있도록 정책이 마련되면 된다.

그리하여 각자에게는 자기 지위의 상승을 위한 수단에 불과한 자본축적이라 할지라도, 그것은 사회적 결과로서는, 생산적 노동자를 증대시키는 고용기금으로서 사회적 부를 만들어내게 될 것이다.

스미스는 그러한 법과 정책의 모습을, 독립을 향해서 전진하고 있는 아메리카에서 찾았다. 그곳에서는 소유의 안전과 자유로운 자본부하를 허용하는 정책이, 투자의 자연적 순서들 지키게 하여 눈부신 형세로 국부를 증대시키고 있었다.

그런데 유럽의 역사를 회고해 보면, 봉건적 대토지 소유와 장자상속법이 자유로운 소농민의 형성을 방해하였기 때문에, 가장 의욕적으로 일하는 사람들의 농업에의 자본투하가 저지되었다. 그러므로 국내시장이 발달하지 않고, 도시 상공업은 갑자기 외국시장과 결합되어, 불안정한 시장을 확보하기 위해서 독점을 형성하고, 국가의 보호를 구하며, 더 나아가서 식민지의 강권적 유지정책을 통해서 유럽을 피로 물들이는 중상주의 전쟁을 일으켰음을 볼 수 있는 것이다.

스미스는, 이와 같이 전도된 유럽에서도 자본투하의 자연적 순서는 완만하지만 서서히 전개되고 있다고 생각하였다. 이 점은 소유의 안전이 없기 때문에 정체 내지 후퇴하고 있는 인도나 중국과는 다른 점이다. 문제는, 중상주의 정책이 개개인의 이기심을 특권이나 독점에 의해서 유지시키고 사회 전체의 부유에 연결되는 자유로운 자본부자의 길을 저지하고 있기 때문에, 동동한 시민관계가 한 나라의 독립과 번영 속에서 개화되는, 본래의 시민사회가 아직 전개되지 않고 있는 점에 있는 것이다. 지금이야말로, 영단을 내려 중상주의 정책을 폐지하라. 그러면 사물의 자연적 운행인 하나님의 보이지 않는 손에 이끌리어, 모든 나라 국민에게 평화와 부유가 깃들게 될 것이다.

2. 철학적 급전주의와 리카르도

1) 벤담의 공리주의와 자연권 비판

산업혁명의 급격한 진행이 직접 초래한 것은, 스미스의 기대와는 정반대로 시민사회의 계급적 측면의 전면적 전개이며, 독립 소생산자층의 급격한 몰락이었다.

이러한 몰락 소생산자의 비참함과 시민사회의 불안정을 배경으로 하여, 크게 양분되는 사상이 생겨났다. 하나는 소시민적 급진주의·아나키즘이며, 또 하나는 로맨티시즘·보수주의이다. 전자는 『시민적 자유』의 저자 프라이스(Richard Price, 1723~1791), 『상식』의 페인이나 『정치적 정의』의 고드윈으로 대표되는 사상으로, 그들은 자본주의적인 착취를 비판하고, 시민적 자유와 평등을 요구하며, 정치적 변혁을 추구하였다. 후자는 『프랑스혁명에 대한 성찰』의 버크나 『인구론』의 맬서스에 의해서 대표되는 사상으로, 산업자본주의의 전개에 일정한 제동을 걸어 소시민적 혁명운동으로부터 귀족을 중심으로 한 국가공동체를 수호하고자 하였다.

이들 두 사상이 첨예하게 대립하고 있는 가운데 청천벽력과도 같이 프랑스혁명이 발발하였다. 영국의 세론은, 처음에는 이를 환호성을 울리면서 환영함으로써 급진주의자들이 크게 기세를 올렸으나, 혁명이 자코뱅화하고 해방전쟁을 표방하기에 이르자, 당시의 피트 내각은 대불(對佛)전쟁을 결정하게 되고, 더 나아가서 이것이 대(對)나폴레옹 전쟁으로 전개되는 가운데, 영국의 내셔널리즘과 보수주의는 급속하게 고조되어 급진주의자는 철저하게 탄압받았던 것이다. 이렇게 확립된 피트=근대지주 정권의 강력한 반동정치가 행해지는 가운데, 이들과의 대결을 통해서 산업자본주의의 전면적 전개를 수행하고자 하는 사상으로 나타난 것이 철학적 급진주의와 리카르도 경제학이다.

철학적 급진주의는 지식인들을 중심으로 한 계몽적인 운동으로서 19세기 초두에 나타났으며, 그 중심인물은 제임스 밀이었으나, 그들이 운동의 사상적 중핵으로서 선택한 사람은, 18세기 후반부터 사상을 전개하고 있었던 제러미 벤담이었다.

벤담은 부유한 변호사인 아버지로부터 그 후계자가 되도록 훈육되고, 실무적인 법률공부부터 시작한 사람이었는데, 그 가운데에서 재래의 법해석이 전제하고 있는 로크의 철학에 의문을 갖게 되어, 마침내는 '공리(功利)의 원리'(The Principle of Utility)를 발견하였던 것이다. 따라서 벤담의 공리주의는 인간의 본성을 묻는 도덕철학인 동시에 법률이 근거삼아야 할 기초를 묻는 법철학으로 구상(構想)된 것이며, 그의 주저가 『도덕 및 입법의 제 원리서설(An Introduction to the Principle of Morals and Legislation)』(1789)이라고 논제를 붙인 것도 바로 이 때문이다.

『서설』의 제1장은 공리의 원리를 요약하여 보여주는 다음과 같은 한 구절로 시작되고 있다.

"자연은 인류를 〈고통과 쾌락〉이라는 두 주권자의 지배하에 두어 왔다. 우리들이 무엇을 할 것인가를 결정하고, 우리들이 무엇을 하지 않으면 안 되는가 하는 것을 지시하는 것은 단지 이 고통과 쾌락뿐이다."

인간이란 쾌락을 찾고 고통을 피해서 행동하는 존재로서 '단순히', '경험적'으로 파악할 수 있다. 말하자면, 쾌락과 고통은 복잡한 인간 감정과 행동의 기초를 이루는 '요소'이다. 모든 인간의 감정과 행위는 쾌락에 의거하여 생기고 있으며, 쾌락이 달성되는 한 인정된다.

"쾌락과 고통을 제거하라. 그러면 행복뿐만 아니라, 정의·본무(本務)·의무·덕(德)은 모두 —이들은 모두 쾌락과 고통에서 독립되어 있다는 견해 아래 조심스럽게 옹호되어 왔다— 전혀 공허한 울림에 불과하다."[1)]

이러한 인간의 행복과 덕성의 척도가 쾌락과 고통에 있다고 하는 공리의 원리는 또한, 벤담에 의해서 〈최대다수의 최대행복〉의 사상이라고도 불려, 사회의 도덕과 입법의 기본원리로 확립되었다.

여기에서 〈사회〉의 행복이라 말하지 않고 〈최대다수〉의 행복이라고 불리는 이유는, 무엇보다도 먼저 벤담에게는 경험적으로 파악아 불가능한 〈사회라는 것〉은 하나의 모조품이며, 그것은 개개인의 집합으로서만 의미가 있다는 것에 근거를 가지고 있다.

그러면 최대행복이라고 하는 말 속에 감추어져 있는 의미는 어떠한 것인가? 벤담은 『서설』에서, 선악의 기준으로서의, 즉 목적원인으로서의 쾌락과 고통에 대해서 언급한 후에 이어서, 그러면 인간 행위의 작용 원인으로서의 쾌락과 고통은 어디에서부터 생기는가 하는 문제를 제기하고, 거기에는 물리적·정치적·도덕적 및 종교적인 네 가지 원천이 있다고 한다. 그리고 그러한 원천이 쾌락과 고통을 동반함으로써 인간의 행위에 구속력으로 작용하는 한에서, 그것은 '제

---

1) *The Works of Jeremy Bentham*, ed. by John Bowring, VoL1, p,206.

재'(Sanction)라고 명명할 수 있다고 한다. 예를 들어 사람이 아름다운 꽃이 주는 쾌락을 맛보기 위해서 열심히 손질을 한다고 한다면, 꽃이 주는 쾌락은 물리적 제재이다. 또한 사람이 형무소에 들어가는 고통을 두려워하여 도둑질을 그만두었다고 하면, 형벌은 정치적 제재라고 불리는 것 등이다.

벤담의 체계에서는, 네 가지 제재 중 물리적 제재가 기초적인 것이라고 생각된다. 왜냐하면, 물리적 힘을 통하지 않으면 권력도 세론도 그 작용을 미치지 못하며, 현세에 관한 한 신의 작용도 그러할 수 있기 때문이다. 이것은 쾌락과 고통이 벤담에게는 무엇보다도 감각적인 것으로 생각되고 있는 것과 관련될 것이다. 이 점에서 또한, 사람은 인격의 실추나 신의 노여움보다는 채찍과 교수대를 가장 두려워하기 때문에, 정치적 제재야말로 인간 행동에 가장 큰 영향을 주는 제재로서 중시되지 않으면 안 된다는 벤담의 관점이 나타나 있다.

이리하여 우리들은 '최대행복'이라는 말 속에 숨겨져 있는 의의를 알 수가 있다. 사람은 쾌락과 고통에 의해서 행동하지만, 사람들은 그 경우 행위의 결과로서의 쾌락이 최대량이 되도록 계산('행복 계산', 벤담은 모든 쾌락과 고통은 동질적인 것으로서 수량화할 수 있다고 생각하였다.)하고 행동할 것이다. 만약 거기에 정당한 정치적·법률적 제재가 있다면, 사람들은 그것에 의한 포상이나 형벌이 가져오는 쾌락과 고통을 고려에 넣고, 자신의 행동을 최대 행복으로 이끌어 가도록 처신하게 될 것이다. 이리하여 결과로서의 최대 행복을 가져오게 하는 법이나 정치야말로, 더욱이 그것이 최대 다수의 사람들에게 가져오게 하도록 정비되어 있는 정치기구야말로 바람직한 것으로 된다는 것이 〈최대다수의 최대행복〉의 사상이다.

우리는 이상과 같은 벤담주의가 갖는 사상사적 의의를 그의 처녀작 『정부론단장(斷章)』(1776)이 자연권사상을 비판하고 있었던 데에서 발견할 수 있을 것이다.

명예혁명 이래, 국가란 자연권을 고수하기 위한 사회계약에 기초한 것이라고 하는 견해가 널리 받아들여지고 있었으나, 벤담 시대에는 그것은 현존의 영국의 정치체제의 정통성을 고수하기 위한 변호론으로 전락해 있었다. 벤담은 그 비판을, 자연권사상 자체의 추상성, 관념성 또는 원(原)계약의 허구성에 대한 비난을 통해 행하였던 것이다.

벤담은 말한다. 예증이나 열변은 이제 충분하다. 인간의 권리는 인간의 법률, 곧 실정법만이 만들어 내며 보장하는 것이 가능하다. 실정법의 당부(當否)는 자연법에 합치하고 있는가의 여부가 아니라, 그것이 최대다수의 최대행복에 합치 되는가 아닌가 하는 실효의 문제이며, 그것은 증거·관찰·경험이라는, 손쉽고 확실한 실험적 방법에 의거하여 판단을 내리는 것이 가능하다고.

이러한 자연권사상의 비판은 D. 흄에 의해서 먼저 채찍이 가해졌으며, 벤담도 이를 확인하고 있으나, 흄이, 결국은 국가존립의 이유를 전체의 효용에 두고, 그 정통성이 전통에 의해서 유지되는 것을 인정한 데 대하여, 벤담은 철저한 원자론적 사회관에서 최대 다수의 효용이야말로 국가의 존립이유이며 전통에 의한 구속의 무력함을 역설하고 국가를 사실상 공동화(空洞化)하고자 한 것이었다. 벤담의 이러한 입장은, 스미스나 흄이 더욱 그것에 맞붙어 싸울 필요가 있었던 근대국가 자체의 존립의 의의를 명백히 한다는 과제에서 완전히 해방되어 있고, 오히려 안정된 근대적 질서가 주어진 바, 위에서 그 개혁이야말로 문제가 되고 있는 지평에 있다는 것을 보여주고 있다.

이와 동시에 이 입장은 또한 자연권사상을 방패로 삼고, 자본주의하의 불평등을 고발하고, 현재의 국가질서의 혁명적 변혁을 요구하는 소시민적 급진주의를 공허하고 실효 없는 위험 사상이라 하여 탄핵하는 길을 준비하는 것이었다.

영국은 개혁과 혁명의 갈림길에 서있다는 긴장된 인식하에서, 실제적 개혁의 도구가 되고자 한 바에 벤담 사상의 목표가 있었던 것이다.

2) 밀과 벤담의 급진화

벤담은, 자신의 사상이 요구하는 법과 정체의 개혁을 당대의 정권담당자에 기대하고 있었으나, 제임스 밀을 만난 무렵부터 급속하게 급진화하여, 의회개혁을 통한 정권의 교체를 도모하지 않고는 그것은 불가능하다고 생각하게 되었다.

밀은 스코틀랜드의 벽촌 구두장이의 아들이었으나, 향토 유력자의 후원으로 대학교육을 받았다. 그는 설교사의 자격을 얻었으나 그 직에 만족을 느끼지 못하고, 런던에 가서 문필업에 종사하였다. 이리하여 여러 잡지에 대한 기고나 편집 일을 계속하는 과정에서, 그가 저작으로 세상에 논쟁을 제기하게 된 것은 경제시론(經濟時論)인 『곡물수출장려금의 부득책(不得策)에 관한 일고찰』(1804)이며, 『상업옹호론』(1808)이었다. 이들 저작에서 밀은 영국의 경제발전에 불가견한 것으로서 자유무역의 의의를 설파함과 동시에, 나폴레옹과 대항하는 가운데 농업입국론을 설파하는 주장에 대하여, 상공업의 생산성과 안전성을 옹호하는 주장을 전개하고, 농업자=지주계급에 대하여 공격을 가하였다.

더 나아가서 밀은 한 나라가 잘 관리되는가의 여부는 그 나라에 관한 지식 정도에 의존한다는 확신 하에, 방대한 『영령(英領) 인도사』의 서술에 착수하여, 12

년간의 수고 끝에 1818년 이를 완성시켰다. 이 서술을 진행시키는 한편, 인간은 또한 지식에 의해서만 향상된다는 견지에서 장남 존 밀에게 세 살부터 그리스어를 가르치는 조기교육을 시행한 것으로도 유명하다.

이러는 사이에 밀은 1808년 벤담과 만난 이후부터 벤담을 스승으로 받들고 친교를 계속함과 동시에, 프레이스나 리카르도와의 교유(交遊)를 얻게 됨으로써 공리주의 사상의 보급과 그 운동에 종사하게 되었다.

밀의 사상적 발자취는 다방면에 걸쳐 있으나, 특히 심리학(교육론, 정부론)의회개혁론에서 벤담주의를 급진화시키는 점에서 밀의 사상적 비약을 발견할 수 있다.

밀의 심리학-교육론은 아들인 존에 의해서 다음과 같이 요약되어 있다.

"모든 심리적·도덕적인 느낌이라든가 경향이라든가 하는 것은, 좋은 편이든 나쁜 편이든 간에 모두 연상(連想)의 산물이다. 자신들이 가지고 있는 것을 사랑하거나 다른 사람의 것을 미워하거나, 모종의 행동이나 사색에 쾌락을 느끼거나 고통을 느끼거나 하는 것은, 교육이나 경험의 결과로 그러한 것에 기분 좋다든가 고통스럽다고 하는 관념의 연합이 달라붙어 있기 때문이다.…… 교육의 목적은 가능한 한 강력하고 유익한 연상을 만들어주는 것, 바꾸어 말하면, 최대 다수에게 이익을 가져오는 모든 것에는 상쾌한 연상을, 또한 최대 다수에게 유해한 모든 것에는 고통의 연상을 부여해주는 것이다."(J.S. 밀, 『자서전』)

여기에서는, 벤담주의의 핵심이 연상심리학의 손을 빌림으로써 훌륭하게 교육론으로 전개되고 있음을 알 수 있다. 벤담은, 적당한정치적 제재를 정치(定置)시킴으로써, 개개인으로 하여금 정교한 계산가가 되도록 하고, 개개인의 행동이 최대 다수의 행복과 연결되는 길을 준비하고자 하였으나, 밀은 인간 정신의 내용을 이루는 관념의 연쇄·연상(예를 들면, 꽃→물을 준다→아름다운 향기)은 그 하나하나가 경험에 의해서 만들어진다는 점에 착안하여, 적당한 교육에 의해서 인간정신을 최대 다수의 행복에 기여하도록 개조하고자 하였던 것이다. 벤담이나 밀은 모두, 법과 통치기구는 어른을 교육하고 학교교육은 아이들을 교육하는 것으로서 둘 다 모두 교육이며, 어떻든 인간이 사회의 행복을 위해서 개조되지 않으면 안 된다고 생각하고 있었다. 그러나 훌륭한 계산가면 좋다고 하는 벤담과, 인간의 정신을 변혁하지 않으면 안 된다고 하는 밀 사이에는 미묘한 차이가 있다.

밀은 연상심리학을 전개한 『인간정신현상학의 분석』(1828)에서, 관념의 연쇄를 만들어 내는 데 결정적인 역할을 하는 쾌락과 고통의 감정과 관념은 어떠한 경험에 수반하는 것인가라고 묻고, 그것들은 쾌락에 대해서는 '부유·권력·위엄'(Wealth·Power·Dignity)에 동반하는 것이라고 하며, 고통에 대해서는 '궁핍·무기력·면목 없음'(Poverty·Impotence·Contemptibility)에 수반하는 것이라고 지적한 다음에 다음과 같이 말하고 있다.

"무엇보다도 먼저 한 가지 사항을 주목하여야 한다. 그것은 이상에서 열거한 우리들의 쾌락의 세 가지 큰 원인은, 그것들이 모두 우리들의 동포의 서비스를 우리들을 위해서 확보하는 수단이며, 그리고 그 자신 다른 방법으로 우리들의 쾌락에 기여하는 것은 거의 없다는 점에서 일치하고 있다는 것이다. 이러한 주목(注目)으로부터 명백한 것은, 우리들의 모든 쾌락의 큰 원인은 우리들 동포의 서비스라는 것이다."[2) 그런데, 어떤 사회의 동포의 서비스는 유한한 것이므로, "부와 권력과 위엄은 그 상대적 크기로부터, 즉 다른 대부분의 사람들이 보유하는 것 이상을 대량 부유함으로써 그 효과의 대부분을 끌어낸다는 것이 관찰될 수 있다."[3)

이러한 관찰에는, 경제학자로서의 밀의 통찰력이 번득이고 있다고 할 수 있을 것이다. 밀은 벤담 이상으로, 쾌락을 찾는 시민사회의 성원들이 다른 사람들과 대립하지 않을 수 없는 이기적 측면을 가지고 있다는 점에 주목 있다.

그러나 교육자 밀은 비관하고 있지는 않다. 문제는 연상(連想)이다. 사람이 어떤 쾌감을 얻고, 그것을 특정의 원인에 결부시키는 데는 그 사이에 중간적인 관념의 연쇄가 만들어진다. 문제는 그 연쇄의 성격이다. "훌륭한 가정용품을 보는 것이 시작이라고 하자. 그러면, 그것을 손에 넣을 수 있게 하는 부유함은 동시에 두 사람의 개인에게 생기는 욕망이며, 일련의 연쇄의 결말이다. 한 인간의 정신에서의 중간적 연쇄는 유익하며, 다른 인간의 그것은 유해하다. 한편의 인간의 정신은 곧 부유함을 획득하는 모든 자랑할 만한 유용한 방법, 가장 회귀하고 유용한 성질의 확보, 그것들을 행동에 옮기는 모든 최상의 기회를 엿보는 것, 그리고 그 기회에 유용하게 쓰일 착실한 근면함으로 치닫는다. 또한 다른 편의 인간의 정신은 부유를 획득하는 잘못된 방법(행운의 사고, 모험가나 사기꾼의 술책에 의한

---

2) James Mill, *Analysis of the Phenomena of the Human mind*, new edition, Vol.Ⅱ, p.207~208.

3) 같은 책. p.213.

것, 전쟁의 명예와 영광의 이름으로 최대 규모로 행해지는 강탈과 탈취에 의한 방법) 이외는 아무것도 상기되지 않는다. 개개인 사이에서, 이러한 연쇄의 한편이 습관적인 것으로 되어 있고, 다른 한편이 그렇지 못하다면, 어떤 차이가 인류에게 생길 것인가?(『교육론』)

이리하여 유익한 관념연합=중간적 연쇄를 만들어 내는 데에 교육은 결정적인 의의를 가진다. 밀은 벤담과 프레이스와 함께, 민중교육의 보급에 정력적인 활동을 전개하였을 뿐만 아니라, 런던대학의 설립에도 한 몫 끼고 있었다.

다음에, 밀의 정부론-의회개혁론을 살펴보기로 하자. 그것은 교육론과 동일한 관점에서 문제를 제시하고 있다.

"인간의 조건이 이에 의존하며 최대다수의 결과가 이에 수반하는 바의 자연의 법칙이란, 우리들의 쾌락의 최대 부분의 수단뿐만 아니라, 생존의 수단을 얻기 위해서도, 노동할 필요가 있다는 것이다. 이 점이 바로 정부가 존재하는 주요 원인이다."(『정부론』) 왜냐하면, 모든 인간의 욕망을 충족시킬 만한 부가 있다면, 사람들을 위압하는 권력을 설정할 필요가 없기 때문이다. 그러므로 정부의 목적은 빈약한 부를 사회 성원에게 공정하게 분배하는 것이며, 또한 그것은 성원의 노동의욕의 증대를 가져오도록 배려되지 않으면 안 된다.

이것은 홉스와 유사한 문제 제기이며, 이러한 정부의 목적을 달성하기 위해서 가장 중요한 것은, 권력을 위임받은 소수자가 그것을 남용하지 못하도록 막는 일이라고 밀은 지적하고 있다. 즉, 사회의 최대 다수뿐만 아니라, 권력을 잡고 있는 소수자도 이기적인 존재라는 것을 잊어서는 안 된다는 것이다.

이와 같은 권력 남용의 억제라는 기준을 도입할 때, 군주제나 귀족제가 바람직한 정부형태일 수는 없다. 직접민주제는 다시 말해 모든 사람들이 정치에 종사하는 것은 불가능하므로, 남는 것은 대의정체뿐이다.

그러나 당시의 영국 대의제는, 명문 정치가와 지주에게 장악된 사실상의 귀족제로서, 권력의 남용이 횡행하고 있다고 밀은 보았다. 여기에서, 철학적 급진주의자들의 의회개혁운동이 제기되었던 것이다. 그들은 선거권의 확대, 비밀선거, 임기제의 도입 등을 들고, 지주정권의 반동지배와 싸웠던 것이다.

또한, 이러한 지주 비판의 입장은 교육 운동에도 반영되었다. 밀은 민중교육의 보급을 가로막고 있는 것은, 민중이 무지한 것을 득책(得策)이라고 생각하는 교회의 성직자들이라고 생각하고, 지주와 결탁하고 있던 교회에 대한 비판으로서 민중교육운동을 전개하였다.

이상과 같이, 벤담주의의 표어인 〈최대다수의 최대행복〉은 철학적 급진주의 운동 속에서는, 지주인 귀족이나 성직자와 대결하여 최대 다수인 중산계급과 노동자계급을 위한 정치와 교육을 구하는 사상을 표지하는 것이 되었는데, 이와 같은 계급 대립의 근거를 경제학에 의해서 해명한 사람이 바로 데이비드 리카르도이다.

3) 리카르도에 의한 자본가계급과 노동자계급의 이해일치의 논증

리카르도가 경제문제에 대한 논객으로서 등장한 것은 1809년, 그가 37세 되던 해이었다. 공채 등의 증권매매의 중개를 하여 거부를 축적하고 있었던 실업인인 그에게 있어, 당시 경제정책에 대해 비판의 화살을 퍼붓게 하는 계기가 된 것은, 당시의 물가등귀 특히 금가격 등귀의 원인 여하를 둘러싸고 행하여진 지금(地金)논쟁이었다. 이 논쟁에서 리카르도는, 금가격 등귀의 원인은 피트 내각에 의한 전시체제가 가져온 불환(不換)은행권의 발행 즉 통화관리에 있었다고 하여, 금의 가격은 관리될 것이 아니라 시장의 수요와 공급에 의한 결정에 맡겨야 한다고 주장하였다. 국가의 개입이 없어지면, 가격이 낮은 곳으로부터 높은 곳으로 흐르는 금의 자연스런 이동에 의해서 전 세계의 금 가치는 균일하게 안정하고, 모든 국민은 평화롭고 자유로운 교역에 의해 맺어질 것이다. 이렇게 출발한 리카르도의 세계관은, 그가 『상업옹호론』의 밀과 똑같은 관점에 서 있는 것을 보여주는 점에서, 또한 그 후 그의 경제이론의 형성을 구속하는 표상으로서 주목할 만하다.

그러나 경제학사상(經濟學史上)에 빛나는 『경제학 및 과세의 원리』(1817)의 중추를 형성하는 구상이 이루어진 것은, 무엇보다도 곡물법 논쟁에 참가한 후부터였다. 영국은 원래 곡물의 수출국이었으나, 산업혁명의 과정에서 공업 인구가 증대하여 19세기 초에는 수입국이 되어 있었다. 단지 나폴레옹 전쟁이 한창일 때는, 대륙으로부터의 곡물 수입이 중단되어 곡물 생산에 대한 투자가 증대하고 있었다. 그러한 시기에 전쟁이 끝나고 때 마침 풍작도 곁들어, 곡물가격이 폭락하여 1814년의 공황을 가져왔다. 여기에서 불황 대책으로서 곡물가격을 유지하기 위한 수입관세의 인상이 제창되어, 그 시비를 둘러싼 논쟁이 일어났다.

이 논쟁에서 곡물관세의 인상에 찬성하는 논진(論陣)을 펴고 싸운 사람은 맬서스였다. 『인구론』에서 그는 당시의 사회문제인 악덕과 빈곤의 근본원인은 사유제산제도라고 주장하는 고드윈(W.Godwin, 1756~1836)에 반대하여, 오히려 방치해두면 자연히 식량증산을 상회하여 증대하는 인구를 억제하는 것은, 자신의 일은 자신이 해결하라는 사유재산제도와 결혼제도뿐이라고 하면서, 사유재산 일반의 정당성을 논하고 있었던 것이다.

이러한 맬서스가 이번 곡물법 논쟁에서는, 똑같은 사유재산 가운데에서도 토지 재산의 안전보장이야말로 국민경제의 발전에 상대 적으로 중요하다는 견지에서 있었다. 왜냐하면 토지는 식량이라고 하는 한 나라의 안전과 생활을 위해서 최저한으로 필요한 것을 공급하는 근본일 뿐만 아니라, 스미스가 말하는 바와 같이 다른 산업 부분과 비교해서 많은 잉여를 생산하는 것으로, 지대를 보장하고 한 나라의 경제에 대한 유효수요를 형성한다는 점에서도 큰 역할을 하고 있기 때문이다. 그러므로 토지소유자=농업자에게 타격을 주는, 값싼 곡물의 수입은 한 나라의 안전과 부에 대한 타격이 될 것이다.

이러한 맬서스의 곡물법 찬성론에 대해서, 자유무역론자 리카르도는 당연히 반대하였다. 그들은 서로 소책자를 발행하고, 또한 친구로서 방대한 사적인 의견을 서로 교환하면서 농도 깊은 논쟁을 전개하고, 각기 자기의 경제이론을 연마해 갔던 것이다. 리카르도 경제학은 이 논쟁을 통해 확립된 것으로, 그것을 한 권의 책으로 출판하도록 집요하게 권고한 사람은 제임스 밀이었다.

리카르도는 다음과 같이 생각했다. 도대체 국부의 증진이란 무엇인가?

그것은 단지 유효수요가 증대하고 산업이 번성하는 것이 아닐 뿐만 아니라, 소유계급의 부유에 있는 것도 아니며, 사회의 최대 다수를 차시하는 노동자계급의 행복의 증진에 있는 것이다. 그렇다면 노동자계급의 행복이란 무엇이며, 그것은 어떻게 달성될 것인가?

노동자의 사정이 번영하여 행복하게 되고, 그들이 생활필수품과 향유품 가운데 보다 큰 부분을 지배할 수가 있으며, 또한 그렇게 함으로써 건장하고 많은 가족을 양육할 수 있는 것은, 노동의 시장가격이 그 자연가격을 상회할 때 가능하다.(『원리』 제5장)

인간의 행복이라는 것을 주로 물질적 부의 향유로 보는 점에서 리카르도는 평범한 벤담주의자에 불과하다. 경제학자로서의 그의 진가가 발휘되는 것은, 노동자에게 부를 가져오는 임금의 증대란 〈상품으로서의〉 그의 노동을 비싸게 파는 것에 의해서만 실현된다는 것을 날카롭게 지적하고 있다는 점이다.

상품은 시장의 수요와 공급에 의해서 결정되는 시장가격에 의해서 매매 되지만, 그것은 장기적으로는, 그 상품을 재생산하기 위한 비용의 수준인 자연가격을 갖는다. 시장가격은 이 자연가격을 상회하거나 하회하는데, 노동자의 행복은 그

노동의 시장가격이 자연가격을 상회하는 상태에서 달성된다고 리카르도는 말하고 있다.

그러므로 노동자계급의 행복을 위한 처방은 두 가지가 있다. 하나는 자연가격을 내리는 것, 또 하나는 시장가격을 올리는 것이다. 전자를 달성하는 요점은 낮은 곡물가격이다. 왜냐하면, 노동자의 재생산비인 노동의 자연가격의 주요 부분이 식량에 있음은 자명하기 때문이다. 후자는, 노동에 대한 수요를 가져오는 자본축적을 증대시키고, 노동의 공급원인 인구를 억제함으로써 달성될 것이다. 이 가운데 자본축적은 이윤의 증대에서만 가능한데, 이윤은 일정량의 투자액 즉 경비가 만들어 내는 생산량과 그 경비와의 차액이라고 하면, 경비의 삭감이야말로 이윤을 증대시키는 길이다. 리카르도에게서 경비는 임금 비용이므로, 임금을 내리게 하는 곡물의 낮은 가격은 이윤을 증대하는 길, 따라서 자본축적·노동수요 증대에로의 길이기도 하다. 한편, 인구의 억제는 노동자계급이 위안품이나 향유품에 대한 기호를 가짐으로써 달성된다고 리카르도는 생각했다. 왜냐하면 이러한 기호를 가지고 있으면, 노동자가 생활의 여유를 가족의 증대에로 향하게 하는 일이 없어지게 될 것이기 때문이다.

이러한 처방의 결론에서 보면, 곡물을 등귀시키는 곡물법의 제정이, 노동자계급의 행복에 적대된다는 것을 알 수 있다. 그것은 노동의 자연 가격만을 상승시키는 것은 아니다. 그것은 국내의 농업을 확대시키게 될 것이지만, 영국과 같이 산업이 발전하고 인구가 조밀한 나라에서는, 농업의 확대는 보다 열등지(劣等地)의 경작을 결과하지 않을 수 없으며, 그것은 같은 양의 곡물을 얻기 위한 경비를 증대시켜, 이윤율의 저하→자본축적의 정체→노동수요의 감소→노동의 시장가격의 저하를 결과하게 될 것이다. 여기에서는 노동의 시장가격이 자연가격을 상회하는 경우는 기대할 수 없게 된다.

이에 대하여, 농업에서의 기술개량이나 자유무역에 의해서 값싼 곡물이 획득되는 경우에 이윤율은 상승하고, 자본축적→노동수요의 증대→노동의 시장가격의 상승이 생길 것이다. 여기에서 노동자계급의 기호가 위안품이나 향유품으로 돌려지기라도 한다면, 국내 자본은 그것들을 제조·판매하는 상공업 부분에 투하될 것이나, 거기에서는 농업과는 달리 이윤율이 저하되지 않는다. 한편 인구는 억제되기 때문에, 노동의 공급은 증가하지 않아 노동의 시장가격은 급격히 저하하지 않으며, 이리하여 노동의 시장가격이 그 자연가격을 상회하는 상태가 상당한 기간에 걸쳐 계속될지도 모른다. 이러한 상태를 리카르도는 '발전적 사회상태'

라고 불렀던 것이다.

이와 같은 사회 구상이, 이윤 증대야말로 노동자계급의 행복에 연결된다는 것을 논증함으로써, 곡물법에 대립하는 자본가계급과 노동자계급의 공통된 이해(利害)를 교시하고자 한 것은 명백하다.

이와 동시에, 이 구상은 초기의 자유무역주의 사상이 보다 구체화된 것이다. 리카르도의 『원리』는, 국제무역의 기본이, 각국이 상대적으로 생산성이 높은 산업에 생산을 특화(特化)·분업화함으로써 서로 국가이익을 증진시킬 수 있다고 하는 '비교생산비 우위설'을 제창한 것으로 유명하다. 이 설과, 앞에서 말한 구상을 함께 고찰할 때, 그가 영국의 미래의 모습으로서 농업생산을 확대하는 것이 아니라, 산업혁명에 기초한 공업생산력의 상대적 우위를 바탕으로 세계의 공장으로서 군림하는 모습을 생각하고 있었던 것은 아닌가 하는 추정이 가능하다.

4) 노동가치설의 의의와 한계

곡물법 비판에 초점을 맞추는 발전적 사회의 구상은, 힘겨운 이론적 탐색이 없이는 획득될 수가 없었다. 왜냐하면, 이러한 리카르도의 구상의 이론적 확립은 맬서스 이론과의, 아니 맬서스에 의해서 받아들여진 스미스 이론과의 대결 없이는 성립될 수 없었기 때문이다.

리카르도가 스미스를 비판할 필요성에 당면하게 된 논점은 우선 두 가지가 있었다. 하나는, 농→공→상이야말로 자본투하의 자연적 순서라고 하는 스미스의 자본축적의 결실인 농업생산의 풍요성의 논점이다. 또 하나는, 축적기금인 이윤의 증대는 오로지 경비=임금액의 감소에 의해서만 초래된다는 리카르도 이론의 기저는, 스미스와 같이 지배노동가치설=가격구성론은 채용하면 성립되지 않는다는 점이다. 즉 가격이 임금·이윤·지대에 의해서 구성되는 것이라면, 임금이 증감하여도 이윤이 증감할 시의 여부는 일 수 없었기 때문이다.

이 두 논점은 이론적으로 서로 관련되어 있다. 그것은 스미스의 지배노동가치설=가격구성론은, 문명사회에서 상품의 가치인 가격은 몇 사람 분의 노동을 지배할 수 있는가에 의해서 결정되는 것으로, 이 이론적 전제에 입각하여 비로소, 동량의 자본(=투하노동)을 투하하여, 제조업에서는 임금과 평균이윤 분의 노동밖에 지배하지 못하는데, 농업에서는 그것을 상회하여 지대 분이 가산되기 때문에, 농업은 풍요하다고 할 수 있기 때문이다. 따라서 두 가지 논쟁점 중에 보다 기본적인 것은 두 번째의 논쟁점 즉 지배노동가치설에 대한 비판이다.

이리하여 『원리』 제2장은 「가치에 대하여」라고 명명되어 있는 것으로, 거기에서 리카르도는 다음과 같이 말하였다.

"이와 같이 정확하게 교환가치의 근원을 정의하고, 모든 물건은 그 생산에 투하된 노동의 크기에 비례하여 가치가 크게 되거나 작게 된다는 것을 시종일관 주장해야 했던 아담 스미스는, 스스로 다른 가치의 표준척도를 세우고, 이 표준척도의 다량 또는 소량과 교환되는 것에 비례하여 상품의 가치가 크게 되거나 작게 된다고 말하고 있다. 그는 표준척도로서 어떤 때는 곡물을, 다른 때는 노동을 들고 있다. 단, 그것은 어떤 대상의 생산 투하된 노동량에서가 아니라, 그것이 시장에서 지배할 수 있는 노동량이다. 마치 이들 두 가지 표현은 동일한 의미를 갖는 것과 같이, 또한 어떤 사람의 노동이 두 배의 능률을 갖는 것 같이 되고, 그 때문에 그가 한 상품의 두 배량을 생산할 수 있는 것 같이 될 것이므로, 그는 필연적으로 노동과 교환으로 이전의 두 배량을 받게 되는 것과 같이."

요컨대 리카르도가 말하고자 한 것은 다음과 같다. 만약 노동자의 보수가 항상 그 생산액에 비례하는 것으로서, 예를 들면 상의(上衣) 제조업에서 노동생산성이 상승하여 종래 한 사람의 노동으로 상의 한 벌밖에 만들 수 없었던 것이 두 벌 만들 수 있게 되었기 때문에 노동자의 보수가 두 배로 된다고 하면, 투하노동과 지 배 노동은 동일할 것이다. 그런데 현실에서는, 노동자가 자신을 재생산하는 데 필요한 필수품(노동의 자연가격) 이상의 한 벌로 족할 경우에 노동의 보수는 상의 한 벌 분 외에는 주어지지 않는다.

그런데 이 상의 한 벌은 종래보다는 적은 노동량으로 만들어지므로, 그 가치=투하노동량은 저하되고 있으며, 이리하여 지배노동=임금과 투하노동은 일치하지 않는다. 그러므로 상품의 가치는 투하노동량에 의해서만 측정되어야 하며, 생산성의 변동과 함께 변동하는 노동의 보수인 지배노동에 의해서 측정되어서는 안 된다.

그러나 이상과 같은 스미스에 대한 비판은 아직 충분한 것은 아니다. 왜냐하면 스미스가 지배노동가치설을 채용한 것은, 문명사회에서는 자본축적과 토지소유가 도입되어, 각자가 이윤과 지대를 요구한다는 현실에 뒷받침되고 있었기 때문이다. 우선, 자본투하가 이윤을 동반하는 사실은 투하노동가치설과 모순되는 것이 아닐까? 리카르도는 다음과 같이 대답한다. 미개사회에서도 해리(海狸)나 사슴을 잡기 위해서는 무기라는 자본이 필요하며, 그 자본을 만드는 데 보다 많은 노동이 소비되었기 때문에, 그 자본을 사용하여 잡은 해리는 보다 높은 가치를 가지고 교환됨에 틀림없다. 즉, 자본이란 과거의 노동이 축적된 것이며, 이윤은 그와 같은 과거의 노동=투하노동에 대한 보수라고 생각한다면, 투하노동가치설은 이윤의 발생에 의해서 수정될 필요가 없다.

다음에 토지 소유의 도입, 즉 지대의 발생은 투하노동가치설의 타당성을 방해하게 되지 않을까? 이 물음이, 앞에서 본 농업생산의 풍요라는 스미스의 논점에 대한 비판의 필요성과 결부되어 질문되고 있다는 것은 명백하다. 리카르도는 이 과제를 『원리』 제2장에서 다루고 있는데, 그것은 차액지대론이라고 불린다. 즉, 농업에서는 생산수단으로서의 토지에 우열의 차가 있기 때문에 동등한 자본투하=투하노동이 생산하는 생산량에 차이가 생기며, 이 차액 부분이야말로 지대를 형성한다고 한다. 따라서 지대는, 토지의 〈절대적〉 비옥성의 산물은 아니다. 그것은, 토지에 〈상대적〉인 우열이 있고 생산량에 다과가 생기는 현실 하에서, 일물일가(一物一價)의 법칙이 작용하기 때문에, 우량지의 산물 한 단위에 포함되어 있는 보다 적은 투하노동도, 열등지 한 단위에 포함되어 있는 보다 많은 투하노동도 동등한 것으로 평가되며, 따라서, 우량지 전체에서는 열등지에 투하된 것과 동량의 노동량이 보다 많은 가치를 생산하는 것으로부터 생기는 것이다. 이 우량지에서 생긴 초과 가치가 토지소유권의 힘에 의해서 전형(轉形)=영유(領有)된 것이 지대라고 한다면, 지대의 본질은 사회적으로 가치 평가가 증폭(增幅)된 투하노동량이라고 할 수 있을 것이다.

스미스에 대한 리카르도의 비판은 이와 같이 수행되었다. 어찌되었건 이윤이나 지대는 투하노동의 산물이라고 생각될 수 있다. 그러므로 문명사회나 미개 사회를 막론하고 투하노동가치설은 타당하다. 즉, 우선 투하노동량이 상품가치를 결정하고, 그것이 임금·이윤·지대로 나누어지지 그 반대는 아니다.

스미스에 대한 이러한 비판 속에는, 벤담주의자 리카르도의 공리가 상징적으로 나타나 있는 것처럼 보인다. 그는 스미스가 가치를 결정하는 것으로서 투하노동과 지배노동의 두 가지를 든 데 대하여, 단지 스미스가 투하노동과 임금을 혼동하였다는 것으로 밖에 보고 있지 않다. 이 점에서 스미스에게 오류가 있었다는 것은 명백하다고 하더라도, 스미스가 문명사회에서는 지배노동이야말로 가치를 결정하게 된다는 것을 강조한 것 속에 포함되어 있는 두 가지 의미, 즉 문명사회에서는 다름 아닌 지배노동에 의해서 생활하고 있다는 점과, 문명사회에서는 임금뿐만 아니라 이윤·지대가 가격 속에 들어온다는 점의 두 사실이 갖는, 문명사회의 역사성에 대해서 완전히 이해한 것은 아니다. 바꾸어 말하면, 스미스는 시민사회=상업사회라는 독자적 범주를 설정함으로써 미개사회와 계급사회의 쌍방을 비판적으로 고찰하는 시각을 일면에서 가지고 있었으나, 리카르도는 단지 계급사회로서의 현실을 주어진 것으로 받아들이고, 그 메커니즘을 분석하는 것만을 과제로 삼고 있는 것이다.

따라서 또한 리카르도는, 계급사회의 성원인 노동자·자본가·지주의 삼자가 보통의 상인으로서 대등한 교환관계를 맺는 것 등은 문제로 삼고 있지 않다. 노동자는 상인이 아니라 상품이다. 자본가는 노동력 상품을 사는 사람일 뿐만 아니라 과거의 노동의 소유자이다. 지주는 노동자와 자본가에 의해서 창조된 부의 수탈자이다. 자본가의 위치부여에 부르주아적 한계를 가지고 있기는 하나, 스미스 이상으로 계급사회는 리얼하게 파악되어있는 것이다. 그 위에 또한 임금·이윤·지대라는 근대사회의 3대 소득을 모두 투하노동의 소산으로 파악하는 길을 열어줌으로써 근대자본주의의 기반을 형성하는 사회적 총 노동의 편성을 탐지하여, 사회·역사의식을 인간과 자연의 물질대사 위에 개념화하는 토대를 구축한 것이 리카르도 경제학의 커다란 공적이다.

그러나 리카르도는 학문적 추상의 성과이며, 시종일관성이 있으나 허구에 불과한 투하노동량에 의거한 사회인식을, 눈앞의 문명사회의 현실적인 형성원리와 동일시하는 오류를 범하였다. 그는 천진난만하게도, 투하 노동량은 가치결정의 불변의 척도라고 하였다. 그러나 현실적인 가치척도의 역할을 수행하고 있는 것은, 그 가치가 변동할 수 있는, 금·은으로 된 화폐에 불과하다. 또한 그는 대담하게도, 이윤은 투하노동에 의해서 결정된 가치량으로부터 임금을 공제한 잉여라고 하였다. 그러나 현실적으로는 경비 플러스(+) 평균이윤이라는 형식으로 상품가격이 결정되고 있는 것이다. 이러한 이론과 현실의 이율배반이야말로 리카르도 경제학의 한계를 나타냄과 동시에, 리카르도가 후대에게 남겨준 유산이었다. 그는 유고 「절대가치와 교환가치」를 남겨놓고, 그 자신이 이 문제를 깨닫고 그 나름대로 이 어려움을 해결하기 위해서 자신의 생애의 마지막 시간까지를 학문연구에 몸 바치고 있었다는 것을 보여주었다.

3. J.S. 밀의 사회철학과 경제학

1) 공리주의의 수정

1832년 철학적 급진주의자들이 대망(待望)해 마지않던 선거법 개정안이 의회를 통과하였다. 벤담은 그 보도에 만족하면서 숨을 거두었다. 그러나 개정에 의한 선거권의 확대는 극히 불철저한 것으로, 노동자는 제외되고, 단지 선거구의 재편성에 의해서 신흥도시의 부르주아지에게 의석을 준 것에 불과하였다. 개정 후의 의회는 태반을 차지한 지주와 일부의 부르주아지가 장악하게 되었다.

기대를 배반당한 노동자계급은 신흥 부르주아지와 작별하고, 보통선거 등을 요구하는 차티스트운동을 전개하게 된다. 이러한 노동자계급의 독자적 정치운동은 1825년을 기점으로 하여 본격적인 산업 순환공황이 발발하는 와중에서, 노동운동이 점차 조직화되고, 스트라이크 전술이 빈번히 사용된다. 이리하여 부르주아지와 프롤레타리아의 동맹을 신조로 하는 철학적 급전주의의 기반에 금이 가기 시작할 무렵, 더구나 유럽 정치체제는 1815년에 성립한 비인체제의 반동 지배하에 놓여 있었던 때에, 다감한 청춘시대를 맞이하고 있던 사람이 바로 아버지 밀에 의해서 벤담주의의 후계자로서 훈육된 존 스튜어트 밀이었다.

어렸을 때부터 방대한 지식을 흡수한 존이었지만, 그 내용은 아버지에 의해서 벤담주의를 이해히기 위한 소재로 선택되어 있었고, 벤담의 저서 자체가 그에게로 전달된 것은 존이 청년이 되어가는 십오 세 때의 일이었다.

존은 벤담의 저서에 접한 후 다른 사람이 되었다고 생각할 정도로 감동을 느끼게 되어, 지금까지의 자선의 지식이나 신념을 하나로 하는 것은 벤담의 사상이며, 이 학설을 널리 세상에 설명하는 것이야말로 자신의 인생목적이라고 생각했다. 그 후 존의 발자취는, 젊은 친구들과 '공리주의자 협회' 등을 결성하여 벤담주의의 연구와 보급에 노력하는 한편, 신문이나 잡지에 수많은 논고를 발표함으로써, 전제정치를 비판하고 지성의 진보를 호소하는 벤담주의의 전도(傳道)에 나날을 보내게 되었다.

그런데 그가 20세가 되던 해 가을에, 그는 누구나 때때로 경험하게 되는, 신경감각이 둔해지는 상황을 겪게 되었다. 어떠한 일을 하여도 즐거움이나 흥분을 느끼지 않았다. 그리고 지금까지 그토록 패기 넘치게 몰두해오던 제도나 사상의 변혁의 문제까지도 쓸모없으며 아무래도 좋다는 생각까지 들게 되었다. 그는 로맨티시즘의 사상가 코울릿지(S.T.Coleridge, 1772~1834)나 워즈워드의 시에 눈물을 흘리곤 하였다. 『자서전』 속에서 밀 자신이 '정신의 위기'라고 부른 이러한 경험은, 철학적 급진주의자의 신조, 즉 인간은 훌륭한 관념연합을 가져오는 교육의 결과로 지성과 도덕을 향상시켜, 세계의 공리주의적 개혁자로 만들어질 수 있다는 구상의 최선의 실험 결과가, 중요한 문제를 내포하고 있다는 것을 상징적으로 보여주고 있다. 실제로 밀은 이 위기를 계기로 하여, 자신의 몸에 배어 있는 벤담주의에 대한 비판적 개조에 착수하여 J.S. 밀의 독자적 사회사상을 확립하기에 이르렀다.

벤담에 대한 J.S. 밀의 비판의 기본은, 벤담의 체계가 가진 일원적인 시종일관성에 대한 것이다. 예를 들면, 벤담은 쾌락을 감각적이고 물질적인 것으로 일원화하는 경향이 있었으나, 밀은 인간의 내적교양, 시나 예술 등 정신적 쾌락을 중요시하였다. 따라서 밀에게 있어서 행복은 질적 차이가 있는 것으로 간단히 셈할 수 없는 것이 된다. 또한 벤담에게 있어서 쾌락은, 행위의 '결과'에 대한 자기만족이라고 상정되고 있었으나, 밀은 오히려 행복이란 인류의 향상이라든가 학문이라든가 하는 어떤 다른 목적을 위해서 집중되고 있는 행위의 '과정' 속에서 달성된다고 생각하였다. 〈만족한 돼지보다는 불만족한 소크라테스가 낫다〉라는 『공리주의론』의 표현은 밀의 사상을 상징적으로 보여주는 것이다.

이러한 벤담에 대한 비판을 기저(基底)로 하고, 그 위에 프랑스의 꽁뜨의 영향을 받으면서, 밀은 그 자신의 독자적인 사회과학 방법론을 수립하였다. 즉, 벤담이 사용하고 있는, 어떤 한 가지 원리에서 모든 사상을 시종일관하게 설명해가는 방법을 '기하학적 방법 또는 추상적 방법'이라고 부르면서, 이는 결코 한 가지 원리만으로 행동하는 일이 없는 인간을 전제할 때, 사회과학의 방법으로서는 타당하지 않다고 하였다. 사회과학은 단지 하나의 원인의 법칙에서가 아니라, 복합적으로 결과에 영향을 미치는 모든 원인을 고찰하여 그들 모두에 합당한 법칙을 합성함으로써 추론할 수 있는 '구체적 연역법'을 채택하지 않으면 안 된다. 그러나 우리는 모든 인간의 작용원인을 알고 있는 것도 아니고, 사회에 따라서 작용원인이 가져오는 결과도 각각 다르므로, 모든 사회에 예외 없이 타당한 명제를 오로지 '직접적 연역법'에 의해서만 확립하고자 하는 데서 문제가 제기된다. 오히려 구체적인 역사를 직접 관찰함으로써 경험법칙을 추출하여, 이를 인간성의 법칙으로부터 연역에 의해서 검증하는 '역(逆)연역법'도 널리 이용되지 않으면 안 된다. 이상과 같은 밀의 사회과학 방법론은 무엇보다도 벤담주의에 의해서 잃어버린 역사감각을 회복하고 있다는 점이 주목된다. 사실 밀은 국민성의 차이, 관습이나 전통, 종교나 교양 등의 정신 문제가 인간의 사회와 역사에 미치는 역할에 대하여 주목 하였다.

2) 고전경제학의 해체

1848년, 비인체제를 붕괴시킨 혁명운동의 고양 속에서, 밀은 『경제학 원리 및 사회철학에 대한 원리의 약간의 응용』이라 이름붙인 저서를 발표하였다. 부제에서 암시되는 바와 같이, 그것은 벤담에 대한 비판에 의거하여 리카르도 경제학을 개조하고자 한 것이었다.

밀에 의하면, 경제학은 인간 성질에 관한 총체를 논한 것도 아니며, 또한 사회 속의 인간 행위 전반을 논한 것도 아니다. 그것은 단지 부를 추구하고자 하는 인간의 성질에만 관계되며, 또한 사회현상 중에서 부에 대한 추구의 결과로서 일어난 것만을 고찰의 대상으로 삼는다. 그러므로 경제학을 이용하는 경우에는, 그것이 복잡하고 다면적인 인간과 사회현상속의 중요한 일면만을 고찰의 대상으로 삼는다는 것, 따라서 그것은 사회철학의 일환에 불과하다는 것에 유의해야 한다.

이와 같은 경제학에의 의미부여는 『원리』의 구성에도 반영되고 있다. 그것은 또한 사람 마음대로 좌우되지 않는 물리적 진리의 성질을 가진 생산법칙(그 주된 것은 수확체감의 법칙)이 해명되고(제1편), 이어서 생산법칙에 규정되면서 그 한도 내에서 인위적으로 형성될 수 있는 분배법칙이, 관습이 지배하는 근대 이전의 경우와, 경쟁에 의해서 그 실현이 매개되는 근대의 경우로 나누어 거론되며(제2편), 그 후의 경우에만 중요한 역할을 연출하는 교환이 독자적으로 거론된다(제3편). 이상의 세 편이, 동시적으로 존재하는 제 요인을 균형 상태에서의 법칙으로 파악한 '정태론(靜態論)'이라고 한다면, 다음에 시간의 변화를 고려한 '동태론'이 거론될 필요가 있다고 하면서, '사회의 진보가 생산 및 분배에 미치는 영향'이 거론되며 (제4편), 마지막으로 위의 이론을 발판으로 하여 정책을 논하는 재정론이 거론되었던(제5편) 것이다.

이와 같은 밀 경제학의 구성은 생산=교환=분배를 원리로 하는 스미스=리카르도 경제학의 골격을 결정적으로 해체시키는 것임이 분명하다. 실제로, 스미스=리카르도에 의해서 인간의 사회적 편성 원리의 근저가 탐구됨으로써 뛰어난 생산론으로 되었던 가치론이, 밀에 의해서는 단순한 교환상의 가치론으로 변하였고, 더구나 어떤 사물이 교환가치를 갖게 되기 위한 조건으로서 '효용'과 '이를 획득하는 데 있어서의 곤란'을 함께 논하기에 이르러서는, 고전파 노동가치론의 골자가 모두 빠져버렸다고 할 수 있다. 또한 여기에서 밀은 가치결정에서 수요에 일정한 역할을 인정하였으며, 따라서 아버지 밀과 리카르도가 전제한 판로설에도 의문을 제기하였다. 이러한 생산론과 분배론의 단절을 중추로 하는 밀 경제학 구성의 의의는, 그것이 리카르도에게서 상실되었던 역사의식을 회복하고자 한 하나의 시도인 동시에, 분배관계=생산 제 관계를 생산과 분리하여 그 여건으로 파악하는 것이 아니라, 생산 그 자체 속에서 재생산되는 것으로서 파악하고자 한 마르크스적인 역사의식에 길을 열어준 바 스미스=리카르도 경제학의 의의를 소멸시켰다는 것이다.

그러나 밀의 매력은 그 풍부하고 성실한 시대감각에 있으며 『원리』 가운데에서도 다음과 같은 점이 주목된다. 하나는 노동자계급의 독자적 운동의 고조를 눈여겨보면서, '노동자계급의 장래'를 논하고 '공산주의를 검토'하고 있는 점이며, 또 하나는 사회진보의 당면한 동향으로서, 그것이 정지 상태에 가까워지고 있다는 것을 논한 점이다. 우선 후자부터 살며 보기로 하자.

밀에 의하면, 어떤 나라가 이미 오랜 기간 동안 대규모적으로 생산하고 있으며, 또한 저축할 많은 순수입을 가지고 있는 경우에 자본은 넘치고, 이윤율은 저하하여, 더 이상의 성장=자본투자를 바랄 수 없는 '정지 상태'에 빠지게 되는데, 영국이 그러한 상태에 매우 가까워지고 있다고 밀은 지적한다. 그러나 구래의 경제학자는, 부단한 진보상태가 행복을 가져오는 것으로서, 정지 상태는 불행한 단계라고 생각해 왔다. 그러나 이 견해는, 부의 증대는 사회진보의 한 단계이기는 하지만, 결코 사회의 완성된 상태를 가리키는 것은 아니라는 점을 알지 못하고 있는 것이다. "인간의 성품에서 최선의 상태는 어떠한 것인가를 말한다면, 어떤 가난한 사람도 없고 그렇다고 어떤 사람도 더 부유하게 되고 싶다고 생각하지 않으며, 또한 다른 사람을 뛰어넘어 앞지르고자하는 노력에 의해서 밀려 나갈 것을 두려워할 이유도 없는 상태이다"(『원리』 제4편). 실로 이러한 상태야말로 정지 상태이다. 거기에서는, 인구증가는 정지되고, 사람들에게는 조용한 공간과 시간이 보장되며, 그것은 사람들의 지성과 교양의 향상에 기여하게 될 것이다. 이 정지 상태론의 사상은 『자유론』의 밀에 이어지게 된다.

3) 『자유론』과 사회주의론

1846년의 곡물법 폐지에서 상징되는 바와 같이, 19세기 중엽의 영국은 세계의 공장으로서 번영의 정점에 있었는데, 그동안 밀은 『자유론』(1859)을 출판하였다. 이 책은 토크빌의 저서 『미국의 민주주의』(1831)의 문제제기를 계승하여, 개개인의 자유의 보장으로 꿈 꾼 민주주의가 결과적으로는 '다수자의 전제'를 가져왔으며, 각 개인은 평균화되고 개성 없는 인간으로 전락하며, 자유는 압박되어 인간성 위기의 시대가 닥쳐왔다는 경세서(警世書)였다.

다수자의 전제란, 민주주의를 통하여 정치권력을 잡은 다수자가 행정을 통해서 행하는 전제뿐만 아니라, '사회 그 자체가 전제자'가 되는 데서 오는 '지배적인 여론이나 감정의 전제'를 포함하는 것이며, 오히려 후자는 정치적 압박보다도 혼(魂) 그 자체를 노예로 만들어버리는 점에서, 또한 개성의 발달을 저해하고 개인을 획일화하는 점에서 더 한층 경계를 요한다.

밀에 의하면, 영국과 유럽을 19세기 세계의 선진국이 되도록 한 것은, 동양을 비롯한 세계의 대부분이 '관습에 의한 전제' 하에 놓여 있어서, 각 개인이 그 행동에서 자신의 신분이나 경제적 지위에 어울리는 세상의 방식을 획일적으로 모방하고 있었던 데 반하여, 유럽인들은 자신의 관심, 자신의 개성을 가지고 문명을 이룩해 온 데 있다.

그러나 이와 같이 문명의 진보에 기여한 자유와 개성을 추구해 온 사람들이 일단 유럽이나 미국에서 권력과 여론을 지배하는 다수자가 되었을 때, 그들 서로 간에 물고 뜯고 하는 데서 인격이 실추하게 되어, 따라서 문명의 위기가 닥쳐오게 된다. 여기에서는, 철학적 급진주의가 이상으로 삼았던 다수자가 지배하는 세상이 중우정치(衆愚政治)의 위기를 배태하고 있는 것으로 의식되어질 수밖에 없을 것이다. 또한 이 경고는 사람들이 부의 추구에만 광분하고 있는 진보적 상태보다도, 여가시간을 가질 수 있는 정지 상태 쪽이 좋다고 하는, 앞에서 보아 온 그의 생각과 연결되는 것이다.

그러나 다수자의 전제에 의해서 자유와 개성이 위기에 직면해 있다는 밀의 경고는, 던지 부르주아 민주주의의 유명무실화로 향하고 있을 뿐만 아니라, 노동자계급이 요구하고 있는 사회주의 운동으로도 향하고 있다고 생각된다.

밀로 하여금 철학적 급진주의자로부터 분리시키고 있는 점은, 그가 사회주의 사상을 허용하는 태도를 보였던 것이리라. 『원리』의 밀은, 사회주의-공산주의의 검토에 관한 부분과, 노동자계급의 장래를 내다보는 부분을 판을 거듭해 감에 따라 수정하여, 사회주의 사상에 대하여 미묘한 마음의 동요를 표명하고 있다. 그러나 『자서전』의 밀에 의하면, 그가 20년 동안의 연애 끝에 하리엣 부인과 함께 살게 된 무렵부터, "명백히 사회주의자라고 하는 일반적 호칭 속에 우리들을 놓았던 것"이었다.

밀은 더 이상 사회가 일하지 않는 자와 일하는 자로 분류되지 않는 시대를 대망하였다. 또한, 그 도래는 불가피하다고 생각하였다. 그러나 그에게는 걱정이 있었다. ―"문제는 다음과 같은 것들이다. 즉 공산제에는 개성을 위한 피난처가 남겨지는가? 여론이 폭군적 질곡이 되지나 않을까? 각 개인이 사회 전체에 절대적으로 예속되고, 사회 전체에 의해서 감독되는 결과 모든 사람의 사상과 행동이 평범하고 균일적인 것이 되어 버리지나 않을까?―이러한 것들이 문제이다."(『원리』 제2편)

이러한 문제해결의 길을 탐구하는 것, 그것이 밀 만년의 커다란 사상적 과제이었다는 것은 딸 헬렌에 의해서 출판된 밀의 유고 『사회주의논집』이 보여주고 있다. 밀은 철학적 급진주의의 정통을 이은자답게, 교육의 보급이야말로 문제해결의 열쇠라고 보았다. 그러나 그것은 단순한 학교 교육의 보급에 의해서가 아니라, 사회주의를 위한 '교육과정'인 협동 조합운동에, 사용자와 노동자가 함께 참가하는 가운데에서 달성된다고 생각되었다. 협동조합운동에 참가함으로써 양 계급은 지금까지와 같이 좁은 이해관계에 사로잡히지 않고 협동을 위해서 일하는 것을 배우고, 노동자는 무지에서 해방되어, 자주적이고 개성 있는 인격을 키워나갈 수 있을 것이다. 이러한 교육을 기반으로 할 때, 각 개인의 행동의 최대의 자유와, 생산 제 수단의 공유에 기초한 협동적 생산의 통일이라는 인류의 꿈을 실현할 수 있다고 밀은 믿었던 것이다.

제5장

독일 고전철학의 사회사상

1. 독일 고전철학의 중심문제: 자기의식·법·통일적 민족국가

독일 고전철학은 칸트의 비판철학의 형성으로부터 피히테, 쉘링을 거쳐 헤겔로 계승·발전되었다. 그 전개과정은 한편으로는 '자기의식론'의 심화과정이며, 다른 한편으로는 신학영역의 문제가 법철학 영역의 문제로 전환되는 과정이며, 더 나아가서는 법철학 영역의 문제가 사회철학 영역의 문제로 구체화되는 과정이기도 하다. 한편 이 두 과정은 전혀 관련이 없는 별개의 것이 아니라, 소(小)연방체제로부터 통일적 민족국가로의 발전과정이며, 전근대적 독일을 결산하고 근대 민족통일국가를 이루기까지의 역사적 과정과 그 과제의 자각을 기반으로 하고 있으며, 이 심화 및 구체화의 두 과정은 이러한 기반 위에서 서로 호응하고 있는 것이다. 독일 고전철학의 '문제영역'은 기본적으로 여기에 있다. 그러나 물론, 이 문제는 배타적으로 이 철학에만 속하는 것은 아니다. 예를 들면, 괴테는 그의 저서 『시와 진실』에서 독일문학에 결여된 것은 재능이 아니라 주체, 즉 '국민적 주체'라고 기술하고 있다. 이 독일 고전철학과, 괴테로 대표되는 바이마르 고전주의는 그 존립의 근원을 같이하는 것이라고 볼 수 있다.(이러한 점까지 구체적으로 고찰할 수 있다면, 더욱이 거기에 음악사까지도 유기적으로 관련시킬 수 있다면, 사회사상사는 우리 앞에 더욱 생생하게 부각될 것이다. 그러나 이러한 제반 영역에 속한 문제들은 필자가 가지고 있는 능력의 한계로 부득이 생략할 수밖에 없다.)

그리고 헤겔의 법철학—마르크스는 뒤에, 헤겔의 법철학을 당시의 유럽에 확산된 '정치적 및 법적 의식'을 가장 고상하고, 가장 보편적인 학문 영역으로까지 높인 표현이라고 평가함과 동시에, 비판적 극복의 대상으로도 삼았다—은 앞의 호응적 사태에 입각하여 법·사회철학의 전개를 완성·완결 지었던 것이다. 헤겔은 그의 저서 『법철학요강』

(1821)에서 다음과 같이 기술하고 있다.

'법과 법학의 단서를 이루는 자유의사의 입장은 자연적 존재자로서의' 인간의 존재방식을, '따라서 노예제를 성립케 하는 비이성적 입장을 이미 넘어서 있다.' '주인과 노예의 관계를 생기게'하는 입장이 극복되어야만 비로소 법과 법학이 존립할 수 있는 전제가 성립하는 것이다.(藤涉野·赤澤正敏 역, 『法哲學』, 세계의 명저-헤겔, p.254) 이 '주인과 노예의 관계'의 극복을 위한 논리가 『정신현상학』(1807)에 가장 두드러지게 나타나있음은 주지의 사실이다. 그리고 헤겔에 있어서 '윤리적 세계로서의 국가'는, 그 참되지 못한 입장을 넘어선 '자기의식의 본래적 요소로서 스스로를 실현하는' 것이다.(앞의 책, P.158) 여기에 앞에서 말한 두 전개과정의 대응성이 단적으로 표현되어 있다.

어떤 논자에 의하면, 헤겔의 자기의식론은 다음과 같은 점을 과제로 하고 있다고 한다. (1) '인식론적으로는, 모든 〈가능한 경험〉의 전체가 창조되는' 과정을 해명하는 것, (2) '윤리적으로는, 인간상호 간의 관계의 가능성'이, '정치적으로는 (국가적)공동체생활의 기초'가 — 칸트적으로 말하면 도덕법칙의 존재근거가 — '창조되는' 과정을 해명하는 것. (1), (2)를 합하여 그것은 '자기의 〈개별성〉의 극복' 과정에 관한 해명이라고도[1] 말할 수 있을 것이다. 물론 이 모든 과정은, 근대 시민사회라고 하는 인간의 공통적 존재방식이 주관적 의식과 객관적 현실의 접합점에서 반복되어 파악되는 과정에 불과하다. 이와 같이 새로운 인간의 존재방식 속에서 전근대적인 인간의 공동체적 존재방식에서 생성된 신학적 제 형상(形象)에 대한 비판, 인식비판, 새로운 시민사회적 공동성을 결합시키는 형식으로 서의 법과 그 존립근거 사이에서 제기되는 물음 등 제반 문제의 기반이 확립되었다. 즉, 자기의식론을 핵심으로 하는 헤겔철학은 전체로서 시민 사회—국가 속에 존재하는 인간의 존재방식에 자리를 잡고 있다. 이는 동시에 신으로서, 혹은 신에 의해서 매개되는 것으로서 표상되는 바의 것을 시민사회—국가로서 표현되는 인간의 내재적 통일성으로 치환시켜가는 과정이기도 하였다. 더욱이 청년시대부터 통일적 민족국가의 형성이 독일의 역사적 과제라고 생각했던 헤겔에게서, 국가에 대한 이러한 개념파악은 동시에, 그것을 도달점으로 하는 형식으로서 구상된 역사 인식에 통로를 열어주

---

1) I. Fetscher, *Hegels Lehre vom Menschen*, S. 108.

는 것이었다. "독일의 어떤 철학자들은 칸트의 관념론을 발전 시켰는데, 그들에 의해서 해석된 이 관념론은 〈자기의식이 의식의 진리이다〉라고 하는 공식에 그대로 들어맞는다."(J. 이폴리트, 市倉宏祐 역, 『헤겔정신 현상학의 생성과 구조』 상권, p.189) 이와 같은 견해에 대하여 우리들은 자기의식론이야말로 독일관념론의 혼이라고 할 수 있는 위치를 차지하고 있다는 관점에서 공감을 느끼게 된다.

칸트가 살고 있던 시대는, 루소와 아담 스미스가 살고 있던 시대이기도 하다. 이 시대는 "18세기 중엽이라고 하는 유럽의 반성기—종래의 유럽이 걸어왔던 길에 대한 근본적인 반성이 요구됨과 동시에, 이 반성 가운데서 새로운 유럽이 탄생하게 되었으며, 또한 자유·평등·인격이라고 하는 삼위일체를 이루는 말(상품이 상품소유자로서의 인간들에게 건네는 말) 중 어느 하나에 역점을 두어, 그것을 사상의 핵심으로 하는 것을 토대로 하여 근대 유럽제국에 각기 새로운 학문이 활기차게 생겨나게 되는 시기—이다."(內土義彦, 『社會認識의 진보』 p.132) 예를 들어 이 시기에 스미스의 『국부론』은 다음과 같이 그 모습을 나타내게 된다. "근세의 초엽 이래, 유럽제국은 국가의 부와 힘의 증대를 지상명령(국가의 최고선 혹은 국가이성)으로 삼고 약육강식·영고성쇠(榮枯盛衰)의 역사를 되풀이해 왔다. 그 정점을 이루는 7년 전쟁(1756~1763)이 한창인 때에 발간된 『도덕감정론』을 첫 작품으로 한 스미스의 연구는 마침내…… 〈어떤 것을 국부라고 하는가, 어떠한 상태를 가리켜 나라가 부유해졌다고 하는가, 그리고 그 원인은 무엇인가〉를 밝혀냄으로써, 여태까지, 국가의 최고선으로 여겨졌던 잘못된 부국의 개념이 어떻게 생겨났으며, 어떠한 해독을 가져왔는가를…… 선명하게 해명한 『국부론—국부(國富)의 본질과 원인에 대한 탐구』를 내놓았다.…… 그 과정에서 『국부론』을 핵심으로 하는 법학체계를 지탱하고 있는 것으로서의 인간 연구서인 『도덕감정론』도 점차 선명하게 그 모습을 드러내게 된다."(위의 책, p.136)

위의 두 인용문에서 볼 수 있는 문제, 그것은 한마디로 말해서 국가체제와 이를 밑받침하고 있는 실체적 기반문제, 즉 중상주의-계몽전제체제로부터 근대 시민사회를 기반으로 하는 통일적 민족국가로의 전화의 문제이다. 앞에서도 언급했지만, 여기에는 독일 고전철학도 참가하고 있다(특히 칸트의 경우에는, 통일적 민족국가로의 지향이 소연방체제에 대한 부정이라는 계기로 나타나게 되는 결과, 세계시민주의라는 표현을 취하지만). 여기에서는 '자유·평등·인격이라는 삼위일체를 이루는 말'이 법철학이라는 시각에서 학문의 대상이 된다(이리하여 「독일 고전철학의 사회사상」이라는 이 장의 주제는 법철학의 성립과 전개로서 논하여지게 된다). 칸트는 『법이론의 형이상학적 기초론』(1797)의 「결론」 부분에서 다음과 같이 말하고 있다. 그것은, 스미스가 대결한 주제에 법철학적 색채를 띤 해답을 부여한 것—프랑스혁명의 개혁사상으로서 파악되는 또 하나의 계기가 이에 포함되어 있다.—이라고 할 수 있다. "법칙이 지배하는 체제라고 하는 이념보다 우월하고 형이상학적으로 숭고한 자리를 차지할 수 있는 그 무엇이 있단 말인가?…… 더욱이 이 이념만이, 만약 그 실현이 혁명적 미약에 의해서, 즉 종래부터 존립해왔던 결함 있는 체제의 폭력적 전복에 의해서 행하여지는 것이 아닌…… 확고한 제 원칙에 따른 점진적인 개혁에 의해서 시도되고 수행된다면…… 최고의 정치적 선에로, 즉 영구평화에로 이끌어갈 수 있는 것이다."(칸트, 加藤新平·三島淑臣 역, 『人倫의 形而上學·第一部 法論의 形而上學的 基礎論』 세계의 명저-칸트, p. 502) 칸트철학은 '프랑스혁명의 철학화이며, 영국 경험론의 형이상학화'(山崎正一, 『칸트의 哲學』, p.48)이다. 이것의 의미는 이상의 문맥을 통하여 이해될 것이다. 헤겔에 입각하여 말하여도 '사상이라는 형태로 개념적으로 파악된 그 시대'야말로 '존재의 인식으로서의 철학' 즉 구래의 형이상학에 대신하는 형이상학인 것이다.(J. Ritter, 김재현 역, 『헤겔과 프랑스혁명』, p.17) 그것은 '주체의 형이상학'이며, 또한 시민적 주체를 포함하는 근대적 민족국가의 존재론이라고도 할 수 있는 것이다. 이상과 같은 공통의 문제영역에 서서, 헤겔 이전의 철학자들은 '관념론을 하나의 철학적 테제로서 제시하였다. 이에 대하여, 헤겔은 '자각적으로 발전하는 인간 의식의 역사적 과정에서 관념론과 마주치게 된다.'(J. 이폴리트, 앞의 책, 상권 p.302~303) 독일 고전철학의 전개 내용을 이루는 것은 어떤 의미에서는 이 차이에 있다고 할 수 있을 것이다. 그 전개에 있어서, 헤겔은 칸트철학을 역사적 사회적 구체성 속에서 파악함으로써, 칸트에 의해서 명확히 되지 못했던 자기의식의 성립을 위한 역사적 사회적 조건을 명확하게 이론적 체계 속에 집어넣었다. 그 과정은 동시에, 칸트철학을 프랑스혁명과 영국경험론 및 고전경제학에 대하여 개방된 것으로 개조해가는 과정이기도 하였다.

예를 들면, 칸트는 자신의 인식론에서, 인식이 그것에 의해 비로소 가능하게 되는 선험적인 것으로서의 범주를 보여주었다. 그것이, 구체적 인식행위가 성립하기 이전에 이마 인식의 틀을 이루고 있고, 개개의 사상이 그 틀 속에 '포섭됨'으로써 객관적 타당성을 가진 인식이 성립된다고 하였다. 칸트의 『순수이성비판』은 이 틀의 구조를 명확하게 하였다. '관점을 인식 행위 그 자체에 국한'하면, 이러한 사정이 존재한다는 것은—직접적으로 칸트이론을 승인하는가의 여부는—어떻든간에 부정할 수 없을 것이다. 그러나 이 틀 자체는, '인식행위까지도 하나의 계기로서 포함하는 인간의 역사적 사회적인 존재방식에 비추어 보았을 때', 역시 역사적 사회적 제약을 받아 그 속에서 형성된 것이라고 말하지 않을 수 없다. 즉, 이 '선험적'인 틀은 인식의 국면에서는 선험적이라고 할 수 있으나, 그와 같이 국한된 장소를 넘어선 지평에서 볼 때, '동시에' 역사적 사회적 내력을 갖는다. 칸트는 인식의 가능성의 궁극적 근거를 '나의 일체의 표상(表象)에 따르지 않을 수 없는' 바의 〈나는 생각한다〉에서 찾았다. 이 '나'는 일체의 역사적 사회적 규정을 떠난 것이며, 세계와의 관계, 다른 자기와의 관계에 매개되면서 보편성에까지 도달한 구체적인 자기로서 파악된 것은 아니었다.

이와 비슷한 사정이 윤리학·법학의 영역에도 존재한다. 칸트는 한편에서 이상과 같이 자연체계를 위한 일반적 계획이라고 할 수 있는 '틀'을 인식(=경험) 성립의 전제조건으로서 제시하였지만, 다른 한편에서 도덕적 경험이 성립하기 위한 전제조건으로 도덕법칙을 제시한다. "선악의 개념은 도덕법칙에 앞서서 규정되는 것이 아니라…… 단지 이 법칙의 뒤에서, 이 법칙에 의해서 규정되는 것이지 않으면 안 된다."(칸트, 최재희 역, 『실천 이성비판』 p.69, 박영사 참조) 다시 말해서 도덕법칙을 대전제로 하고, 개개의 행위를 소전제로 하여 양자 간에 '포섭관계'가 성립되었을 때, 거기에서 '선에 대한 경험'이 성립한다고 한다. 이와 같은 사유양식은, 어떤 의미에서는 법률학적 사유양식—포섭실증주의라고 하는 말로 전형적으로 표현되는—의 원형이라고 할 수 있겠으나, 이 점은 제쳐놓고, 여기에서는, 칸트에게서 인식(경험)이나 선의 경험은 모두 포섭논리에 의해서 성립 된다는 것만을 확인해 두고 싶다. 칸트가 존재와 당위의 이원론을 주장한 것은, 이와 같은 형(型)의 포섭논리가 자연인과성 및 자유로부터의 인과성(귀책, 歸責)으로서 두 영역에서 기능하지 않으면 안 되기 때문이었다.

이와 같이 칸트는 법과 법학이 가능하게 되는 근거인 자유의지의 입장을 도덕법칙으로서 제시하고, 이를 선악개념의 논리적 전제가 되도록 하였다. 그러나 이 도덕법칙과, 이에 포섭되는 대상인 의지 및 행위가 성립될 수 있는 바의 인간존재의 역사적 사회적 존재방식이 이론내적으로 자각되고 있었다고는 말하기 어렵다. 그것은 칸트의 인식론이 그 인식론적 구성의 성립근거를 역사적 및 사회적으로 이해하고 있지 못하는 것과 같다. 이리하여, 칸트에 의한 도덕법칙의 제시는 과연 한편에서는 근대법 및 법학의 연역적 체계의 공리(公理)로 되어야 할 원리를 제공하였다고(인격·의사·자유 등) 할지라도, 다른 한편에서 도덕 법칙의 존립과 정당성의 역사적·사회적 근거에 대한 자각이 없었기 때문에 무비판적으로 수용되는 길을 열었던 것이다.(제5장 제3절 참조)

헤겔은 이에 대하여, 자기의식론의 심화를 기반으로 하면서 그것을 지탱하고 있는 사회적 구체성을 밝혀내는 한편, 근대법의 정당성 근거를 역사적·사회적으로 자각하고 있었다. 이로써, 그는 '근대'가 갖는 역사적 의의를 역사철학으로서 체계화하는 한편, 그 '근대'가 갖는 공간적 구조를 시민사회—국가로서 파악하였다. 그러나 역사와 사회에 열려진 장(場)에서의 근대법—국가의 정당성의 근거에 대한자각은 동시에, 근대적 민족국가가, 법이 본래적 의미에서 가지고 있던 정당성의 근거를 상실하지 않을 수 없는 필연성—역사법학, 개념법학이 명확하게 자각할 수 없었던 필연성—을 날카롭게 통찰할 수 있는 가능성을 헤겔에게 부여하였다. 헤겔의 법철학은 이러한 의미에서 독일 고전철학의 종언을 고하였던 것이다. 이는 또한 『헤겔법철학비판』의 과제의 불가피성을 알리는 것이기도 하다.

2. 칸트 법철학의 성립

1) 세 가지 에피소드

칸트는 자신의 철학을 '세계개념으로서의 철학', '세계시민적 의의의 철학'이라고 부르고 있다. 여기에서 '세계'는 칸트에서는 인격, 형식, 그리고 전체성이라고 하는 세 가지 계기로 이루어지는 것으로서 파악되었다. 이 형식이야말로 마침내 법으로 구체화되어, 그 전체성은 플라톤적 공화국으로 표상되기도 하는 '법칙이 지배하는 체제'를 이루는 것이다. 여기에서는 이 '법칙이 지배하는 체제'를 '보다 숭고한 형이상학적 이념'으로 하는 칸트의 역사의식의 배후에 있는 상황에 대해서 약간 언급해 보고자한다.

칸트는 동프러시아의 수도 쾨니히스베르크에서 그 일생을 보냈다. 이 쾨니히스베르크(현 소련령 리투아니아의 칼리닌그라드)는 중세 말기 이래, 한자 동맹의 한 성원인 무역도시로서 많은 특권을 누리면서 발전해왔다. 이 도시(이 도시에서 칸트가 영국인 무역상 그린과 친교를 맺고 있었다는 점에 유의 할 것)에 대하여 칸트는 다음과 같이 말하고 있다. "한 나라의 중심에 위치한 대도시로서, 거기에는 나라를 통치하는 여러 관청들이 있고, 하나의 대학…… 이 있으며, 더욱이 해외무역의 요충지에 자리 잡고 있으며, 따라서 나라의 오지에서 흘러 내려오는 강물로 오지와의 교통을 조장함과 동시에, 언어풍습이 다른 원근의 나라들과의 교통에도 편리한 도시—예를 들면 푸레겔강에 연해 있는 쾨니히스베르크와 같은 도시—는 확실히 인간지식이라든가 세상지식을 넓히는 데 알맞은 곳으로, 그곳에 있으면 비록 여행을 하지 않더라도 이러한 지식을 손쉽게 얻을 수 있다."(칸트, 坂田德男 역, 『人間學』 p.13)

그러나 이 국제적 상업도시의 시가지에서 한걸음만 걸어 나오면, 거기에는 구츠헤르샤프트(Gutsherrschaft)의 지배체제 하에서 세습적 예농의 비참한 생활이 펼쳐지고 있었다. 쾨니히스베르크를 둘러싼 이 이중성은, 서구 선전국의 역사발전에 비해 30년 전쟁 이래의 국토의 황폐에 기인하는 후진성을 극복하고, 급속한 근대화—국토통일을 수행 하지 않으면 안 되는 독일의 역사적 여건의 축소판—이기도 하였다. 이러한 이중성은 독일 고전 철학의 전개에 얽힌 역사적 숙명이기도 하였다.

칸트와 이러한 이중성의 관련성을 보여주는 다음과 같은 에피소드가 있다. 칸트는 대학졸업 후 7년간의 가정교사 시절에, 자기가 가르치고 있는 생도의 집인 지방 귀족의 집에서 세습적 예농의 비참한 상태를 보게 되었다. 노령의 칸트(1795)는 '생각만 하여도 전율을 느낀다.'고 하였다. 국왕 프리드리히 빌헬름3세 때에 예농은 자발적으로 해방한 융커의 한 사람이 당시의 생도 중에 있었다. 아마도 칸트의 감화 때문이었을 것이다.(野田又夫, 「칸트의 生珪와 思想」 세계의 명저-칸트解說. p.20) 이 에피소드는 칸트철학의 일면을 상징하고 있다. 그 의미를 검토하기 전에 또 하나, 너무나 유명한 에피소드를 생각하여 보기로 하자. 그것은 칸트가 언센가 루소의 『에밀』에 열중하여 정확한 신책시간을 잊어버렸기 때문에, 칸트의 산책으로 시간을 가늠하던 촌민들이 시간을 어겨버리게 되었다는 이야기이다.

『에밀』에는 다음과 같은 구절이 하나 있다. 그것은 첫 번째 에피소드와 깊은 관련이 있으며, 앞의 두 에피소드를 결합시키는 것이다. "의존상태에는 두 종류가 있다.…… 하나는 사물에 대한 의존으로, 이는 자연에 의거하되 자연을 조금도 손상시키지 않으며 악덕을 자아내지도 않는다." 또 하나는 "인간에 대한 의존으로, 이 의존은 사회에 의거하되 모든 악덕을 자아낸다. 〈주인〉과 〈노예〉가 서로 상대방을 타락시키는 것은 이러한 의존관계 때문이다." 이 악덕은 '인간 대신에 법을 설정하는 것'과, '개개인에게 의지의 행위보다도 우세한 현실적인 힘을 일반의지로서 부여하고, 그것을 강화시키는 것에 의해서만 방지될 수 있다. "그 때 인간에 대한 의존은 다시 사물에 대한 의존으로 환원하게 된다.…… 그리하여 인간은 악덕에서 벗어나 자유로워지며, 높은 도덕성까지 갖추게 된다."(루소, 김평욱 역, 『에밀』, p.60~61, 집문당 참조)

위의 루소의 말을 근거로 하여 말한다면, 칸트가 첫 번째 에피소드에서 본 것은, 구츠헤르샤프트의 지배체제하에 있는 '주인과 노예'의 의존관계였다. 칸트도 루소와 마찬가지로 이러한 의존관계를 법적관계로 바꾸어 놓아 그것에 도덕성을 결부시키려고 한다. 예를 들면, 『법론의 형이상학적 기초론』에서 다음과 같은 말을 볼 수 있다. "권리와 의무를 모두 가지고 있는 존재자들에 대한 인간의 법적관계는 실재한다. 왜냐하면, 그것은 인간과 인간의 관계이기 때문이다." "단지 의무만을 가지고 있고 권리는 가지고 있지 않은 존재자들에 대한 인간의 법적관계는 실재하지 않는다. 왜냐하면, 그러한 존재자는 인격성을 결여한 인간[예농·노예]이기 때문이다."(앞의 책. 『人倫의 形而上學』, p.366) 이상과 같은 칸트의 지적이 두 가지 에피소드의 맥락 속에 있다는 것은 분명할 것이다.

그러나 다음과 같은 에피소드가 칸트 다음 시대에 있었다는 사실을 빠뜨려서는 안 된다. 왜냐하면 그 에피소드는 독일의 절실한 역사적·사회적·정치적 문제에 관한 것이었기 때문이다. 그것은, 1807년 이후의 슈타인과 할덴베르크의 개혁을 담당하였던 융커 출신 혁신관료의 대부분은 칸트의 강의를 듣거나, 혹은 칸트의 제자이며 아담 스미스의 해설자로서 명망이 높은 그라우스의 『국부론』 강의를 수강하고 있었는데 , 그들에게 — 또한 수많은 프로이센의 융커계층에게 — 『국부론』이 크게 환영 받았다고 하는 것이다. 구츠헤르샤프트의 경영과 직접 관련된 문제의 해답을 거기에서 발견할 수 있으리라고 생각하였기 때문이다. 서유럽의 화폐경제의 발전에 의해서 프로이센산 곡물의 상품화가 가능하게 되었을 때, 이 지방에 노동력 확보를 위해서 예농제가 확립되었으나, 그것은 마침내 더 높은 생산력의 발전에는 질곡이 되고 있었다. 따라서 구츠헤르샤프트 자체도 부역농민을 임노동자로 전환시킬 필요성에 부딪치게 되었다. 그러므로 예를 들면 "모든 시대와 민족의 경험에 의하면, 자유로운 인간의 노동은 결국 노예노동보다는 값이 싸게 매겨진다"라는 한 구절에 이중부호가 처질 정도로 『국부론』이 읽혀졌다.(石川澄雄, 『쉬타인과 市民社會』, p.111~113, p.126) 앞에서 말한 칸트의 에피소드도 이러한 맥락 속에서 그 의미를 생각해 볼 필요가 있다.(그러나 칸트철학이 여기에서만 읽혀지고 끝나는 것이 아니라는 것은 말할 필요도 없다. 인격의 존엄에 대한 칸트의 태도는, 확실히 어떤 면에서는 시대적 상황과 상관관계에 있으면서, 그 시대적 상황을 꿰뚫어 봄으로써 단순한 시대적 사상을 초월하여 현대에 있어서도 아직 우리들의 가슴깊이 울려오고 있기 때문이다)

어떻든 이상에서 논의된 문제는 '주인과 노예'관계의 극복에 대한 문제라고 할 수 있다. 그것은 근대 시민사회 존립의 전제이며, 또한 통일적 민족국가 형성의 전제의 창출에 관한 과제인 것이다.

2) 『순수이성비판』과 법학

앞에서 우리들은 독일 고전철학을 둘러싼 문제 상황 속에서, 칸트에 즈음하여 프랑스의 혁명사상과 영국의 사회이론이 법철학화 되었다고 기술하였다. 그것만으로는 칸트철학이 너무나 일면화 되는 것이 아닌가? 오히려 칸트철학의 중심은 『순수이성비판』, 『실천이성비판』 등의 소위 비판철학에 있는 것이 아닌가 하는 의문이 당연히 있을 수 있다. 그러나 '비판' 자체도 영불의 사회이론과 혁명사상의 법철학화라는 맥락과 무관하지 않다. 오히려 그것과 적극적이고 필연적인 관련을 가지고 있는 것이다.

비판철학, 특히 『순수이성비판』을 근대 시민사회와의 관련에서 검토하기 위해서는, 예를 들어 다양한 성질을 접촉시키는 매질(媒質)의 역할 밖에 수행하지 못하는 칸트의 인식론적인 '물(物)' 개념 — 사용하기 위한 '물'이 아니라, 단순한 지적 이성의 관찰대상으로서의 물 개념 — 의 성립을, 자신에게 사용가치를 가지지 않은 상품교환을 위한, 단순히 양적 가치만을 가진 '물', 단순한 권리의 객체로서의 로마법적인 물 — 근대시민법적인 '물' — 개념과의 관계에서 고찰하며, 칸트인식론의 구조를 근대 시민사회의 추상적이고 형식적인 관계성 의 표현으로 포착함으로써 응답해 가는[2] 가능성이 생각된다. 이러한 각도로부터의 연구도 칸트철학의 기본적 성격을 파악하기 위하여 꼭 필요하다.

칸트는 『순수이성비판』에서 다음과 같이 말하고 있다. '자연의 형이상학과 인륜의 형이상학' 및 이들의 '예비학'으로서의 '비판', '이들 요소만을 참된 의미의 철학이라고 부를 수 있다.'(칸트, 전원배 역, 『순수이성비판』 p.560 참조, 삼성출판사) 그런데 칸트는 이 두 형이상학을 '자연법칙'과 '인륜법칙'이라는 두 법칙의 '인간이성에 의한 입법'의 학(위의 책, p.555)이라고 명명하고 있으나 칸트 자신이 철학 본래의 존엄성은 인문적 입법원리를 고찰하는 데 그 존재가치가 있다고 한 것과 같이, 그 중심은 『인문의 형이상학』(그 제1부가 『법론의 형이상학적 기초론』이라고 명명된 소위 칸트 법철학이다) 쪽에 두고 있다. 그러나 사회적 상호관계—칸트에 있어서는 의사관계(意思關係)—의 수준에서의 법칙을 고유한 영역으로서 확보하기 위해서, 칸트는 그 전제로서, 그것과는 구분되어야 할 대상인식의 수준에서 법칙의 타당성의 범위를

---

2) 예를 들면 손 레텔, 水田洋·寺田光雄 역, 『精神勞動과 肉體勞動』, 高山岩男, 『哲學的 人間學』.

명시하지 않으면 안 되었다. 칸트 이전에는 두 영역이 서로 혼합되어 있어, 그것이 법사상(法思想)에 혼란을 가져오고 있었기 때문이다. 비판철학의 과제는 이러한 혼란을 제거하고, 두 영역에 있어서 명확한 원리를 확정하는 데 있다.

칸트는 『학부(學部)의 논쟁』(1798)이라는 저서 속에서, 당시 대학의 신학부, 법학부, 의학부 등의 세 상급학부는 '정부의 도구(성직자, 사법관, 의사)로서…… 특수한 학자계급'으로 이루어져 있으며, 이들 학자는 '이성에서가 아니라 성서에서', '자연법에서가 아니라 토지법에서', '인체생리학에서가 아니라 의료규정에서' 그 이론을 끌어내고 있다고 날카롭게 비판하였다. 더욱이 그것은 '사후(死後)의 지극한 행복…… 자기 소유물의 보장, 생명의 생리적 향유(享有)'에 매몰되어 있는 인민에 상응한다고 말하고 있다[勝田守一·伊勢田耀子 (抄)역, 『學部의 論爭』教育學講義他 - 칸트, p.90 이하]. 이 『인륜의 형이상학』의 다음해(1798)에 출판된 저서(이 출판 경위에는 매우 흥미로운 칸트의 필화사건이 엉켜 있으나, 여기에서는 언급하지 않겠다.) 속에서, 우리들은 자연적 존재 속에 잠자고 있는 인민을 당위에의 회구에 의해서 그 상황으로부터 벗어나게 하려고 하는 칸트의 역사의식의 소재를 미루어 파악할 수 있을 것이다.

그런데, 초점을 법학부분에 좁힐 때, 여기에서 상기되는 것으로는 1794년에 성립한 프로이센의 일반토지법이 있다. 이 일반토지법은 '자본주의로의 전진을 개시한 18세기 프로이센의 소유의식을 반영하는' 것으로서 '사적 소유권의 보장을 기본원리'로 하는 자연법 원리를 기축으로 하여, 근대적 통일법전에 대한 요구에 순응하고, 또한 위로부터의 근대화 추진을 위한 지렛대 역할을 하고자 한 관료국가 프로이센의 의도를 체현하는 것이다. 그러나 그것은 '국민의 보다 나은 생활을 배려하는 국가의 의무를 정립하는 경찰복지국가의 전통'을 넘어서는 것은 아니었다.(石部雅亮, 『啓蒙的 絶對主義와 法構造』, p.104, 107) 이러한 의미에서 프로이센 일반토지법은 계몽절대주의의 이데올로기인 볼프주의를 기본적으로 넘어서지 못하고 있다. 칸트가 『학부의 논쟁』에서 규탄하고 있는 '법학부'는 이 볼프의 영향권 내에 있었다. 『학부의 논쟁』에서 칸트는 세 상급학부에 대립하는 '하급학부'='철학부'를 '반대당'='좌익'이라고 하였다.(앞의 책, 『學部의 論爭』, p. 105~106) 이 말을 『순수이성비판』 제1판 서문의 다음과 같은 말과 대조해 보자. "현대는 진정한 의미에서의 비판의 시대이며, 모든 것은 비판에 복종하지 않으면 안 된다. 종교는 그 신성함을 내세우고, 입법부는 그 위업을 내세워서 흔히 비판을 면하려고 한다. 그러나 그러한 경우에 이들은 자신들에 대한 응분의 의혹을 불러일으키게 되어 순전한 존경을 요구할 수 없게 되는 것이다. 이성이 이 순전한 존경심을 바치는 것은 오직 이성의 자유로 공공적(公共的)인 음미(吟味)를 견디어낼 때뿐이다."(『순수이성 비판』, p.31~32 참조) '철학부'에 적을 둔 칸트에 의한 이 '비판'이야말로 상급학부의 구성에 체현되어 있는 교권과 속권의 일체성과, 아직 계몽되지 않은 민중이 형성하는 바의 '계몽'전제체제의 근처와, 일반토지법의 입법 정신이기도 한 볼프철학에 대한 비판인 것이다.

볼프를 최후 정점으로 한 합리론적(合理論的) 법학은 수학적 방법을 구사하며 전개되었다. 현대 독일의 법학자 비아커는 이렇게 말하고 있다. 볼프와 함께, "낡은 논리의 합리주의는 정점에 달하였으나, 한편 [이성법론(理性法論)의] 형이상학적 기초 확립은 점점 더 그 면모가 보잘것없이 되어갔다. 볼프의 서술은 모든 자연법 법규를 —공리(公理)로부터 더욱 세세한 부분에 이르기까지— 남김없이 연역함으로써, 귀납적·경험적인 제 요소를 완전히 배제하였다. 이제, 개개의 명제는 남김없이 엄밀한 논리적 순서에 의해서 상위에 속하는 최종적 제 명제로부터 유도되고, 이와 함께 기하학적 증명…… 의 엄밀성이 요구되었다. 이러한 방식으로 하나의 완결된 체계가 성립하게 되고, 이 체계의 타당성의 근거는 그 체계의 내용이 모두 논리적으로 비난 받을 점이 전혀 없다는 것에 있었다."(F. 비아커, 鈴木祿彌 역, 『近世私法史』, p.391~392) 만약 볼프의 법체계가 단지 이 한 면밖에 가지지 못한 것이라면, 그것은 현실과 어긋난 논리적 완전성을 골격으로 한 공중누각(空中樓閣)에 불과하였을 것이다. 그러나 볼프의 법체계는 사실상 "그에게 주어져 있는 역사공간 —즉 계몽군주국— 속의 자연적 사회윤리를…… 구체화하는"(위의 책, p.390) 것에 성공하고 있다. 그것은 연역되어야 할 것이 미리, 거기에서 연역이 시작되는 상급개념 속에 투입되고, 이성(자연법)이 현존의 권위와 대등한 자리를 차지함으로써 가능하게 되었다.

칸트가 다음과 같이 말하는 것은 물론 이 점과 날카롭게 관련되어 있다 "이성이 수학을 통해서 거두게 된 큰 성과는 당연히…… 수학적 방법이 물량적인 영역 외에서도 성공할 수 있을 것이라는 억측을 성립케 하였다.…… 수학자들은 그들의 수학에 대해서 거의 철학(哲學)하지 않았기 (대단히 어려운 일이다!) 때문에, 그들은 어떤 이성 사용과 다른 이성 사용의 (즉 수학과 법학을 포함한 철학과의) 종적(種的) 차이에 생각이 미칠 수 없었다. 이 경우에 그들은 공리 대신 일반상식에서 빌려온, 일상적으로 행하여지고 경험적으로 사용하고 있는 규칙을 타당하다고 보는 것이다."(『순수이성비판』, p.495 참조) 칸트는 이어서 『순수이성비판』의 주제를 간결하게 말해 주는 것으로 다음과 같이 말하고 있다. "수학자들은 공간 및 시간의 개념을(유일한 근원적인 양으로서) 취급하지만, 그것이 어디에서 연유하는가(이 점은 『순수이성비판』의 「초월론적 감성론」에서 논의된다.)에 대해서는 전혀 문제 삼지 않는다. 마찬가지로 그들은 순수 오성개념의 기원과 그 타당성의 범위를 탐구하는 것(마찬가지로 「초월론적 분석론」에서 논의된다.)은 무용하다고 생각하며, 단지 그것을 사용하는 것만이 유용하다고 생각한다. 그들 자신들에게 지정된 한계, 즉 〈자연〉의 한계를 뛰어넘지만 않는다면, 이들 모두에 있어서 그들은 완전히 정당하다. 그러나 그들은 자신들이 모르는 사이에 감성의 영역으로부터 순수하고 초월론적인 개념의 불확실한 지반으로 떨어져버리는 것이다."(이 사이의 사정을 밝히는 것은 「초월론적 변증론」의 주제이다. 앞의 책, p.495 참조) 이리하여 칸트는 수학적 방법 및 자연 과학적 방법을 확정하고, 이들 방법에 의해서 처리할 수 없는 영역, '자연이라는 것에 주어진 한계'를 초월한 영역이 존재한다는 것을 명백히 한다. 이 영역에서 수학적 방법에 의한 사유는 '서 있지도 못하고 헤엄치지도 못하며 다만 도망쳐 걸을 뿐'이었다.(위의 책) 그것은 이 방법과 대상영역의 착오에 의한 것이었다. 수학적 자연과학적 방법의 확정은 이와 같이 이들과는 이질적인 영역을 확정하기 위한 반성적 후퇴—비판적 후퇴—라고 하는 의미를 가지고 있었다.

칸트에게 있어서는, 수학적 자연과학적 방법에 의한 처리를 허락하지 않는 이 영역이야말로 〈자유의 영역〉이다. 그것은 가장 추상적인 형태로 파악된 시민적 주체의 영역이다. 이율배반이란 이러한 이질적 영역의 혼란에서 연유한다. 수학적 방법에 입각한 합리론적 법학은 이러한 사정을 감지하고 있지 못하였다.

이와 같이 칸트는 법학에 수학적 방법이 적용되는 것을 부정하였다. 그러나 그것은 곧 원리로부터의 연역적 방법의 부정을 의미하는 것은 아니다. 『순수이성비판』 제2판 서문에서 칸트는 '독단적 방법'과 '독단주의'를 구별하여 이렇게 말하고 있다. '비판이 반대하는 것은 이성의 독단적 방법'이 아니다. 칸트에 있어서 학문이란 독단적으로, 즉 '확실한 선험적 원리에 의해 엄밀하게 증명되는' 것이지 않으면 안 되기 때문이다. 단지 비판은 '이성이 어떠한 방법으로 또한 어떠한 권리를 가지고', '원리에 따르는 개념적(철학적)인 순수인식'에 도달하였는가를 묻지 않는 '독단주의', 즉 경험에서 절취(竊取)해온 공리를 무비판적으로 전제하고, 여기에서 논리적으로 연역을 진행시키는 독단주의를 비판하는 것이다. 따라서 비판을 통해서 권리의 근거를 가진 원리가 일단 확립되었다고 하면, 이때 칸트에 있어서 학문은 그것을 제1원리로 하는 독단적인 형이상학으로서 전개된다.

그렇다면 칸트가 말하는 권리의 근거를 가지고 있는 원리란 무엇인가? 그것은 근대사회의 인간의 주체성·상호관계성을 그 자체 속에 흡수한 원리를 말한다. 바꾸어 말하면 낡은 유럽에 대한 근본적 반성으로부터 자유·평등·인격의 삼위일체를 이루는 말을 사상적 핵심으로 하는 근대 유럽 제국의 새로운 학문의 하나인 법학을 가능하게 하는 원리, 곧 지배의 원리가 아닌 자유의 원리이다. 인격·의사·자유 등의 칸트윤리학의 범주를 원리로 하는 판데크텐법학, 개념법학에의 길이 여기에서부터 사비니를 거쳐 열리게 된다.3)

3) 법의 원리의 탐구와 정언명법

칸트가 권리의 근거를 가지고 있는 법의 원리를 구하는 것은 『인문의 형이상학의 기초확립』(1975)에서이다. 제1장에서 칸트는 「일반적인 도덕적 이성의 인식으로부터 철학적인 도덕적 이성의 인식으로의 이행」이라는 표제를 붙이고 있다. 즉, 칸트는 논의의 출발점을 도덕적 상식에 두고 있다. 그것은 무엇을 의미하고 있는 것인가? 그는 상식으로부터 공리의 내용을 빌려온 합리론적 법학을 비판하고 있었던 것이 아니었던가?

확실히 칸트는 합리론적 법학에 귀납적 배경이 잠재해 있다는 것을 간파하고 그것을 거부하였다. 그리고 그는 자신의 도덕적 원리를 선험적인 것으로서 제시하고지 히였다. 그러나 칸트에게 합리론적 법학과는 다른 귀납적 배경이 없는 것은 아니다. 단지 그것이 항상 자각되지 못하였을 뿐이다.

이미 언급한 바와 같이, 스미스 사상은 —칸트의 제자이며, 술친구이기도 한 그라우스를 통해서— 프로이센에 수용되고 있었다. 스미스는 칸트가 애호하기도 하였다. "그러나 그것은 무비판적인 애호는 아니다. 〈스미스의 체계에서 공평무사한 재판관은(그는 당사자의 한 사람은 아니나) 무엇 때문에 보편적인 선에 관심을 기울이는 것인가? 무엇 때문에 그는 그것에서 만족을 발견하는 것인가?〉 칸트는 70년대의 각서에서 위와 같이 묻고 있다. 공평무사한 관찰자의 '보편적 입장'에서 '보편성'

---

3) 이 점에 대한 최근의 것으로는, vgl. H. Kiefner, Der EinfluB Kants auf Theorie und Praxis des Zivilrechts im 19. Jahrhundert, in; *Philosophilé und Rechtswissenschaft*, hrsg,von J:Bluhdorn und J. Ritter.

은 무엇 때문에 관심의 목표가 되는 것인가? 칸트의 눈으로는 스미스의 도덕감정론에서 여러 가지 도덕감정을 통일하는 원리로서 공리성(功利性) 이외의 윤리적 관심을 찾을 수 없었으며, 따라서 그는 이에 대하여 의문을 제기하고 있는 것이다." 그리하여 "칸트의 비판철학에 있어서 〈공평무사한 관찰자는 '공평무사한 이성이'된다.〉"(小倉志祥, 『칸트의 倫理思想』, p.45) 여기에서 문제는 스미스에 대한 평가에 있어서 위의 지적의 적합성 여부에 있는 것이 아니다. 그러나 칸트를 표준으로 삼았을 경우, 사태는 거의 그와 같은 형편이었으며, 따라서 그것이 필연적이고 보편적인 명제의 성립을 부정한 흄에 대한 칸트의 비판과 만나게 된다는 것은 부정할 수 없다. 인용문 중에서 강조부분은 『기초확립』 제1장의 표제 「일반적인 도덕적 이성의 인식으로부터 철학적인 도덕적 이성의 인식에로의 이행」과 같은 취지인데, 그것도 이상의 맥락에서 이해될 수 있을 것이다. 칸트는 이러한 출발점을 취함으로써, 이미 영국에서 성립하고 있는 시민사회 관계를 원리로까지 순화시키려고 시도하고 있는 것이다. 합리론적 법학이 계몽전제체제 내에 안주하며, 상식을 절취하여 원리로 삼고 있었던 데 반하여, 칸트는 영국의 도덕감정을 원리로까지 순화시키고자 한 것이었다. 칸트에게서 확실한 선험적 원리로부터의 연역이라고 하는 학문의 방법이 이러한 배경을 가지고 있었다는 것이 간과되어서는 안 된다.

그리하여 칸트는 공평무사한 관찰자를 보편적 법칙으로까지 높여, 거기에서 입법적 원리를 찾으려고 한다. 여기에서 도출된 것이 정언명법(定言命法)이다. 이 법칙을 페이튼이 정리(整理)한 것에 따라 소개해 보기로 하자. 제1법칙, "그것이 보편적 법칙이 되는 동시에 당신이 바라는 준칙이 되도록 행동할 것." 제1법칙, "당신의 행위 준칙이 당선의 의지에 의해서 마치 보편적 자연법칙이 될 수 있도록 행동할 것." 제2법칙, "당신의 인격 및 다른 모든 인격 속에 들어 있는 인간성을 항상 동시에 목적으로서 대하고, 결코 단지 수단으로서만 취급하지 않도록 행동할 것." 제3법칙, "의지(意志)가 그 준칙을 통해서 자신을 동시에 보편·입법적이라고 인정할 수 있도록 행동할 것." 제3법칙, "당신은 항상 당신의 준칙을 통해서, 마치 여러 가지 목적을 가진 보편적 왕국의 입법자가 될 수 있도록 행동할 것."(小倉, 위의 책, p.372~373)

그런데 여기에서 두 가지 점에 대해서 주의할 필요가 있다. 첫 번째는 칸트에게서 정언명법(定言命法)과 도덕법칙은 본래 구별되어야 하는 것임에도 불구하고 실제로는 그 구별이 애매하게 되어 있다는 점이다. 우리는 이 구별을 명확히 하지 않으면 안 된다. 다음에 두 번째로 도덕법칙이 무엇을 제시하고 있는가 하는 것을 검토하지 않으면 안 된다.

(1) 칸트는 도덕법칙이 단지 '인간에게만 한정되는' 것이 아니라, '이성과 의지를 가지고 있는 모든 이성적 존재자에 관계'될 뿐만 아니라, 더 나아가서는 '최고지성으로서의 무한한 것도 포함한다'고까지 생각하였다. 그러나 인간에게는 이를 배반할 가능성이 있다. 그런 점에서 법칙은 명령의 형태를 취한다. 예를 들면, 제1법칙은 보편적 법칙과 준칙의 동일화를 구하고 있다. 즉, 보편적 도덕법칙의 존재를 '전제'로 한 다음에 배반의 가능성을 가진 이성적 존재자(인간)에 대해서 그것과 합치하는 격률(格率)을 가지고 행동할 것을 명령하고 있다. 이리하여 도덕법칙과 명법(命法)의 구별은 분명해진다. 그럼에도 불구하고, 칸트는 『기초확립』에서 '정언명법 즉 도덕법칙'(野田又夫 역, 『人倫의 形而上學의 基礎』, 世界의 名著-칸트, p.264)이라고 말하고, 『실천이성비판』에서는 정언명법을 '순수실천이성의 근본법칙'(칸트, 최재희 역, 『실천이성비판』, p.33 참조)이라고 말하고 있다. 따라서 혼란이 일어나는 것은 당연하다.

칸트윤리사상의 커다란 특징은, 예를 들면 "플라톤이…… 선에 관한 이데아를 착상하여, 여기에서 선이란 무엇인가…… 를 확립하고자 한 데 대하여, 칸트는…… 도덕률〔=도덕법칙…… 을 중심으로 생각하여, 선과 악이라는 것은 오히려 도덕률에 의해서 규정된다고 생각하였던"(岩崎武雄, 『倫理學』, p.76~77) 것이다. 이러한 혼란은 칸트 윤리학에 치명적인 것이 될 수 있었다. 그러나 칸트는 그와 같은 혼란을 보이면서도 요소요소에서는 실질적인 구별을 두고 있다. 다음과 같은 표현은 그 한 실례이다. "①(도덕)법칙에 따른 행위는 그 자체가 선이며, ②자신이 지키고 있는 준칙을 항상 이 법칙에 종속시키는 의지는 절대적으로 모든 점에서 선이며, 모든 선의 최고의 제약(制約)이다."(『실천이성비판』, p.68 참조) 우리들은 ①·②로 구별하고 있는 위의 서술을 읽을 때, 다음과 같이 말할 수 있다. ①과 ②는 모두 〈도덕법칙에 포섭됨으로써 선이라는 규정을 갖게 되는〉 것에는 변함이 없다. 그러나 양자의 포섭의 대상은 다르다. ①의 경우에는 내적 동기와 관계없는 외적 행위가 포섭의 대상인 데 반하여, ②의 경우에는 포섭의 대상이 의지나 내적 동기 자체이다.

여기에서 법리적 입법과 윤리적 입법 사이에 구별이 생긴다.(『人倫의 形而上學』, p.340) 즉 본래 실천이성은 이러한 두 종류의 입법을 행한다. 먼저 양자에 공통된 상급개념으로서의 도덕법칙이 의무를 제시하고, 이를 전제로 하여 동기는 어떻든 외적 행위에 있어서 의무적합적(義務適合的)이라는 형식으로, 혹은 그 의무 자체를 동기로 하여 행동하라는 형식으로 구체화하는 것이다. 칸트는 '법의 보편적인 법칙'으로서 "당신의 의사의 자유로운 행사가 보편적 법칙에 따라서 어떤 제3자의 자유와도 양립할 수 있는 방식으로 외적으로 행동하라."(앞의 책, p.355)고 하는 명령을 들 수 있다. 이것은 일면 보편적 법칙과 명령의 혼란을 수반하는 것이지만, 다른 한편 제1법칙의 윤리적 입법에 대응하는 법리적 입법이다.

이리하여 칸트윤리학에서 근본적인 것은 명령의 전제가 되는 보편적 도덕법칙이다. 그리고 칸트가 『인륜의 형이상학』에서 특별히 힘을 기울여 구성한 이성법의 체계란, 그 도덕법칙의—외적 행위에 자리 잡은—구체화 및 체계화에 불과하다. 그리고 그것이 외적 행위에 자리 잡게 된 것과 사회관계 속에서 외적 행위가 보다 큰 관심의 표적이 되는 것은 불가피하기 때문에, "행위는 우선 합법적이지 않으면 안 된다. 그렇지 않으면, 이에 대하여 도덕적 가치 운운하는 것도 무의미하게 되기"(加藤新平, 『新版法思想史』, p. 87) 때문이다. 뭔가 석연치 않은 칸트의 논의는 이와 같이 해석함으로써 비로소 논리정연하게 이해될 수 있지 않을까? 우리들이 처음부터 칸트의 실천철학을 법철학 쪽으로 끌어들여 논의해온 것도 이상과 같은 이해에 기초한 것이었다.

(2) 그러면 이러한 이성법의 체계로 구체화된 보편적 법칙이란 무엇을 말하는 것인가? 결론부터 말한다면, 그것은 상품의 형태성에서 유래하는 근대사회의 형식적 구조이다. 칸트는 『순수이성비판』에서 플라톤적 이념을 다시 해석하면서, 각인의 자유가 타인의 자유와 공존할 수 있도록 하는 법칙은 "헌법의 최초의 초안은 물론이거니와, 일체의 법률의 근저에 명시되지 않으면 안 된다."(『순수이성비판』, p.269 참조)고 하고 있다. 그것은 보편적 도덕법칙의 원형이라고도 할 수 있으며, 후의 '작용·반작용 동일의 법칙 하에서 물체가 자유로이 운동할 가능성'과 유사한 관계에 있다고 여겨지는 이성법의 정의와 상통하는 것이다.(『人倫의 形而上學』 p.357) 다시 말해서 보편적 법칙이라고 하는 경우에는 '작용·반작용 동일'이라는 보편적 법칙을 연상해도 무방하다. 이것을 근거로 하지 않고, 보편적 법칙이라는 표현이 단지 추상적으로 이해되었을 경우, 그것과 준치의 동일화를 요구하는 제1법칙과, 인격의 존엄을 설명하는 제2법칙 사이에 논리적 연속이 상실된다. 그러나 칸트의 경우, 보편적 법칙은 '작용·반작용 동일'이라는 뉴턴의 법칙으로부터, 권리·의무의 동등성 및 '권리와 의무를 동시에 가진' 인간들 사이에서 비로소 법적관계가 가능하다는 사고방식에 유추·매개되어, 수단으로서 뿐만 아니

라 동시에 목적으로서 인격을 취급한다는 제2법칙으로 이어져 가는 것이다. 그리고 그와 같은 관계는 현실적으로는 등가교환에서 실현된다.

칸트는 정언명법의 제3법칙을 제시할 무렵에, 다음과 같이 말하고 있었다. "〈국가〉란, 서로 다른 이성적 존재자가 공통의 법칙에 의하여 체계적으로 결합된 것이다." 그리고 이 법칙이 이성적 존재자의 '목적 및 수단으로서의 상호관계에 향해진'다면, "이 나라는 목적의 나라라고 불릴 수 있다."(『人倫의 形而上學의 기초확립』, p.279) 이 목적의 나라도 일물일가(一物一價)의 등가교환이 광범하게 행하여질 때, 즉 '인격성을 결한 인간(예속·노예)'의 존재를 부정하고, 모든 사람이 '권리와 의무를 동시에 가진 존재자'가 되어 그 상호관계로서의 법적관계가 광범위하게 성립할 때 가능하게 된다. 이리하여 칸트는 다음과 같이 말한다. "목적의 나라에서는 모든 것이 가격 또는 존엄성을 가진다. 가격을 가진 것에는, 그 대신 뭔가 다른 것을 등가물로 놓아둘 수 있다. 이에 반하여, 모든 가격을 초월한, 따라서 등가물의 존재를 허락하지 않는 것은 존엄성을 갖게 된다."(위의 책, p.280이 인용문을 『人倫의 形而上學』, p.346의 '인격' 및 '물건'에 대한 설명과 비교할 것) 이와 같이 파악함으로써 칸트는 시민사회를 보편적으로 지배하여야 할 법칙—권리·의무 동등의 관—이 동시에 윤리적 존엄성을 가진다는 것을 주장하는 것이다.

4) 법사상으로서의 독일사회사상

독일 고전철학이 불란서의 혁명사상과, 영국의 사회이론을 법의 차원에서 받아들였다는 것에 대해서는 이미 살펴보았다. 그러나 '법'을 둘러싸고 사회사상이 전개된 것은 독일에서 고전철학에만 고유한 것은 아니다. 독일 역사학파도 독일 고전철학의 성립과 궤를 같이 하면서, 일단은 역사법학으로서 등장해온다. 그러면, 독일에서 사회사상이 '법'을 둘러싸고 전개된 이유는 무엇 때문인가? 독일의 근대화는 시민사회의 미성숙으로 인하여 위로부터의 근대화의 과정을 밟지 않을 수 없었다. 이리하여 시민 사회의 관계를 둘러싼 이론은 주어진 바, 여건으로서의 대상을 고찰하는 것이 아니라, 창출되어야 할 사회관계는 어떠하여야 하고, 어떻게 규율되어야 하며, 그것을 담당하는 인간은 어떻게 존재하여야 하는가 하는 문제들이 제기되었다. 이 경우, 자각하고 있든 자각하지 못하고 있든 관계없이, 예를 들면 이미 영국에서 성립해 있는 사회관계가 —역사학파의 대표적 인물인 사비니의 경우에는 로마법에서 표현되고 있는 상품교환사회가— 그 배후에 전제되고 있다. 그리고 창출되어야 할 사회관계는, 이미 성립하고 있는 시민사회의 관계를 그 의사관계(意思關係)에 자리 잡게 하면서, 형식면에서 추출한다는 식으로 정식화되고 있었다.

이상을 근거로 하여, 칸트의 다음과 같은 말을 고찰해 보기로 하자. 법의 개념이 관계되어 있는 사람과 사람 사이의 의사의 상호관계에 있어서 "의사의 실질, 즉 개개인이 그가 사고하는 객체에 의해서(도달하고자) 기도하고 있는 목적은 전혀 시야에 들어오지 않는다.…… 상호 의사관계의 형식만이 문제가 되며, 또한 이 형식에 의해서 양 당사자의 한편의 행위가 다른 편의 자유와 보편적 법칙에 따라서 조화될 수 있는가의 여부가 문제로 된다."(『人倫의 形而上學』, p.354) 이러한 서술은 칸트윤리학의 형식성, 즉 '의사(意思)의 실질(實質)'의 사상(捨象)은 추상적 보편적 구조에 도달하기 위해 불가결한 요소이었다는 사정을 보여주고 있다. 과연 이 사정에 의해서, 동시에 욕구의 체계라고 하는 구체적인 것으로의 통로는 차단되었다. '의사의 실질'의 통일성이 그와 같은 구체적 보편을 구성하기 때문이다. 그러나 칸트의 눈앞에 존재하였던 범위 내에서의 '의사의 실질'은 구체적 보편성을 구성하는 것이 아니라, 오히려 공공적 선으로 이어지지 못하는 이기적 악으로만 기울어져 있었다. 즉, 그에게서 윤리의 일체의 실질적 내용은 계몽전제주의의 행복주의에 연결되는 것으로 파악되었다. 따라서 칸트에 있어서 '차단'은 오히려 불가피하였다. 요컨대, 구래의 역사적 기성성(既成性)에 대한 부정이라는 기능을 수행하는 '의사의 실질'의 사상(捨象)이라는 이론적 수속이 한편으로는 근대사회가 가진 현실적 구조를 부각시키고, 다른 한편에서 근대사회의 구체적 전체성에 이르는 통로를 차단하는 것이었다. 따라서 이러한 형식성은 다음과 같이 이해되어도 좋을 것이다. "자유의지의 행위의 상호관계 속에서, 권리(혹은 법)의 관념은…… 의사의 〈실질〉을 고려에 넣지 않는다. 환언하면, 권리(혹은 법)가 문제인 경우에는, 자신의 사업을 위해서 상품을 매입한 사람이 거래에 의해서 이윤을 올렸는가의 여부는 따지지 않는다는 것이다. 의사에 대한 상호행위의 관계를 고찰하는 경우에, 단지 거래의 형식만이 고려되는 것이다. 의사의 행위는 그리하여 그것들이 자유롭고, 한 사람의 행위가 보편적 법칙에 따라서 다른 사람의 자유와 조화될 때에만 고찰되는 것이다."[4)]

---

4) H.Cairns, *Legal PhilosoPhy from Plato to Hegel*, p. 399.

어떻든 칸트가 의식한 이러한 형식적 구조는, 실로 근대사회의 내적 운동 자체가 자기 자신 속에서 추상화되고 내실화된다는 점에 근거를 가지는 것으로서, 따라서 칸트이론을 형식적이고 추상적이라는 이유만으로 부정한다면, 그것은 전혀 빗나간 것이라고 할 수 있을 것이다. 그것은 마침내 법률제도로서 객관적 실재성을 획득하기에 이르러 사회적 기능을 수행해 간다. 앞에서 말한 사비니는 19세기에 생성·전개·완성되고, 기본적으로 현대에 계승되고 있는 근대 법률학의 시조라고 할 수 있는 사람으로서, 1814년, 즉 신성로마제국의 붕괴, 나폴레옹으로부터의 독일해방이라고 하는 역사적 경과를 거친 직후에 『입법 및 법학의 현대적 사명』을 저술하고, 그 서두에서 다음과 같이 말하였다. "수많은 독일 제 국(諸國)에 있어서, 바야흐로 가장 훌륭한 시민법 창설에 대한 문제가 공공연한 요구로서 제창되어…… 정치가나 학식자의 공통된 논의를 환기시키고 있다. 더욱이…… 고매한 이유가, 즉 독일국민이 억압에서 벗어난 상황 속에서 이 시대에 적합한 것만을 제기하고자 하는 절실한 요청이 소생하는 모든 힘에 의해서 밑받침되고 있다는 감정이 이러한 공공적 논의에 작용하였던 것이다. 그런고로 자신들의 사명에 대한 불타는 정열과, 그것에 대한 명석한 의견을 간직한 사람이라면 누구나 다 이러한 견해를 공개하여도 외람되지 않으며…… 법에 대하여 일가견을 가진 사람이 지위와 권세 있는 사람을 추종하는 것은…… 용납될 수 없다. 실로 시민법에서 〈현재와 과거의 차이〉는 언뜻 보아서도 명백하기 때문이다.[5] 디보와 사비니 사이에 일어난 소위 '법전논쟁'은 이와 같은 토대 위에서 이루어지는 것으로서 — 헤겔의 『법철학요강』도 일면 이러한 논쟁에 참가한 것이라고 할 수 있다. — 이 논쟁의 지평선은 칸트 이전의 합리론적 법학에 대한 칸트의 비판·극복을 전제로 하고 있다. '현대와 과거의 차이'는 사상사적·문제사적으로는 칸트에 의해서 명확하게 그려진 것이다. 그것을 기초로 하여 어떠한 법을 어떠한 과정과 수속을 밟아서 형성시키는가 하는 것이 논의의 대상이 되었다. 이러한 사실은, 시민법학이라고 할 수 있는 사비니법학의 체계적 원리의 위치를 점하는 것이 칸트의 자율윤리학의 제 개념이며, 또한 사비니의 권리 개념의 규정이 칸트에 연원

---

5) F.C. von Savigny, *Von Beruf unserer Zeit zur Gesetzgebung und Rechts-wissenschaft*, Neudruch nach der 3, Aufl. 1892, S. 1.

을 가지고 있다는 사실로부터도 쉽게 알 수 있는 것이다.

이와 같이 칸트윤리학의 의사·자유·인격의 범주를 머리 위에 얹고 있는 형식성은, 근대 시민사회의 요청에 충분히 대답할 수 있는 것이었다. 그러나 다음과 같은 사실이 간과되어서는 안 된다. 칸트철학 및 개념법학에 이어지는 법사상은 이와 같이, 어떤 의미에서 근대사회에서 성립하는 사회관계의 형식성을 가장 예리하게 표현하였다. 그것은 한편에서 현대에 살고 있는 우리들을 둘러싸고 있는 형식합리성(形式合理性)의 문제에 연결되는 것임과 동시에, 다른 한편 그것에서 기인하는 모순을 재빨리 자각할 수 있는 가능성을 준비한 것이었다.

5) 칸트윤리학의 형식성을 둘러싼 문제들

칸트윤리학의 형식적 성격을 둘러싼 문제는, 칸트와 헤겔의 법철학의 성격을 이해하는 데 중요한 열쇠이다. 그 논의의 전제로서, 우리들은 다음과 같은 공통의 이해를 확인해두지 않으면 안 되겠다. 그것은 보편성과 특수성의 논리적 관계에는 다음과 같은 두 가지 존재방식을 생각할 수 있다고 하는 점이다. 하나는 보편성이 특수하고 경험적인 소재 속에 숨겨져 있는 공통적 요소를 추출함으로써 형성되는 경우이고, 다른 하나는 특수성이 구체적 전체성을 구성하고 있기 때문에, 그와 같은 구체적 전체성으로서의 보편성 속에 포함되는 특수성으로서 파악되는 경우이다. 후자에 있어서, 보편성과 특수성의 포함관계는, 특수성 상호간의 실재적(實在的) 관련이 유기적 조성(組成)을 가진 구체적 전제=보편성을 낳게 하는 과정 속에서 분명히 된다. 그러나 전자에 있어서는, 개개의 특수성이 그것에 논리적으로 선행하는 보편성에 그때마다 포섭 되는가 아닌가의 여부만이 문제가 된다.

이야기를 좀 더 구체적으로 이끌어 가보자. 헤겔은 예나시기의 한 논고에서 다음과 같이 기술하고 있다. "가공된 사물의 보편성이란…… 그 사물의 동등성, 즉 가치이다. 이 가치 면에서 그들은 동일하다. 이러한 가치 자체는 물량으로서의 화폐이다.(이와 같은 추상으로부터) 구체성으로, 즉 점유에의 귀환은 교환을 통해서 수행된다."[6)]

위에서 말한 것을 더 자세히 설명하면 다음과 같다. (1) 사물은 그 가치(교환가

---

6) Hegel, *Jenanser Realphilosophie* II, S.215.

치)에 준해서 볼 때, 그 질적 규정성이 사상되며, 모두 양적 규정성으로 환원되어 동등한 것으로 간주된다. 이와 같은 양적 규정성으로서의 가치 소재가 화폐이다. 다시 말해서 화폐란 상업적 소재를 얻은 '보편성'이다. 이와 같은 '보편성'으로서의 화폐에 포섭되는 측면으로만 파악되는 경우, 상품은 단순한 집합체로서 나타나며, 유기적 전체를 구성하는 것으로는 파악되지 않는다. (2) 그러나 교환을 거쳐서 점유에로 귀환한 국면에서 보았을 때, 그들 사물은 오히려 질적 규정성을 가지며 개개의 욕망을 충족시키는 사용대상으로서 구체성을 띠고 나타나게 된다. 전체적으로 보아 그것은 〈욕구의 체계〉로서 파악할 수 있다. 이 체계는 개개의 특수성을 자기 자신 속에 포함하는 〈보편성〉으로 이해되어도 좋을 것이다. 이와 같은 보편성이 하나의 개체로서 파악된다면, 그것은 국가라고 할 수 있을 것이다.

이상에서 이 두 보편성의 개념은 둘 다 모두 근대사회에 현실적 기반을 가지고 있다는 것이 분명해진다. 다시 말해서, 두 보편성의 개념과, 이에 대응하는 특수성의 개념은 논리상으로는 다른 종류의 것이지만, 현실의 사회과정 속에서는 하나의 과정의 두 측면으로서 작용하고 있는 것이다.

이상을 전제로 할 때, 우리들은 다음과 같은 여러 가지 점을 확인할 수 있을 것이다. (1) 첫째는 리스크의 다음과 같은 선명한 정식으로 알 수 있다. 즉 칸트의, 대상(對象)을 유개념(類槪念) 하에(예를 들면 추상적 법칙 하에) 포섭되는 것으로서 고찰하는 방법은 "사물 상호간의 실재적인 연관성이나 이들의 구체적인 문화 관련성을 검토하는 것을 방해하여, 모든 개개의 대상 하에서 항상 그 동일한 개념과의 관계만을 반성할 것을 명령하는 것이다. 이와 같은 사실에 의해서…… 전(全) 관찰영역은 서로 무관심 한 개개의 실재영역의 분열된 집합체로 해체된다." 이렇게 하여 칸트적인 추상적 가치 도식이 "역사철학 및 법철학적 영역의 유일한 지배원리가 되자마자, 역사적 관련성의 해소(解消)와 모든 사회적 형상(形象)의 원자화"[7]를 가져온다.

(2) 그 결과, 추상적 법칙과 단순한 집합체 — 혹은 혼돈(混沌)인 바의 감성적 내용 — 는 전혀 이질적인 것, 다른 세계에 존재하는 것으로 간주됨과 동시에, 모든 개개의 사물이 보편·추상적 법칙에 포섭 되는가 아닌가 하는 점에 관심이 집중된다.

---

7) E.,Lask, *Fichtes Idealismus und Geschichte Gesammelte Schriften*, Bd. 1, s.18.

이와 같이 대전제와 소전제의 논리적 포섭관계의 성립여부에 관심이 집중될 때, 대전제는 이러한 논리적 조작 성립의 전제조건으로서, 의문을 허용하지 않고 확고하게 계속하여 존립할 것이 요청된다. 물론 칸트윤리학에서는, 자신의 준칙과 보편적 법칙(대전제)을 부단히 일치시키고자 하는 자율적 수체의 작용에 의해서, 그것이 행위 주체에 외적인 것이 되지 않도록 배려되고 있었다. 그러나 이러한 자율적 주체의 작용이 멈추었을 때, 그것이 포섭실증주의에 길을 열어줄 수 있는 가능성을 가지고 있다는 것은 부정할 수 없다. 더욱이 "자유는 도덕법칙의 존재근거이다."(『실천이성비판』, p.2 참조)라고 생각하면서도, 양자의 관계 구체화되어 있지 않은 결과, 그 자유의 사상이 자율적 주체로부터 절단된 도덕법칙이 자존화(自存化)·기성화(旣成化)되는 것에 대하여 견제기능을 충분히 발휘할 수 있었다고는 말하기 어렵다.

(3) 이와 같은 사유양식은 자체의 타당성 근거에 대해서 이론내재적인 자각을 갖고 있지 않다. 왜냐하면 이러한 사유양식은 관계와 관계의 두 항목을 서로 개별적으로 존재하는 것으로 상정하고, 그러한 연후에 양자를 포섭관계에 들어서게 하는 것으로서, 그것을 한편에서 관계의 두 항목을 실체화(實體化)시키고, 다른 한편에서 또한 두 항목간의 관계를 자존적 형식(自存的 形式)으로 고정시켜버리는 결과를 초래하며, 구체적인 관계의 실상을 은폐시켜 버리기 때문이다. 물론 현실에서 작용하고 있는 사회적 기제(機制) 자체가, 주체적 관계를 자존적 형식과 실체화된 두 항목에로 물화(物化) 시켜가는 메커니즘을 가지고 있으며, 이 사유양식의 성립과 전개는 기본적으로 이러한 기구에 의해서 유지되고 있는 것이다. 이러한 이유 때문에, 보편적 규칙에 자기의 행위를 맞춤으로써 개개의 행위 주체가 간접적이고 매개적으로, 혹은 결과적으로 구체적인 사회적 통일성에 참여할 수 있게 된다. 추상적 보편(성)—특수(성)의 관계의 배후에는, 그 관계를 일관하여 구체적 보편(성)—특수(성)의 관계가 작용하고 있다고 말하지 않으면 안 된다. 스미스가 보이지 않는 손에 이끌려 간다고 표현한 것은 이 과정과 다른 특별한 것이 아닐 것이다. 즉, 추상적 보편에 위치함으로써 결과적으로 구체적인 사회적 전체성에 참여할 수 있는 것은 그 배후에 분업적—소비적 편성이 현실적으로 성립하고, 그 결과 개개의 행위가 구체적 보편의 유기적 일환을 이루고 있을 그러한 때에만 가능하다. 이와 같은 기제(機制)가 존재하는 한, 추상적 보편적 사유양식(思惟樣式)에 입각한 윤리적—법적 사유는 현실적으로 유효한 사유방법일 수 있다. 그것은 이와 같은 사정 하에서 성립하고, 그것이 계속 존속하고 있기 때문에—시민사

회의 제 모순이 격화됨에 따라서, 그것이 직접 정당성에 연결된다는 신념은 마침내 상실된다고 할지라도—계속 존립하고 있는 것이다. 이러한 사정에 대하여도, 이 사유양식은 이론내재적 자각의 방법을 가지고 있지 않다.

(4) 자율적 주체(自律的 主體)의 작용에 의해서 칸트의 포섭적 사유가 포섭실증주의로 타락하는 것을 막는다는, (2)에서 서술한 구조는 칸트 이후 점차 유지(維持)하기 어렵게 된다. 즉 역사법학-판테크텐 법학을 거쳐 개념법학에 이르는 과정은 도덕법칙의 존재근거인 자유를 약화시키면서, 그 존재근거를 국가로 변경시켜가는 과정이며, 거기에서 포섭실증주의에의 회로(回路)가 열려지게 되는 것이다. 그렇다고 할지라도, 그 제일보는, "당신의 자유로운 의지의 행사가 보편적 법칙에 따라서 어떤 사람의 자유와도 양립할 수 있는 방식으로 〈외적(外的)으로〉 행동하라"고하는 법리적 입법을 윤리적 입법과 구분될 수 있는 것으로서 내걸고, 거기에 '전체적·상호적 강제'를 접속시킨(『人倫의 形而上學』, p.356) 칸트에 의해서 시작되었다고 해도 무방할 것이다. 이 때 '보편적 법칙'은 '준칙'으로서 수용될 것을 반드시 요구하는 것은 아니며, '외부'로부터 '강제'로 부과될 가능성이 존재한다. 이 논의를 계속 발전시켜 가면 도덕적·법적 주체는 논리적으로 국가에 선행한다는 발상은 포기되며, 오히려 자유나 권리를 국가에 의해서 부여 받는 것으로 파악하게 된다.

어떻든, 이상과 같은 사정이 존재하기 때문에, 칸트윤리학의 형식성을 안이하게 비판해서는 안 된다. 형식적 보편적인 법칙은, 가령 인간을 초월한 이성적 존재자 일반에게 타당한 것으로 여겨졌다고 하더라도, 결과적으로는, 하나의 민족을 통일성에로 총괄하는 법에로 전개시킬 수 있는 가능성을 가지고 있었으며, 그런 의미에서 부정할 수 없는 현실성을 가지고 있었다.

6) 요청론과 간트칠힉의 문제점

시인인 동시에 뛰어난 철학해설자이기도 하였던 하이네는 칸트를 로베스피에르와 비교하여, 후자는 국왕의 목을 자른 데에 불과하지만, 칸트는 초월신(超越神)의 목을 잘랐다, 『순수이성비판』이야말로 그 칼이라고 말하고 있다.(하이네, 伊東勉 역, 『독일 古典哲學의 本質』, p.340) 『순수이성비판』에서의 인식론은, 시간과 공간이라는 선험적인 직관을 통해서 수용한 것을 범주라는 순수오성개념이 포섭함으로써 대상인식이 성립한다고 주장하는 결과, 시공을 통해서 수용될 수 없는 인식을 일체 부정하고, 불사(不死)·자유·신이라고 하는 구태의 형이상학적 〈대상을 대상〉으로서는 부정하면서, 그것들을 주체적인 실천적·도덕적 영역의 문제로 전환시켰던 것이다. 환언하면, 신학적 영역이 법(철)학적 영역으로 전환되었다. 기계에 대한 발명자, 신민에 대한 군주, 아들에 대한 아버지의 관계를 한 손에 거두어들이는 초월적 인격신은 이것에 의해서 부정되고, 권리와 의무를 동시에 가진 인간 상호간의 관계가 그것에 대체되었다. 하이네의 말은 이것을 상징적으로 표현하고 있다.

그런데 칸트는 불사·자유·신의 세 이념을 '실천이성의 요청(要請)'으로서 자유를 기저(基底)에 두면서 다음과 같이 파악한다. 실천적 자유는, 불사 및 신의 요청을 가능하게 하는 것으로서 가장 근본적인 요청이다. 그리고 자유의사에서 발단된 귀결(歸結)은 무한의 진행 속에서만 이성=감성의 합일을 가져온다고 생각되는 것에서 영혼의 불사(不死)가 요청되며, 그 합일의 과정은 행위주체로부터 이탈되지만, 그럼에도 불구하고 조화에 귀결되기 위해서 그것에 이르는 과정을 지배하는 신의 존재가 요청된다고 한다.

이러한 논의는, 바꾸어 생각해 보면, 추상적 보편(성)-특수(성)이라는 위치에서 파악된 관계가 어떻게 하여 구체적 보편에 도달할 수 있는 것인가라고 하는 메커니즘을 해명하지 못한 상태에서, 그것을 희구(希求)하고 있었던 것의 표현으로 간주할 수 있을 것이다. 칸트는 보이지 않는 신의 손을 요청하였다고 말해도 좋을 것이다. 논리화할 수 없는 상태에서 구체적 보편을 감득(感得)하고, 그것을 요청에 맡기는 한편, 결과적으로 구체적 보편에 참여할 수 있는 행위의 〈공통적 지표〉만을 제시할 수 있었던 것이었다. 그러나 해명되지 못한 메커니즘은 초월적인 것에 둘러싸여서 인간과는 소원(疎遠)한 것이 되기 쉬우며, 자각되지 않고 그냥 감득(感得)된 것에 불과한 것은, 가령 그것이 자신에서 연유한 것이라면 신비화되기 쉽다. 그렇지만 다음과 같은 사실을 간과해서는 안 된다. 즉, 칸트윤리학은 인간에게 작용인(作用因)이, 즉 실천적 주체로서의 자발성이 존재한다고 주장하는 입장에 명확히 서 있다는 사실과, 따라서 그것은 신에게만 존재한다고 생각된 창조력을 피조물에게 부여하는 것과 동일하다는 사실이다. 칸트가 보여줄 수 없었던 것은, 그 작용인이 상호작용을 통해 부단히 사회라는 구체적 현실을 산출하고 있는 구조이다. 그것이 요청으로서의 신으로 대상화되어 버렸던 것이다. 이리하여 가령 신이야말로 유일한 작용인의 주체이며, 인간은 고작 기회인(機會因)을 가진 것에 불과하다고 하는 말브랑슈(Malebranche)의 사상을 초월한 지평선에 서 있으나, 그것을 사회적 전체성의 파악에까지 이르게 하지는 못하고 있다. 거기에 목적인(目的因)의 신이 나타날 여지가 있다.

이 대상화(對象化)의 과정을 하이네는 시인다운 필치(筆致)로 다음과 같이 묘사하고 있다. "칸트는…… 천국을 갑자기 습격하여, 그곳 수비병을 하나도 남김없이 모조리 죽여 버렸다. 신…… 은 드디어 그 존재를 증명하지 못한 채, 피투성이가 되어 쓰러져 있다.…… 그런데 그 람페 할아버지가 언제나 변함없는 우산을 겨드랑이에 끼고 슬픈 듯한 얼굴로 이 장면을 구경하고 있었다. 람페의 얼굴에서 식은땀이 흘러내리고 눈물이 뚝뚝 떨어졌다. 그래서…… 칸트는 람페 할아버지를 불쌍히 여겼다. 〈저 람페 할아버지는 하나님이 계시지 않으면 곤란하다. 이 불쌍한 인간은 하나님이 계시지 않으면 행복하게 되지 못한다.—그런데 인간은 이 세상에서 행복하게 살지 않으면 안 된다. 이것은 실천이성이 요구하는 바다.—제기랄 상관없다. 해치워 버리자! 이 실천이성에게 신의 존재를 보증(保證)하게 하자.〉…… 그리고 이 실천적 이성을 마법지팡이와 같이 사용하여 초월신의 시체에 생기를 불어넣었다."(하이네, 앞의 책, p.54~55) 『실천이성비판』으로 소생된 신이 『순수이성비판』으로 목이 잘린 신과 동일한 신인가는 크게 의문이다. 그러나 칸트시내에 이렇게 이해하여 칸트를 구래의 정통파 신앙의 편으로 집어넣으려고 한 시도가 있었던 것은 사실이며, 또한 헤겔 좌파의 일원으로 간주되기도 하는 하이네가 그와 같은 여지를 말살해버리려고 한 것은, 이해하기 어려운 것은 아니다. 그러나 여기에서 우리에게 중요한 것은, 구체적 보편의 편성과정이 사회적 실질(社會的實質)에 입각하여 논리적으로 분명하게 되지 않을 때, 그것은 신비화될 여지를 남긴다는 것이다.

이와 함께, 하나 더 문제 삼아야 할 것이 있다. 그것은, 하이네가 '비극 후(後)의 어릿광대'라고 부른 이 일막(一幕)의 조연을 맡은 람페란 누구인가 하는 문제이다. 칸트를 오랜 세월동안 섬겨온 늙은 종이라고 대답하는 것만으로는 충분치 않다. 오히려 그것은 교권과 속권이 동시에 지배하는 체제하에서 아직 계몽되지 않은 채 암흑에 싸여 졸고 있는 프로이센 민중들의 참 모습이라고 해야 할 것이다 칸트에 대한 해석의 정확성을 불문에 붙이고 말한다면, 칸트철학이 목표하는 바와, 칸트를 둘러싼 상황의 낙차(落差)를 도려내는 이 하이네의 서술에는 일종의 감동조차 불러일으키는 박력이 있다. 칸트의 주위에 있는 민중은 구태의 습관의 테두리 내에서 타율적으로 살아왔다. 그러나 사람들은 그와 같은 상황으로부터 탈출하지 않으면 안 된다. 칸트의 역사의식은 이렇게 부르짖는다. '법률이 지배하는 체제라는 이념'이야말로 인간 본연의 존재방식에 가장 적합하다고. 후진국 독일에 구체적 보편은 존재하지 않으며, 칸트에게서 그것은 무한한 시간 저쪽에서나 비로소 완성될 수 있는 것이다. 그는 그것을 충족시킬 지표를 추상적 법칙으로 보여준 데 불과하지만, 이 법칙이 실현되기 위해서는, 자신의 주위나 혹은 종들의 방에서 구태의 습관 속에서 타율적으로 살고 있는 사람들을, 또한 칸트의 산책에 의해서 비로소 '시간'을 알게 되는 사람들을 그 오랜 잠에서 깨게 하여, 자신의 행위에 의해서 구체적 전체를 산출하는 주체가 되게 하지 않으면 안 된다.

칸트는 '자기 자신의 의사에 의해서 다른 사람들과 협동적으로 행위 하는 것과 같은 공공체의 일부분이 되고자 하는' 독립성을 가진 인간을 '능동적 국가 공민'이라고 하고, "상인이나 수공업자에 종속되어 있는 직공, 고용인, 미성년자, 모든 부인 및 일반적으로 자신의 경영에 의하지 않고 다른 사람의 지시·관리에 의해서 생존을 유지하도록 강요당하고 있는 모든 사람, 이들 모두는 공민적 인격성을 결하고 있다"고 하면서, 전자에게만 '투표권'을 부여해야 한다고 하였다.(『人倫의 形而上學』, p.451~3) 여기에서 칸트는 유산계급에게만 '투표권'을 부여하고, 무산계급을 정치적으로 차별하였다는 유의 비판이 때때로 행해진다. 그러나 그러한 비판은 제기되고 있는 구체적 상황에서 칸트만큼 문제해결을 위해서 심려를 기울이고 있지 않은 사람들의 공식주의라고 할 수 밖에 없다. 칸트는 타인에게 종속되어 있는 타율적인 사람들을 고정적으로 전제하고, 그 위에서 여러 가지 입법적 방책을 진언하고 있는 것은 아니다. 그는 한편에서 법의 원리를 제시하면서, 동시에 그것을 실행·실현하는 주체의 형성을 논하고 있는 것이다. 과연 자율적 주체가 되어야 한다는 그의 호소는 그런 점에서는 현실성이 부족할지도 모른다. 그러나 다른 한편에서, 쉬타인-할덴베르크의 개혁을 담당하였던 혁신관료의 대부분이 칸트와 그 제자 그라우스의 강의에 참석한 사람들이었다는 것—그것이 아이러니컬한 이면(裏面)을 수반하고 있다고 할지라도—을 간과해서는 안 된다.

어떻든 칸트는 타율적으로 살고 있는 사람들에게 각성하라고 호소한다.

"계몽이란, 인간이 자신의 오성(悟性)을 사용하지 못하고", '타인의 지도' 하에서 있는 '미성년상태에서 벗어나는 일이다.' "이러한 상태에 있게 되는 원인은, 오성이 결여되어 있기 때문이 아니라…… 타인의 지도가 없이도 자신의 오성을 사용하고자 하는 결의와 용기가 부족하기 때문이다." 즉 "자신에게 책임이 있다." 그러므로 "〈현명하라〉. 〈자신의 오성을 사용할 용기를 가져라!〉—이것이 바로 계몽의 표어이다."(칸트, 篠田英雄 역, 『啓蒙이란 무엇인가의 외 3편』, p.7) 이러한 계몽의 표어와 정언명법(定言命法)의 유사성은 명백하다. 노예적·노동적·시민적 존재의 타율상태에서 탈출하라. 동등한 권리·의무관계의 당사자인 자율인이 되어라, 이와 같은 관계에 자각적으로 들어갈 때 인간은 도덕적 존엄을 지닌 존재가 될 수 있는 것이다. '법칙이 지배하는 체제'라고 하는 '가장 숭고한 형이상학적 이념은 이것에 의해서 비로소 실현될 수 있는 것이다. 이러한 측면에서 볼 때, 스미스의 『도덕감정론』이 『국부론』을 핵심으로 하는 법학체계를 지탱하고 있는 인간연구서라고 할 수 있는 반면, 칸트의 도덕철학은 법학-보편적 도덕법칙의 체계를 가능하게 하는 것으로서 주체적 인간형성의 학문이라는 측면을 가지고 있다.

3. 칸트윤리학의 무비판적 수용: 칸트·사비니·판데크텐 법학

사비니법학(이태리의 공법학자, 역사주의적 입장에서 로마법을 이해하였으며, 그의 강의는 베를린대학 시절 마르크스도 청강하였다, 역자)에서 공리적(公理的) 위치를 차지하는 것은 〈인격〉·〈자유〉·〈의사〉라고 하는 칸트윤리학의 개념이다. 사비니는 『현대의 사명』이라는 그의 저서 속에서 '두변과 그 사이 각으로부터 삼각형이 수어지는' 것과 같이, 법의 '지도원리'를 발견해내면, 그로부터 연역적으로 법률의 제 개념 및 제 법규의 내적연관이 주어진다고 하면서, "그것이 우리들의 일에 학문적 성격을 부여한다"[8]고 하였다. 이것은 일면에서는 합리론적 학문관에 입각한 것이라고 할 수 있으나, 다른 면에서는 칸트에 의해서 근거를 부여받은 개념이 공리= '지도원리'의 위치를 점차로 차지하게 된다는 점을 간과해서는 안 된다. 이리하여 칸트의 자율적 법윤리학은 "권리 및 법률 행위적 의사라는 사비니의 개념을 통해서 판데크텐 법학 전체를…… 지배"(비아커, 『近世私法史』, p.448)하게 된다. 이러한 인용을 베버의 말과 대조해 보면 더욱 명확해진다. "판데크텐에 있어서는 원래 개개의 구체적인 경우와 관련하여 서술되고 있었던" 로마 법률가의 훌륭한 임기적인 착상…… 이 구체적인 경우와 단절되어, 궁극적인 법원리에까지 높여짐으로써 "이들 법 원리로부터 연역적으로 추론하게 되었다." "로마 법률가에겐 없었던 것, 즉 순수하게 체계적인 제 범주(諸 範疇)…… 가 만들어 내어져…… 고대 법률학에서는 통일적인 명칭조차 존재하지 않았던 개념, 예를 들면 '법률행위'라든가

---

8) Savigny, *Von Beruf unsrer Zeit zur Gesetzgebung und Rechtswissensc-haft*, SS. 13~4.

'의사표시'의 개념이 구성되었다."(M. 베버, 世良晃志郎 역, 『法社會學』, p.467)

이상과 같은 관점으로부터 다음과 같은 말을 충분히 이해할 수 있다. "언제 어디서나 법률을 현재의 형태로 변화시킨 것은 법률의 외부에서 방향성을 제시해 주는 사상이며, 형이상학적 법학자들이 문제로 삼지 않으면 안 되었던 것은 실로 이 사상이었던 것이다. 형이상학적 법률학이 역사학파에게 부여한 것은 〈권리(=법)에 대한 사상〉이다…….

바꾸어 말하면, 전(前) 세기(18세기)에 있어서 법규, 교리 및 제도에 대해 역사학파가 행한 비판은 직접적으로 이들 형이상학자에게서 유래한 것이며, 그것은 법률가의 일도 역사가의 일도 아니다."[9] 이러한 형이상학자로서 첫 번째로 손꼽히는 사람은 물론 칸트이다. 그리고 여기에서 거론되고 있는 '권리(=법)에 대한 사상'으로서는 사비니의 다음과 같은 규정을 들 수 있는 것이다. "인간은 외적(外的) 세계의 한복판에 서 있다. 그리고 이와 같은 인간 환경 속에서 인간에게 가장 중요한 요소는 그 본성과 규정에 있어서 자신과 동등한 자의 관련성이다. 그런데, 그와 같은 관련성에 있어서, 자유로운 존재자가 상호공존하여 그 발전을 서로 방해하는 것이 아니라 서로 촉진해야만 한다고 하면, 이 사실은 단지 그 한계의 내부에서는, 모든 개개인의 현존재와 활동성이 확실하고 자유로운 공간을 획득하는 것과 같은, 그러한 눈에 보이지 않는 한계에 의해서 비로소 가능하게 된다. 이 한계가 자유로운 공간을 규정하고, 규칙이 이 한계를 규정하는 것인데, 이 경우 이 규칙이 곧 법(=권리)인 것이다."[10] 이것은 명백히 "법이란 어떤 사람의 의사와 타인의 의사가 자유의 보편적 법칙에 따라서 조화될 수 있도록 하는 제 조건의 총체이다."(『人倫의 形而上學』, p.354)라고 하는 칸트의 법에 대한 정의(定義)에서 유래하고 있다. 이리하여 칸트적 개념은 판테크텐 법학 및 개념법학에 계승되어 간다.(비아커, 앞의 책, p.447~448 참조)

그러나 이러한 계보에 의한 칸트윤리학의 수용은 '무비판적으로 행하여졌다'[11]고 말하지 않을 수 없다. 그러한 수용방식에 대해서 칸트에게도 책임이 없는 것은

---

9) R. Pound, *Interpretation of legal history*, p.34.

10) Savigny, *System des heutigen romischen Recht*s, Bd. I, SS.331~332.

11) H.Coing, *Kant und Rechtswissenschaft*, S.39.

아니지만(앞의 5절 참조), 어떻든 이와 같은 사정은 사비니를 거쳐 개념법학에 이르는 과정에서 점점 더 심하게 나타나게 된다. 개념법학적 사유양식은 "자신을 정당화할 수 있는 조건을 이론의 〈외부〉에서 전제할 수 있을 뿐으로, 그것을 〈내부〉에서 논리적으로 자각하는 방법은 가지고 있지 않다." 그러나 이론의 외부에서이기는 하지만 자신을 정당화할 수 있는 조건을 가지고 있고, 이에 대한 확신이 입법자나 법 적용자 가운데서 살아 움직이고 있는 한, "법률의 논리적 조작(操作)만이 문제가 되었으며", 그것으로 만족하기도 하였다.(磯村哲, 『社會法學의 展開와 構造』, p.140) "윤리적·정치적·국민경제적 고려는 법률가의 일이라고만 생각해서는 안 된다."고 하는 개념법학의 태두(泰斗) 빈트샤이트의 말은 그 연장선상에 있다.

이와 같은 사유양식은 일면 시민사회 내부의 모순의 현재화(顯在化) 및 근대법의 정당성에 대한 근거의 상실이라는 사태를 자각적으로 검출할 가능성을 가질 수 없었던 반면, 그와 같은 사태와는 무관하게 자신을 계속해서 유지해나갈 수 있게 되었다. 그것은 산업혁명에 대처할 수 있는 사회적 틀을 제공할 수 있었으나, 한편 그 경과 과정에서 극히 이데올로기적인 성격을 띠게 되어, 많은 법학상의 난제(難題)들을 내포하게 되었다.

그런데 사비니는 처음부터 인륜(人倫)의 전체성을 자신의 이론 속에 집어넣는 것에 무관심하였던 것은 아니다. 오히려 그는 그것을 자신이 해결하여야 할 과제라고 생각하고 있었다. 즉, 그에게 법학은 역사적 학문일 뿐만 아니라, 동시에 철학적 학문 — 사비니가 말하는 철학이란 체계적인 교리의 의미로 사용되고 있다. — 이었는데, 그는 이와 같은 역사성과 철학성의 관련을 문제로 삼아, 그것을 민족 공통의 법적 확신으로서의 민족정신에 통일적으로 파악하고자 하였다. 그것은 추상적 보편과 구체적 보편의 관련 문제에 대한 사비니적 표현이라고 해도 좋을 것이다. 이 공통의 확신이란, 구체적이며 동시에 유형적(類型的)인 공동체 성원의 행동 양식-생활관계를 대상으로 한다. 예를 들어 혼인, 가장권(家長權), 토지소유, 매매 등이 이러한 유형의 행동양식으로서 열거된다. 그것이 법적으로 구속(拘束)된 질서로서 구성될 때, 법적제도라고 일컬어진다. 이러한 법적 제도를 사비니는 시간과 더불어 변천하는, 유형적으로 이해된 인간의 상호관계의 전체성으로서 파악하였다. 이러한 인간적 삶의 전체성은 개별적 법규의 총계에 의해서 달성되는 것이 아니며, 또한 그 총계에 의해서 법적제도가 나타나게 되는 것도 아니다. 그와 반대로, 법규는 유기적 관련으로서 어떤 법적제도의 '총체적 직관'으로부터 기술적 추상(技術的抽象)에 의해서 창출되는 것이라고 한다. 그러므로 규칙의 체계적 관련은 '법적제도의 직관' 속에 그 기초를 가지고 있다. 그러나 이러한 '직관'과 '규칙의 추상적 형식'의 사이에는 〈부조화(不調和)〉가 개재한다. 그것의 극복을 사비니는 법학의 지속적 목표라고 한다.

그리하여 법률학적 사유는 실제로 단 하나의 지평에서만 움직이고 있어서는 안 되며, 직관과 개념 사이를 항상 왕래하지 않으면 안 된다. 다시 말해서, 직관은 전체를 나타내지만, 개념 및 그 개념을 수단으로 하여 형성된 규칙은 그것의 부분적·형식적 표현에 불과하며, 따라서 그것을 유효하게 운용(運用)하기 위해서는, 항상 직관에 의해서 보완되지 않으면 안 된다.

현대 독일의 법철학자 라렌쯔는, 만약 사비니가 이러한 직관과 개념의 매개를 학문적으로 파악하고, 그 후계자가 그 이론에 의거하였다면, 그들은 '형식적 개념법학'에 빠지지 않아도 되었을 것이라고 말하고 있다.[12] 그러나 사비니는 이러한 일에 실패하였다. 즉, 법적제도의 유기적 관련은 그 자신에 있어서는, 결국 학문적으로는 파악될 수 없는 직관 — 이는 로맨티시즘과의 친숙함을 엿볼 수 있는 말이다. — 의 형태로 주어지는 것에 불과하며, 그것을 추상적인 논리적 체계와 관련시킨다는 것은 전혀 불가능한 일이었다. 요컨대, "사비니는, 개개의 법규에 대해서 법제도가 우월한 위치에 있다는 것을 강조하면서(의미 전체로서의) 제도의 적절한 파악은 단지 직관에 의해서만 가능하다고 하고, 그 반면에 형식적 논리학의 방법에 있어서 개념적 사유를 필연적으로 추상적인 법규의 파악에만 한정 한다."고 함으로써, 사실상 양자를 절단해 버리고, "푸흐타의 형식적 『개념법학』으로의 길을 열었다."[13] 결국, 사비니는, 추상적 보편-특수의 관계로서의 법률적·포섭적 사유양식에 전형적으로 표현되어 있는 법명제(法命題), 법규의 논리적 체계와 구체적 보편·특수의 관계로서의 사회적·역사적 현실성과의 관계에 대해 물음을 제기하면서 양자를 매개하는 계기를 파악하지 못하여, 이에 대한 해답을 줄 수 없었다. 그 결과, 사비니에 있어서, 학(學)의 역사학적 계기는 고고학적 방향으로 위축됨으로써, 그 반대편에서 체계적이고 독단적인 방법이 우위를 차지하게 된다. 사비니가 실제로 행한 역사적 연구는 고고학적 연구나 중세 로마법 저작(著作)의 전통

---

12) Karl Larenz, *Methodenlehre der Rechtswissenschaft*, 3 Aufl, SS.14~15.

13) 위의 책, S.15.

에 대한 연구 등, 그 자체가 독단주의적인 것이었다고 말하기까지 한다.

『법철학요강』에서 헤겔은 다음과 같이 말하고 있다. "요즘 사람들은 가장 생명력이 없는 소재(素材)나 가장 생기가 없는 사상에 종사하는 경우에 대해서 가장 〈생명력이 있다든가〉, 〈생활 속에 융화되어 있다고〉 말하고 있다."(『法哲學』, p.439) 이 사실은 사비니에 의해서 대표되는 역사법학에 대한 통렬한 비판이다. 헤겔은 같은 책에서, 역사법학파에 대해서 또 하나의 비판적 논점을 제시하고 있다. 그것은 역사법학이 '역사적인 제 근거에 기초한 전개(展開)'를 '개념(헤겔적 의미에서의)에 기초한 전개와 혼동'하고 있고, '역사적인 설명과 정당화'를 '즉자(即自) 또한 대자(對自)적으로 타당한 정당화의 의의로까지 확대'한 점에 대한 것이다.(위의 책, p. 439) 그렇다고 해서 헤겔이 역사적 입장을 망각하지 않았음은 두말할 필요도 없다. 그 자신은 '진실한 역사적 견해, 진정한 철학적 입장'으로서, "입법과 그 모든 특수한 규정을 고립시켜서 추상적으로가 아니라, 오히려 〈하나의〉 총체에 대한 의존적 계기로서 한 국민과 시대의 성격을 이루고 있는 다른 모든 제 규정과의 관련 위에서 고찰하는"(앞의 책, p.181)입장, 즉 추상적 보편과 구체적 보편의 관련 속에서 고찰하는 입장을 주장하고, 입법과 그 특수한 제 규정이란, 이러한 관련 속에서만 그 진정한 의의와 정당성을 얻을 수 있다고 주장하는 것이다.

그리하여 헤겔은 『법철학요강』 제3절에서 다음과 같이 말한다. "(a) 법은 한 국가에서 타당성을 가지고 있는 〈형식〉에 의해서 일반적으로 〈실정적(實定的)〉이게 된다. 그리고 그와 같은 법률적 권위가 법의 지식 즉 〈실증적인 법학〉에 있어서의 원리이다. (b) 법은 〈그 내용상〉 다음과 같은 세 가지 사실에 의해서 실정적 요소를 함유한다. 첫째로, (α) 한 민족의 특수한 〈국민적 성격〉과, 그 민족의 〈역사적〉 발전단계와, 〈자연적 필연성〉에 속한 모든 제 관계의 관련에 의해서. 둘째로, (β) 하나의 제정된 법체계라는 것은, 보편적인 개념을 모든 대상과 사건의 특수한, 〈외부로부터〉 분별할 수 있는 성질에 적용하는 것을 포함시키지 않을 수 없다는 필연성에 의해서. — 단, 〈이러한 적용은 이미 사변적인 사유나 개념의 발전이 아니라, 오성의 포섭이지만〉, 셋째로, (γ) 현실적 결정을 위해서 필요한 모든 〈말단〉규정(末端規定)에 의해서."(위의 책 p. 180) 여기에서 주목하여야할 것은 다음과 같은 사실이다. (1) 한편에서 포섭적(包攝的) 논리로서 작용하는 법률학적 영역을 보존하면서, 이에 대한 정당성의 근거를 역사적·사회적 지반(地盤)에서 관찰하고자 한 것, 다시 말해서 '오성(悟性)의 포섭'을 간직하면서, 그것을 '사변적인 사유'나 '개념의 발전' 속에 그 계기로서 포함시키려고 한 사실, (2) 그 작업 중에서, 한편에서는 법적 제 범주(諸範疇)가 전개되는 곳인 시민사회와, 이에 의해서 편제(編制)되는 국가 구조를 구체적으로 파악하고, 다른 한편에서 그러한 국가를 도달점으로 하는 역사의 철학적 파악을 수행한 사실 —여기에서 헤겔은 역사적이고 상대적인 것 중에서 절대적인 것이 실현된다는 역사철학의 입장을 취한다.— (3) 이와 같은 사실에 의해서 있어야 할 것으로 상정된 법과 사회의 존재방식이 미리 '자연적 질서'(사비니의 경우에는 역사적 로마법) 속으로 투입된 연후에 그와 같이 해석된 자연적 질서(혹은 역사적 로마법)로부터 있어야 할 본연의 법과 사회가 도출된다고 한, 앞에서 취한 입장을 극복하려고 하고 있다는 사실.

어떤 의미에서는 여기에 헤겔의 사회철학이 전개되는 문제영역이 있다고 할 수 있을 것이다. 그것은, 판데크텐 법학으로부터 법률실증주의로 계승된 것과는 전혀 다른 방향에서 칸트이론을 계승·발전시켰던 것이다. 즉, 그것은 근대법의 원리를 받아들여 그 원리 자체를 확립하고, 정당성을 증명하는 인륜의 체계 자체에 대한 구조적 파악으로 향하고 있으며 법률학적 논리가 존재하는 근거를 제시한 것이었다. 그런데, 헤겔의 법철학은, 이를 수행함에 있어서, 반대로 법률실증주의의 계보와는 거리를 두게 되었다. 즉, 법문의 정당성의 근거를 시민사회-국가의 전개 속에서 구하고자 한 헤겔은 실로 그 전개과정 속에서, 그 정당성의 근거가 동시에 매장되어 가기도 한다는 것을 상기시켰던 것이다. 물론, 헤겔에 있어서 이와 같은 곤경은 일단 표면적으로는 감추어져 있었다. 그러나 독일 고전철학을 가능하게 한 조건 —마르크스의 표현을 빌려서 말한다면, 이중적인 의미에서 자유로운 임노동자의 출현에 의해서 법적관계의 성립이 보편적으로 가능하게 된다.— 이 그 가능조건의 전개 자체 속에서 폐기(廢棄)되어 가고 있다는 예감은 그의 시민사회론을 뚜렷이 지배하고 있다. 그것은 가장 근원적인 의미에서 독일 고전철학의 종언이 불가피하다는 것을 알려주는 것이라 할 수 있으며, 이와 동시에, 헤겔법철학 비판-경제학 비판을 이론적·실천적으로 담당하는 사람들이 역사무대에 등장할 것을 예고하는 것이기도 하다.

그런데 헤겔에 대해서는 잠시 뒤로 미루고, 앞에서 말한 사비니의 경향은 푸흐타에 있어서 결정적인 것이 된다. 즉, 푸흐타에 있어서 법학의 철학적 계기는 개념의 피라미드라는 의미에서의 논리적-연역적 방법으로서 명확하게 형식적 〈개념법학〉에 연결되는 것으로 나타나게 되는 것이다. 이러한 사정을 둘러싼 다음의 지적은 대단히 흥미롭다. "사바니의 시대에 역사적 특권으로 여겨졌던 〈고사학(古

事學)〉이 푸흐타의 시대에는…… 역사법학(歷史法學)의 주류에서 밀려났다. 이와 같은 변화는 30년대 후반에 이르면 특히 현저하다.…… 역사법학의 주류는 〈체계학(體系學)〉(Syste - Matik)으로 기울어지고 있었던 것이다. 1810년대의 지배적인 역사주의에서 30년대 이후의 체계학적 감각의 재생으로의 이행은 당시 관세동맹을 기간(基幹)으로 급속하게 생산력을 발전시켰던 독일자본주의의 경제구조와 궤를 같이 한 것이었다." 다시 말해서 이 체계는 독일의 산업혁명에 법적인 틀을 제공하는 것으로서 기능하고, 그 기능으로 인하여 순화되는 경향을 보이고 있었다는 것이다. 여기에서 주의를 요하는 것은, 이 계보에 있어서 사회적 제 관계가 그와 같이 추상화되고, 마침내는 실정법적으로 정착되어감으로써, 그것은 사회적으로 실재적(實在的)인 힘이 되고, 대단히 적극적인 기능을 수행해갔다는 것이다. 법적 안정성이나 예측가능성이라는 말이 이 사실을 나타내고 있는 것이다.

푸흐타에 의해서 이와 같이 표현된 방법은 '체계학적 감각의 재생'으로서는 18세기의 합리주의적 사유양식에 연결되는 것이라고 말해도 좋을 것이다. 그러나 그것은 한편으로 『순수이성비판』에서 칸트가 한 말의 실현이기도 하다는 것을 유의해야만 할 것이다. 그 「제2판 서문」에서 칸트는, 일단 권리의 근거를 확정할 수 있게 되면, 그것에 입각하여 "비판이 지시하는 계획의 수행, 즉 형이상학의 장래 체계에 있어서 우리들은 모든 독단적 철학자 중 가장 위대한 볼프의 엄밀한 방법" 곧 원리로부터의 연역적 방법에 따르지 않으면 안 된다고 말하였다. 결국, 개념법학에의 전개는 칸트비판철학의 〈하나의〉 내재적 귀결이다.

현대 독일법학자 코잉은 이 점에 대해서 보다 넓은 시각에 서서 다음과 같아 말하고 있다. "19세기 후반에는, 실증주의의 진전과 함께 고전주의에 의해서 제기된 〈윤리적 인격, 법인격(法人格) 및 인권 사이의 관계에 대한 통찰은 뒷전으로 밀려났다〉. 인격성의 개념은 반복되었으며, 주관적 권리를 의사(意思)의 지배라고 하는 사비니의 정의는 계속 유지되고 있었다. 그러나 인문적 인격은 이러한 개념과의 관계를 멀리하였다. 이와 같은 사실은, 두 이론의 인권 및 정치적 자유와의 결합에 대해서 한층 잘 들어맞는다. 반대로, 주관적 권리가 인문적 필연이라고 느껴지는 바가 작으면 작을수록, 주관적 권리를 부여한 것은 국가적 법질서라는 것이 강조된다."[14] 다시 말해서, 윤리적 색채를 띤 인격개념이 사비니의 법적 인격으로 해소되며, 더욱이 그것이 이상의 경과를 거침으로써 개인주의적 윤리관과, 칸트에 있어서 법치국가의 정당성의 근거 — '그것에 의해서만 국가가 정당성을 가질 수 있다는 이념'으로서의 '국민들 스스로가 국가의 한 구성원이 되는 행위'로서의 '근원적 계약'(『人倫의 形而上學』, p.453)—의 내재적 관련은 단절되며, 이로부터 개인과 개인 간의 관계가 논리적으로 국가에 선행한다는 생각은 뒤바뀌게 된다. 이리하여 사법(私法)의 영역이 국가 체제 여하에 관계없는 사사로운 개인의 영역으로서, 또한 국가의 허용에 의해서 비로소 성립하는 공간으로서 파악될 수 있는 가능성이 열려지고 있었다.

4. 헤겔법철학의 성립과 해체

1) 헤겔철학의 과제

하버마스는 헤겔의 철학적 사유를 프랑스혁명과의 관계에서 다음과 같이 특징짓고 있다. "프랑스혁명이 소위 하룻밤 사이에 추상법(抽象法)에 실정적(實定的)효력을 부여할 수 있었던" 것은 "사실상 이에 앞서서 수세기 동안, 개개인이 노동을 통하여 근대적 의미에서의 시민자회의 아들로 성장한 후, 법인격(法人格)으로서의 형식적 자유를 향하여 성숙해 있었기 때문이다." 이처럼 '추상법을 위와 같은 역사적 관계의 파악으로 이해함'으로써 헤겔은 노동에 기초한 시민사회의 형성이라고 하는 혁명의 실제적 기반에 대한 통찰에 입각하지 않은 주관적인 '혁명적 의식'을 비판하면서, '혁명질서의 정당성을 승인할 수' 있었다.(J.하버마스, 細谷貞雄 역, 『사회철학논집—정치에 있어서의 이론과 실천 (1)』, p138).

혁명적 질서의 정당성의 근거를 자각하지 못한 혁명적 의식은, 결과적으로 소멸과 광란의 어둠 속에서 방황하지 않을 수 없을 것이다. 그것은 예나 전기(前期)에 이미 피히테와 자코뱅주의 속에서 그 전형을 발견하고 있었던 헤겔의 역사의식을 지탱하는 확신이었다. '한편에서, 철학자이며 인권의 교사이고자 한 사람에 의해 정립되고, 다른 한편에서는 거대한 정치적 실험에 의해서 실현된 국가이념에 따르면' 시민사회에 속한 일체의 것은 '국가라는 최고 권력의 직접적 작용에 종속된다.'(헤겔, 金子武藏 역, 「독일헌법론」『헤겔정치논문집 上』, p.71~72), 즉 그 국가

14) Coing, Der Rechtsbegriff der menschlichen Person und die Theorie der Menschenrechts, in; *Geschichte, des Privatrechtssystems*, 1962, S.73.

이념은 ‘분업이 없는 절대평등’을 추구하여, 시민사회의 자율성과 그. 유기적 편성을 부정하는 결과가 된다. 결국 ‘혁명적 의식’은 자체의 실체적 기반에 적대하게 된다. 헤겔은 이 점에 비판을 가하면서, 그 자신은 혁명의 정당성의 근거를 노동에 기초한 역사적 형성력에서 찾고, 그것에 자율적 활동 영역=시민 사회를 부여하여, 그 위에 근대적 민족국가를 건설하고자 한다. 피히테에 대한 이러한 형태의 비판은, 추상적 보편과 구체적 보편의 관계를 개념적으로 파악하지 못했던 칸트에 대한 비판과 직접 연결되는 것으로서, 별개의 것은 아니다.

헤겔은 『정신현상학』에서 로마법에 대해서 고찰할 때, 그 법의 상태를 ‘보편적인 산 정신’, 즉 노동과 욕구의 체계에 의해 지탱되고 있지 않은 ‘추상적 보편’이라고 하고 있다. 이에 의거하여 두 가지 점에 주의를 환기해 두자. (1) 헤겔이 이와 같이 “로마제국을 근대 자본주의의…… 추상적인 선구로 간주하고, 중세는…… 대충 취급하기만 한다.”(生松敬三·元浜清海·木田元 역, 『젊은 시절의 헤겔』하권, 루카치저작집 11권, p.428)고 한 것은, 중세적으로 왜곡되지 않은 순수한 로마법을 추출하여, 그것을 근대 시민법에 접속시키고자 하였던 사비니(F.K.von Savigny, 1779~1861)의 역사의식과 일맥상통하는 것이 있다는 것. (2) ‘로마법적 프랑스혁명’을 저주하고, 〈중세적 공동체의 유기적 구성〉으로의 복귀를 동경하는 낭만주의는, 이 노동과 욕구의 체계에 의해 편성되고 있는 〈새로운 유기적 구성〉을 이해하지 못했다는 것.

여기에서 이미 분명해진 바와 같이 헤겔의 칸트철학, 나아가서는 피히테철학의 극복으로의 지향은 결코 ‘사상의 자기운동’의 소산은 아니다. 공포정치에 실망하면서도 프랑스혁명에 등을 돌리려 하지 않고, 프랑스혁명을 근원적으로 이해하고 옹호하는 근거를 발견하는 것은 헤겔에 있어서 절실한 과제였다. 이런 의미에서 헤겔철학의 ‘전(全)사명이 오로지 집중해 있는 것은 프랑스혁명’(김재현 역, 『헤겔과 프랑스혁명』, p.23)이라고 할 수 있다.(덧붙여서, 1807년에 출판된 『정신현상학』 서론에서 친구 셸링을 혹평하여 결별한 것도 셸링철학이 바로크 낭만주의 반동에 굴복한 것과 무관하게는 생각할 수 없다.)

헤겔은 프랑크푸르트 시대에, 다음과 같은 관점에서 칸트의 포섭 논리(包攝論理)를 비판하고 있었다. 즉, “도덕성은(율법성과 함께) 칸트에 의하면, 보편 하에서의 개별자의 압박, 개별자에 대한 보편의 승리”라고 하였다. 이에 대하여 그는 ‘개별자를 보편자로 높일 것, 합일-합일에 의한 양 대립자의 폐기’15)라는 전망을 대치시키고 있다. 또한 그 무렵 헤겔은 칸트의 『인륜의 형이상학』의 간행을 계기로 이를 상세히 검토하고, 다음과 같은 두 가지의 비판적 주석을 달고 있었다고 한다. 즉 첫째는, 헤겔이 합리성과 도덕성의 분리에 반대하고 양자를 '생명'의 입장에서 총합한 것, 그 '생명'이 나중에는 '인문'이라고 불린 것, 둘째로, 의무개념에서 오는 절대주의와 오히려 이에 의해서 생긴 정신성(Geistig)에 반대한 것이다.[16] 이와 같은 관점은 모두 추상적 보편과 구체적 보편의 관계와 관련되어 있으나, 그것은 어디까지나 당시의 상황과 그 상황이 만들어내는 과제와의 싸움을 통하여 논리화되고 있다. 사상을 논리화하고자 하는 노력은 보지 않고 상황으로부터만 사상을 보는 것은 맹목적이며, 상황을 빼버리고 논리적 형식성 속에서만 이론을 아는 것은 공허한 일이다.

어떻든 헤겔은 이와 같은 관점에서 추상법과 구체적·역사적 과정이 어떻게 내적으로 관련되고 있는가 하는 문제에 대해서 검토해 보고자 하였다.

2) 칸트적 주관주의의 극복

헤겔은 『정신현상학』에서, 「A. 의식」, 「B. 자기의식」, 「C. 이성」의 논리를 의식과 현실적 총체성의 이원론적 구성을 취하면서 전개하고 있다. 즉 여기에서 〈의식〉은 맞부딪쳐서 〈현실적 총체성〉을 개념적으로 파악하지 않고 단지 추상적으로만 파악하고 있다. 따라서 그것과 대립하고 있다고 생각한다. 그러나 의식은 사회의 객관적 현실의 제 규정 및 제 관련을 자체의 것으로 규정해 감으로써, 의식에서 자기의식으로, 자기의식에서 이성으로 발전해 가며, 마침내는 실체를 주체로 전환시킨다. 이때 비로소 이원론적 구성은 일원화되나. 결국 헤겔식으로 말한다면, 철학자나 독자에게 있어서 관점은 두 가지 견해 사이의 상호관계 및 왕복운동에 일관되게 집중되어 있다. 바꿔 말하면, 개별의 단계에 있는 〈의식 자체는〉 그 자체가 현재 작용하고 있는 객관적 범주가 소원한 것임을 발견하며, 그 결과 주관적 의식은 허위의식이 되지 않을 수 없다는 것이 헤겔에게 항상 의식되고 있다. 실체가 주체로, 존재가 자신으로 전화하는 것은 양자의 단절이 지양되고 일체화되어 의식이 자체의 존립기반을 자각할 때이다.

---

15) *Hegels Theologische Jugendschriften*, hrsg. von H. Nohl, S.387.

16) K. Rosenkranz, *G.H.F. Hegels Leben*, SS.86, 87.

이러한 과정은 「C. 이성」 속의 「B. 자기 자신에 의한 이성적인 자기의식의 실현」에서 전개되어, 개인과 개인에게는 소원한 힘인 운명과의 싸움으로 묘사되고 있다. 이러한 운명과의 싸움이나 갈등에 있어서 "개개의 〈의식의 제 형태〉는 단지 그들의 개인적 노력의 파멸만을 볼 뿐이며, 또한 그 둘의 의식이 그들에게 필연적으로 나아갈 길로서 명령하는 일체의 것이, 자신에게는 소원한 현실의 알 수 없는 힘에 의해 분쇄되는 것을 보게 될 뿐이다. 오직 외부에 서서 관찰하는 관찰자만이 직접적으로는 순전히 개인적인 이 철학적 비극 속에 어떠한 힘이 작용하고 있는가를 알 뿐이다."(루카치, 『젊은 시절의 헤겔』 하권, p.410) 이러한 힘, 운명이란 바로 개인 존재의 기반이며 객관적 범주의 존립근거이기도 한 '민족 전체의 위력'인 것이다. 그것을 자각하지 못하고 주관이 그것에 맞설 때, 그것은 그것에 맞서는 자를 농락하는 운명으로 나타난다. 이리하여 실체의 주체화란, 표현을 달리하면, 운명과 이에 농락당해온 개인과의 화해이며, 민족적 자의 형성과정이기도 하다.

그런데 분명히 칸트를 둘러싼 논의로서 전개되고 있는 「C. 이성」의 '법칙 제정자로서의 이성' '법칙검증적 이성'에 의거하여 볼 때, 객관적 범주와 주관적 의식의 관련에 대한 문제는, 바로 구체적 보편과 추상적 보편의 관련에 대한 문제이다. 그러므로 루카치에 의하면, '법칙 제정자로서의 이성'과 '법칙검증적 이성'의 두 장(章)은 "주관적 의식의 보편적 입장이…… 객관적 현실에까지 고양되지 못한 단계의, 우수한 철학적 표현으로서의 칸트=피히테철학에 대한 날카로운 비판을 담고 있다."(앞의 책, p.418) 이 이성은 구체적 보편을 객관적 현실로서 눈앞에 가지지 못하고, 인문적 실체에 대한 의식을 '비현실적인 명령〈해야 한다〉(당위)라는 형식적인 보편성'으로서 아는 데 그친다. 그런 점에서 이성은 법칙을 정립한다. 헤겔은 이러한 입법적 아성을 인륜적 실체에 대한 직접적 의식, 다시 말해서 '건진한 이성' 또는 '상식'에 불과하다고 한다. 이와 같은 상식이 인문의 본질태(本質態)를 아는 것은 〈그것이 즉자 및 대자적으로 존재하기 때문에 타당하다는 식〉에 불과하다. 따라서 정립되는 내용은 자의적·우연적임을 면치 못한다. 칸트는 스미스의 도덕 감정을 '공평무사한 이성'에까지 높이려고 하였다. 그러나 이러한 '공평무사한 이성' 역시 우연성·자의성을 벗어날 수 없다고 헤겔은 주장하였다.

어떠한 관점에서 헤겔은 그렇게 주장할 수 있었던가? 칸트는 정립되는 형식을 자기모순을 배제하는 자동률(自同律)로서 파악한다. 자동률, 모든 경우에 통할 수 있는 형식적 일반성이야말로 도덕법칙이 될 수 있는가의 여부를 식별하는 기준으로 여겨지고 있다.(법치 제정자로서의 이성은 이 측면에서 보면, 법칙검증적 이성이다) 그러나 인문의 본질은 자동문에 의해서 감추어지는 것은 아니다. 이러한 사실을 헤겔은 어떤 논문에서 '소유'를 예로 들어 이야기하고 있다. 그 요지는 대략 다음과 같다. 소유란, 한편에서 어떤 사람이 어떤 물품을 자기 것으로 하고 있는 상태이며, 다른 한편에 서는 그것이 참으로 자신의 것임을 사회적으로 승인받고 있는 상태이다. 이로부터 소유는 단순한 점유와 구별된다. 결국 소유라고 하는 개념은 전자(개별성)의 측면과 후자(보편성)의 측면을 동시에 가지고 있다. 개별성의 측면을 강조하는 경우에는 사적소유의 신성함으로 결론지워지지만, 후자에 의거할 때는 어떤 물건을 소유하고 있다는 것은 사회적인 것을 보관하고 있음을 의미한다. 이 후자의 계기만을 강조할 때 공산주의가 제창되어진다. 그러나 그 어떠한 것도 두 계기 중 한쪽만을 고집하는 데서 오는 귀결이다.[17] (덧붙여서 후년의 마르크스는 『헤겔국법론비판』에서 "헤겔이 전개하고 있는 대상은, 단도직입적으로 말하면 사적소유와 자산(Vermögen, 헤겔에 있어서는 사회적으로 매개된 소유를 의미하는 말)의 대립"이라고 말하고 있다. 현실 그 자체가 이와 같이 모순된 측면을 가지고 있음에도 불구하고, 칸트의 도덕이성은 그 한쪽의 계기만을 고정하고, 그것을 절대적 법칙화한다. 그런 의미에서 그것은 주관적·개별적인 것으로 격하되지 않을 수 없다고 한다. 헤겔 자신은 이와 같은 형식적 일반성을 넘어서, 개별성과 보편성의 양측 면을 가진 소유에 의해서 편성되는 구체적 인륜에 다가서고자 하였다.

'보편 하에 개별자를 압박'하는 포섭논리가 아니라, 생의 구체성이 자체를 전개시켜 갈 무렵에 갖게 되는 논리성을 추구하고자 하는 것이다. 헤겔에 있어서 객관적 범주란 소유—노동이 자리 잡는 것으로서의—가 자체를 구체적 인륜에까지 편성해 갈 무렵에 취하는 논리적 형식으로서 주관적인 것에 그친 칸트적인 법칙 제정자로서의 이성은 이와 같은 객관적 범주에 침투되지 않을 수 없다. 그 침투가 동일성을 실현할 때, 추상적 법칙은 구체적 보편, 다시 말해서 시민사회-국가에 보완된다. 물론 칸트 자신의 입장에서 볼 때, 눈앞에 이러한 구체적 보편이 존재하지 않기 때문에, 그것을 〈그러하여야 한다.〉라는 추상적 형식으로 포착하

---

17) 헤겔, 平野秩夫 역, 「자연법의 여러 학문적 취급방법……에 대하여」, 『자연법학』, p.118 이하 참고. 金子武藏 역, 『정신현상학』 역주 2, 같은 역서 상권, p,726 참조.

여, 개개인이 그 주체적 행위를 매개로 하여 〈그러하여야 한다.〉를 실현하는 가운데 구체적 보편을 무한히 추구하여야 한다는 국면에서 문제가 전개된 것으로서, 칸트에 대한 이러한 비판은 그런 점에서 다소 억지라고 하지 않을 수 없다. 그러나 구체적 보편의 구조를 논리화하고, 추상적 보편까지도 그 구조의 한 계기로 파악함으로써, 시민사회-국가의 총체성의 개념을 정립하고자 한 헤겔에 있어서는, 이러한 방식으로 칸트를 극복하는 것은 피할 수 없는 과제였다.

3) 유기체사상과 인륜

사회적 현실은 그것을 개념적으로 파악하지 않는 주관성을 비극의 길로 빠지게 한다.[18] 헤겔의 관점이, 주로 노동에 기초한 시민사회의 형성이라는 혁명의 실체적 기반에 대한 통찰을 가지지 못한 혁명적 의식인 자코뱅주의에 집중되었다는 사실을 특히 주목할 필요가 있다. 이폴리트도 「덕성과 세계의 행정(行程)」을 해석하여 다음과 같이 말하고 있다. "헤겔은 여기에서 풍자적인 방법으로 우리들에게 덕성을 갖춘 기사(騎士)를 제시하고 있는데, 덕성을 갖춘 이 기사는 때로는…… '돈키호테'를 연상케 하며, 때로는 저 로맨틱한 개혁가들…… 을 생각나게 한다. 이러한 개혁가들은 나폴레옹이 이데올로그라고 불렀던 사람들이며 헤겔의 시대에는 수없이 많이 존재하고 있었다, 아마도 헤겔 자신은…… 칸트의 '당위'만이 잠들어버린 정신을 눈 뜨게 하고, 이 정신을 부르주아지의 인습에서 탈출케 할 수 있다고 하면서…… 이 '당위'를 찬양하고 있었던 시대의 일을 상기하고 있었을지도 모른다."(이폴리트, 『헤겔정신현상학의 생성과 전개』 상권, p.394~395) 나폴레옹과 나폴레옹법전에 대한 헤겔의 높은 평가가 이러한 혁명적 의식에 대한 비판의 연장선상에 있다는 것은 두말할 나위가 없다.

그런데 "자산의 주관성과, 객관적·사회적 현실의 알 수 없는 즉자와의 관련성은, 주관 편에서 보면 자체의 입장의 비극적 붕괴를 통해서 변증법적으로 된다." (루카치, 『젊은 시절의 헤겔』 하권, p. 4,11) 달리 말하면, 자율인이 되라고 한 칸트의 광야에서의 울부짖음이 사회적 현실에서 지지받지 못했더라면, 공허한 교실이 되

---

18) 『정신현상학』에 있어서의 「쾌락과 필연성」, 「마음의 법칙과 자만(自慢)의 망상」, 「덕성과 세계의 행정(行程)」은 모두 그와 같은 사정을 그리고 있다.

어 역사적 현실에 머리를 부딪치지 않을 수 없다. 그러한 운명과의 만남의 의미를 철저히 생각할 때, 사람은 자신과 사회적·역사적 현실의 관계를 파악하는 실마리를 발견할 수 있다. 이 경우의 "개체적 의식의…… 교육사의 원리는…… 욕망을 통해서, 그 욕망의 충족을 통해서, 그리고 자신의 노동을 가지고 하는 이 충족의 제 조건의 창출을 통해서 이룩되는 개인과 사회의 실재적 관계의 원리이다."(위의 책) 이 '관계의 원리'는 기초적으로는 자기의식론에서 보이는 것으로 그것은 헤겔철학 체계의 핵심—그것은 우선 목적론이고, 유기체사상이며, 도덕적 영역에의 적용이라고 해도 좋다—을 이루는 것이다.

칸트에게 있어서 자연, 즉 현상세계는 인과성만이 지배하는 세계였다. 그러나 기계적 인과론만으로는 유기체를 이해할 수가 없다. 그래서 칸트는 유기체에 대하여 인과관계를 발견하도록 유도하고, 그 설명에 통일적 방향을 부여하는 통제적 원리로서 '내면적 합목적성'을 들었다. 이에 대해서 헤겔은 "살아있는 것에 대한 고찰에 있어서, 우리들은…… 오성의 범주(인과성)에 따라서 고찰하는…… 것이 아니라, 그것을 그 자산의 원인으로서, 스스로 자신을 산출하는 것으로서 고찰한다."고 하였다. 이 경우에 이 살아있는 것 자체가 내면적 합목적성을 소유하며, 외부에 목적을 두고 있는 것은 아니다. 그리고 이러한 것으로서의 '자연목적'이란 "그것이 유기화되고, 그것에 있어서 〈일체가 목적이 되고 서로 수단이 되는〉 한에 서의 질료(質料)인 것이다. 모든 자연산물의 분기(分岐)는 그 자체 목적인 동시에 수단이다. 그것은 아리스토텔레스적 개념이며, 자기 자신에게로 몰아오는 무한한 것, 즉 이념이다."(헤겔, 藤田健治 역, 『哲學史』 하권, p.120~121) 한편 이와 같은 칸트의 '생명' 개념에 있어서 "통일의 이념이 피안으로서가 아니라, 현재적인 것으로서 규정되는 것과 같은 구체적인 요구가 등장하고 있다."(위의 책, p.114) 그러나 어디까지나 비판주의의 관점을 수호하는 칸트는 이것을 '우리들의 반성적 판단력의 양식'으로, 즉 주관으로 해소한다. 그리고 거기에 잠재한 가능성을 전개시킬 수 없었던 한, 칸트는 '요청론'을 넘어서지 못하였다고 말할 수 있다.(위의 책, p.177)

여기에서 유기체에 대한 파악을 둘러싼 칸트 이후의 사상사적 전개의 출발점이 존재한다. 괴테나 쉘링은 칸트에 의해서 드러난 이런 가능성에 감격하고, 또한 이것을 주관의 테두리 내에서 해방하였다. 여기에서 괴테와 셸링의 자연철학이 전개된다.

그러나 헤겔은 이와 같은 입장에 만족할 수 없었다. 과연 그는 한편에서, 유기체는 자신에게로 몰아가는 무한한 것, 개념의 현실존재라고 평가하고 있다. 그러나 그것이 유기체에 대해 헤겔이 파악한 최후의 말은 아니다. 오히려 그에게 있어서는 무한성의 입장을 실현하고 있는 유기체, 생명이라고 하는 개념은 자기의식의 상호관계, 즉 인륜관계에서 성립하는 것으로서 파악되었다. 그러나 그것은 일단 제쳐놓고라도, 유기체가 무한성을 실현하고 있다고 생각되는 이유를 다음의 인용문을 통해서 살펴보기로 하자.

"자립적인 여러 분기(分岐, 예를 들면 눈, 코, 귀, 입, 손, 발, 내장 등)는 각자 자체만으로 존재하지만, 그러나 이 자체만의 존재는 오히려 그대로 모든 분기가 통일(하나의 생명체)로 귀환하는 것이기도 하며, 또한 이것과 동일하게 통일도 자립적인 제 형태로 분열해 가지만, 통일이 분열하는 것은 통일이 절대로 부정적인, 바꾸어 말하면 '무한'한 통일이기 때문이며, 〈통일이 존재〉 하기 때문에, 구별 항목이 자립성을 가지는 것도 단지 통일 속에서만 있을 수 있는 것이다."(헤겔, 임석진 역, 『정신현상학』p. 240 참조, 역자) 이리하여 "생명은…… 여러 형태 사이의 운동이 되고…… 과정으로서의 생명이 된다."(위의 책, p.241 참조) 이러한 것으로서의 생명은 현상의 '다수(多)'에 대립하고 그것을 개개에 포섭하는 추상적인 '하나', '특수'로부터 공통의 지표로서 추출된 '보편'은 아니다. 이것이야말로 유기체에서 표현되는 '무한성'의 구조—즉 통일성도 여러 갈래도 한정된 것에 불과함과 동시에 한정된 것은 아니라고 하는 구조—이다.

이와 같은 생명의 파악은 생물의 세계 전체로 널리 미치게 할 수가 있다. 즉 생물은 자신을 재생하기 위해서 환경을 희생물로 하고 있다. 그런 점에서 생물계 전체는 한 개체를 위해서 존재한다. 그러나 생물은 이를 위해서 환경과 관련되고 결합되어 있다. 이 후자의 측면으로부터 개체는 생물계 전체의 생명활동의 표현이라고 생각할 수 있다. 따라서 한 개체가 다른 개체로부터 비연속적으로 독립해 있다는 것은 동시에 이들이 연속적이기도 하다는 것이다.(예를 들면 식물연쇄!) 또한 통일적 보편적 생명이 각기 개체 속에 자신을 나타낸다는 것은, 생물계 전체도 개체와 보편, 공간과 시간, 연속이라는 갖가지 대립을 갖고 이러한 대립이 성립되면서 서로 전환하고, 무한성을 실현해간다는 것이다. 생명의 파악은 단지 개체를 파악하는 데 그치지 않고, 여기까지 넓힘으로써 더 큰 가능성을 얻게 된다. 그것은 소위 단순한 '유기체'파악의 영역을 한걸음 넘어서는 것이다.

그러나 헤겔에 있어서는, 그것이 일체의 설명을 대신하는 것은 아니다. 그의 입장은 본래, "자연을 유기적 생명으로 이해한 자연철학은 표현할 수 없는 생명 전체의 직관에 머무르든가 아니면 다수의 생물(즉, 서로 외적인 다수의 종) 앞에 머무르든가, 어느 쪽을 선택할 수밖에 없다. 〈유기적 생명은 정신의 생명과 같이 하나의 역사는 아니다. 즉 보편적인 개별자에게 있어서, 개별성과 보편성을 통일하는 역사는 아니다.”〉(이폴리트, 『헤겔정신현상학의 생성과 구조』 상권, p.347)는 것이다. 이 ‘보편적인 개별자에 있어서 개별성과 보편성을 통일하는 것’으로서의 역사는 그 구조태(構造態)에서 보면 국가이다. 헤겔이 유기체로서의 자연을 파악하는 것에만 만족해버리지 않은 것은, 그 문제영역이 남아 있기 때문이다. 본래, 헤겔의 생명사상 및 무한성의 사상의 출발점을 이루는 것은 인문적 관계이다. 프랑크푸르트시기의 헤겔이 칸트의 『인륜의 형이상학』에 대한 비판의 관점을 ‘생명’개념에서 찾고, 그것을 후에 ‘인륜’과 바꾸어 말했다는 전기적(傳記的)사실이 이를 예증하고 있다. 동시에 인문적 제 관계는 본래 ‘생명’의 입장에서는 부족하다는 생각이 잠재되어 있었다는 것을 거기에서 엿볼 수 있다.

요컨대 헤겔이 ‘생명’개념을 계승·발전시킨 것은, 만약 사회적 통일체가 생의 구조를 현실화하고 있다고 하면, 거기에서는 모든 인간은 부분과 전체, 그리고 부분 상호간에 ‘단지 수단으로서 뿐만 아니라, 동시에 목적으로서’ 서로 관계를 맺는 유기적 분기와 같은 관계에 들어서게 되고, 그러한 일로 정언명법의 제 법칙 ―그것은 단일성, 다수성(多數性), 총체성의 범주를 순차적으로 맞춘 형식을 갖는다.―을 단순한 논리적 형식성으로부터 구출하여 자유스런 존재자의 본연의 상태에서 구체적 파악으로 전환시킬 수 있기 때문이다. 다시 말해서 칸트가 피안에 존재할 것으로 상정하였던 ‘목적의 왕국’이 근대에 있어서 인간존재의 본연의 상태로서 차안(此岸)에 실현시킬 수 있다는 것을 파악하는 무기로서, 유기체사상을 사용하기 위한 것이었다.

이와 같이 유기체 파악은 정언명법→인륜적 제 관계의 총체성의 구조적 파악을 매개하는 위치에 있다는 것을 근거로 하면서, 다음과 같은 인용을 고찰해 보기로 하자. “비유기적인 사물은 존재해야 할 하나의 과정 속의 잡다한 계기로서, 즉 〈하나의 법칙 속의 여러 항목으로서〉 출현하였으나, 유기적인 존재에 있어서 〈자연은 자기 자신에게로 돌아온다.〉 이전에는 〈개념의 현실존재〉란 법칙의 여러 계기와의 관련이었으나, 현재는 이러한 자연의 자기귀환(자기반성)이 〈개념의 현실존재〉인 것이다.”(앞의 책, p.334) 이와 같은 사실을 근거로 위에서 논의한 것을 정리하면, 헤겔의 입장은 대략 다음과 같다. (1) 법칙과 여러 항목이라는 계기를 가지고 자연에 대한 뉴턴적 파악을 거부하고, (2) 인문적 영역을 단순히 자연 과 대립하는 것으로 파악하면서, 그것이 뉴턴적 원리와의 유추에 따라서 성립한다는 칸트적 유추만을 가지고, 따라서 법률과 그 여러 항목(인격)의 계기를 가지고 인문적 영역을 파악하는 것에 대해 부정하고, (3) 이와 같은 사실을 한 걸음 뛰어넘으면서, 자연적 유기성 그 자체 속에서 진정한 이성의 현현(顯現)을 보는 괴테나 쉘링을 거부하는 것이다.

칸트의 『판단력비판』의 주관주의적 한계의 극복이란 헤겔에 있어서는 대충 이와 같은 방향을 의미한다. 바꿔 말하면, 이 전환에 있어서 여러 항목(여러 인격)과 그 관계에 대한 법률학적 사유는 실체적 기반으로서의 민족에 대한 학문적 파악이 가능하도록 한다.

4) 욕구로부터 욕구의 체계로의 전환

헤겔은 『정신현상학』에서, 〈자기의식은 욕구일반이다〉고 말하고 있다. 이러한 규정은 주체와 객체를 하나의 통일성에서, 더구나 유기체 구성을 가진 〈사회〉—헤겔의 용어로 말하면 '정신'—로서 파악하기 위한 중요한 일보를 내딛는다.

욕구란 존재를 그 자체로서 귀중히 여기는 것이 아니라, 그것을 부정하고자 하는 의식의 운동이다. 이 자기의식에 있어서는 두 가지 계기가 구별되지 않으면 안 된다. 첫 번째 계기는 대상의식으로서의 자기의식의 존재 방식이다. 이 점에서 감각적 세계의 전체 적용범위는 자기의식에 대하여 유지된다. 그러나 그것은 자기의식이 자기 자신과 합치해 있다고 하는 두 번째 계기에 감각적 세계가 관계함에 의해서이다. 즉 헤겔에 있어서 의식(대상 의식)의 단계는 본래의 경지가 아니다. 그것은 자기의식에 감각적 세계가 관계함에 의해서 비로소 가능하게 된다. "세계는……즉자적으로 존속하는 것은 아니다. 세계가 존속하는 것은 세계의 진리인 자기의식과의 관계를 갖는 한에 있어서이다. 〈존재〉의 진리는 〈자기〉이다. 〈존재〉는 〈자기〉에 대해서 밖에 존재하지 않기 때문이다."(이폴리트, 『헤겔정신현상학의 생성과 전개』 상권, p.209) 세계가 현상이라고 하는 성격밖에 가지지 못하는 것은 이러한 사정 때문이다. 이러한 것으로서의 자아는 존재를 부정하고, 이에 대하여 자신을 정립하고, 그것을 내 것으로 할 수 있는 것이다. 그것을 내 것으로 한다는 것은 자기의 자신과의 통일이라고 달리 말할 수도 있다[갈증을 느끼는 사람이 물을 마시는 것은 외부에 있는 물의 존재를 부정하고, 그것을 자기로서 조정(措定, position, setzung)하여 실현하는 것이다. 단 이와 같은 설명 방법에 구애되는 것은 사물의 본질을 놓칠 위험성을 내포한다. 예를 드는 것은 예에 불과하다]. "이러한 통일은 자기의식에 있어서 본질적인 것이 되지 않을 수 없다. 다시 말해서 자기의식은 욕구일반이다."(헤겔, 『정신현상학』, p.237 참조, 덧붙여서 『순수이성비판』과 『실천이성비판』을 통일적으로 파악하여 체계화하고자 한 피히테가 출발점으로 삼은 것은 실천적 자기로서의 자기의식이라는 계기이다.) 이와 같이 이해될 때, 개체와 외계는 서로 융합될 수 있는 것으로 파악된다. 이 때 자기의식의 성립·존재에 대한 역사적·사회적 조건의 인식에 대한 전망은 확 트여져 있다고 할 수 있다. 왜냐하면 여기에서 자기의식은 자기=자기라는 같은 말의 반복에서가 아니라, 〈세계와의 관련 속에서〉 파악되고 있기 때문이다.

그런데 헤겔은 계속하여 다음과 같이 말하고 있다. 인간의 욕구는 단지 외적인 것만을 대상으로 하는 것이 아니라, 충족에 있어서 동시에 다른 자기의식과 서로 인정할 때 비로소 인간적인 것으로 된다. 이 때 단지 생물과 그 환경에까지 확대된 유기적 파악은 초월된다. 이 경우에 이러한 자기의식에 있어서 욕구는 다른 욕구를 승인함과 동시에, 이외의 욕구의 충족을 자체의 목표로 하며, 자기의식은 이와 같이 자신을 이중화시킴으로써 비로소 자기 자신에 도달하게 된다. 알기 쉽게 말하면, 자신이 행함으로써 상대방이 행하며, 자신이 내어줌으로써 상대방이 행하며, 자신이 행함으로써 상대방이 내어주며, 자신이 내어줌으로써 상대방도 내어준다는 상호간의 행위에 의해서, 상대방을 긍정하는 행위를 통해 자신을 긍정하게 된다. 이런 점에서 상호인정으로서의 무한성—상대방을 긍정할 때 그 긍정이 자신에게 돌아온다는 구조—이 가능하게 된다. 〈자기의식은 욕구일반이다〉고 일컬어져 왔으나, 여기에서 '욕구일반'이란 시민사회라는 '주-객'의 새로운 구조를 지향하며 '욕구의 체계'와 관계가 있다는 것이 분명하게 된다. 즉 자기의식과 다른 자기의식의 상호인정이란, 바로 상품교환 관계=계약관계인 것이다. 이리하여 헤겔은 '우리들인 나'와 '나인 우리들'로서의 '정신'을 다음과 같이 해석한다. "자신의 욕구를 채우기 위한 개체의 노동은 자신의 욕구의 충족임과 동시에 타인의 욕구의 충족이기도 하다. 그리고 개체 자신의 욕구의 충족은 타인의 노동에 의해서만 달성된다. 개개인은 그 개개의 노동을 통하여 무의식적으로 보편적인 노동을 완수하고 있는 것과 같이, 보편적인 노동을 그의 의식적인 노동으로 서도 또한 완수하고 있다. 전체는 전체로서 그가 만들어낸 것이 되고, 따라서 그는 자신을 희생하여, 이를 통해서 전체에 의해서 자신을 버티어 나가게 된다. 여기에는 상호적이 아닌 어떠한 것도 존재하지 않으며, 개체의 자립성이 그 대자적(對自的)존재를 해체하고 그리고 자신을 부정하는 데 있어서, 대자적으로 존재한다는 긍정적 의의를 자신에게 부여하는 것이 아닌 그 어떠한 것도 존재하지 않는다. 대타적 존재(對他的 存在, Sein für Anderes) 혹은 자신을 물화하는 것 (sich zum Dinge

Machen)과, 대자적 존재(Fursichsein)의 통일, 이러한 보편적 실재는 민족의 풍속과 법률 속에 그 보편적 언어를 말한다. 그러나 이러한 존재적인 불변의 본질은 대립하고 있는 것과 같이 보이는 개개의 개체성 자체의 표현에 불과하다. 법문은 개개인이 존재하여 행하는 것을 표명한다. 개체는 그것을 자신의 보편적인 대상적 물성(物性)으로서 인정할 뿐만 아니 라, 그 속에 자신을 인정하며, 자신의 개체성 속에, 혹은 각기 동일한 시민 속에 개별화된 것으로서 그것을 인정한다. 보편적 정신에 있어서는, 따라서 각자는 자기 자신의 확신만을 갖는 데 불과하며, 존재하는 현실성 속에 자신 이외의 어떠한 것도 발견하지 못한다. 만인이 나로 인해서 또는 다른 사람들에 의해서 존재하는 것과 같이, 나는 만인이 그 자신 속에서 다른 사람과 자유롭게 통일을 이루고 있다는 사실을 간과한다. 다른 사람을 나로 여기고 나를 다른 사람으로 본다. 〈자유로운 민족에 있어서는 그 때문에 참된 이성이 실현되고 있다.〉(앞의 책, p.423~424 참조) 이 마지막 한 구절이 『법철학요강』에 있는 저 유명한 테제, 즉 '이성적인 것은 현실적인 것'과 직접 연결되는 것임은 말할 필요도 없다. 더구나 그것은 개인주의와 집단주의가 서로 화합한 형태로서 나타나 있다. 헤겔에 있어서 정신이란 이와 같이 이성의 실현태(實現態)이다. 이와 같이 파악하는 것은 자신과 상대방 사이의 본질적으로 사회적인 관계 속에서, 그것에 규정되면서 평등한 상호인정의 성립을 고찰하여 가는 것이며, 이로써 의제적(擬制的)인 원시계약(原始契約)은 불필요하게 될 가능성을 열었다.

그러나 욕구-인정을 구하는 운동은 실제로 순식간에 이와 같은 '정신'에 도달할 수 있는 것은 아니다. 그것은 인정을 얻기 위한 투쟁, 주인과 노예의 관계를 경험하고 이와 같은 모순을 극복한 연후에라야 비로소 실현 될 수 있는 것이다.

5) 주인과 노예

헤겔의 역사철학에 있어서는, 개별성이야말루 고전 고대를 초월하는 한층 높은 원리이다. 그는 이 개별성의 원리를 매개로 하여, 폴리스로 귀환하기를 원망(願望)하는 역사의식의 수준을 뛰어넘는다. 폴리스에서 실현되는 공동성의 아름다움에도 불구하고, 거기에서는 자기의식의 개체성은 소멸하지 않을 수 없기 때문이다. 노예제가 그곳에 존재한 것도 또한 중요한 요인이다. 다시 말해서 청년시대의 헤겔은 고대에서의 노예제도를 도외시하고, 폴리스적 인간, 노동을 하지 않는 자유인만을 문제 삼고 있었으나, 그 후 스미스에게서 받은 영향을 계기로, 노동과 그것이 초래한 노예제의 해체, 보편적인 상호인정을 가능케 하는 시민사회의 제 관계의 성립과정에 주목하게 된다. 생명개념을 확대하여 그것을 자기의식의 상호인정 속에서 보고자 한 노력은 이 과정과 상통(相通)하는 것이지만, 거기에 자유인과 노예의 쌍방에 대치될 수 있는 개별성에 대한 평가가 작용하고 있다는 사실은 말할 필요조차 없다. 이리하여 '주인과 노예'에 대한 논리는 동시에 그 관계의 해체의 논리이며, 법적 관계의 성립을 위한 전제의 준비-시민사회 창출의 논리이기도 하다. 이 주인과 노예의 관계와 그 붕괴 속에 전근대적 인간존재의 존재방식으로부터, 오직 법만이 인간관계를 매개하는 근대적 인간존재로의 역사적 전환의 구조를 상징하고 있다. 이러한 구상은 이미 루소나 칸트에게서 그 원형을 찾아볼 수 있다. 그러나 헤겔이 루소나 칸트와 결정적으로 다른 점은, 주인-노예 관계의 법관계로의 전환이 단정적으로 주장되지 않고, 주인-노예 관계의 내적논리의 전개가 노예해방에 귀착되지 않을 수 없다는 것을 해명한 점이다.

"『현상학』에 있어서 의식발전의 길은 노예의 의식을 통해서이지, 주인의 의식을 통해서가 아니다. 헤겔의 견해에 따르면, 노동의 이러한 변증법 속에서 현실적인 자기의식, 즉 고대의 해체를 위한 현상학적 형식이 생성된다. 고대의 해체가 구체화되는 〈의식의 제 형태〉, 즉 스토아주의, 회의주의 및 불행한 의식(생성 중인 기독교)은 헤겔의 서술로는 예외 없이 노예적 의식의 현상학적 변증법으로부터 발현되는 것이다.(루카치, 『젊은 시절의 헤겔』 하권, p.157~158) 여기에 헤겔의 노동이 높은 평가를 받는 근거가 있다. 노동은 사물에 대하여 무매개적으로 관련되는 것이 아니라 매개적으로 관련되며, 주관적 의지를 형성함으로써 이에 의해서 객관화시켜 간다. 즉 그것은 세계를 규정하고, 〈자아〉의 순수형식을 존재에 부과한다. 이와 같이 노동은 의식발전의 원동력으로서, 그 전개의 논리적 추진력으로서 극히 중요한 의의를 가진다.

이미 언급한 바와 같이, 자기의식이 만족하기 위해서는 다른 자기의식과의 관계에 들어서는 것이 필요하지만, 두 자기의식이 보편적인 것을 자신의 것으로 하지 않는 한, 상대방을 인격으로서 인정하지 않고 그것을 오로지 욕망의 대상인 생명적 현존재(現存在)로서만 본다. 여기에서 생사를 건 투쟁이 시작된다. 그 투쟁 속에서 한 쪽은 생명을 아껴 굴복하고, 다른 쪽이 그편으로 하여금 자신을 인정하도록 할 때, 말살하거나 부정해버리지 않는 관계를 성립시켜, 단순한 동물적 존재의 지평은 넘어서게 된다. 여기에서 주인과 노예의 관계가 성립한다. 인정을 둘러싼 대결·투쟁은 처음에는 불평등한 인정관계에 귀결된다.

주인과 노예의 관계는 대략 다음과 같은 내용을 갖는다. 생사를 건 투쟁 속에서, 자기의식의 한 쪽은 동물적 생명을 초월하여 죽음을 두려워하지 않는다. 그것은 생명에 대한 예속을 벗어나, 그럼으로써 타인으로부터 인정을 획득한 〈주인〉의 의식이 된다. 다른 쪽의 자기의식은 자기의식으로서 자신을 꿰뚫어보기보다는 생명에 집착한 결과, 〈주인〉의 허락을 받아 하나의 사물로서 안주하기로 하였다. 즉 예속을 택한 것이다. 인정은 일방적이다. 여기에서는 〈자신〉과 〈상대방〉이라고 하는 두 계기가 각기 〈주인〉과 〈노예〉로 분리되어 있다.

주인은 단지 생명의 위험을 걸었을 뿐으로, 생명의 현존재의 개개를 물리쳤다. 주인이 표현하고 있는 것은 자기=자기의 동어반복, 직접적으로는 추상적인 자기의식이다. 이 주인의 지위는 실은 노동하는 노예에 의존하고 있다. 주인은 노예의 노예에 불과하다. 이리하여 헤겔은 노예 쪽에서 자유의 실마리를 풀려고 한다. 그는 이것에 대해서 두려움, 봉사, 형성(노동)의 세 가지를 들고 있다. 노예는 주인을 두려워한다. 즉 죽음을 두려워한다. 그 때문에 노예는 주인에게 복종하고, 이 일로 인해서 자신의 욕망을 억제한다. 그 결과 노예는 단순한 개변성에 대한 집착을 끊어버린다. 그러나 이런 두려움의 결과는 내면적이고 주관적인 것에 그친다. 그것이 밖으로 나타나 확증되는 것은 봉사에서이다. 봉사를 통하여 구체적인 욕구는 현실적·객관적으로 극복되어간다. 그러나 그것도 아직은 개별적이고 단편적인 것에 불과하다. 그것을 극복하고, 그 위에 객관적으로 나타난 것이 형성(=노동)이다. 주인은 확실히 대자적(對自的) 존재이며, 향락 속에서 존재하며, 무한성을 실현하고는 있지만, 그것은 이내 사라져간다. 그러나 노예는 노동으로 다른 물건에 작용하여, 이것을 형성해감으로써 주관적이고 내면적인 것을 객관화해간다. 이리하여 대상적·객체적인 것에 의존적인 노예는 주관적인 것을 객관적으로 실현하며, 또한 기능·지식을 습득한다. 그 결과, 대상은 벌써 타인이 아니라 자신의 것이라는 확신이 생기게 된다. 이리하여 노예는 객체로부터 해방되어 무한성, 보편성을 실현할 가능성을 얻는다.

노예가 복종하고 있었던 것은 우선 개별적이고 우연적인 주인의 의사이며, 자신에게 존재해있는 이성, 일반적인 의지, 즉 이성적인 의지는 아니었다. 그러나 노동이 진행하는 가운데, 노예는 이 우연적인 의지에서 서서히 해방된다. 주인도 마침내는 자기중심적 의지를, 독립적으로 존재하는 이성적 의지에 합치시키지 않으면 안 되게 된다. 그러나 그것이 일반적으로 행하여지는 것은, 주인과 노예의 관계에서 유지되는 오이코스(가계체제), 가부장제가 완전히 해체되어서, 일반적 분업관계가 국민경제적 규모에서 성립하는 때이다.

6) '주인과 노예'의 논리의 사상사적 의의

제1절에서 본 칸트를 둘러싼 몇 가지 에피소드는 주인-노예 관계의 해체와 그것의 법관계로의 전환에 관한 것이었다. 우리는 이 해체-전환을 헤겔의 자기의식론에 입각하여 파악하였다. 여기에서는 그것이 가진 의의를 사상사적 배경에서 파악해 보기로 하자.

앞에서 우리들은 헤겔에 있어서 주인-노예 관계의 해체의 변증법을 그리스적 오이코스의 해체뿐만 아니라, 중세부터 근세 초기까지 존립·잔존하여 있던 가부장제의 해체→시민사회의 형성이라는 국면에서도 이해하고자 하였다. 적어도 헤겔의 역사이해의 틀은 이와 같은 것이 있다고 생각된다.19) 그러면 그와 같은 역사 파악은 헤겔의 어떠한 역사적·실천적 의식에 의해 지지되고 있었는가? M. 리델에 의하면, 'poiesis'(생산적 행위=노동)에 대한 'praxis'(실천적 행위=〈지배〉)의 우위라고 하는 점에, 고전 고대로부터 중세로 통하는 '구 유럽의 사회·정신구조의 핵심'이 있었다고 한다.(村上淳一, 「리델 『법철학연구』」 법학협회잡지 87권 9·10호, p.955,956) 다시 말해서 거기에는 노예적 노동을 포함한 자기완성적 단위가 '지배'원리로 관통되고 있는 가계체제(oikos)적 경제로서 존립하였다. 노예제의 본래적(本來的) 불평등에 기초한 아리스토텔레스의 근거설정은 이와 같은 '지배'관계를 직접 표명하고 있다. 이런 '지배'구조가 보편화될 때, 아리스토텔레스적 세계상이 성립한다. 정신은 육체를, 가장은 가축과 노예를 '전제적'으로 지배하는 데 대해서, 이성은 정열을, 남편은 처를, 위정자는 자유인을 '실천적으로' 지배하는 것으로 된다. 그 위에 이러한 가계체제적 지배를 전형으로 하여 고전 고대-중세-근세초기의 철학적 체계가 조직되고 있다.(O. 부르너, 石井紫郎 외 역, 『유럽-역사와 정신』, p. 162~163)

따라서 오이코스의 학문으로서의 가정학을 '국민경제학의 〈소박한〉 또는 〈비판적 방법 이전의〉 단계로 보는 것'은 이치에 맞지 않다. "확실히 가정학은 〈온전한 가정〉(자기완결적 오이코스)의 학문이며…… 근대적 의미에서의 〈경제적〉인 활동에만 관계하는 교육이 아니기" 때문이다. 다시 말해서 사회적 동일성의 구조원리가 전혀 이질적이기 때문이다. "가정학은 또한 그것만을 때어놓고 고찰할 수 있는 것도

---

19) 마르크스의 『경제학비판요강』에 있어서 소위 「세계사의 삼단계 파악」도 어떤 의미에서는, 그 틀에 기본적으로 준해 있다고 하겠다.

아니다.…… 그것은 고전 고대와 중세, 근세초기의 의미에서의 〈철학〉의 전 체계 중의 한 분야에 불과하기 때문이 다. 이러한 〈철학〉은…… 논리학, 형이상학, 자연학, 윤리학으로 이루어졌다. 윤리학은 인간과 공동체에 대한 학문의 전 영역을 포함하고 있고, 세 가지 영역, 즉 협의적 의미의, 개별적 인간학으로서의 윤리학[따라서 스콜라학에 있어서는 수도학(修道學)이라고도 불렸다], 가정의 학문으로서의 가정학, 폴리스의 학문으로서의 정치학으로 구성되어 있었다." 그리고 이들 학문이 내적통일을 갖도록 종합하고 있는 '조직원리'야말로 '지배의 원리'라고 할 수 있다.(위의 책, p.63~64) 더 나아가서 "이와 같은 지배의 원리는 고전 고대의 사고로서는 결코 인간세계에만 한정된 것이 아니라 우주까지도 관통하고 있었다."(위의 책, p.162) '모든 정치학 문헌 중에서, 처음으로 노예제에 대해서' 따라서 지배의 원리에 대해서, '원리적인 반박을 가한 것'은 루소의 『사회계약론』이었다. 더 나아가서 '프랑수와 케네에 의한 〈경제순환〉의 발견과, 아담 스미스의 학설을 기초로 한 '국민경제학'=political economy의 성립은, 이러한 '지배의 원리'의 역사적 소멸에 대한 이론적 표현이었다고 할 수 있을 것이다.(앞의 책, p. 151)

루소, 칸트, 헤겔에 의해서 계승·발전되어가는 주인과 노예의 관계에 대한 비판은 바로 이와 같은 구 유럽의 사회·정신구조의 핵심으로서의 '지배의 원리'에 대한 비판이다. 이를 대신할 수 있는 것은 관계의 기저(基底)에 입각하여 보면 국민경제학적 관계이며, 주체의 의지행위의 관점에 입각하여 보면 법적 관계이다. 이와 같은 관계가 근대적 민족국가의 편제원리임을 선명하게 자각해 감으로써, 독일 고전철학은 그 정점에 도달 하게 된다. 예를 들어 피히테의 다음과 같은 말은 그러한 지향성을 명백하게 표현하고 있다. "국가통일, 즉 내적·유기적으로 완전히 융합된 국가라는 이 요청을 나타내는 것이야말로…… 독일인의 천직이며…… 그렇게 함으로써만 독일 사람은 영원한 세계 계획 속에 서게 된다. 그들에게 있어서 국가 논의는 완성된 인격적·개인적인 자유로부터 출발하여야 하며, 그 반대의 경우가 되어서는 안 된다.…… 이리하여 그들 속에서 비로소 아직까지 세계에 나타나지 않은 참된 법치국가가, 우리들이 고대세계의 내부에서 인정한 시민의 자유에 대한 마음으로부터의 감격 속에서, 더욱이 다수의 인간을(그것이 없으면 고대국가는 존재할 수 없다.) 노예로서 희생시키는 일이 없이 인간의 얼굴을 가진 모든 사람의 평등에 기초한 자유를 위해서 출현할 것이다."(피히테, 『국가학』, E.Cassirer, 中整肇 역, 『자유와 형식』 p. 294~295에서 인용)

독일 고전철학은 논리학, 자연학, 형이상학, 윤리학으로 이루어진 철학적 체계의 확립에 전면적으로 관계되는 것이었다. 그러나 이러한 철학체계는 '지배의 원리'와는 전혀 이질적인 조직원리, 즉 '자유의 원리'에 입각해 있다. '인간이 노예제를 행하려 하는 입장'을 초월한 자기의식의 입장, '법과 법학이 출발점으로 하는 자유로운 의지의 입장'이 바로 이것이다. 독일 고전철학은 총체적으로 이러한 원리—그 근거 설정에는 다소의 차이가 있지만—에 의해서 통괄되고 있고, 근대민족국가에 대한 그들의 시인(是認)도 피히테의 말에 단적으로 보이고 있는 것과 같은 정당성의 근거에 입각하였다. 이러한 의미에서, 법철학은 독일 고전철학의 근간을 이루고 있다 해도 과언은 아니다. 모든 학문에 통달한 철학의 천재 칸트, 피히테, 헤겔은 법의 영역에서도 별개의 저서를 내놓았다고 하는 식으로 이해되어서는 안 된다.

7) 민족적 통일국가 개념의 두 가지 의미

독일에 있어서 부르주아혁명의 중심문제는 민족적 통일국가의 형성에 있었다. 우리들은 이미 이 문제가 헤겔의 사상 가운데에서 결정적인 역할을 수행해왔음을 지적하여 왔다. 헤겔은 유기적 생명체의 사상을 국가의 영역에 적용하였다. 이러한 사실로부터 사회를 통일적 주체로서 파악하고, 그것을 기초로 하여 국가를 이해하였다. '이성'의 실현으로서의 헤겔의 국가관은 이와 같은 사실에 입각한 것이다. 어떻든 헤겔의 문제의식을 헤겔을 둘러싼 상황과 결부시켜서 생각해 볼 때, 민족정신의 통일성을 강조하는 것은 헤겔에 있어서 필연적이라고 할 수 있을 것이다.

그러나 민족국가에 '형이상학적 통일성'을 관철시킬 수는 없다. 왜냐하면 그 통일의 내부는 서로 대립하는 세력 간의 동적(動的) 모순성이 존재하고 있기 때문이다. 물론 이러한 동적 모순성도 그것이 결정적 파국에 이르지 않는 한 부단히 이러한 통일성으로 집약해 가며, 다른 민족국가와의 관계에 있어서도 이러한 '민족정신의 형이상학적 통일성'이 실재적인 것으로 나타나게 되어 현실적인 주체로서 행동한다는 것도 부정할 수 없다. '형이상학적 통일성'은 그런 점에서, 그 내면에서 부단히 성장하고 있는 모순을 안고 있으면서도, 단지 비현실적인 것이라고 단정할 수는 없다. 루카치는 헤겔의 사회철학에서 보이는 이와 같은 두 가지 경향의 싸움은 철학 적으로도 표현될 수 있다고 하면서 다음과 같이 말하고 있다. "첫 번째 경향, 즉 실재적·변증법적 관련에 관한 현실적인 올바른 인식은 보편적인 것을, 특수한 모순의 자체운동으로부터, 보다 높은 단계에 있어서 이들 간의 모순의 지양과 새로운 정립으로부터 획득하게 되는 새로운 변증법적 논리학의 기초가 된다. 두 번째 경향, 즉 인위적으로 획득된 보편의 관념론적 자립화에 연결되는 경향은, 낡은 형이상학적 논리학의 방법에 따라서 특수한 것을 보편적인 것과 함께 포섭하지 않을 수 없다. 따라서 우리들이 헤겔의 사회철학에서 추구한 이들 두 경향간의 싸움은 논리학에서는 현실의 변증법적 발전과 사변적 구상의 투쟁으로 재현된다."(루카치, 『젊은 시절의 헤겔』 하권, p.269) 여기에서는 루카치가 말한 의미를 하나하나 파헤치는 것이 목적은 아니다. (한 가지만 지적하면, 인용 후반부에서 루카치는 '〈인위적〉으로 획득된 보편의 관념론적 자립화'라고 하였으나 앞에서 말한 이유로 반드시 합당한 것은 아니다.) 단지 여기서 지적해 둘 것은, 논리상의 문제가 현실의 사회적 모순의 자기전개와 법-국가의 정적(靜的)관계에서 표현되고 있다는 것, 그것은 그 문제가 헤겔에 의해서 전개된 경우에도 그러하였던 것과 같이, 민족적 국가의 객관적 존립구조 자체에도 관련되는 것으로 이해되고 있다. 다음은 그 실질적 기반에 대해서 약간 지적해 보기로 하자.

'민족'이란 단지 봉건적 분열에 대립하는 통일개념 — 지금까지는 이 측면에 주의를 집중해 왔다. — 일 뿐만 아니라, 동시에 이것과는 전혀 차원을 달리하는 자본주의적 분열에도 대응하는 통일개념이다. "첫째로 봉건적 분열을 통일하는 방향은 크든 작든 간에 자본주의적 분열을 촉진케 하며, 후자를 극복하는 방향은 종종 복고적인 것이 되기 쉽다. 그러므로 양면 통일의 개념으로서의 민족은 이미 그 성격상, 모순을 배태하고, 동적으로 되지 않을 수 없다. 둘째로, 어떻든 계급대립(전자에 있어서는 귀족과 시민의 대립, 후자에 있어서는 시민=자본가와 노동자의 대립)의 극복·통일이라고 하는 문제는 의식되고 있지 않을 뿐만 아니라, 오히려 민족개념은 그와 같은 대립의 존재를 의식적이든 무의식적이든 가려주기까지 한다."(高島善哉·水田洋·平田淸明, 『사회사상사개론』, p.114) 이와 같은 사정에 의해서, 실로 헤겔의 법철학 사상은 두 층을 포함하고 있는 것이다. 이 점을 좀 더 구체적으로 파악하여 보자.

봉건적 분열은 근내 시민사회의 성립과 그것이 가지고 있는 욕구의 〈체계〉-노동의 〈체계〉에 매개되며 통일적 민족국가로 통합·지양되어 간다. 여기에서 〈통일적〉 민족국가의 개념이 성립한다는 것은 두말할 나위가 없다. 그런데 그와 같은 위치를 차지하는 것으로 생각되는 시민사회 안에 다음과 같은 모순이 발생·증대하는 것을 헤겔은 빠뜨리지 않았다. ① 부의 축적과 빈곤의 축적의 수평적 진행, ② 이에 수반하는 명백한 시민적 법 관계 — 칸트의 표현을 빌리면 '작용·반작용 동일의 법칙 하에 있어서 물체의 자유로운 운동의 가능성과의 유추에 근거한 법 개념'(『인륜의 형이상학』, p.357)에 의한 법 관계 — 의 폐기, 바꾸어 말하면, 상호인정의 소실, ③ 소외

노동의 출현과 계급대립, ④ 이상의 귀결인 바의 '민족의 절대적 유대, 인륜적인 것' 즉 민족국가의 정당성 근거의 상실, ⑤ 노동자를 포함한 영업(營業) 신분의 재조직화·사회화의 필연성, ⑥ 시민사회와 국가의 이원성을 흩트리는, 그러나 헤겔에 있어서는 두 영역을 매개하는 경제정책, 사회정책의 불가피성, ⑦ 국가의 정당성의 근거가 이러한 후견적 국가의 측면에서 보강되는 것.(이러한 측면은 민족적 국가가 대외적으로 갖는 통일성, 주제성에 의해서 보완된다.)

여기에서는 우리들은 문맥상, ②의 동시민적 법관계의 폐기, 상호인정의 소실이라고 하는 사태에 주목하면서, 다음과 같은 헤겔의 지적에 대해서 주목해야 한다. "사회관계에 있어서는, 빈곤은 즉각 어떤 계급에 가해지는 불법적 형식을 취한다." (앞의 책, 『법철학』, p.470) 여기에서 법은 의사 관계와는 전혀 차원을 달리하는 기여에 의해서 위험에 빠지게 된다는 것이 시사되고 있다. 이어서 헤겔은 다음과 같이 말한다. "어떤 방도로 빈곤을 제거할 것인가 하는 중대문제야말로, 특히 근대사회를 뒤흔들어 놓고 괴롭히는 문제이다."(앞의 책) "여기에서, 시민사회가 넘치는 부의 축적에도 불구하고 충분히 부유하지 못한 점, 즉 빈곤의 과잉과 천민의 출현을 방지할 정도의 자산(Vermögen)을 갖추고 있지 못하다는 점이 폭로된다."(위의 책)

결론적으로 헤겔은 봉건적 분열과 자본주의적 분열의 쌍방에 통일적 민족국가를 대치시켰다. 그 결과, 헤겔의 국가개념은 봉건적 분열에 대해서는 혁명적이라고 할 수 있으나 자본주의에 대해서는 보수적이라고 하지 않을 수 없다. 그러나 어떻든 실질적으로 헤겔은 근대법이 가지고 있는 정당성의 근거는 근대법 존립의 실체적 기반이 되는 시민사회의 자기전개 속에서 상실되지 않을 수 없다고 하는, 역사법학—판데크텐 법학—개념법학의 흐름이 자각하지 못했던 사태를 꿰뚫어 보고 있었다는 것은 부정할 수 없는 사실이다. 더욱이 주목하여야 할 것은 동(同)시민적 법 관계를 폐기하고, 상호인정을 소멸시키는 '부의 축적과 빈곤의 축적의 수평적 진행'은 〈새로운 주인과 노예의 관계〉를 전 사회적 규모로 산출해 간다는 것이다. 물론 이와 같은 역설적인 사태에 대한 개념적 파악과 해결에 대한 전망을 보이는 일은 이미 헤겔의 손을 떠나버렸다. 그런 점에서 헤겔의 국가는 '보편하에 개별자를 압박'하는 기능을 체현하는 것이 되어버렸다.

이와 같은 문제는 4장의 서두에서 서술한 독일 고전철학을 둘러싼 문제점에 수록될 수 있는 것은 아니다. 이러한 점을 해결하기 위해서는, 이것을 생애의 사상적 과제로 생각하면서 등장하는 다음세대의 사상가들을 기다리지 않으면 안 된다.

제6장

프랑스 사회주의의 제 조류

— 사회주의 정치와 경제 —

1. 머리말: 프랑스혁명에 있어서 국가와 시민사회의 분리

1) 국가와 시민사회의 분리

19세기 프랑스인이 무엇보다도 먼저 대결해야만 했던 문제는 프랑스혁명의 평가에 대한 것이었다. 근대 프랑스의 역사는 대혁명과 함께 시작되었다고 할 수 있으며, 그것은 프랑스 건국기념일이 바스티유 공격일인 7월 14일이라는 것을 보아도 쉽게 알 수 있다. 프랑스 대혁명이 근대사회의 여러 원리를 극적인 형태로, 그리고 명쾌하게 수립하였기 때문에, 프랑스인뿐만 아니라 그 이후 태어난 전(全) 유럽의 사상가는 모두 이 새로운 사회원리와 대결하지 않고서는 그 사상체계를 수립할 수 없었다. 예를 들어 헤겔이 자신의 법철학원리를 프랑스대혁명이 수립한 〈자유〉에서 찾은 것은 잘 알려진 사실이며, "헤겔철학과 같이 오로지 혁명의 철학이며, 프랑스혁명의 문제를 중심적인 핵으로 하고 있는 철학은 어디에서도 찾아볼 수 없다"1)고도 일컬어지고 있다.

그러면 프랑스혁명이 프랑스인뿐만 아니라, 전 유럽의 사상가에게 제기한 문제는 무엇인가? 그것은 헤겔이 국가와 시민사회의 분열이라고 이름 붙이고 마르크스가 비판적으로 계승한 것, 즉 국가라는 정치권력의 영역과 '시민사회'로 표현되는 경제적 제 관계 영역의 분열의 문제였다.

---

1) J. Ritter, *Hegel und französische Revolution*, Suhrkamp Verlag, Frankfurt am main, 1965, S.18(김재현 역, 『헤겔과 프랑스혁명』, 한울, 1983, p.23)

중세에 있어서 사람들의 신분관계는 정치적인 지배관계임과 동시에, 그대로 그들의 경제적 관계이기도 하였다. 예컨대 영주의 농노에 대한 정치적 지배관계는 토지소유라는 물적 관계로 매개되면서, 동시에 경제적인 관계도 의미하여, 그들은 정치적 관계와 별도로 경제적 관계를 갖는 것은 아니었다. 사농공상(士農工商)이라는 종적인 신분서열은 동시에 직업의 경제적 분업관계이기도 하였다. 그러나 "프랑스혁명은 최초로 〈정치적〉 신분의 〈사회적〉 신분으로의 변화를 완성하였다. 바꾸어 말하면 시민사회의 〈신분상의 구별〉을 사회적인 구별로, 정치적 생활에 있어서는 아무런 의의도 없는 사적 생활의 구별로 변화시켰다. 이리하여 정치적 생활과 시민사회의 분리가 완성되었다."고 마르크스가 지적한대로, 대혁명에 의해서 이러한 신분적 지배의 원리는 자유·평등의 원리로 바뀌고, 사람들이 정치적으로 서로 자유·평등한 재산 소유자로서 대치되었을 때, 비로소 사람들의 경제적 관계—분업관계나 경제적 지배관계—가 그 자체로서 명확하게 모습을 드러낸다. 그때까지 경제 관계는 정치적 관계에 가려져 그것과 일체가 되어 있었던 것이다.

프랑스혁명 이후, 가령 정치가는 그 특수한 신분에 의한 정치가는 아니었다. 정치가로서의 그의 기능은 시민사회에서 어떤 시민으로서의 독권에 기초한 것도 아니고, 어떤 특권도 그에게 주어지지 않았다. 오히려 정치 그 자체가 분업에 의해서 시민사회의 하나의 직업이 되었다.

그러나 신분적 지배의 원리가 자유, 평등, 사유재산의 원리로 바뀐 것은 정치적 지배원리의 변혁이었을지언정 정치적 지배의 폐지는 결코 아니었다. 대혁명은 역사의 흐름 속에서 바라보면 혁명에 대한 반혁명의 격렬한 투쟁을 볼 수 있는데, 이것 하나만 보더라도 부르주아 혁명이 부르주아 지배의 확립이며, 정치권력이 없이는 이러한 지배의 유지조차 불가능하였음을 알 수 있다. 이리하여 민주주의라 하여도 지배의 부정이 아니라, 시민(Dêmo)에 의한 지배(Kratia)의 확립이라는 것이 분명해진다.

이러한 시민에 의한 지배는 자유, 평등, 사유재산이라는 자신의 지배 원리를 한편으로는 반혁명의 공격으로부터, 또 다른 한편으로는 무산빈민의 공격으로부터 방위하기 위해서 강력한 국가권력을 필요로 한다. 그리고 이러한 '시민의 지배'가 국민국가의 규모로 형성되었다는 사정에서도, 프랑스를 둘러싼 외부 절대주의 국가들로부터의 공격에 견디어내기 위해서는 강력한 정치권력이 필요불가결한 것이었다. 단지 이러한 정치권력은 이미 봉건영주가 그러했듯이, 시민사회에서 하등의 특정한 경제적 지위에 직접 결부되거나 그것과 일체를 이루지는 않았으며, 그와 같은 경제적 지위—직업의 차이 등—와는 무관한 그 자체의 영역이 되었다. 이리하여 국가와 시민사회의 분리와 자립화가 완성되었다. 그것은 소위 정치와 경제의 분업화라고도 할 수 있을 것이다. 이러한 분업으로서 정치권력의 보지자(保持者)의 의무, 전념하여야 할 직무는 이미 서술한 바와 같이 자유, 평등, 사유재산이라는 상품사회의 정치적 원리를 (1) 반혁명적인 외국세력에 대해서 (2) 국내의 반혁명 귀족에 대해서 (3) 사유재산에서 제외된 빈민에 대해서 방위한다는 것이었다. 결국 노동력도 하나의 상품이라고 한다면, 이와 같은 정치적 원리의 방위는 동시에 그대로 자본-임노동이라는 계급관계의 방위이기도 하였다. 상품사회 원리의 보지는 그대로 노동력이 상품임을 보증하는 것이기도 하였다.

헤겔은 대혁명으로 명백해진 이러한 관계를 약간 추상적인 말로, 더욱이 신격화된 국가에 역점을 두면서, 시민사회와 국가의 분열이라고 불렀던 것이다.

2) 정치적 대립으로부터 사회적 대립으로

프랑스 대혁명을 주도한 사상적 원리는 천부인권의 사상이며, 그것은 근대 자연법사상에 기초한 것이었다. 근대 자연법사상이란, 부르주아 사회 내지 상품사회를 인간에게 가능한 유일의 '자연'적 사회로, 상품생산과 교환의 제 관계를 물리적 자연의 제 관계와 동일한 의미에서 영구불변한, '자연'의 계율로 상정하는 17,8세기를 지배한 사고방식이었다. 자유, 평등, 사유재산, 계약 등이 그 사상의 기본개념이며, 이들 제 원리의 실현이 인류의 보편적 해방을 가져오는 것이라고 확신하고 있었던 것이다. 대혁명은 봉건사회의 신분적 지배의 원리에 대신해서 이러한 원리를 수립하고자 하였다. 뒤에 마르크스는 노동력은 상품이며, 노동자는 자기 자신의 노동력상품의 소유자라고 규정하면서 다음과 같이 말하였다. "노동력의 구매와 판매가 그 한계 내에서 행하여지는 〈유통 또는 상품교환 부문〉은 사실상 진정한 〈천부인권의 낙원〉이었다. 여기서 오로지 지배적으로 행하여지는 것은 〈자유, 평등, 소유 및 벤담(공리주의)〉이다. 자유! 생각건대 하나의 상품 가령 〈노동력〉의 구매자와 판매자는 자신들의 자유의사에 의해서만 규정되고 있기 때문이다. 그들은 자유롭고, 법률상 동등한 신분의 〈인격〉으로서 계약한다. 계약은 여기에서 그들의 의지가 하나의 공통적인 법적 표현을 부여받은 최종 성과이다. 평등! 생각건대 그들은 〈상품 소유자로서〉만 서로 관계를 맺고, 등가물을 교환하기 때문이다. 소유! 생각건대 그 누구나 자신의 것만을 자유롭게 처분할 수 있기 때문이다. 벤담! 생각건대 쌍방 어느 편이든 가장 긴요한 것은 자신의 일이기 때문이다."

자유, 평등, 사유재산은 절대주의에 대항하는 제 계층의 통일적인 기치로 이러한 원리를 옹호하는 한, 부르주아도 생 큐로트(Sans-Culotte, 과격공화파)도 농민도 한결같이 대혁명을 지지하였다. 그러나 일단 대혁명이 성공하고 이러한 원리가 정치적으로 실현되었을 때, 이러한 보편적 원리 하에 결집한 제 계층 간에 대립이 나타난다. 부르주아에게 있어서 이러한 원리 가운데 가장 중요한 것은 자유였는데, 그들에게 자유란 기업 활동의 무제한적인 자유를 의미하였다. 또한 그들에게 시민이란 재산소유자를 의미한다고 하면, 무산대중은 사유재산을 소유하고 있지 않기 때문에 시민이 아니며, 따라서 재산 자격의 제한에 의해 입법권에서 배재되었던 것이다. 한편 생 큐로트나 빈농에게 이러한 원리 가운데서 가장 중요한 것은 평등이었는데, 더욱이 그들은 이 평등을 형식적인 법 앞의 평등일 뿐만 아니라, 실질적인 평등으로 생각하였다. 예를 들어 로베스피에르가 생각한 평등은 가능한 한도 내에서의 사유재산의 평등이었다. 자유, 평등, 사유재산이라는 일반적인 정치적 원리가 실현된 그 순간에, 사람들의 실질적인 자유, 평등, 사유재산의 영역이 나타난다. 마르크스가 지적한 상품교환과 유통 면에서 천부인권의 낙원이 실현되었을 때, 직접적인 상품 생산 부문에서의 사람들의 예속, 사람들의 불평등, 사람들의 사유재산의 상실이 그 모습을 드러내었다. 이때 인류의 보편적 해방의 길은 18세기 자연법사상에 기초한 정치적 해방—자유주의나 민주주의—에서가 아니라, 사회적 해방 속에서 구해지게 된다. 이리하여 자연법사상의 시대는 막이 내리고 근대 프랑스 사회주의가 등장한다.

3) 사회주의에서의 권력과 산업

이렇게 프랑스 대혁명은 정치적 국가와 시민사이의 구별을 완성하였다. 홉스바움이 '이중혁명'[2] 이라는 표현으로 근대 부르주아 사회의 형성을 파악한 후, 일본에서도 근대사회가 부르주아 혁명과 산업혁명, 즉 정치와 경제 양면에서의 변혁을 매개로 하여 비로소 성립한다는 것이 일반에게 상식으로서 받아들여지게 되었다. 좀 추상적인 표현으로, 더구나 국가를 신격화하면서 헤겔이 말한 국가와 시민사회 사이의 분열은 대개 관념적인 개념으로서 이해하기가 어려웠다.

그러나 국가와 시민사회 사이의 구별, 혹은 근대사회의 형성과정은 정치사 혹

2) E.J. Hobsbawm, *The Age of Revolution: Europe 1789~1849*, 1962, Introduction.

은 경제사 하나만으로는 해소될 수 없는 것으로서, 그것은 두 영역과 그 상호관련 속에서 파악되지 않으면 안 된다고 하는, 극히 당연한 것이 일본에는 받아들여지지 않았다는 것에도 깊은 이유가 있다.

명치시대의 사회변혁은 시민사회의 성숙에 기초하여 낡은 신분제적 국가의 지배를 원리적으로 부정하는 형태로 수행되지 않고, 반대로 재편된 낡은 국가권력, 곧 위로부터의 주도에 의해서 행하여졌다. 여기에서는 국가의 의지가 처음부터 시민사회에 적극적으로 개입하여, 시민사회 그 자체가 정치권력을 매개로 하여 비로소 전개되었다. 그 때문에, 일본에서는 국가와 시민사회 사이의 원리적인 구별은 자각되지 못한다. 헤겔에서 마르크스까지 (그 관계는 역전되었으나) 계승된 이와 같은 분열의식은 정당하게 이해될 수 없었다. 그 때문에 일본에서, 경제학자는 정치 고유의 문제까지도 경제적 관계로 환원해서 설명하거나, 혹은 이와 반대로 정치학자는 일체를 정치사로서 설명하였던 것이다.

프랑스혁명에 의해서 완성된 시민사회와 국가의 구별, 경제적 관계와 정치적 관계의 구별을 원리적이고 개념적으로 처음 파악한 사람은 헤겔이었으나, 이와 같은 두 영역은 훨씬 오래전부터 분명히 모습을 드러내고 있었다. 케네나 스미스에서도 법과 경제의 두 영역은 사실상, 비교적 명확하게 파악되어 있었다. 이들에게서 결여된 것은 이 두 영역을 인간사회의 이중구조로서 개념적으로 파악하는 것과, 그 상호관련성을 원리적으로 고찰하는 것이었다.

대혁명에 의해서 정치권력의 영역과 경제적 제 관계의 영역이 명확하게 구별되었을 때, 이러한 분열은 이제 사회주의 — 인간공동체로의 지향 — 에도 반영되지 않을 수 없었다. 이리하여 사회주의 사상에도 근대가 시작된다. 대혁명의 과정에서 인류의 보편적 해방을 이념으로 하는 사람들은, 한편에서 인류공동체의 이상을 국가권력의 탈취라는 프랑스혁명 고유의 방법을 연장함으로써 추구하고, 사유재산을 부정함으로써 실질적 평등을 실현하고자 하였으나, 다른 한편 직접적인 국가권력의 탈취에 의해서가 아니라, 시민사회 혹은 산업사회에 중점을 둠으로써 공동사회를 실현하고자 한 흐름이 있는 바, 여기에서 두 방향이 수립되기에 이르렀다. 즉 사회주의에 의한 정치혁명의 노선과 산업의 공동체화의 노선이 그것이다.

이후 사회주의의 역사는 정치권력과 사회변혁의 관련을 둘러싸고 여러 유파간에 대립한다. 정치권력의 탈취를 중심과제로 설정하고, 사회변혁을 이에 매개되는 것으로 보는 것이 바뵈프-블랑키의 혁명적 공산주의의 흐름이며, 권력탈취의 문제보다 시민사회·산업사회의 발전이나 조직화, 그 편성을 중시하는 것이 생시몽(Saint-Simon, 1760~1825), 푸리에이고, 국가권력 그 자체에 대하여 전면적 부정의 태도를 갖는 것이 프루동을 선두로 한 아나키즘(Anarchism)의 흐름이다. 소위 프랑스에서 사회주의가 이렇듯이 여러 유파로 나뉘어져 있던 시대는, 프랑스혁명에 의해서 제기된 정치와 경제의 분연문제를 어떻게 해결할 것인가에 대한 상이한 해답사이의 대립·항쟁의 표현이었다.

이러한 항쟁시대에 하나의 마무리를 짓고, 사회주의에 하나의 전망을 부여한 사람은 프랑스인이 아니라, 유태계 독일인인 칼 마르크스였다. 그 후 사회주의 사상이 마르크스주의와 무관할 수 없었던 것을 보면, 마르크스가 사회주의에서의 정치와 경제의 관련에 대해서 하나의 유효한 해답을 준 것은 확실하다고 생각된다. 그는 1840년대 말에 이 문제의 해결에 대한 전망을 얻어, 생애를 걸고 이러한 해답의 기초를 수립하였으나, 그 해답의 완성을 보지 못한 채—특히 정치 부분을 완성하지 못하고—죽었다. 마르크스의 해답이 유럽에서 지배권을 확립한 것은, 프랑스대혁명 백주년 기념일에 파리에서 창립된 제2인터내셔널에서였다. 프랑스인은 마르크스의 철학이나 경제학이 아닌 바로 그 사회주의 사상의, 즉 정치와 경제를 포함한 인간사회의 공동체화 사상의 교사였다.

4) 프랑스 사회주의와 인간공동체상

마르크스주의를 이루고 있는 세 가지 원천 중의 하나로서 '프랑스 사회주의'가 문제될 때, 종래에는 생시몽, 푸리에의 공상적 사회주의를 의미 하는 것으로 해석된 데 대하여, 오히려 블랑키 등의 혁명적 공산주의가 마르크스에 영향을 주었다고 지적되는 일이 있으나, 어떻든 문제가 여러 가지 형태로 제기되고 있음에는 변함이 없다. 지금까지 서술해 온 바와 같이, 프랑스 대혁명이 인간의 공동생활의 틀을 시민사회와 국가로 분열시켰을 때, 우리들은 이 두 영역에 동시에 살게 되었으며 그 어느 한 쪽만의 선택은 불가능하게 되었다. 이것이 소위 근대의 운명이다. 사회주의도 또한 그것이 근대의 산물인 한, 헤겔이 발견하고 마르크스가 비판적으로 계승한 이 두 문제, 곧 국가권력과 산업의 문제를 벗어날 수는 없다. 프랑스 사회주의는 분립한 형태로 이 두 문제를 떠맡았으며, 마르크스가 사상의 활력을 얻어낸 프랑스 사회주의란 이러한 과제를 각기 갈라서 담당

한 두 흐름—혁명적 공산주의와 공상적 사회주의—의 전체라고 고찰해야 할 것이다. 우리들이 근대 사회주의사상을 인간의 개별화를 그 극한에까지 강행한 근대사회에 대한 반명제, 즉 보다 높은 차원에서의 인간생활의 공동체화 사상으로서

이해할 때, 이러한 공동체의 건설에는 정치권력과 산업문제가 불가피하게 뒤따르는 것으로서, 그것은 근대사회 자체의 구조에서 연유된 것이라고 알 수 있을 것이다.

그리고 또한 현재 사회주의가 제기하고 있는 여러 가지 문제에 직면하고 있는 우리들로서는, 사회주의란 원래 어떠한 것인가 하는 문제를 근원적으로 반문할 수밖에 없다. 예를 들어 사회주의란 노동자계급에 의한 정치권력의 장악이라고 하는 대답은 물론 우리들을 만족시키지 못한다. 더 나아가서 사회주의란 생산수단의 사회화를 기반으로 한 경제체제라고 대답한다고 하더라도, 역시 인간해방의 사상으로서 충분한 이미지와 영광을 부여하지는 못한다. 왜냐하면 그러한 체제를 우리들은 이미 현실적인 것으로 많이 알고 있지만, 또한 그러한 현실은 일찍이 사회주의가 인류에게 준 이상에 맞지 않는 수많은 문제점을 노정시키고 있는 것도 알고 있기 때문이다. 젊은 마르크스가 인간의 본질을 그 사회성, 공동적 성격에서 발견하고, 더욱이 그와 같은 공동체적 성격을 인간의 노동·활동의 공동성, 공동의 주체성으로서 파악한 것을 성찰해 볼 때, 마르크스가 품고 있던 사회주의상(社會主義像)은 인간의 전체 활동영역—근대사회에서는 정치와 경제로 분화된 활동영역—을 공동체로서 재편성하는 것, 아니 생산 활동을 포함한 인간의 활동 자체를 직접 공동적인 것으로 하고, 주체적인 것으로 회복하는 것이었다고 할 수 있을 것이다. 그것은 단순한 정치권력이나 생산수단의 공유화라고 할 정도로 빈약한 것은 아니었다.

프랑스 사회주의 안에는, 현재의 경직화된 사회주의 개념 하에서는 상실된, 인간 자체에 대한, 인간의 공동생활에 대한, 공동의 생산 활동에 대한 신선한 이미지가 넘쳐 있고, 우리를 자신의 퇴화된 희망을 회복하기 위해서도 우리들은 본래 사회주의가 인간의 공동사회에 대하여 어떠한 이미지를 가지고 있었는가에 대해서 배울 수 있을 것이다.

2. 프랑스혁명과 공산주의: 바뵈프

1) 부르주아혁명과 바뵈프주의

프랑스 대혁명은 정치권력을 둘러싼 격렬한 투쟁과정이었는데, 이러한 정치투쟁 속에서 산출된 공산주의의 사상과 행동은 바뵈프(F.E. Babeuf, 1760~1797) 평등파(平等派)의 음모였다. 대혁명이라는 사회적 변혁을 주어로 하여 말할 때는, 대혁명 가운데서 근대 최초의 혁명적 공산주의가 탄생하였다고 말할 수 있으나, 사회주의 사상사를 주어로 하여 말할 때는, 공산주의는 바뵈프에 의해서 비로소 혁명, 즉 정치권력의 탈취 사상과 결합되었다고 할 수 있다. 공산주의는 바뵈프에 의해서, 비로소 '유토피아'가 아니라 정치권력의 장악에 의해 실현될 수 있는 현실적 사회질서의 원리가 되었다. 프랑스혁명 이전, 즉 근대 이전의 사회주의, 공산주의는 현실에 대한 날카로운 비판에 집중되어 있었으며, 토마스 모어의 경우에서 전형적으로 볼 수 있는 바와 같이 근본적으로 지식인의 하나의 상상에 불과하였다. 계몽기의 프랑스 공산주의자, 모렐리(Morelly)나 마블리(Marbly, 1709~1785) 등의 사상도 도덕철학의 성격을 가지며, 그러한 사상을 혁명에 의해서, 정치권력의 탈취에 의해서 실현하고자 한 것은 아니었다.

그러면 공산주의가 정치투쟁의 무대에 등장하는 과정, 아니 대혁명을 주어로 하여 말한다면 부르주아 혁명이 공산주의를 산출(産出)해 가는 과정은 어떠한 것이 있는가를 살펴보기로 하자. 바뵈프의 사상에 대해서 말하기 위해서는 프랑스혁명의 정치과정에 대해서 언급하지 않을 수 없다. 거기에서는 사상과 현실의 정치과정 사이에 밀접한 상호작용을 볼 수 있기 때문이다.

바뵈프는 처음부터 시종일관 공산주의 이론가로서 공산주의혁명을 실현하기 위해서 대혁명에 참가했다고 하기보다는, 프랑스혁명에 참가하여 그 평등원리를 추구하는 과정에서 비로소 공산주의자가 되었다고 하는 편이 옳을 것이다. 대혁명이라는, 정치권력을 둘러싼 투쟁과정의 일부분으로서 바뵈프의 공산주의는 형성되었으며, 소위 바뵈프 자신이 '직접적으로' 대혁명의 정치사의 일부분인 것이다. 그래서 재차 사상사를 주어로 하여 말한다면, 이리하여 공산주의사상에 정치권력의 문제가 비로소 등장 하였던 것이다.

프랑스혁명사의 연구 성과에 의해서 우리들은 프랑스혁명이, 그것을 담당한 사회계층의 관점에서는 각각 저마다 고유한 이해관계와 방향을 갖은 복수의 계층에 의해서 수행되었으며 제 사회계층의 운동의 복합체인 것을 알고 있다. 또한 그것은 단일한 혁명이 아니라 성격과 사명을 달리 하는 복수의 혁명이 계속되는 과정으로 파악되고 있다. 어쨌든 사회적 관점에서 보면, 대혁명은 부르주아를 중심으로 하여 결성된 생 큐로트나 농민, 그리고 때로는 귀족의 통일전선에 의해서 수행되었으며, '자유, 평등, 사유재산'의 원리가 이들 혁명적 제 계층의 지속적인 통일 강령이었다. 앞 절에서 말한 바와 같이, 이것이 절대주의 권력에 대신하는 부르주아 권력의 원리였다. 이러한 기치 아래 혁명적 제 계층은 보편주의의 입장에 서서 인류 전체의 해방자로서 나타나게 되었다. 그러나 이미 언급한 바와 같이 혁명의 성공 그 자체가 각 계층 간의 대립을 명백하게 하였다.

첫째로, 법 앞에서는 누구나 평등하다고 규정한 '인간 및 시민의 권리 선언' 제6조가 제정되었음에도 불구하고 1789년 12월의 법령은 유권자에 대한 자격제한을 규정하였다. 시민은 능동적 시민과 수동적 시민으로 나누어져, 3일간의 노동량 이상의 직접세를 지불하는 사람만이 '능동적 시민'으로서 제1차 선거에 참가할 수 있고, 더욱이 재산 소유자만이 거기에서 '선거인'이 될 수 있다고 하였다.[3] 이리하여 재산소유자만이 입법에 참가할 수 있었던 것이다. 프랑스는 '재산소유자의 공화국'[4](루데)이 되었다.

후에 마르크스는 프롤레타리아를 '시민사회의 계급이면서도, 시민사회의 어떠한 계급에도 속하지 않은 한 계급'(『헤겔법철학비판서설』)이라고 규정하고 있는데, 그 계급은 재산을 소유하지 못하였기 때문에, 시민이면서도 시민으로 인정받지 못하는 가난한 노동자라는 의미이다. 이리하여 새롭게 탄생된 공화국이 누구의 공화국인가에 대한 싸움이 시작되었다. 프롤레타리아가 입법권 밖으로 쫓겨난 상태에서, 자기 자신을 시민으로서 확인시키는 일이 19세기 전반의 노동운동의 주요 투쟁목표였다. 마침내 노동자가 '시민'으로서 인정되었을 때, 비로소 그들은 의회에 등장하게 되고, 그 결과 사회주의정당과 노동조합운동이 합법화되었다. 그때까지 노동운동은 질서를 위협하는 위험사상이라 하여 억압되었다. 이렇게 입법활 동으로부터 노동자의 배제는 사유재산의 원리에 의해서 정당화되었다.

둘째로, 1791년에 가결된 르 샤프리에법이 노동자에 대하여 단결권과 파업권을 금지하였다. 악명 높은 이 르 샤프리에법이 정식으로 폐기된 것은 1884년이었다. 공업과 상업의 자유라는 이름 아래, 본래는 전근대적인 동업조합의 배타적 특권을 해체하는 것을 목표로 하였던 이 법이, 실제로는 자본에 대한 노동자·직인의 생활권 옹호를 위한 파업이나, 이를 위한 단결을 금지하는 것이 되었다. 마침내 근대

3) G. Rudé, *The crowd in the French Revolution*, Oxford, 1959, p.86. 이 규정은 1789년, 대혁명의 해 12월 법령에서 보이고, 1791년의 헌법에 삽입되었다. 1793년 보통선거제가 실시되었으나, 테르미도르반동 이후, 1795년에는 다시 제한선거제로 되돌아갔다.

4) 앞의 책, p.166

헌법의 기본원리 가운데 하나가 될 집회·결사의 자유가 노동자에 대해서는 금지되었다. 이 경우에도 또한, 소위 자유의 원리에 기초하여 행해졌던 것이다.

셋째로, 농민은 정치적으로는 봉건제의 철폐로 신분적인 자유를 얻었으나, 경제적으로는 토지소유권을 고액으로 다시 사거나, 혹은 봉건적 부역에 대신하여 지대를 지불하게 되어 농민은 채무를 짊어질 뿐이었다. 또한 교회의 토지와 망명 귀족의 토지는 국유재산으로서 매각되었으나, 이들 토지를 구입하는 이익은 주로 도시와 농촌의 부유한 부르주아지의 것이 되었다.

이와 같이 인류 전체를 해방해야 할 자유, 평등, 사유재산이라는 정치적 원리의 확립 자체가 사회적 대립과 투쟁을 부각시켰다. 부르주아지는 이러한 원리를 근거로 혁명의 성과를 오로지 자기의 것으로 하고자 한다. 사유재산의 권리는 신성하다. 그러므로 사유재산을 가진 자만이 시민이다. 자유의 원리는 신성하다. 따라서 물가, 임금, 토지구입, 투기 모두 자유에 맡겨야 한다. 그러나 반대로 혁명의 실질적 에너지이며 실행자이기도 하였던 생 큐로트는 자유에 대하여 평등을, 그것도 실질적인 평등을 강조하고 더욱이 생존권[5]을 사회의 첫째 원리로서 적극적으로 요구 하였다.

그러므로 이 시대의 투쟁은 자유와 평등과 사유재산, 그리고 안전이라는, 인권선연 속에 명기되어 있는 제 권리 사이의 투쟁으로 볼 수 있다. 그러나 바로 이 사실은 혁명적 제 계층이 이들 원리 자체에는 근본적으로 동의하고 있었다는 것을 보여주고 있다.

로베스피에르는 정치투쟁으로 나타나는 사회적 이해관계의 대립 속에서, 혁명운동의 통일을 유지하고자 하였다. 이러한 통일이 없이는 혁명을 수행할 수 없었기 때문이다. '자유'의 원리에 대한 과도한 가담도, '사유재산'의 원리에 대한 전면적 부정도 둘 다 모두 대혁명을 위태롭게 하고, 혁명을 반혁명의 손에 넘겨주게 되기 때문에 피하지 않으면 안 되었다.

그는 한편에서 혁명의 성과를 오로지 자신의 것으로 하기 위해서, 자유를 투기의 자유, 사유재산의 자유로 이해하는 부르주아지의 대변자인 지롱드파를 처단

---

5) 생존권이 미국 독립선언에서는 '생명, 자유 및 행복의 추구'라고 규정된 천부인권의 첫 번째 원리였으나, 프랑스의 '인간과 시민의 권리선언'에서는 그렇게 명기되어 있지 않다.

하였다. 생 큐로트만이 혁명을 실행하고, 반혁명을 시도하려는 외국과 국내의 반혁명 귀족의 음모에 대해서 혁명을 방위하고 있는데, 혁명이 투기를 허락하여 인민의 생존권을 지킬 수 없다면 혁명이란 도대체 무엇인가? 지롱드파의 처단은 '생존권'을 근거로 하는 '자유'와 '사유재산'의 제한을 예상케 하는 것이었다. 사실 로베스피에르와 생쥐스트는 가격과 임금에 관한 일반최고가격법을 제정하여(1793년 9월), 소비물자의 가격을 통제하고, 인플레를 억제하고, 투기를 방지하고, 매점이나 은닉을 견제하였다. 이리하여 그들은 생 큐로트의 생존권—로베스피에르는 이것이야말로 첫째 인권이며, 소유권까지지도 이러한 권리에는 복종한다고 한다.[6]—을 위해서 부르주아의 사유재산과 자유의 권리를 제한한다. 물론 이러한 대책은 부르주아의 적의를 불러일으키지 않을 수 없다. 그러나 사유재산이 비록 제한되는 경우는 있었지만, 부정되는 경우는 결코 없었다. 이미 1793년 3월 18일에 국민공회는 토지균분법(loi agraire)을 제안하는 자는 사형에 처한다는 법안을 만장일치로 채택하여, 사유재산권은 부정될 수 없는 신성한 권리로 확인되었으며, 이 점에 관해서는 로베스피에르가 지배하는 시대—그것은 1793년 7월부터 1794년 7월까지의 겨우 1년간이었으나—에서조차도 흔들리는 경우가 없었다.

한편 로베스피에르는 생 큐로트의 지도자 에베르(J.R. Hébert, 1757~1794)나 과격파(Enragés) 지도자 자크 루까지도 처단한다. 과격파는 혁명의 원리에 대하여 과격하였을 뿐만 아니라 혁명을 추진할 수 있는 부르주아와 생 큐로트 간의 동맹에 대해서도 과격하였다. 사유재산의 절대성을 위협하는 과격파의 행동은 혁명의 원리 자체를 위협하고, 동맹을 위태롭게 하는 것이었다. 그러나 과격파의 처형은 로베스피에르의 권력기반을 뒤흔들어 놓았다. 도시 빈민을 가격등귀의 압박으로부터 보호하는 최고가격법 또한 임금인상까지도 동시에 규제하였으며, 이것이 또한 임노동자의 적의를 누적시키고 있었던 것이다.

이리하여 테르미도르 반동이 일어나게 된다. 로베스피에르는 자유, 평등, 사유재산이라는 대혁명의 원칙 모두를 지키면서, 그것을 가능한 한 사유재산의 평등이라고 하는 루소적인 방향으로, 부르주아적 자유에 제한을 가하면서 전개시키고자 하였다. 그러나 부에 대한 양극분해야말로 자본주의의 길이라고 한다면, 사유

---

6) R. Garaudy, *Les sources francaises du socialisme scientifique*, Paris, 1949, p.54~55.

재산에 대한 평등의 이상은 패배할 수밖에 없었다. 테르미도르 반동 시기에는 보다 자유주의적인 경제정책으로 되돌아간다.

테르미도르반동 시기(1794년 7월)에는 최고가격법이 철폐되어, 인플레가 프랑스 국민을 물가등귀의 소용돌이 속으로 몰아갔다. 로베스피에르의 몰락으로 자본주의의 자유로운 전개에 대한 정치적인 장해가 제거되었으며, 그 이후 한편으로는 방대한 부의 축적이, 다른 한편으로는 도시와 농촌에 서의 부의 양극분해의 와중에서 그때까지 절대왕제에 대항하는 통일 원리였던 자유와 사유재산의 원리 자체를 부정하는 사상이 출현하게 되었다. 평등의 원리를 위해서 사유재산을 부정하고 공산주의를 실현시키는 것, 바로 이것이 바뵈프 등 평등파의 음모 방향이었다. 이미 살펴본 바와 같이, 부르주아혁명은 국가권력의 부정이 아니라 부르주아적 국가권력의 확립이며, 그 권력의 원리가 자유, 평등, 사유재산이었다. 부르주아에게 있어서 이러한 권력 원리의 최대의 적은 우익세력인 반혁명파, 왕당파였다. 이에 대항하기 위해서는 생 큐로트의 힘이 불가결하였으며, 그렇기 때문에 본의 아니게도 자유와 사유재산에 대한 로베스피에르의 제한을 감수하였던 것이다. 이제 그들은 바뵈프에 의한 좌익세력으로부터의 공격, 즉 사유재산에 대한 공격에 직면하게 되었다. 바뵈프 이전에는, 혁명에 가담한 자는 누구나 자유와 사유재산의 원리 자체에 공격을 가한 적이 없었으며 그것은 천부의 인권으로 간주되어 왔었다. 그러나 바뵈프가 새로운 사회의 정치적 원리에 화살을 돌렸을 때, 그것은 단지 한 계층이 한 계층에 대하여 싸움을 선포하는 것이 아니라, 프랑스혁명에 대한 싸움, 프랑스혁명에 의해서 실현된 새로운 사회 전체에 대한 도전으로 나타났다. 바뵈프는 이제는 자본주의의 정치권력 자체에 공격의 화살을 퍼부었다.

2) 바뵈프의 공산주의와 혁명관

순수하게 사상사적 관점에서 보면, 프랑스 대혁명은 새로운 것을 거의 창조하지 못했다고 일컬어진다. 로베스피에르를 비롯한 혁명의 지도자들은 루소나 계몽기의 사상가들로부터 그 사상의 틀을 배우고, 그것을 자기 나름대로 해석하였던 것이다. 공산주의의 경우에도 그러하였으며, 바뵈프는 재산론에 관해서는 사회계약의 관념을 루소에게서 빌린 것을 제외하면, 그 사상은 거의 모렐리나 마블리 등 계몽기의 공산주의와 자연법사상을 받아들였다.

처음에 바뵈프는 「영구토지대장」(cadastre perpétuel, 1789)에서 공산주의가 아니라, 농지 균분법적인 사상을 표명하고 있다. 거기에서는 농민에게 토지는 배분되지만 소유권이 아닌 보유권만이 인정된다. 마침내 토지 분배는 곧 토지소유의 불평등을 초래하지 않을 수 없다는 인식으로부터, 그가 피카르디의 농촌공동체—빈농들이 그 생존의 최후 거점으로 한 것—를 실마리로 하여 '공동의 행복'과 '완전한 평등'을 실현할 수 있는 공산주의의 이념에 도달하였다

바뵈프는 서재의 사상가가 아니라 대혁명의 정치과정 속에서 공산주의에 도달하였기 때문에, 시종일관한 사상체계를 저작물로서 남기지는 못했다. 우리들은 그가 남긴 단편에서, 공산주의를 생산체계로는, 농업을 중심으로 한 공동생산체계로서 파악할 수 있다. 공업이나 상업에 대해서 서술할 때도, 생시몽이나 푸리에의 '산업' 개념과 같이, 그것을 사회적 생산력의 새로운 방향이라고 적극적으로 평가하지는 않는다. 오히려 바뵈프의 경우 소비와 분배의 공동화에 역점을 두어, 각 부문의 생산물은 개인의 소유권을 떠나 현물 그대로 공동창고에 보관되고, 이들 수확물은 평등하게 분배된다는 것이다.

오히려 바뵈프 사상의 특색은 계급투쟁에 관한 견해. 빈궁혁명설(貧窮革命說) 및 독재이론 등 정치권력을 둘러싼 부분에서 발견된다. 그것은 바뵈프가 프랑스혁명의 정치과정 속에서 공산주의에 도달했다는 것을 생각하면 당연하다. 바뵈프는 대혁명이 실현한 법 앞에서의 평등에서, 빈부의 사회적 불평동과 항쟁(계급투쟁)을 발견하였으며, 이 때문에 그는 앞으로 도래할 혁명을 가난한 자가 부자의 권력을 탈취(빈궁혁명)하는 것으로 보고, 그 권력은 가난한 자를 위한 독재(독재의 이론)에 의해서만 유지된다고 하였다. 특히 빈궁혁명의 입장은 바뵈프가 혁명에 대한 에네르기를 자본주의가 해방된 새로운 생산력과 그 담당자인 노동자계급에서 찾지 않았다는 사실을 보여주고 있어 흥미롭다. 바뵈프에게 있어서 혁명은 생산력 발전의 결과로서 일어나는 것은 아니다. 그것은 '평민'에 대한 '특권자'의, '빈자'에 대한 '부자'의 지배와 억압에 항거하여, 그 중압에 견딜 수 없었던 민중이 궁핍과 비참을 용수철로 하여 일어설 때 일어나는 것이다. 바뵈프는 다음과 같이 말한다. "대중들이 모든 것을 잃고 더 이상 생존할 수 없다고 한다면, 그래서 모든 것을 독점한 특권계급 가운데에서는 냉혹한 인간 밖에 만날 수 없다고 한다면, 그 결과는 역사나 운명서에 예언된 저 대혁명의 시기, 기념하여야 할 시기를 결정하게 되는 것이다. 이 시기에는 재산제도의 전반적 변혁은 피할 수 없게 되고, 부자에 대한 가난한 자의 반란은 어떤 것으로도 억제할 수 없는 필연적인 것이다.[7]

그러면 이와 같이 부자와 빈자, 특권자와 평민, 주인과 하인 간의 대립·억압을 낳게 하는 것은 무엇인가? 바뵈프는 사유재산이 바로 그 원인이라고 생각하였다.

사유재산은 불평등을 낳는다. 불평등이 부자와 빈자, 주인과 하인을 만들어 내고, 이 세상에 궁핍과 예속을 가져온다. 본래 사회의 목적은 '공동의 행복'과 '완전한 평등'을 이룩하는 것이며, 사회를 이러한 비참한 상태에서 회복시키고 완전한 평등을 회복시키기 위해서는 사유재산을 폐지하지 않으면 안 된다. 바뵈프는 이를 '평등파의 음모'라고 불리는 소수정예에 의한 혁명적 행동과, 이를 이은 혁명정부의 독재에 의해서 실행하고자 하였다. 이렇게 한 후 바뵈프는 '평등'의 원리를 정치적 권리의 평등도 아니고 사유재산의 평등도 아닌, 노동과 소비의 공동체, 즉 공산주의에 의해서 실현하고자 하였다. 프랑스 대혁명의 평등원리는 바뵈프에 의해서 공산주의에 연결되었던 것이다.

3) 역사속의 바뵈프주의

바뵈프는 테르미도르의 반동과 함께 대혁명의 과실이 주로 부르주아지의 것이 되고, '평등'의 원리가 '이기주의의 체계'인 경제적 자유주의로 대체되려 한다는 것을 깨달았다. 이때 그는 일찍이 부정적으로 보고 있었던 로베스피에르의 평등주의적 정치이념을, 로베스피에르보다 한걸음 앞선 사회이념으로서 실현하기 위하여 행동할 것을 결심하였다. 그것은 실로 부르주아 사회 자체에 대립하는 것이었다. 그러나 이러한 음모에 로베스피에르의 잔당들이 참가하고 있고, 바뵈프의 친구 보나로티[8]도 또한 자코뱅의 흐름을 엮어간 사람이었다는 것을 보면, 이 봉기계획이 그들 자신에게는 대혁명의 연장으로 생각되고 있었다는 것을 알 수 있다.

그러나 배신행위에 의해서 이 음모는 발각되어, 바뵈프는 동지 달테와 함께 단두대 위에서 처형되었다. 바뵈프의 실패는 단순히 전술적인 것이었다고만 할 수는 없다. 그것은 프랑스 대혁명과, 그것이 추진하고 있는 역사의 방향에 대한 이해 없이는 설명될 수 없다. 그는 해방된 자본주의가 산출해내는 거대한 생산력을 간과하지 못하고, 이것에 의해서 압도되어가는 도시와 농촌의 민중을 위해서

---

7) Pages choisies de Babeuf, éd. par M. Dommanget, Paris, 1935, p.251.

8) 보나로티의 저작은 주모자 가운데 한 사람의 증언으로서 중요할 뿐만 아니라, 바뵈프주의를 블랑키 세대에 매개했던 저작이라는 점에서도 중요하다. Ph, Buonarroti, *Conspiration pour l'Égalite, dite de Babeuf*, Bruxelles, 1828,

영구불변한 자연법에 기초한 공산주의의 실현을 기도하였다. 말하자면 바뵈프는 혁명이 요구하고 있는 객관적 조건을 무시하고 음모를 계획하였으며, 따라서 그 실패는 운명 지어졌다고도 말할 수 있다. 역사는 새로 형성되고 있는 부르주아 사회의 수호신으로서 나폴레옹을 선정하였으며, 사유재산의 부정이 아닌 확립과 그에 따른 생산력의 해방이야말로 대혁명의 임무였던 것이다. 그럼에도 불구하고 바뵈프는 사회주의를 정치권력의 탈취사상으로서, 또한 그 획득을 위한 정치적 실천으로서 혁명과 결부시켰다는 의미에서 사회주의를 근대의 것으로 만들었다.

3. 산업과 사회주의: 생시몽

1) 프랑스혁명과 산업사회

바뵈프의 공산주의는 빈궁혁명설에서 상징적으로 볼 수 있는 바와 같이, 역사 발전의 결과로서 실현되는 것이 아니라, 빈궁에 지친 민중의 절망을 지렛대로 한 혁명 활동에 의해서 실현된다고 하는 것이었음은 이미 서술한 바와 같다. 이러한 점에서 바뵈프는 프랑스혁명이 자본주의의 흐름의 일부이며, 그것의 정치적인 표현에 불과하다는 것을 간파하지 못하였다. 그는 자본주의의 거대한 생산력과 부의 가능성 그리고 역사의 전개방향을 간파하지 못하였다.

이러한 프랑스혁명을 전제 및 내용으로 하고 있는 역사의 방향으로서의 자본주의와 그 생산력의 해방을 '산'이라는 말로 파악하고, 이것을 사회관, 역사관, 국가관의 기축으로 삼은 사람은 생시몽이었다. 근대사회의 진행을 정치와 경제의 전체적 전망 속에서 바라볼 때, 그 부산물인 사회주의는 바뵈프의 경우 대혁명의 정치적 원리인 '평등'의 연장으로서 나타나고, 한편 생시몽의 경우에는 자본주의의 생산력(생시몽에 의하면 '산업')의 확인을 기초로 하여 출현하였다는 것을 알 수 있다. 이리하여 근래 사회주의의 두 가지 조건인 '정치권력'의 문제와 '생산력'의 문제가 프랑스혁명기의 두 사상가에 의해서 분열된 형태로 유지되고 있었다는 것을 알 수 있다.

기이하게도 생시몽과 바뵈프는 똑같이 1760년 말에(생시몽은 10월에, 바뵈프는 11월에) 태어났으며, 그들의 출생지도 모두 프랑스 북부의 피카르디였다. 생시몽은 이 지방에 옛날부터 뿌리를 내리고 있는 명문귀족의 한 사람이며,[9] 그 근거지인 페론느는 바뵈프의 출생지 생칸탄과는 직선거리로 겨우 30km 정도 떨어져 있을 뿐이다. 근대 사회주의의 시조인 이 두 인물은 이러한 우연의 일치에 의해서 더욱더 그들의 출생과 운명과 사상의 대조성(對照性)을 두드러지게 나타낸다.

생시몽은 그보다 10살 연하인 헤겔이 '국가'와 분리·대립하는 것으로서 '시민사회'의 개념을 파악한 것과 같이, 프랑스혁명 과정에서 역사전개의 원동력과 그 내용이 시민사회의 발전임을 간파하였다. 생시몽은 마침내 세계의 원리가 되어야 할 새로운 사회관계를 생산력의 면에 역점을 두어, '산업사회'라고 불렀던 것이다.

2) 산업과 정치권력

생시몽은 프랑스혁명을 자코뱅파와 마찬가지로 단지 절대왕제의 타도와 자유, 평등, 박애를 원리로 하는 정치적 변혁으로만 보지 않고, 하나의 사회적 변혁으로 보았다. 그는 1820년경에 "우리들은 아직도 혁명의 와중에 있다."(『조직자』)[10] 고 말하고 있다. 1825년에 그는 "혁명은 봉건제도가 기초하고 있는 원리를 결코 변혁시키지 않았다."(『문학적, 철학적, 산업적 견해』)[11]고 하였다. 1820년 전후의 왕정복고 시대에 혁명이 아직 진행 중에 있다고 그가 말했을 때, 그것은 단지 정치적인 공화주의의 입장에서 한 왕제 비판은 아니다. 생시몽은 변모해 가는 프랑스 혁명 후의 정치형태 하에서 서서히 모습을 나타내고 있는 새로운 사회의 실체를 포착하고 있었다.

그는 다음과 같이 말하고 있다. "한편 정치학의 새로운 일반원리가 피치자에 의해서 수립되었다. 통치자는 사회의 관리자에 불과하며, 그들은 피치자의 이익과 의사에 따라서 사회를 인도하지 않으면 안 된다는 것, 한 마디로 말하면, 국민의 행복이 사회조직의 유일한 목적이라는 것이 인정 되었다. 이 원리는 통치자에 의해서 채용되었다. 아니면 적어도, 이 원리는 그들에 의해서 이미 구태(舊來)의 원리와 서로 경합(競合)하고 있었다."[12]

---

9) 생시몽의 가계, 경력에 대해서 상세하게 알고 있는 사람은 프랑크 마뉴엘이다. cf. F.E. Manuel, *The New World of Henri Saint Simon*, Harvard University Press, 1956.

10) Saint Simon, L'Organisateur, 1819~1820, extraits, *Oeuvres choisies de C-H. de Saint Simon*, tome Ⅱ, Bruxelles, 1859, p.385.

11) Saint Simon, Opinion litteraires, philosophiques et industrielles, 1825, *Oeuvres choisies*, tome Ⅲ, p.301.

그러면 이러한 정치학의 새 원리로서 국민의 행복이란 무엇인가? 생시몽은 "인간은 물질적 욕망과 정신적 욕망의 충족에 의해서만 행복할 수 있다."고 말하며, 따라서 사회에 있어서 일반적인 행복의 수단은 '과학, 예술, 공예의 세 가지 뿐이라고 한다. 이들 인간의 행복에 기여하는 영역 외에는, 단지 할 일 없이 지내는 무리와 지배자만이 발견된다고 그는 말한다.[13] 이리하여 그는 '산업'을 새로운 사회원리로, 그리고 정치학을 그 이익을 위해서 기능하여야 할 기반으로서 발견하였다.

그러므로 프랑스사회를 혁명 후의 혼란으로부터 구원하기 위해서는 이미 외형적인 정치조직을 만지작거리는 것은 필요 없게 되었다. 이제는 산업사회의 이익에 기준해서 정치가 행하여지지 않으면 안 된다. 새로운 사회조직의 고삐를 어디에서 찾아야 하는가를 그는 다음과 같이 말하고 있다. "우리들을 구원하고 혁명을 종결시켜줄 수 있는 것은 오직 산업의 사상뿐이다. 모든 사상, 모든 노력을 기우려야 할 유일한 목표는 〈산업을 위한 가장 유리한 조직〉이다. 여기에서 말하는 산업은 가장 광범한 의미로 확대된 것으로, 모든 종류의 유용한 노동을 포함하고 있다."(『산업론』).[14]

이처럼 생시몽은 프랑스혁명이 상징하는 새로운 사회의 진행, 역사의 전개를 단지 법이나 정치형태나 권력형태의 차이로 보지 않고 '산업'이라는 물질적 생산력, 노동이나 욕망충족 관계의 발전으로 보았던 것이다. 프랑스혁명이 자유, 평등이라는 정치적 원리의 확립이었을 뿐만 아니라, 동시에 부르주아 사회의 생산력 해방의 출발점이기도 하였다는 것을 상기하면, 이러한 의미에서 생시몽이 역사가 걸어가는 방향을 정확히 꿰뚫어보고 있었다는 것을 알 수 있다.

그리고 이러한 것이 바뵈프와는 달리, 생시몽으로 하여금(때로는 혁명에 휩쓸리면서도) 혁명의 직접적 정치과정에서 일보 떨어진 곳에 위치하게 하였다. 뒤에 생시몽주의자의 일파가 나폴레옹 3세 밑에서, 프랑스 자본주의 발전에 중요한 역할을

---

12) L' Oranisateur, p.365~366.

13) 같은 책, p.369.

14) Saint Simon, *L'Industrie ou discussions politiques, moralles et PhilosoP-hiques*, tome II, 1817, p. 56~57.

수행하게 되는 것도 이러한 것과 연관된다.

생시몽은 어떤 저작에서는 '산업'을 협의로 해석하여 농민, 제조업자, 상인의 세 계급이 담당하는 순전히 경제적인 생산사회를 가리키고도 있지만,[15] 광의의 규정은 프랑스혁명과 함께 전개되는 '시민사회'의 영역이 경제뿐만 아니라, 과학이나 예술 등 문화의 모든 영역—정치를 제외한 일체의 문화의 영역—에 관련되어 있다는 인식을 보여주고 있다고 할 수 있다.

이리하여 생시몽은 다음과 같이 주장한다. "국민은 본질적으로 산업적인데, 정부는 본질적으로 봉건적이다." 이와 같이 '크게 전도(顚倒)된 세상'을 바로잡고, 산업계급의 손에 정치권력을 위임하여 산업의 원리에 기초하여 정치제도를 변경하는 일이야말로 그의 주장의 핵심이었다. '프랑스혁명은 세속적 및 정신적으로 기능하고 있던 세력이 바뀐 것에 그 근본 원인이 있기 때문에 혁명을 올바르게 이끌어가는 유일한 방법은 의심할 바 없이 지배적인 세력을 직 접적인 정치활동의 중심에 앉히는 것'(『산업조직론』)[16]이라고 말하고 있다.

3) 정치권력 사멸의 사상

앞 페이지에서 분명히 밝힌 바와 같이 생시몽은 프랑스혁명의 실질적 내용이 산업과 산업사회의 발전임을 인식하고, 이와 같은 사실에 어울리도록 산업계급=생산사회의 모든 담당자를 정치권력의 담당자로 삼아야 한다고 주장하였다. 대혁명 후에도 계속되는 모든 변혁은 이 방향을 따르지 않으면 안 된다. 생산사회의 담당자 이외의 귀족, 승려, 원수(元帥)는 '건달'이다.

그러나 이와 같은 주장은 바뵈프와 비교하여 생시몽의 특색을 보여주는 것으로 충분하지만, 그것만으로는 장 바티스트세이(J.B. Say, 1767~1832)나 그 밖에 당시 유행하고 있던 자유주의사상과 비교해서 독창성 있는 것이라고는 말할 수 없다. 생시몽의 '산업사회'관의 특성은 일반적으로 '산업' 중시에 있지 않고, 오히려

---

15) Saint Simon, Cathéchisme des industriels, premier cahier, 1823, *Oeuvres choisies*, tome Ⅲ, p.67.

16) Saint Simon, Du systém industriel, 1821, *Oeuvres de Saint Simon & d'-Enfantin*. Aalen, 1964, xxle volume, p.79

그보다 먼저 (1) 산업=시민사회와 정치체제의 관련에 대한 파악과 (2) 산업사회 자체에 대한 파악에서 찾지 않으면 안 된다. 여기에서는 (1)의 항목에 대해서 고찰해 보기로 하자.

이미 세이가 아담 스미스에 이어서 정치학으로부터 경제학의 분리를 확인하고 있으나, 이에 대해서 생시몽은 일보 더 전전하여 정치학이 경제학에 의해서 뒷받침되는 것이 필요하다고 주장하고 있다. "약간의 용기"와 한발 앞선 철학을 갖게 되기만 한다면, 경제학은 마침내 그 참된 위치에 도달하게 될 것이다. 처음에 경제학은 정치학에 뒷받침되었다. 그러나 마침내 정치학은 경제학에 뒷받침될 것이다. 아니면 오히려 경제학 자체가 완전히 정치학이 될 것이다. 이러한 시기는 머지않아 다가올 것이다." "따라서 정치학이란 한마디로 요약하면 〈생산의 과학〉이다. 즉 모든 분야의 생산에서 가장 유리한 사물의 질서를 대상으로 하는 과학이다"(『산업론』).[17]

결국 그의 주장의 결론은 정치학은 경제학 속에 포괄되어야 한다는 것이다. 이 점이야말로 생시몽을 세이나 아담 스미스로부터 명백하게 구별지우는 차이점이며, 이 점이야말로 사유재산에 대한 비판의 길을 열어주고 국가의 사멸을 예언케 하는 것으로서, 그 자신을 인간공동체의 실현이 라는 의미에서 초기 사회주의의 거인의 한 사람으로 평가받도록 만든 것이라 할 수 있다.

아담 스미스는 정치학이 경제학에 포괄되어야 한다고는 한 번도 주장하지 않았다. 스미스는 시민사회의 내용을 알고 있었다. 스미스는 국가와 정치의 기능을 경제사회의 평화와 안정을 유지하는 데 한정하고, 경제사회 속에 개입해서는 안 된다고 주장하였다. 이리하여 스미스는 정치학이나 법학으로부터 경제학의 자립의 길을 열었다. 그러나 그러한 관계로 스미스의 국가나 법은 반대로 중요한 위치를 차지하게 된다. 국가는 산업사회가 산업사회로서 안전하게 재생산되는 조건, 즉 계급사회를 그 권력에 의해서 보장하지 않으면 안 되기 때문이다. 다시 말해서 국가는 산업사회의 전제인 자유와 평등 그리고 사유재산의 신성함을 정치적으로 보장하지 않으면 안 된다. 그것은 말할 것도 없이 자유나 평등이 없으면 산업사회는 원칙적으로 성립하지 못하고 봉건제도로 역전하게 되며, 사유재산의 신성함이 없으면, 그 사회는 사유재산이 없는 공동체로 전화(轉化)하기 때문이다.

---

17) *L'Industrie*, p.83, p.86

"재산이 존재하기 이전에는 정치라는 것은 존재할 수 없다. 정부의 목적은 부를 확보하고, 부유한 자를 가난한 자로부터 보호하는 데 있다."(『글래스고우대학 강의』)고 스미스는 말하고 있다. 스미스에 있어서나 스미스 학설에 대한 프랑스의 해설자 세이에게 있어서나 사유재산은 경제학의 전제였다.

이리하여 정치학이 〈생산의 과학〉이며, 궁극적으로는 경제학 속에 포괄된다고 선언한 것은, 부르주아 사회에서 정치와 국가로부터 그 고유한 임무를 해제한다는 것이다. 생시몽이 사유재산의 유지를 전제한 적은 한 번도 없었다. 확실히 그가 사유재산을 직접 공격한 적은 없었지만, 그것은 이 제도가 신성하기 때문에서가 아니라 그것이 산업발전에 유리하였기 때문인 것에 불과하다. 그 때문에 생시몽의 사상을 추적해가면, 산업사회의 발견은 마침내 국가나 정치권력 자체를 불필요하게 해버린다.

4) '산업 공동체'의 꿈

다음에는 산업사회에 대한 견해를 살펴보기로 하자. 생시몽은 정치학이 경제학에 포괄되고 국가가 산업사회 속에서 자연적으로 소멸된다고 보는 이른바 국가사멸의 사상을 주장했다. 그러면 생시몽이 그와 같이 생각할 수 있었던 근거는 무엇인가? 그것은 그가 산업 사회를 무모순적(無矛盾的)인 것, 이상적인 것, 합리적인 것으로 생각하고, 또한 그와 같이 조직할 수 있다고 생각하였기 때문이다. 그것은 첫째 대혁명에 의해서 해방된 자본주의적 생산력에 대한 밝은 기대가 있었기 때문이며, 둘째 프랑스 자본주의사회 내부에 존재하고 있는 계급적 모순이 아직은 첨예화 되지 않았기 때문이다. 유명한 '생시몽의 우화'의 주석에 다음과 같은 일절이 있다. "보통 직인이란 단순한 근로자만을 가리킨다. 혼란을 피하기 위해서 우리들은 이 말을 물질적 생산물에 종사하는 모든 사람을 의미한다고 하자. 즉 경작자, 제조업자, 상인, 은행가 그리고 이 사람들이 고용하는 모든 고용인 또는 노동자이다.[18]

그의 '산업자' 개념에는 자본가와 노동자가 대립하는 집단으로서가 아니라, 일

---

18) Saint Simon, Lettre | s de Henri Saint Simon a messieurs les jurès, 1820, *Oeuvres choisies*, tome Ⅱ, p.397. (1)

체를 이루고 있는 것으로서 포함되어 있다. 이 점에서도 19세기 전반에 이념이나 운동에 있어서 산업자본과 그 생산력의 해방이 인류의 해방을 대표하는 것으로 나타난다.

이러한 사실은 그의 역사관에 의해서도 뒷받침되고 있다. 그는 인류의 과거 역사를 되돌아보고 이렇게 결론짓는다. "지상에 있는 모든 민족은 하나의 동일한 목표를 향하고 있다. 그것은 지배적, 봉건적, 군사적 제도로부터 관리적, 산업적, 평화적 제도로 옮겨간다는 목표이다"(『산업자의 교리문답』).[19] 이것은 '자연상태로부터 문명사회로'라는, 18세기 자연법에 대신하는 새로운 역사의 2단계론이다. 그것이 보여주는 바는, '산업'이 완전히 개화할 때, 사회는 모든 권력지배를 필요로 하지 않는다는 것이다. 왜냐하면 '산업'은 '관리'만을 필요로 하며, 그 자체는 모순을 갖지 않는 것, '평화적'인 것으로 파악되고 있기 때문이다. 일단 산업자에게 정치권력이 위임되면, 사회는 궁극적으로는 정치권력 자체를 폐기할 것이다. 그는 인간에 대한 인간의 지배가 물질에 대한 인간의 지배로 대치되지 않으면 안 된다고 주장한다. 이리하여 생시몽은 이상사회를 정치 형태 속에서가 아니라 생산조직에서 찾았다. 이 점에서 생시몽은 18세기의 사상에서 일보 전진하고 있지만, 그가 이성적인 정치사회를 이성적인 산업조직, 다시 말해서 이상화된 시민사회로 바꿔놓았다고 한다면, 이런 점에서 그 사상의 구조는 계몽사상가와 동일한 것이었다고도 할 수 있다.

생시몽이 만년(1825)에 집필한 마지막 저작 『새로운 기독교』에서, 그는 인간의 모든 일, 모든 행위는 '사회의 최대다수를 차지하는 계급', '가장 가난한 계급'의 정신적, 물질적 생활을 가능한 한 신속하게, 가능한 한 완전하게 개선하는 것을 목적으로 해야 한다고 말하고 있다. "새로운 기독교는 모든 사람은 서로 형제로서 행동해야 한다는 저 유명한 원리로부터, 정신적 제 제도와 함께 세속적인 제 제도를 이끌어 낼 것."[20] 이라고 그는 말하고 있다. 이것이 새로운 사회의 조직원리이다. 특별히 이러한 원리가 '새로운 기독교'라는 종교의 형태를 갖고 있는 것은, 1825년 당시의 프랑스 산업사회가 이미 무모순적, 조화적이라고 볼 수 없

---

19) *Cathéchisme. deuxieme Cahier*, 1824, p.144.

20) Saint Simon, Nouveau Christianisme, 1825, *Oeuvres choisies*, tome Ⅲ. p.325

다는 것을 깨닫게 한다. 이때 생시몽은 사유재산이나 어떤 정치체제도 전제함이 없이 사회는 가장 가난하고, 또한 가장 다수인 계급을 위해서만 조직되어야 한다고 유언하였다.

생시몽의 사상적 유산은 시대의 전전에 따라서 분해되어 갔다. 산업사회의 발전과정에 대한 고찰은 그 제자 어거스틴 티에리(J.N.A. Thierry, 1795~1856)에 의해서 역사학으로, 산업사회의 구조분석은 오귀스트 꽁트(A Comte, 1798~1857)에 의해서 실증사회학으로, 생산력의 원천으로서의 산업의 개화는 일단의 은행가나 실업가들의 손에 의해서 산업주의로, 그리고 모순 없는 이성적 사회의 추구는 한 무리의 제자들에 의해서 사회주의로, 그리고 더 나아가서 일부는 앙팡땡(B.P. Enfantin, 1796~1864)에게 인도되는 신비적인 교단으로 계승·발전되었다. 그것은 대혁명시대의 거장인 생시몽이 새로이 출현하고 있는 시민사회의 양상을 그 사상 속에 일체화하고, 구현하였던 것이 분열되어가는 과정에 불과하다.

4. 노동과 사회주의: 푸리에

1) 산업비판과 '파랑쥬' 공동체

생시몽과 샤를르 푸리에(F.M. Charles Fourier, 1772~1837)의 사상을 비교할 때, 이들의 가장 현저한 차이는 생시몽이 때로는 군주를 '제1의 산업자'라고 부르고, 국왕을 중심으로 하여 국가전체 산업의 조직화를 주장한 데 반해 푸리에는 이것과는 대조적으로 1620명을 정원(定員)으로 한 '파랑쥬'(Phalange) 공동체를 건설하는 데서 시작한다. 생시몽은 산업조직 발전의 궁극점에 가서는 정치권력이 소멸할 것이라고 예고하고 있지만, 그 출발점에서는 '산업자'가 한 나라의 주인이 되는 것으로부터 시작한다고 주장한다. 이에 대해서 푸리에는 철두철미 국가권력에 등을 돌리고, 처음부터 권력이 없는 소단위의 공동사회를 자주적으로 건설하는 것으로부터 시작한다. 이 공동체는 지역사회라는 관점에서 말하면, '코뮌'(Commune)으로서의 의의를 가지며, 인위적 조칙체로서는 '협동조합'이라고도 이해되고 또한 그와 같이 번역되는 것인데, 어떻게 이해하고, 어떻게 번역하는가 하는 것 자체가 푸리에의 사상을 받아들이는 축의 시대나 상황이나 사상을 반영하는 것이다.

푸리에는 일단 모범적인 파랑쥬가 건설되면, 세상 사람들은 즉각 이것을 모방하여 적극적으로 받아들일 것이라고 생각하였다. 이와 같이 위로부터의 국가권력에 의하지 않고, 스스로의 생산과 소비의 공동사회를 밑으로부터 건설하여, 사회를 그 연합체로서 파악하는 발상은 뒤에 프랑스 사회주의운동을 성격지우는 무정부주의=국가권력 부정의 사상경향을 이미 예고하고 있다. 젊은 인쇄공 프루동이 푸리에에게 매혹된 것은 잘 알려져 있는 사실이며, 뒤에 크로포트킨이 푸리에를 높이 평가한 것도 이러한 관점에서이다.

푸리에는 생시몽과 마찬가지로 '산업'이 가져오는 거대한 생산력을 인정하였다. 푸리에는 소위 3대 공상적 사회주의자 중에서 '산업'에 대해 가장 가혹한 비판자로 알려져 있는데, 그 비판은 푸리에 시대의 있는 그대로의 산업에 향해지고 있는 것으로서, 산업이 가지고 있는 가능성 자체에 대한 것은 아니다. 푸리에는 다음과 같이 말하고 있다. "문명은 운동의 발전단계에서 중요한 역할을 차지하고 있다. 공동사회로 나아가기 위하여 필요한 용수철을 만들어내고 있는 것은 바로 문명이기 때문이다. 즉 문명은 대규모적 생산, 정밀과학 및 예술을 창조하고 있기 때문이다." "이러한 용수철은 빈곤과 무지와는 서로 상용(相容)할 수 없는 협동사회체제의 확립에 필요하다.[21](田中 역, 『산업의 협동사회적 신세계』 서문 제1절)

그러나 한편 푸리에는 동시에 '문명'이 초래할 비참한 상대를 날카롭게 지적하였다. 생시몽은 산업사회에 대해서 낙관적으로 전망하고, 산업의 조직화와 발전에 적합하지 않은 정치권력의 비판에 역점을 둔 데 비해서, 푸리에는 현존하는 '산업' 자체가 내포하는 비참을 가차 없이 폭로한다. '문명에 있어서는 빈곤이 풍요 그 자체로부터 생기기' 때문에, 산업은 도처에서 의혹의 눈으로 바라보고 있다고 그는 말하고 있다. 그토록 칭찬이 자자한 영국은 방대한 산업을 가지고 있으면서도 빈민이 무리를 지어 살고 있으며, 프랑스에서는 가장 비옥한 토지를 가지고 있는 농민이 빵 대신 좁쌀을 먹고 있지 않은가. 경제학자는 매년 여러 나라 국민의 부에 대해서 쓰고 있는데 국민은 얼마나 빈곤에 허덕이고 있는가, 문명 속에는 얼마나 많은 노예제와 굶주림과 질병과 위험이 존재하는가? 산업주의는 과학적 공상에 불과한 것이다.

"산업의 발전이 대중에게는 함정에 불과하다는 것은 누구나 다 알고 있는 사

---

21) Ch. Fourier, Le nouveau monde industriél et sociétaire, Préface, article 1er, *Oeuvres*, t. VI, paris, 1845.

실이다. 그토록 칭찬이 자자한 영국에서도 주민의 절반은 프랑스보다도 생계가 어려운 형편이고, 프랑스 가치로 7수(당시의 화폐단위)를 손에 넣기 위해서 17시간이나 노동을 해야 하며, 더욱이 일부는 더러운 작업장에서 일하지 않으면 안 되는 상태로 내몰리고 있다."(같은 책) "풍요롭다고 추켜올려지고 있는 농촌지방에서조차, 프랑스의 농민이 어떤 방법으로 몸을 지탱하고 있는가 하는 것을 자세히 관찰하지 않으면 안 된다. 800만의 프랑스 사람들이 빵을 먹지 못하고, 좁쌀이나 기타 변변치 못한 음식만 입에 대고 있다. 또한 2천 5백만 명의 프랑스 사람들은 포도주를 입에 대지 못하고 있다. 그럼에도 불구하고, 사람들은 과잉생산 때문에, 전 수확물을 배수구에 내던져버리지 않을 수 없는 것이다." "산업이 번성하고 있는 지역이 이런 종류의 진보와는 무관한 지방과 똑같이, 아니 그 이상으로 많은 거지 떼로 득실거리고 있다." "매년 여러 나라 국민의 부에 관한 몇 가지 새로운 철학이 나타나고 있다. 책 속에는 얼마나 많은 부가 들어 있으며, 초옥 속에는 얼마나 많은 빈곤이 넘치고 있는가."(같은 책, 서문 제3절) 영국은 '주목의 대상'이며, 여러 나라 국민들에게 제시되고 있는 모델이며, 그들의 선망의 대상이지만, 그 국민은 진정 행복할까? 노동자는 무일푼이며 아사하고 있다. 그곳에는 다수의 아동이 아침 세시부터 밤 열시까지 감독에게 채찍으로 얻어맞으면서 일하고 있으며, 노예제가 부활 하고 있다.

이와 같은 산업비판은 뒤집어 말하면 자본주의가 산출한 생산력의 확인을 전제로 하고 있으며, 결코 생산력 자체에 대한 비판은 아니다. 그것은 이러한 생산력이 노동자와 민중의 행복을 만들어내지 않고, 빈곤과 비참을 만들어내고 있는데 대한 비판이다. "문명사회의 산업은 되풀이해서 말하지만, 행복의 기초밖에 만들어낼 수 없는 것으로서 행복 자체를 만들어 내지는 못한다."(같은 책, 서문 제3절) 푸리에는 이와 같은 인식을 전제로 하여, 노동자와 민중에게 행복을 가져다 줄 새로운 산업공동체를 구상하였다.

그렇다면 산업체계가 대중에게 불행의 원천이 되고 있는 근본원인은 무엇일까? 그것은 새롭게 내세우는 공동사회의 성격을 규정하는 것으로서 중요하다. 그 근본원인은 경제학자들이 '인간의 천성, 불변의 운명'으로 생각하고 있는 '두 가지 근원적인 악, 즉 농업의 분산과 세분화' 및 '상업의 허위성'[22]의 두 가지라고 푸리에는 말한다. 공동체에 대한 푸리에의 구상은 산업을 이러한 악에서 해방하여 '협동사회적 산업', '매력 있는 산업'으로 전화시켜, 정의와 진리와 부의 세 가지를 모두 실현시키려고 하는 것이었다.

이리하여 생시몽에게는 이상화되어 모순이 없는 것으로 생각된 '산업'이 푸리에의 혹독한 비판을 받게 되었다. 그 해방의 길은 바뵈프와 같은 또 하나의 정치혁명도 아니며, 생시몽과 같은 사업자의 정치적 지배도 아닌, 정치에 등을 돌린 1,620명으로 구성된 자율적인 산업공동체의 건설이며 사회는 그 연합에 의해 구성된다. 거기에서는 어떠한 정치적 강제도 존재해서는 안 되며 또 존재할 이유도 없다.

2) 노동개념의 변화: 쾌락으로서의 노동

이상과 같이 고찰해보면 푸리에의 '산업'(자본주의적 산업)에 대한 비판이 얼마나 근본적이었는가 하는 것을 알게 된다. 이와 같은 비판에 기초해서 새로운 공동체를 건설하려면, 푸리에는 산업체계를 이루고 있는 인간상(人間像) 그 자체를 개조하지 않으면 안 된다고 하였다.

자본주의라고 하는 이윤추구를 근본동기로 하는 생산사회가 하나의 사회체제가 되기 위해서는, 그 체제를 지탱하고 있는 인간상도 또한 자신의 이익만을 추구하는 인간 —스미스의 경제인— 또는 자신에게 수어신 식업 노동에만 오로지 골두하는 금욕적 인간이 일반적인 인간상으로서 정립되지 않으면 안 된다. 그리고 그와 같은 행동방식이 자본주의를 지탱시키는 인간의 윤리가 되었다. 그러나 이와 같이 건립된 사회체제가 근본적으로 비판받고, 새롭게 개조되지 않으면 안 된다고 한다면, 그 근본을 이루는 인간상도 또한 새롭게 개조되지 않으면 안 된다. 푸리에의 정념인력론(情念引力論)은 인간을 '자본주의정신'의 주문(呪文)으로부터 해방하려는 것이었다. 이 점에서 푸리에의 공상성(空想性)을 발견할 수 있으며 푸리에의 문명비판이 인간관의 근처에까지 도달하고 있음을 발견할 수 있다. 푸리에는 다음과 같이 말하고 있다. "정념인력(情念引力)에 대한 연구는 직접적으로 협동사회기구의 발견으로 통하게 된다. 그렇다고 하지만 인력보다 먼저 협동사회를 연구하고자 하였다면, 우리들은 수 세기 동안 잘못된 방법 속에서 착각하고, 낙담하며, 불가능하다고 생각해버리는 위험을 무릅쓸 것이다." "정념인력의 과학이 협동사회를 성공시키는 유일한 방책이다."(앞의 책, 서문)

---

22) 상업에 대한 비판은 『운동의 네 가지 이론』이 날카롭다. cf. Ch. Fourier, Théorie des quatre mouvements Troisième Partie, 3° Demonstration, *Oeuvres*, t.I, Paris, 1846.

푸리에는 인간관을 개조함으로써, 달갑지 않은 자본주의적 '노동'을 의무나 강제나 천벌에 의해서 인간에게 부과된 고역이 아니며, 또한 아담 스미스의 '수고와 애로'(Tail and Trouble)가 아닌 매력 있는 노동으로 변경시켜, 그 자체를 쾌락으로 바꾸고자 한 것이다.

오웬에 대한 푸리에의 비판도 근본적으로는 이 점과 관계가 있다. 오웬 일파가 실험하고 있는 협동사회는 '자연, 즉 인력에 모든 의미에서 반하는 것'이며, '재산협동체라는 수도원 같은 제도'는 인간 본연의 정념(Passion)에 기초한 노동의 부단한 변화, 쾌락이 된 노동, 불평등한 재산의 활용, 서로 다른 천성의 발전과 개화라고 하는, 푸리에가 그려낸 공동체와는 전혀 상이한 것이다.

푸리에는 이와 같이 산업을 인간 본연의 정념에 합치하도록 개조함으로써 산업은 화(禍)의 근원으로부터 행복의 원천으로 전화되고, 그럼으로써 부는 비약적으로 증대할 것이다. 부에의 원망(願望)만큼 인간에게 자연스러운 바람은 없다. 이러한 사실은 근저에서부터 노동을 '소외된 노동'으로 밖에 보지 않은 우리들에게 시사하는 바가 많다.

"정념인력이란 깊이 반성하기에 앞서 자연에 의해서 주어지며, 이성이나 의무나 편견 등의 반대에도 불구하고 영원히 존속하는 충격"(앞의 책, 제1부)이라고 푸리에는 말하고 있다. 이 분석은 뉴턴이 잊어버렸던 인간본성에 대한 과학의 영역이다.

푸리에에 의하면, 인간의 정념은 세 가지 목적을 지향하여 작용하고 있다. 그 첫째는 룩스, 즉 오감의 쾌락으로, 그것은 ① 미각 ② 촉각 ③ 시각 ④ 청각 ⑤ 후각을 만족시키고자 한다. 이와 같은 첫째 정념이 개체로서의 인간에게 관련된 정념이라고 한다면, 둘째 정념은 인간의 상호 관계와 관련된 정념으로서 푸리에는 그것을 '집단 및 집단계열'이라고 말하고 있다. 그것은 ⑥ 우정 ⑦ 야심 ⑧ 애정 ⑨ 부성애의 네 가지를 포함한다. 셋째는 이들 하위의 정념을 지배하고, 그들을 결합하고 통일하는 것이다. 그것은 ⑩ 모의정념(謀議情念) ⑪ 변덕정념 ⑫ 복합정념의 세 가지이다. 이들 세 가지 정념은 현대에서는 악으로 생각되고 있으나, 그것은 현대의 문명사회가 이들 인간본연의 정념에 적합하게 되어 있지 않기 때문이다. 그러나 가족과 동업조합에 있어서는, 이들 정념이 그 본래의 통일과 균형을 보여주고 있는 바와 같이, 그것이 인간의 자연적 본성인 이상 비판되어야 할 것은 반대로 문명사회 쪽이다. 공동사회는 우선 이러한 인간본연의 정념을 안 후에, 그 정념에 적합하도록 인간노동을 구성함으로써 실현된다고 푸리에는 말하고 있다.

이리하여 상품의 교환과 분업을 기반으로 한 근대자본주의의 윤리, 즉 주어진 직업에 대한 배타적·금욕적 전념, 직업인과 전문가를 이상으로 한 인간상은 노동공동체를 기반으로 한 새로운 인간관에 의해서 그 근저로부터 도전을 받는다.

'정념인력' 가운데에서 특히 중요한 것은 인간 정념의 통일 기능을 수행하는 정념집단, 즉 '변덕정념', '음모정념', '복합정념'의 세 가지이다. 푸리에는 이 세 가지 정념을 해방함으로써, 이기주의만을 동기로 하는 산업을 새로운 '협동사회적의 산업' '매력 있는 산업'으로 소생시키고자 한다.

첫째, 푸리에는 '파랑쥬'에서 같은 종류의 노동시간을 한 시간 반, 길어도 두 시간으로 한정하고, 노동이 다양화될 것을 주장한다. 그것은 인간 고유의 변덕정념의 해방이다. 어떤 노동으로부터 다른 노동으로의 전이에 의해서 노동은 신선하고 매력적인 것으로 될 것이다. 정념 관리소가 이러한 다양한 노동을 편성·조정할 것이다. 둘째로, 사람들은 음모정념에서 해방된다. 사람들은 작업집단을 자주적으로 형성할 수 있으나, 이러한 여러 집단은 내부에서는 성원간의 친근감을 증가시키고, 외부에 대해서는 서로 영광을 둘러싸고 경쟁하게 된다. 사람들이 본래의 음모가 없을 때는 트럼프나 선거로 서로 경쟁하는 것과 같이, 작업집단은 서로 당파심을 부추겨 노동에 열의를 다하게 될 것이다. 셋째로는, 복합정념에 의해서 사람들은 그 노동 수행에 낭만적인 흥분과 정열, 그리고 고양된 감정조차 느끼게 될 것이다.

이리하여 인간본성에 뿌리 내린 매력적인 노동이 처자를 양육할 필요나 기아의 공포로 인한 노동을 대신하게 된다. 노동은 고통이 아니라 즐거움이 되고, 생산력은 비약적으로 증대되어 불행이나 빈곤이나 혼란의 원천인 산업은 매력 있는 산업, 조화와 풍요와 정의가 지배하는 공동사회의 산업으로 변화한다. 푸리에는 이처럼 인간개념을 변경시킴으로서 고역(苦役)으로 느껴왔던 노동의 개념을 인간본연의 즐거움으로서의 노동=활동의 개념으로 개조한다.

3) 노동공동체의 구상

파랑쥬는 1,620명을 정원으로 하여 조직된 농업을 중심으로 한 생산과 소비의 공동체이다. 구성원은 '파랑스테르'라고 불리는 파레 로얄이나 베르사유궁전 같은 건물에서 공동으로 생활한다. 베르사유궁전이 이 시대의 부와 생산력의 상징이었다는 것을 상기한다면, 푸리에가 그렇게 기묘하게 보이지는 않을 것이다. 절대군주 대신에 거기에서는 공동체를 구성하는 민중이 산다. 그러나 사유재산은 폐지되지 않는다. 그것은 노동과 생산을 자극하고 생산력의 증대하기 때문이다. 획득된 잉여생산물은 노동 5/12, 자본 4/12, 재능 3/12의 비율로 배분된다. 노동, 자본, 재능은 생산에 불가결한 세 가지 '산업적 능력'이라고 푸리에는 말하고 있다. 이미 말한 바와 같이, 노동은 다양화되어 동일 노동시간은 단축되고, 작업 집단은 자주적으로 형성됨으로써 '매력 있는 노동'이 된다.

그런데 이와 같이 공동체에 의해서 조직되는 노동의 종류는, (1) 가정노동 (2) 농업노동 (3) 제조업노동 (4) 상업노동 (5) 교육노동 (6) 과학의 연구와 응용 (7) 예술의 연구와 응용 등의 일곱 가지이다. 이들은 인간생활의 전 영역에 걸쳐 있는데, 공동화되어야 할 것은 '노동'이며 '재화'가 아니라는 사실을 명확히 알아차릴 수 있다.

때로 사회주의는 사유재산의 부정이라든가 생산수단의 공유를 의미한다고 생각될 때가 많은데, 푸리에는 사유재산을 부정하지 않고 오히려 인간의 생산 활동, 특히 '노동'의 공동화를 이상사회의 근저에 두고 있는 점을 주목하여야 한다. 사유재산이란 노동의 성과·열매이며, 그 근처에 깔려있는 것은 '노동'이기 때문이다.

푸리에가 '가정노동'을 제일 먼저 열거한 점을 주목하라. 푸리에가 문명 특히 상업을 거부할 때, 그것은 현실적으로는 상품교환을 부정하는 것으로서, 그는 대치된 극으로 상업이 없는 사회를 구상할 수밖에 없다. 더욱이 그 사회는 전 생활을 포함하며 인간의 물질적 재생산이 가능한 사회이어야 한다. 상품생산사회에서는 예를 들어 주부의 노동, 가정노동의 산물은 상품화되지 않고, 또한 화폐화되지 않는다. 따라서 이윤을 생산하지 않기 때문에 이러한 사회에서는 비생산적 노동이라고 여겨진다. 그러나 인간생활의 재생산이라는 의미에서, 그것은 인간에게 가장 불가결한 노동 분야이다.

마치 농가의 주부가 가사를 돌보면서 밭을 일구고, 어린이를 양육하고, 때로는 야채를 시장에 팔러나가며, 설이나 단오에는 즐겁게 담소하는 등, 인간의 전 생활영역이 상업을 매개로 하지 않고, 공동화된 곳에서 푸리에의 파랑쥬에 대한 관념이 성립된다. 그것은 농민의 경우에는 한 가정 5, 6인의 규모로 성립되고 있는데 대하여, 여기에서는 1,620인의 단위로 전 생활영역과 그를 위한 노동이 조직되어 있다.

자본주의사회에서는 농민은 농업만을, 공장노동자는 육체노동만을, 교육은 전문교사만이, 예술가는 예술만을, 그리고 주부는 가사노동만을 영위하고 있는 것과 비교하면, 1,620인을 단위로 하는 공동체에서, 모든 사람이 인간답게 살아가는 데 필요하다는 의미에서 생산적인 노동에 적극적으로 참가하여, 관련을 맺고 있는 모습을 우리들은 볼 수 있다. 이와 같이 사회주의의 이미지는 단지 정권탈취나 생산수단의 공유화라는 경직된 이미지가 아니라, 인간다운 인간의 이미지 창조에서 출발하여, '노동'공동체의 편성 및 전 생활영역의 공동화의 구상에 도달하였다. 우리들은 푸리에로부터 사회주의의 이미지가 인간생활의 건 영역에 관련된 풍요한 것임을 배울 수가 있다.

5. 정치권력의 전면부정: 프루동

1) 정치혁명에서 사회혁명으로

1절에서 19세기 프랑스인이 무엇보다도 먼저 대결해야 했던 문제는 프랑스혁명이 사람들 앞에 제기한 문제, 즉 시민사회와 국가의 분열에 대한 것이었다고 말한 바 있다. 대혁명은 그때까지 일체를 이루고 있었던 정치와 경제의 관계를 별개의 두 영역으로 갈라놓았다. 사람들은 정치적 자유, 정치적 평등, 사유재산의 권리를 획득하고, 공화국 즉 정치공동체의 주민이 되었다. 공동사회에 대한 사람들의 꿈은 실현된 것처럼 보였다. 그러나 바로 이러한 정치공동체의 실현이 사람들의 사회적 대립을 명백히 하였던 것이다. 이러한 사실은 이미 말한 바 있다.

여기에서 두 경향의 사상적 대립이 프랑스 사회주의 속에서 시작된다. 하나는 자코뱅의 흐름 속에 서서 대혁명의 원리, 즉 정치공동체에 대한 신뢰를 끝까지 고수하여 공화제의 신화 속에 살면서, 모든 사회적 모순의 해결과 공동사회 실현의 꿈을 이 정치적 공동체의 권력획득에 거는 혁명적 공산주의이다. 또 하나는, 프랑스혁명의 참된 원동력을 '산업'이나 '산업사회'라고 생각하고, 이와 같이 표현된 생산력의 발전과 조직화 속에서 참다운 인간 공동사회 실현의 꿈을 찾는 공상적 사회주의의 흐름이다. 후자는 산업사회 ―생시몽이나 푸리에는 시민사회를 이와 같이 파악한다.―의 발전과 조직화가 정치권력 그 자체를 불필요한 것으로 만든다고 생각 하였다. 이것이 프랑스혁명 속에서 태어난 사회주의의 두 가지 흐름의 원형이었다.

이와 같은 두 가지 사상 계보의 쌍방으로부터 강한 영향을 받으면서도, 보다 명확하게 정치권력이나 정치적 행동을 부정하는 방향으로 나아가는 입장이 나타나게 된다. 좀 더 명확하게 말하면, 그것은 프랑스혁명에 의해서 실현된 정치공동체 자체가 하나의 지배형태라는 것, 또한 민주주의까지도 민중이 지배하는 지배의 한 형태라고 봄으로써, 일체의 '지배'를 거절하는 입장이었다. 이것이 바로 프루동의 입장이며,[23] 여기에서 프랑스의 아나키즘이 생겨나게 되는 것이다. 그러나 프루동 사상의 특색은 단지 일체의 정치권력, 일체의 '지배'를 거부하였다고 하는 부정적인 측면이 전부는 아니다. 한편 그는 분명하게 프랑스혁명의 원리인 자유와 평등의 원리를 옹호한다. 그는 이러한 원리를 민주주의나 의회나 정치공동체의 건설 속에서가 아니라—그것은 또 다른 형태의 정치권력의 확립이다.—직접, 경제적·사회적 관계 속에서 실현함으로써 프랑스혁명을 완성하고자 하였다. 이러한 의미에서 프루동(1809~1865)은 생시몽이나 푸리에 보다는 오히려 바뵈프의 평등주의의 흐름—대혁명의 평등원리를 사회적 평등으로 실현하고자 하였던 평등주의적 공산주의자 바뵈프의 흐름—을 따르는 사람이라고 일컬어지는 경우가 있으며,[24] 또한 그 자신도 바뵈프를 높이 평가한 데에는 그만한 이유가 있었다.[25] 그러나 그는 사회적 평등을 정치권력의 탈취라는 수단에 의해서 실현하고자 하는 것을 배척하였고, 또한 그렇게 실현된 사회상태가 공산주의라고는 생각하지 않았다.

프루동은 자유, 평등, 정의라는 혁명의 이념이 정치적 원리나 헌법으로서가 아니라, '교환에 있어서의 정의'로서 즉 산업적·경제적 관계로서 실현되지 않으면 안 된다고 주장한다. 지금까지의 모든 혁명은 국가의 혁명이나 정치권력의 변혁이었지, 권력이나 지배 자체의 폐지는 아니었다. 자코뱅은 권력지배의 군주정적(君主政的) 형태를 단지 변혁하였을 뿐으로, 권력이나 지배를 부정하지 않고, 또 다른 종류의 지배형태를 가져올 뿐이었다. 자코뱅파가 무서운 독재자가 되는 것은 이 때문이라고 그는 말한다. 군주정은 한 사람이 많은 사람을 강제하는 것이나, 민주

---

23) 프루동 저작의 번역으로 입수하기 쉬운 것으로는 다음과 같은 것들이 있다. 渡邊一 역, 「19세기에 있어서 혁명의 일반이념」(抄譯) 「프루동, 바쿠닌, 크로포트킨」(『세계의 명저』42) 1967년에 수록, 陸井·本田 역, 『19세기에 있어서 혁명의 일반이념』(프루동 I, 아나키즘 총서) 1971年, 三浦精一 역, 『노동자계급의 정치적 능력』 (프루동 Ⅱ. 아나키즘 총서) 1972年, 長谷川進 역, 『소유란 무엇인가?』(프루동 III, 아나키즘 총서) 1971年, 河野健二 편, 『프루동』 1977年, 프루동에 관한 일본어의 주요 연구서 및 번역으로는 다음과 같은 것이 있다. 河野健二 편, 『프루동연구』 1974년(이 책은 말미에 프루동의 저작 해제가 있어 유익하다) 佐藤茂行, 『프루동연구』 1975년, 산트 부브·原幸雄 역, 『프루동』 1971년, S·모리에, S.L. 푸쉬, 票田他 역, 『코뮌의 횃불』 1963년

24) 모제스 헤스는 프루동을 바뵈프의 계보로 본다. M. Hess, Philosophie der That, 1843, *Philosophische und sozialistische Schriften*, 1837~1850, Akad-emie-Verlag' Berlin, S.219, S.223, 山中畑 역, 『초기사회주의논집』 1970년, p.84, 94

25) Idée Générale de la Revolution an XIXe Siecle, *Oeuvres complètes*, Paris, 1923, p.195

정은 소수자에 대한 다수자의 강제이며, 권력에 의한 지배로서 강제라는 점에는 전혀 변함이 없다. 이리하여 참된 변혁은 사회적·경제적 변혁이 되어야 하며, 그것은 프랑스혁명의 원리를 노동이나 교환, 신용이나 교육의 세계 속에서 실현하는 것으로서 바로 이것이 프루동에 있어서의 정의였다. '공화국이란 노동이며, 작업장이며, 장부이며, 판로(販路)이며, 가정이며, 이 세상에서 가장 산문적인 것'(「고든에게 보내는 편지」, 河野健二 편, 『프루동』, p.54)이라고 프루동은 말하고 있다.

2) 루소의 사회계약론에 대한 비판

프랑스 사회주의사상의 역사 속에서 프루동의 위치를 알려면, 무엇보다도 먼저 프랑스혁명에 대한 그의 평가와 해석을 고찰해야 할 것이다. 이를 위하여 『19세기에 있어서의 혁명의 일반이념』을 통한 프루동의 루소 및 그의 사회계약론에 대한 비판과 그 의미에 대해서 고찰해보기로 하자.

프루동은 루소와 그의 사회계약론을 날카롭게 비판하였다. 그 비판 속에서 우리들은 프랑스혁명에 대한 프루동의 평가와, 그 자신의 사회혁명론 및 프루동의 사회계약론을 알 수 있다. 말하자면 대혁명은 루소의 시대와 19세기를 구별하는 시금석(試金石)으로서, 일찍이 루소의 사회계약설 속에서 일체(一體)를 이루었던 정치이념과 경제이념이 대혁명을 경계로 서로 다른 두 영역으로 분열하여 이중화하였음을 볼 수 있다. 대혁명의 성자(聖者) 루소와, 그의 사회계약론은 다음과 같은 프루동의 날카로운 공격에 마주치게 된다.

"이미 1세기 가까이 우리들이 그 권위에 의해서 지배되어 왔던 루소는 사회계약론을 조금도 이해하고 있지 못하였다." "오늘날 여기에서, 사회계약이 명확하게 규정하도록 요청받고 있는 무수한 관계 중에서 루소는 단지 정치적 관계들만을 보았다."[『19세기에 있어서의 혁명의 일반이념』 제4연구, 번역문은 渡邊一 역에 의함. 注23) 참조]

"제네바 시민 여러분! 확실히 여러분은 명언(名言)을 말씀하십니다. 그러나 주권자나 지배자, 헌법이나 판사에 대해서 저에게 말씀하시기 전에, 제가 무엇에 대하여 계약하는가 하는 것을 저에게 말씀해 주셨으면 합니다. 그런데 어떻습니까! 여러분은 저에게 만약 제가 그것에 서명하기만 하면, 그 사실에 의해서 저는 도시경찰, 농촌경찰, 하천경찰, 삼림경찰 등에 대한 수많은 위반 때문에 기소되고 재판소 앞으로 호출되어, 손해, 사기, 밭 도둑, 철도, 파산, 약탈, 국법에 대한 불복종, 공공도로에 대한 범죄, 부랑죄로 심판받아 유죄판결을 받게 될 수도 있는 문서에 서명하도록 하고 있습니다. 그러나 저는 이 문서 속에서 저의 여러 권리,

여러 의무에 대한 것은 한마디도 발견하지 못하였습니다. 제가 볼 수 있는 것은 단지 형벌뿐입니다!"(앞의 책)

루소의 사회계약은 '재산 및 신체의 보호와 방어에 관한' 정치적 계약에 대해서만 언급하고 있을 뿐이다. 그러나 가장 중요한 사실 즉, 그 재산을 만들어 내거나 양도하거나 하는 과정에 대해서 루소는 한마디도 언급하고 있지 않다고 프루동은 말한다. 다시 말해서, 루소의 사회계약은 정치계약에 대해서만 언급하였을 뿐으로 참된 사회계약 즉 경제적 계약관계에 대해서는 아무런 언급도 하지 않았다고 그는 말하고 싶어 하였다. "그러나 재산의 획득 및 양도양식(讓渡樣式), 곧 노동, 교환, 생산물의 가치 및 가격, 교육, 요컨대 한 개인이 바라든 바라지 않든 관계없이 그의 동포들과 영구적인 사회관계에 있게 하는 저 무수한 관계에 관해서 루소는 한마디도 언급하고 있지 않다. 그러므로 그의 이론은 완전히 무의미하다."(앞의 책)

"루소가 우리들에게 준 것은 오늘날 우리들이 〈직접정부〉라고 부르는 것이다.…… 그것은 요약해서 말하면, 교묘한 기만에 의한 사회적 무질서의 합법화, 국민주권에 기초한 빈곤의 성화(聖化)이다. 그 외에 노동, 재산, 산업적 능력—이러한 것들을 조직화하는 일이야말로 사회계약의 목적이지만—에 대해서는 한마디도 언급되어 있지 않다. 루소는 경제가 무엇인가는 전혀 알지 못한다. 그의 강령은 정치적 제 권리에 대해서만 배타적으로 말하고 있다. 그는 경제적 제 권리에 대해서 인식하지 못한다."(앞의 책)

이상과 같은 프루동의 표현에 우리들은 일종의 격한 감정마저 느낀다. 그것은 우리들이 가지고 있는 상식과는 너무나 다르며, 또한 우리들의 암묵적인 전제와는 다른 전제들을 많이 포함하고 있기 때문에, 우리들이 요약하는 것을 허용하지 않는다. 우리들에 있어서 민주주의는 너무나 자명한 원리이며, 부르주아혁명은 그 자체가 선이며, 정부와 국가는 상식이며, 루소는 민주주의의 성자이며, 또한 이러한 모든 것이 자본주의에 있어서는 물론이거니와 사회주의에 있어서도 당연한 것이라고 한다면, 프루동의 이상과 같은 비판은 과격하고 비상식적인 것으로까지 느껴진다.

루소에 대한 이러한 비판은 어떠한 성질의 비판일까?[26] 프루동이 맞부딪쳐서

26) 坂本慶一씨는 루소를 옹호하여, 민주주의를 유명무실하게 만든 것은 부르주아 민주주의이지 루소가 아니라고 하고(坂本度一, 『마르크스주의와 유토피아』 p.46), 佐蔣茂行씨는 프루동은 루소를

루소를 비판하면서도, 그 비판이 전적인 부정이 아니라 오히려 그 반대로 루소의 사회계약을 전제로 하고 있다는 사실, 그리고 루소가 미치지 못했던 부분에 충격을 줌으로써 그 사정권(射程圈)을 보충하고자 한 사실을 보아도, 그것이 사회계약론의 19세기 판이라는 것을 우선 지적할 수 있다. 그러면 루소가 미치지 못하였던 점은 어떠한 것인가? 그것은 루소의 사회계약이 정치계약으로서 참된 사회계약, 즉 본래 '계약'의 개념이 나온 경제적 세계의 계약을 조금도 파악하고 있지 않다는 비판이다. 경제적 세계란 "노동, 교환, 생산물의 가치 및 가격, 교육 등등"이라고 프루동은 말하고 있다. 다시 말해서, 루소의 계약론은 헌법이나 정부로 결실을 맺은 이론이며, '인민의 추상적인 집합체'에 대해서만 언급한 이론이며, 오늘날 "사회계약이 명확하게 규정하도록 요청받고 있는 무수한 관계 속에서 루소는 단지 정치적 제 관계만을 보았다."(앞의 책)고 프루동은 말하고 있다. 그것은 프랑스혁명에 의해서 실현된 루소적 사회계약의 원리—자유·평등의 원리—가 결국 법 앞에서의 원리로 끝나버려, 사회적이고 실질적인 내용을 가질 수 없었던 사실에 대한 비판이라는 점에서 뿐만 아니라, 루소의 사회계약의 개념 그 자체가 추상적인 법과 정치에 그 기본적 관점을 둔 데 대한 비판이었다.

프루동사상의 원점은 아마도 여기에서 발견되는 것으로, 그의 프랑스혁명에 대한 비판, 민주주의에 대한 비판, 자코뱅이나 로베스피에르에 대한 비판도 이러한 맥락에서 이해될 수 있는 것이다. "그러한 이유로 우리들 시대에 이르기까지 가장 해방적인 여러 혁명도, 자유의 완전한 비등(沸騰)도, 항상 권력에 대한 신앙과 복종으로 귀착하였다. 그러한 이유로 모든 혁명은 결국 압제를 재구성하는 데만 도움이 되었던 것이다. 나는 1848년의 헌법과 똑같이 93년의 헌법도 그 예외는 아니라고 생각한다. 이들은 프랑스 민주주의의 가장 앞선 두 표현이지만."(앞의 책)

프루동은 더 나아가서, 자코뱅주의는 전혀 정부중심주의적(政府中心主義的)이며, 권위주의적 입장을 가지고 있다는 사실, "그것은 공리공론과 마찬가지로 정부중심주의적 정신을 가지고 있는데 그보다 한층 더 뚜렷하다. 마찬가지로 국가의 우

비판하였지만, 그 사상의 근원은 오히려 루소에게 힘입었다고 하면서, 전적으로 루소를 옹호하고 있다. 물론 그것은 정당한 지적이라고 할 수 있으나, 그것만으로 루소에 대한 프루동의 신랄한 비판의 의미가 상설될는지.

월성을 말하는데, 한층 더 정력적으로 설명한다. 마찬가지로 대의제 가설을 존중하나, 물신숭배(物神崇拜)의 경지에까지 높여지고 있다. 자코뱅파는 지롱드파만큼은 독재를 혐오하지 않았다. 그러므로 자코뱅파는 한층 더 군주정에 가깝다. 자코뱅주의의 승리는 1793년 당시에는 이해할 수 있는 것이었다. 이 시기에는 권위의 원리가 의문시되지는 않았으며, 단지 그 군주정적 표현만이 추방되었기 때문이다."(「어느 혁명가의 고백」, 河野健二 편, 『프루동』, p.41)라고 비판하고 있다.

자유, 평등, 사유재산의 원리도 그것이 헌법과 정치의 추상적 원리인 한 지배원리이며, 이 원리를 지키기 위한 권력, 즉 군대나 경찰이나 정부나 사법 등을 필요로 한다. 자코뱅과 로베스피에르는 지배의 원리를 변경한 것일 뿐 지배를 폐지한 것은 아니며, 그들 자신이 지배자가 되었다고 프루동은 말하고 있다. 그러나 그는 대혁명의 원리, 즉 루소의 사회계약론 자체를 부정하는 것은 물론 아니었다. 그는 대혁명의 원리를 넘어서 경제의 원리, 사회혁명의 원리로 실현할 것을 주장한다. 대혁명이 명백히 한 것은 정치적 변혁, 즉 법과 정부의 원리의 변혁에 불과하였다. 그렇다고 한다만 19세기의 혁명은 대혁명의 원리를 노동이나 교환 등의 경제적 관계의 원리로 실현하는 것을 임무로 삼아야만 한다. 이와 같이 프루동은 프랑스혁명에 의해서 명백하게 된 시민사회와 국가의 분리를 헤겔이나 마르크스와는 다른 형식으로 받아들여, 다른 방식으로 극복하고자 하였던 것이다.

그러나 이미 말한 바와 같이 자본주의 사회는 그 고유한 생산관계와 함께, 그것을 정치적으로 보장하는 고유한 권력체계도 갖추고 있다고 한다면, 정치적 민주주의야말로 '상품'을 기본으로 하는 생산사회에 적합한 권력 원리가 된다. 만약 그렇다면, 사회주의의 과제는 사회적인 것임과 동시에 정치적인 것이다. 그러나 프루동은 그렇게 생각하지 않았다. 프랑스혁명의 이념인 '평등'의 원리를 직접 사회적으로 실현하기 위해서, 그는 일체의 정치가 '기만'이라고 말한다.

프루동은 마르크스와 마찬가지로 대혁명의 한계를 간파하고 있었다. 그러나 그는 마르크스와는 달리, 정치를 배제함으로써 사회혁명을 수행하려 하였고, 또한 사회혁명을 사회주의라는 형태로 생각하지 않고, '교환에 있어서의 정의'와 '평등'에 의해서 실현하고자 하였다. 이와 같은 프루동에 대해서 마르크스는 『철학의 빈곤』 마지막 부분에서 다음과 같이 말하고 있다. "사회운동이 정치운동을 배제한다고 말해서는 안 된다. 동시에 사회운동이 아닌 정치운동은 결코 없다." 마침내 제1차 인터내셔널에서 마르크스파와 프루동파 간의 대립의 중요한 테마가 되는 노동자계급의 '정치운동'[27]의 문제는, 이미 이 단계에서 명백한 논쟁적인 문제가 되고 있었다.

3) 사회계약을 둘러싼 프루동과 헤겔

프루동은 루소를 비판하며, 참된 '사회계약'은 결사계약(結社契約), 국가와 정부 형성의 정치계약이 아니라 교환계약이라고 주장하였다. 이리하여 그는 프랑스혁명의 자유, 평등, 정의의 원리를 교환의 세계, 즉 경제세계의 원리로서 실현할 것을 주장하였다. 그런 의미에서 그는 19세기에 있어서 루소의 적자(嫡子)라고도 할 수 있다. 그는 바뵈프와는 다른 형태로 루소와 대혁명의 정신을 실질적으로 계승하려고 하였다. 절대주의 말기의 사상가 루소는 사회를 인간의 의지의 관계, 동의(同意)의 관계, 곧 법의 관계로 보고 있었으며, 이와 같은 의지, 동의의 관계를 기초·확립케 하는 등가교환의 관계나 분업=노동분할(勞動分割)의 관계, 상품생산의 관계는 말하자면 그 배후에 숨겨져 있었다. 상품교환의 관계를 스미스나 마르크스는 상품을 만들어내는 노동의 관계, 동가교환의 관계로 본 데에 비하여, 루소는 그것을 계약의 관계로 보고, 동의 곧 의지관계가 교환이나 화폐를 만들어 낼 뿐만 아니라 국가와 정부까지도 만들어낸다고 생각하였다. 말하자면 루소는 법과 경제의 규정관계를 마르크스와는 반대로 보고 있었던 것이다.

프루동은 계약이 본래 교환의 개념이지 정부의 개념은 아니라고 말하고 있다. 이러한 관점으로부터 그는 정부의 계약, 국가의 계약은 불필요하며 존재할 수도 없다는 결론을 내렸으며, 그것이 그의 무정부의 세계이다. 사회, 경제, 교환에 정의가 실현된다면 그것으로 충분하며 인간은 그 외에 국가나 정부를 가질 필요가 없다고 프루동은 생각하였다.

대혁명이 제기한 시민사회와 국가의 관련성에 대한 파악이라는 시대적 문제를 이해하기 위해서는, 반드시 정반대의 입장에서 똑같은 논법으로 사회계약론을 비판한 헤겔을 상기해야만 할 것이다. 헤겔은 다음과 같이 말하고 있다. "계약의 대상은 어떤 개별의 외면적인 물건이다." "국가의 본성도 계약관계 속에는 포함되어 있지 않다." "국가관계 속에 계약관계, 또는 총체적으로 사적소유의 제 관계를 혼입(混入)해 넣는 것은 국법과 현실에 최대의 혼란을 야기하였다." 그것은

27) 田中·西尾·野地·上林, 『근대정치사상사』(4), 1978, p.160~164 참조.

"사적소유에 관한 여러 규정을 전혀 별개의, 그리고 가장 높은 본성을 가진 테두리 속으로 끌어들인 잘못을 범하고 있다고 헤겔은 말하고 있다.

"국가는 자의(慈意)를 전제로 한 계약에 의거하는 것은 아니다." 인간은 계약에 의해서 국가에 소속되는 것이 아니라 필연적으로 국가의 성원이다. "국가를 창설하는 것은 모든 사람의 자의에 기초한다고 생각하는 것은 잘못이다. 오히려 모든 사람에게 국가의 한 성원이 된다는 것은 절대적으로 필요하다."(이상은 모두 헤겔, 藤野·赤澤 역, 『법의 철학』, 제1부 제2장 「계약」)

인간의 본질인 윤리성을 '국가'속에서 발견한 헤겔은, 국가가 계약이라고 하는 본래 사유재산이나 '외면적인 물건'에만 관계되는, 말하자면 차원이 낮고 천한 원리로 설명되어서는 안 된다고 말하고 있다. 헤겔은 국가의 원리는 가장 신성한 것이라고 생각한다. 그러므로 헤겔의 사회계약론에 대한 비판은 프루동과는 정반대의 입장에서 경제적 계약만이 본래의 계약개념이라고 주장하고 있으며, 프루동과 똑같이 — 그러나 반대의 관점에서 — 프랑스혁명 이후의 사회가 깊은 모순에 빠져 있는 사회임을 통찰하였고, 이러한 모순을 해결하는 것을 국가라고 보았다. 프루동은 헤겔과 똑같이 교환이라고 하는 경제적 행위만이 본래의 '계약'의 이름에 어울린다고 생각하나, 헤겔과는 반대로, 그 때문에 국가는 존재해서는 안 된다고 주장한다. 여기에서 그들이 각기 다른 방법으로 국가와 시민사회의 분열과 모순에 맞붙어 씨름하고 있는 모습을 볼 수 있다.

4) 교환적 정의의 공동체

프루동은 사회계약을 교환계약으로 생각하고 경제학의 문제라고도 생각하였다. 그렇다면 프루동은 J.B. 세이와 동일한 의미의 경제학자일까? 아니 그가 '교환적 정의'라고 하였듯이, 그것은 단지 부르주아 사회의 경제적 현실을 이론적으로 추인(追認)할 뿐만 아니라, 대혁명 이후의 부르주아사회에 대한 정의의 요구를 포함하고 있는 것이다. 그렇다면 여기에서 요구되고 있는 정의란 무엇인가? 세상 사람들은 1840년의 프루동의 출세작 『소유란 무엇인가?』에서, 그가 소유란 도둑질이라고 격렬하게 말했던 것을 알고 있다. 그가 '도둑질'이라고 말하는 소유는 평등주의적이고[28] 노동전수권설적(勞動全收權說的)이라고 파악된 스미스의 분업론의 입장에서[29] 말한 불로소득(不勞所得)의 기생적 소유이며, 그 비판은 자신의 노동에 의거하지 않은 일체의 소유, 즉 이자, 이윤, 지대, 소작료 등에서 나오는 소유에 대한 비판이었다. 프루동의 경우, 정의란 평등과 동의어이며, 평등이란 등가교환과 동의어이므로, 사회 도처에서 등가교환이 행하여지게 되면, 이자나 이윤 등의 불로소득은 불가능하다는 것이 프루동의 주장이다. "생산물은 생산물에 의해서 구매된다. 그러므로 일체의 교환조건은 생산물의 등가이기 때문에, 이익은 불가능하며 부정(不正)하다. 이러한 원초적인 경제원칙을 고수해야 한다. 그러면 빈곤, 사치, 억압, 악덕, 범죄, 기아 등은 우리의 주변에서 사라질 것"30)(長谷川 역, 『소유란 무엇인가?』, 제5장 제2부 제2절)이라고 그는 말하고 있다.

이리하여 소유에 대한 프루동의 비판은 독립소상품 생산자—자유롭고 독립적이며 평등한—의 입장에서 가해지는, 자본지배에 대한 평등주의적 비판이었다. 그가 말하는 사회계약이 참으로 '교환에 있어서의 정의'의 실현이며, 자유로운 생산자 상호간에 이루어지는 등가물의 교환만을 의미하고, 거기에 어떠한 수탈도 있어서는 안 된다고 한다면, 그 비판이 자본이나 토지소유나 고리대 등에 향해지게 되는 것은 필연적인 사실이다. '인민 은행'이라는 제안도 노동자에게 무이자로 자금을 대부해줌으로써, 불로소득을 소멸시키고, 노동시간을 표시한 노동화폐를 사용하여 생산자 상호간의 노동량에 입각한 교환을 추진하여, 노동자에 대한 착취—'노동자와 자본가의 동일화'라고 프루동은 말한다.—를 배제하려는 의도 하에 행하여진 것이다.

프루동에 의하면 상호성(Mutualité)은 원래 교환이라는 의미의 라틴어에 어원을 가지고 있는 것으로 등가교환을 의미한다고 한다. 그가 말하고 있는 정의가 등가교환을 의미하고 있다는 것은 이미 말한 바 있는데, 이리하여 '상호성, 교환, 정의의 관념'(『노동자계급의 정치적 능력』이 그에게는 동의어로서 사용되고 있다는 것을 볼 수 있다. 이리하여 그의 교환론=경제학이 정의라고 하는 윤리적 성격을 갖는다는 것이, 정의가 실현되는 경제체제는 공산주의가 아니라 자유롭고 독립적이며 평등한 생산자들의 교환계약에서 이루어지는 '상호'관련된 사회조직이라는 것을 알 수 있다. 이와 같은 자유롭고 평등한 개개인의 자율적 조직을 기본단위로 하여 그것이 코뮌에서 지방으로, 지방에서 공화국 전체로 전개될 때, 자유와 평등의 원리는 사회전체의 조직원리가 되고, 사회는 그와 같은 자주

---

28) 프루동사상의 근원이 평등주의적이라고 해석된 스미스의 분업론에 있다는 지적은 平田淸明이나 佐藤茂行에게서 보인다. 高島·水田·平田, 『사회사상사 개론』 1962년, p.195, 佐藤茂行, 앞의 책, p. 15, 23.

29) Anton Menger, *Das Recht auf den vollen Arbeitsertrag in geschichtlicher Darstellung*, Stuttgart und Berlin, 1904, S. 70,71. 森田勉 역, 『노동전수권사론(勞動全收權史論)』 p. 105.

30) Qu'est-ce que la Propriété? *Oeurres complètes*, Paris, 1926, p.346. 長谷) p.300.

적인 주권 집단(主權集團)의 연합체가 된다.

"이와 같이 우리들이 지금까지 상호주의 또는 보증주의라고 부른 것을, 정치 분야에 적용하면 '연합주의'의 이름을 가지게 된다. 정치적·경제적인 전면적 혁명이 단순한 동의어로서 우리들에게 주어진다."31)(三浦 역, 『노동자계급의 정치적 능력』 제2부 제2장)고 프루동은 말하고 있다.

자유롭고 독립적이며 평등한 생산자의 연합체로서의 공화국이라고 하는 무정부주의적 관념은, 이리하여 소농민과 소생산자의 나라인 프랑스에서 기원하여 광범한 지지를 받기에 이른다.

6. 정치권력과 사회주의: 바뵈프의 후예, 블랑키

1) 블랑키와 프루동

산업혁명이라는 순수하게 경제사적인 관점에서 보면, 권력 원리의 변혁이라는 근대사회 성립과정의 정치적 국면은 볼 수 없게 되며, 반대로 시민혁명이라는 정치사적 성격이 강한 관점에서 보면, 자본주의적 생산력과 생산관계의 전개라고 하는 경제적 국면은 배후로 물러나기 쉽다. 그러나 우리가 홉스바움과 같이 근대사회의 성립과정을 시민혁명과 산업혁명이라는 정치와 경제의 이중의 변혁과정으로서 파악한다면, 그것은 바로 우리들이 근대사회의 구조를 그와 같이 이중의 것으로 이해하는 것이다. 사회주의에서도 사정은 마찬가지이다. 노동자에 의한 정치권력이라는 관점만으로는 사회주의의 경제적 내용을 파악할 수 없으며, 반대로 생산력이나 자본-임노동이라는 경제적 관계의 관점만으로는 노동자의 권력이라는 정치적 국면을 파악하지 못한다. 시민사회와 국가의 분리라든가,

'이중혁명'이라는 것은 자본주의사회가 그것에 고유한 정치형태와 고유한 경제구조라는 상호 관련된 두 면을 가진다는 극히 당연한 사실의 표현임에 불과하다.

자유, 평등, 사유재산이라는 부르주아 사회의 정치적 원리를 극적인 형태로 확립한 프랑스에서, 대혁명 이후 이러한 원리를 둘러싸고 크게 나뉘어져 두 개의

31) De la Capacité Politique des Classes Quvrieres *Qeuvres complètes*, Paris, 1924, p. 198.

사회주의가 대립적으로 발전해 왔다는 것은, 지금까지의 서술로 분명하게 되었다고 해도 무방할 것이다. 앞 절에서 본 바와 같이, 프루동은 1840 년대의 시점에서 이 정치적 원리를 사회적으로 관철시키고자 하였다. 그가 정치혁명이 아니라 사회혁명을 목표로 하였다는 의미에서 그는 생시몽이나 푸리에의 제자였으나, 그 사회변혁이 자유, 평등, 정의라고 하는 대혁명의, 본래는 정치적인 원리를 규준(規準)으로 하였다는 점에서 그는 역시 대혁명이나, 자코뱅의 후예였다고 할 수 있을 것이다. 이에 비해 블랑키(L.A. Blanqui, 1805~1881)는 철두철미, 대혁명에 의해서 실현된 정치적 공동체를 전제로 하여, 정치권력의 만능(萬能)을 신뢰하면서 대혁명의 원리를 사회적인 것에까지 실현시키고자 하였다. 이 점에서 그는 바뵈프의 후예였다. 전자는 정치를 배제함으로써, 후자는 정치만을 기본관점으로 함으로써 대혁명의 원리를 사회적으로 실현하고자 하였으며, 블랑키에 있어서 그 구체적 실현의 형태는 사회주의였다.

2) 계급투쟁과 권력의 신화

A. 블랑키의 형은 저명한 경제학자인 아돌프 블랑키이지만, 동생 블랑키는 무엇보다 먼저 혁명가였다. 샤를 10세의 반동의 시대에 시작되는 그의 반역의 생애는 1827년 이후의 모든 정치적 폭동과 봉기에 그의 이름이 그림자처럼 따라 다녔으며, 76년의 생애의 거의 절반을 감옥 속에서 지냈다. 가로디에 의하면 1828년에는, 이 해에 간행된 바뵈프의 동지, 보나로티의 『평등파의 음모』를 탐독하면서 이 '전설적인 노인'과 담소하는 것을 보람으로 여겼다고 한다.[32] 이 모든 것이 블랑키를 사회주의, 학설의 이론가로서보다는, 행동가, 혁명가, 19세기에 있어서 바뵈프주의의 계승자로 상기시키도록 하였다. 사실 블랑키는 대혁명의 정치적 전통을 충실히 지킴으로써 그 열매를 부르주아의 것이 아니라, 노동자 대중의 것으로 하고자 하였다.

이제 1848년 2월 혁명 식후의 공화제에 대한 블랑키의 태도를 보자. 그것은 19세기에 있어서 대혁명과 그 성과에 대한 평가의 한 전형을 보여 주고 있다. "공화정이 정부의 한 형태를 다른 형태와 바꾼 것에 불과하다면, 그것은 허위이다. 이름을 바꾸는 것만으로는 충분하지 않다. 공화정, 그것은 노동자의 해방이며, 착취

32) R. Garaudy, 앞의 책, p.221.

와 지배의 종언이며, 자본의 포학(暴虐)한 지배로부터 노동을 해방시키는 새로운 질서의 출현이다. 자유! 평등! 박애! 우리의 건물 꼭대기에서 찬란하게 빛나는 이 표어가 오페라의 공허한 장식물이 되어서는 안 된다.…… 빵을 가지지 못하였을 때, 인간에게 자유는 없다. 빈곤의 옆에서 부유가 추문(醜聞)을 일으킬 때 평등은 없다. 여공의 모친이 굶주린 아들과 함께 대저택의 문전에서 엎드려 구걸할 때 박애는 없다."(「파리의 민주주의적 제 클럽에게」 1848년, 加藤晴康 역, 『혁명논집』상)33) "군주제와 마찬가지로 공화정도 또한 예종(隸從)을 그 기치 하에 감출 수가 있다.…… 〈자유, 평등, 박애〉라는 표어는 〈법 앞에서 모든 프랑스인은 평등하다!〉고 한 저 헌장-진리의 틀에 박힌 문구와 같이 겉만 번지레한 거짓이 되지 않을 수 없다. 자본의 폭정은 칼(劍)이나 말향로(抹香爐)의 폭정보다 무자비하다."[「신조표명(信條表明)」, 1848년, 위의 책]

이러한 말이, 비록 2월 혁명에 즈음하여, 모든 민주주의자의 결집을 도모하기 위해서 쓰인 것이라 하더라도, 첫째 블랑키가 보나롯티와 같이 프랑스혁명의 자코뱅적 전통에 따라서 자유·평등·박애의 원리를 전제로 하여, 그 정치적 실현뿐만 아니라 사회적 실현까지도 주장하고 있다는 것과, 둘째로 사회적 대립의 19세기적 형태가 자본과 노동의 계급대립으로 파악되어, 혁명은 빈곤과 기아로부터의 해방으로 생각되고 있다는 것을 보여주고 있다.

이리하여 우리들은 블랑키가 처음부터 공산주의자로서 출발하였다고 보는 것보다도, 대혁명의 원리에 대한 신봉자로서 출발하여, 그 정의(正義)에 대한 확신이 그로 하여금 정치적 자유와 평등의 요구를 넘어서게 하고, 그 사회적 실현을 위해서 공산주의자가 되게 하였다고 보는 편이 진실에 가깝다. 그것은 바뵈프나 보나롯티와 유사한 길이었다.

이미 1830년 7월 혁명 시기에 그는 다음과 같이 말하고 있다. "그러나 부르주아는 헌장의 이름으로 싸웠으며, 단지 헌장을 위해서만 싸웠던 것이다. 실제로 헌장은 그들의 권력을 보장하고 있었다. 헌장이 충실히 시행되면, 그들에게 국가의 최고권이 주어진다. 부르주아지의 이익을 상징하고, 그들의 기치로서의 역할을 수

33) 加藤晴康 역, 『혁명논집』상, 하. 아 책은 블랑키선집(Auguste Blanqui, *Textes Choisis avec l'introduction Par V.P. Volguine*. Paris, Éditions Sociales), 1955를 참고하여 加藤씨가 독자적으로 보완하여 번역한 것이다. 말미에 주요저작 목록과 주요문헌 목록이 있다.

행하는 법(法)지상주의가 등장하였다. 법질서는 신격화되어, 그 앞에서 입헌주의적 반대파 사람들은 매일같이 향을 피웠다."(「인민의 벗 협회」의 회의에서 행한 연설, 1832년, 앞의 책)

대혁명 이후의 프랑스사(史)가, 그 의미를 확정지어야했던 자유, 평등, 박애와 헌장이 실은 법 앞에서의 공허한 말에 불과하다고 블랑키가 말할 때, 그 밑에서 그가 발견한 사회실정은 계급투쟁 이외의 아무 것도 아니었다. "국가를 형성하고 있는 여러 계급의 결사적인 싸움에 눈을 감아서는 안 된다."(앞의 책)고 그는 말하고 있다. "그렇습니다. 여러분! 이것은 부자와 빈자의 전쟁입니다."[중죄(重罪)재판소에서의 진술 1832년, 앞의 책]

"공동의 노력으로 앙시앙 레짐(Ancien Régime)이 타도되자마자 곧, 승리자인 두 동맹자 ―부르주아지와 프롤레타리아― 사이에 투쟁이 시작되었다. 현재 이 투쟁은 마침내 1789년의 시점으로 다시 돌아가고 있다. 대혁명의 역사를 푸는 것은 오늘날의 역사를 푸는 것이다." "그대는 그대가 시민 사이에 진정한 평등을 바라고, 모든 특권계층과 모든 압제의 타도를 바라는 이상, 프롤레타리아인 것이다. 혁명이란 어떠한 것이 되어야 하는가? 그것은 불평등과 착취의 기초 위에서 있는 현존질서의 소멸, 억압자의 붕괴, 부자의 멍에로부터의 민중의 해방이다."(마이얄에게 보내는 편지, 1852년, 위의 책)

그렇다면, 대혁명 후의 투쟁은 정치원리상의 투쟁이 아니라 계급간의 투쟁이며, 참된 평등을 바라는 사람은 모든 프롤레타리아 계급의 입장에 서서 민중의 해방을 위한 혁명을 계승하여, 그것을 수행하지 않으면 안 된다. 민중의 해방의 입장이란 다름 아닌 사회주의이다. 따라서 "사회주의란 곧 혁명"이고, "혁명은 사회주의를 제쳐놓고는 있을 수 없으며", "민중을 봉기시킨 것은 바로 사회주의"이다. 블랑키는 확신을 가지고서, "대중의 운명의 개선이 아니라면, 혁명이란 도대체 무엇인가?"(이상은 마이얄에게 보내는 편지, 위의 책)라고 묻고 있다.

블랑키가 프루동과 똑같이 '19세기에 있어서 혁명의 이념'에 대해 말한다고 하면, 그는 프루동과 마찬가지로 대혁명의 평등과 자유의 원리를 사회적으로 실현하는 것이라고 말할 것이다. 그러나 곧 이어서 프루동과는 달리, 참된 투쟁은 부르주아지에 대한 프롤레타리아의 계급투쟁이며, 이 투쟁에서 승리하는 수단은 정치권력의 탈취와 무기라고 말할 것이다.

그리고 또 하나 프루동과는 달리, 이 투쟁에서 승리한 그때에는 사회주의만이 유일한 사회형태가 된다고 하였다.

3) 정치혁명의 우위

블랑키를 프루동과 같이 무정부주의의 세계나, 자율적인 소생산자의 등가교환의 세계로 이끌어가지 않고, 격렬한 정치투쟁의 세계로 이끌어간 것은 이러한 계급투쟁에 대한 관점일 것이다. 대혁명 후의 대립이 자본과 노동의 계급대립이며, 가난한 프롤레타리아에게는 헌장이 보장하는 자유·평등·박애 모두가 닫혀져 있다고 말할 때, 그는 자코뱅적 전통에 따라서 이러한 싸움, '제 계급간의 생명을 내건 싸움'을 권력투쟁 즉 정치투쟁으로 파악할 수밖에 없었다. 블랑키는 이러한 의미에서 철저한 전사였다.

"공산주의는 혁명 그 자체이기 때문에, 유토피아를 뽐내는 따위는 삼가해야하며, 결코 정치에서 분리해서는 안 된다. 최근 공산주의는 정치의 바깥에 위치하고 있었다. 그러나 오늘날에는 온 정력을 정치에 투입하고 있다. 정치는 이제 공산주의의 몸종에 불과하다."(「사회비판」 1869~70년, 앞의 책)

제1차 인터내셔널이 1864년에 창립되어, 거기에서는 마르크스를 이론적 지도자로 하는 그룹과, 프루동과가 대부분을 차지하는 프랑스 노동자의 대표가 격렬한 주도권 싸움을 벌였는데, 그 주요한 쟁점은 노동자의 정치 운동에 대한 것이었다. 노동자의 정당, 노동입법(勞動立法), 노동조합운동 등의 문제가 의제로 상정되었는데, 프루동파는 이 모든 것에 반대하고, 인민은행이나 협동조합으로 대치시켰다. 이러한 사태에 대해서, 블랑키는 노동자의 정치 운동의 중요성을 정면에서 주장하게 된다.

"아! 이 얼마나 어리석은 짓인가! 사람들은 〈보잘 것 없는〉 협동조합 조직을 가지고 정부의 활동에 정면으로 반대하고, 인민을 해방한다고 말하고 있다! 이는 망상이다! 아니, 배신행위이다! 인민은 〈거대한〉 조직 곧 국가의 추진력(推進力)에 의하지 않고는 예속에서 해방될 수 없다."(연설초고 1867년, 앞의 책)

경제학은 경험이나 상식에서 벗어나 있고, 인민의 활동도 정부와는 무관하다고 말하고 있다. 그러나 인민의 빵과 영광은 모두 정부와 관계되어 있고, 경제학자는 영국에서조차도 정부의 허가 없이는 식사조차 할 수 없다. 그러므로 '정부의 문제는 사활의 문제'라고 블랑키는 말하고 있다.

노동조합이나 파업도 또한 제1차 인터내셔널의 중요한 문제점이었는데, 이 문제에 대하여 블랑키는 다음과 같이 말하고 있다. "자본의 억압에 대항하는 방어수단으로서 파업에 직면하여, 이를 발판으로 인민대중은 자신들의 전(全)노력을 집중시켜 정치적 변혁으로 향하지 않으면 안 된다. 이러한 정치적 변혁만이 사회변혁과 정의에 입각한 생산물의 분배를 실현시킬 수 있다."(1867년, 앞의 책) 마르크스가 블랑키를 위해서 캄파활동(Kampaniia, 정치적 운동, 대중으로부터 정치운동 자금을 모으는 일 또는 그것에 기부하는 일)을 하고 있었다는 것은 서간집에 의해서 알려진 사실이며, 또한 뒤에 게이토파의 마르크스주의자와 블랑키스트가 손을 잡게 되는데, 이 말은 일찍이 그러한 전망을 암시하고 있는 듯하다.

이와 같이 블랑키의, 프롤레타리아계급의 해방을 목적으로 한 정치적 혁명운동에 대한 중시는, 그로부터 무력혁명의 이론—소수정예에 의한 혁명조직론, 무장봉기론, 혁명적 독재의 사상 등—이 그 계열로 흘러내려 오는 기본적 관점이라는 것을 알 수 있다. 그것은 정치혁명의 이론으로서 후세의 사회주의에 커다란 영향을 주게 된다. 말할 것도 없이 그것은 대혁명의 자코뱅적 전통에서 그 원천을 발견하는 관점이었다.

4) 자본주의에 대한 불완전한 이해와 혁명이론

그러나 블랑키 사상에는 하나의 한계가 있었는데 그것은 1848년의 프랑스에 있어서는 거의 불가피한 한계라고 해야 할 것이다. 그것은 프루동에게도 똑같이 침투되어 있는 약점이며, 블랑키를 규정하는 찬란한 자코뱅적 전통의 메달의 이면이라고 해야 할 것이다. 그것은 그의 자본주의와 프롤레타리아에 대한 파악과, 이로부터 나오는 혁명과 독재의 이론에 관한 것이었다.

그의 『사회비판』 제1권은 「자본과 노동」이라고 표제가 붙어 있는데, 그 머리말에서 블랑키는 '자본이란 고리(高利)의 법전'이라고 말하고 있다. 그는 말한다. "자본 및 그의 어머니, 고리(高利)"라고. 따라서 그 대국(對局)으로서의 사회주의도 "사회주의의 본질은 〈자본의 이자의 부당성〉이라는 정식(定式) 속에 있다"고 생각된다. 그는 1848년 이전의 프랑스 자본주의에 대한 관념에 사로잡혀서 그 이후의 프랑스 부르주아 사회의 산업상의 전개를 충분히 인식하지 못한다. 고리대와 이자가 그가 인식하는 자본의 지배형식인데, 이 점에서는 프루동과 전혀 동일한 사고를 하고 있음을 알 수 있다.

자본을 고리로 보아, 생산과정에 있어서 자본과 임노동의 관계를 보지 못한 블랑키의 이러한 관점은, 그의 프롤레타리아에 대한 개념의 미성숙과 연결되는 것이다. 그는 비교할 것도 없이 대혁명 이후의 투쟁이 프롤레타리아와 부르주아라는 두 계급간의 투쟁이었다고 단언한다. '부르주아 계급'이란 무엇인가? '이 계급에는 금융업자, 상업거래자, 토지소유자, 변호사, 의사, 법률가, 관리(官吏), 금리생활자 등 자신들의 소득내지는 노동자에 대한 착취에 의하여 생활하고 있는 자 모두'가 속하며 그들의 수는 겨우 4백만에 불과하다. 3천 2백만의 프롤레타리아는 '재산이 없거나, 가졌다하더라도 보잘 것 없는 재산만을 가졌을 뿐으로, 자신의 손으로 벌어들인 몇 푼 되지 않는 수입에 의존하여 살고 있는(마이얄에게 보낸 편 , 앞의 책) 사람들이다. 이 점에서도 블랑키의 관점은 프루동과 비슷한 점이 있으며, 자본주의 사회가 산출한 새로운 생산력의 담당자로서 미래를 짊어질 노동자계급이라는 관념은 없다. 이러한 약점이 또한 혁명의 수행자, 혁명 후 독재의 주역이 될 프롤레타리아를 발견하지 못하도록 하였다고 생각된다.

이리하여, 블랑키에 있어서 혁명을 수행하는 것은 다수의 프롤레타리아를 위해서 몸을 바치는 소수정예의 혁명군(革命軍)으로서 그 핵심을 구성하는 것은 탈계급자(Déclassé)인데, 그들은 '인간적 대우를 받지 못하는 지식인', '교육을 받은 가난한 자', '교육도 받고 지성도 있으나, 자신의 생활비조차 벌지 못하는 상태에 있는' 사람들이다.(「사회비판」, 앞의 책)

혁명에 의한 정권탈취로부터 공산주의 실현에 이르는 동안, 비교적 장기간에 걸친 혁명적 독재가 필요하다고 블랑키는 생각하였다. 이러한 독재의 실행자도 또한 이러한 소수의 혁명가라고 블랑키는 말하고 있다. 그는 이러한 독재를 '파리(Paris)의 독재'라고 표현하였는데, 그것은 마르크스가 말한 프롤레타리아독재가 아니라, '프롤레타리아를 위한 소수정예 혁명가들의 독재'[34]이다. 블랑키가 프롤레타리아의 무장과 나란히 혁명 후의 중요과제로 삼은 것은 교육이고 계몽이다. "소유의 원칙에 공격을 가하는 것은 무익하고 위협하다, 공산주의를 정치적 강령에 의해서 강제한다는 것은 터무니없는 짓이며, 공산주의가 국민의 자유로운 결의에 의해서 달성될 때까지 기다려야 한다. 그리고 이러한 해결은 지식의 빛이 모든 인간에게 골고루 미쳤을 때에 비로소 얻어지는 것이다."(「사회비판」, 앞의 책)

혁명 자체도, 혁명 후의 독재도, 그리고 공산주의로 나아가게 하는 인민의 계몽도, 블랑키는 프롤레타리아 자신의 역사적 임무로 보지 않고, 그것을 소수정예의 지식인들에게 기대를 걸었던 것이다.

---

34) 平井筑, 앞의 책, p.243

제7장
마르크스주의의 생성과 구조

1. 마르크스의 생애: 서문을 대신해서

마르크스는 1818년 독일남서부(라인란트)의 도시 트리아에서 유태인의 아들로 태어났다. 그는 성장하여 본대학과 베를린대학에서 법학과 철학을 공부하고 고대 철학에 관한 논문으로 박사학위를 획득한 후, 청년헤겔파의 일원으로서 그의 소신을 펴나갔다. 즉 독일연방 중 가장 선진지대였던 프로이센령(領) 라인란트에서 새로 발간된 『라인신문』의 주필이 되어, 당시 독일의 사상적 정치적 사회적인 '현상'(Status quo)에 대하여 비판의 붓을 들었다. 그 후 프로이센 정부의 반동화에 따라 『라인신문』에 탄압이 가해지자, 그는 그곳을 사직하고, 결혼한 지 얼마 안 되는 아내 예니와 함께 파리로 이주하였다.

파리는 그에게 있어서 '철학의 전통이 있는 대학이며 새로운 세계가 열리고 있는 수도'였다.(루게에게 보낸 편지, 1843년 9월) 이곳 파리는, 스콜라철학이 위대한 아리스토텔레스의 체계를 빌린 정통 카톨릭의 권위 속에서도 의연하게 버티고 있었고, 동시에 대혁명 이후 계승된 민주주의의 사상과 행동이 자기발전=자기부정으로서의 사회주의와 공산주의를 탄생케 하였나.

마르크스는 파리에서 비로소 사회주의와 공산주의의 숨결을 느끼게 되었다. 그리고 이러한 근대사회가 안고 있는 모순을 극복하기 위한 해결방법으로 경제학을 연구하기 시작하였다. 즉 근대시민사회의 실재적=경제적 관계를 비판적으로 해명하는 대업을 자신이 떠맡았다. 그리고 파리나 독일에서의 학생시절 이후의 생활에서 몸에 익혀온 헤겔의 변증법적인 사회=역사인식을 보다 구체화하였다. 그리고 독·불 양국 지식인들의 혁명적 유대를 강화하기 위해 잡지 『독불연감』을 간행하였다.(이 잡지의 제1, 2합병호—그리고 최종호—에 「유대인 문제」 및 「헤겔법철학

비판서설』을 발표하였다.)

그는 이곳에서 장녀 예니를 얻었다. 그리고 생애를 같이할 친구 엥겔스를 알게 되었다. 또한 만년에 이르기까지 큰 부담감을 갖게 한 프루동과 밤을 새워가면서 헤겔변증법을 논쟁하였을 뿐만 아니라, 일생동안 논쟁 상대가 된 바쿠닌과 사회주의를 토론하였다.

새로운 사상의 연구에 정열을 불태운 파리생활은 프로이센정부의 요청에 따라, 프랑스정부가 추방령을 내림으로써 1845년 2월로 끝맺게 되었다. 그러나 마르크스는 파리를 떠나는 날, 『정치경제학비판』이란 제목의 노작을 저술할 계약을 한 출판사와 맺는다. 이 저작은 파리 재류 중에 집필한 『경제학·철학 초고』(파리초고)에, 프랑스혁명사 연구를 포함한 정치학 부분을 추가할 예정이었다. 그것은 시민사회 및 그로부터 소외된 근대국가에 관한 비판적 해명을, 경제학과 정치학의 통일로서, 결국 하나의 사회과학을 수립함으로써 수행하고자 한 것이었다.

브뤼셀을 떠난 마르크스는 이 저작의 집필에 전념하였지만, 동시에 독일과 프랑스에 있어서의 사상의 상황을 비판하기 위해서 『독일 이데올로기』와 『철학의 빈곤』이라고 하는 논쟁적 저술을 집필함으로써, 앞에서 언급한 저서를 완성할 기회를 잃어버렸다. 그러나 바우어나 포이에르바하 등의 친구는 물론, 사부(師父)에 대한 논쟁을 통하여. 그 자신이 가지고 있던 기존의 철학적 사유(思惟)를 대자화(對自化)하는 한편, 그의 독일적=헤겔좌파적인 관념론을 지양하였다. 그리고 또한, 일찍이 그 자신이 사적소유에 대한 비판으로서의 사회주의이론을 공부한 프루동에 대한 논쟁을 통하여, 비로소 자신의 시민사회에 대한 인식을 경제학적 명제로서 개념화하였다. 그리고 이들에 대한 논쟁을 통하여 그의 독특한 사회=역사인식을 이론화하였다. 즉 그 자신의 사적유물론과 그에 고유한 공산주의의 이론을 정립해 갔다. 그리고 이것을, 창설된 〈공산주의자동맹〉의 강령적 『선언』안에 테제화하였다.

프랑스에서의 2월 혁명의 도래는, 다른 많은 사람들과 같이 마르크스도 필연적인 것으로 보았다. 『선언』은 이를 예시(豫示)하고 있었다. 『선언』의 집필자인 마르크스는 프랑스 임시혁명정부에 초대되어 파리로 돌아갔다. 그는 당시 파리 최대의 클럽이었던 〈인권협회〉에 가입하여, 독·불 양국 민중의 혁명적 유대를 강화하기 위한 투쟁에 몸을 바쳤다. 이어서 독일의 3월 혁명에 참가하기 위해서 쾰른으로 옮겨, 『뉴 라인신문』을 발간하여 혁명의 주체 형성에 헌신하고자 하였다. 이 시기의 마르크스는 당시에 진행되고 있는 유럽혁명을 다음과 같이 전망하였다.

"유럽의 해방은…… 프랑스 노동자계급의 봉기가 성공리에 행하여지는가의 여부에 달려 있다. 그러나 프랑스의 어떤 사회변혁도 필연적으로 영국 부르주아지 즉 대영제국의 공업적·상업적 세계지배와 맞부딪쳐 좌절될 것이다.…… 이러한 낡은 영국은 세계전쟁에 의해서 비로소 전복될 것이며, 이러한 전쟁만이 영국 노동자의 조직된 당인 차아티스트에게, 그들이…… 성공리에 봉기하는 데 필요한 조건을 제공할 수 있다. 차아티스트가 영국정부의 선두에 섰을 때, 그 순간에 비로소, 사회혁명은 유토피아적인 것에서 벗어나 현실적인 것으로 된다. 그러나 영국을 휘몰아가는 유럽전쟁은 세계전쟁이 된다.…… 유럽전쟁은 프랑스에서 노동자혁명의 최초의 승리의 결과로서 일어날 것이다. 그리고 그 경우, 영국은 나폴레옹 시대에 그러했듯이 반혁명의 선두에 서게 될 것이다. 그리고 영국은 전쟁 그 자체에 의해서 혁명운동의 선두에 내몰리어, 18세기의 혁명에 대해 범한 죄를 보상하게 될 것이다, 프랑스 노동자계급의 혁명적 봉기와 세계전쟁, 이것이 1849년의 내용 목록이다."(『혁명운동』)

그러나 프랑스의 노동자계급은 6월 봉기에서 군사적·정치적으로 패배한다. 그 결과, 혁명 프랑스와 반혁명 영국을 중심으로 한 세계전쟁도 일어나지 않고, 차아티스트가 정권을 잡지도 못한다. 독일에서의 3월 혁명은, 어렵게 획득한 입헌군주제적 개혁 내에 매몰되어 간다.

독일에서 패배한 마르크스는 재기를 위하여 '혁명의 도시 파리'로 옮겼으나 이미 패배는 세계적인 현상이었다. 그는 영국으로 망명하여 생애 최후의 날까지 런던에서 지내게 된다. 브뤼셀에서 버린 프로이센 국적을 다시는 찾지 못했다. 국적 없는 망명자, 이것이 그의 생애의 마지막 법적 지위였다. 이 무렵 그에게는 프랑스·벨기에·독일·영국 등 각기 다른 나라에서 태어난 네 아들이 있었다. 이중 두 아들은 굶어 죽고, 뒤에 셋째 딸 에리나를 이 망명지에서 얻었다. 국제적인 혁명가, 이것이 생애를 통한 그의 인간적인 직무였다.

그는 그 후 런던의 여기저기를 전전하면서 스스로 택한 공산주의자로서의 사회적 실천운동을 계속한다. 근대 부르주아 사회에 대한 비판서로서 『정치경제학 비판』을 체계적으로 서술하기 위해서 매진한다. 그의 생애는 혁명적 집념으로 뭉쳐진 학문적 양심의 처절한 투쟁과정이었다. 그것은 예를 들어 존 스튜어트 밀에게서 볼 수 있는 상아탑적인 조용한 연구 생활도 아니었고, 또한 바쿠닌에게서 볼 수 있는 피 끓는 정열을 발산하는 직접행동도 아니었다.

처음 10년간은 정치적 고독과 경제적 곤궁이 연속되는 나날이었다. 수입을 얻을 수 있는 일거리는 『뉴욕 데일리 트리뷴』지에 대한 기고뿐이었다. 1851년부터 62년 사이에 500편에 가까운 기사와 논설을 이 신문에 기고하였다. 유럽과 서구를 지배하는 세계의 제 사상(事象)에 관한 비판적 해설을 미국의 독자에게 써 보냈다.

실의에 찬 혁명가 마르크스에게 있어서 또 다른 일면은 탐구심에 불타는 연구생활이었다.

사회과학의 모든 영역은 물론이거니와 자연과학 특히 기술학의 제 분야에까지 손을 뻗쳐, 자료를 찾아다녔다. 이렇게 해서 얻은 결과는 거대한 것이었다. 그러나 그것을 쉽게 체계화할 수는 없었다.

1856년 가을 국제적인 화폐시장 공황이 일어났다. 그리고 혁명운동이 다시 일어날 징조가 나타나기 시작하였다. 그는 이 시기에 이르러서야 겨우 경제학비판의 체계를 구축하기 위한 초고를 쓰기 시작하였다. 오늘날 『경제학비판요강』이란 제목으로 알려져 있는 '일곱 권의 노트'(1857~1858)가 그것이다. 이것은 증가(잉여)가치를 생산하는 가치로서의 '자본'에 대한 체계적·비판적 개념파악을 위하여, 최초로 이론화된 것이다. 그는 이 초고를 대강 마무리한 후, 일부를 출판용으로 제작하여, 그중 제1분책을 『경제학비판』으로 출판하였다. 그에게 있어서 경제학에 대한 이 처녀작은 그의 경제학 건설과정 자체의 시작으로서, 이 과정을 이끌어가고 있는 그의 사회·역사인식을 처음으로 일반 독자에게 제공한 것이었다. 『비판』에 있어서 '유물사관'의 정식적(定式的) 표현은 그 자신의, 경제학과 역사인식의 긴밀한 연관성을 단적으로 보여주는 것이다.

이 『비판』이 간행된 후 약 십수 년간은, 그의 경제학 비판체계를 구축하는데 상당한 성과를 거둔 기간이다. 또한, 그가 그 이론적 지도자의 한 사람으로 있던 〈국제노동자협회〉(〈제1인터내셔널〉 1864년 9월 성립)의 위신이 확대 되가는 시기이기도 하였다. 이 시기는 그의 생애에 있어서 아마 단 한 번의 밝은 10년간 이었을 것이다.

그는 한편으로는 (뒤에 『잉여가치학설사』로서 그의 사후에 발표된 부분을 포함하고 있다.) 방대한 분량의 초고('23권의 노트')를 써서 그 일부를 『자본론』-부제 「경제학비판」이라는 제목의 새로운 책(제1부)으로 발간하였다.(67년 9월) 그리고 그 후에도 계속하여 제2,3부의 발간가능성을 확신하고 있었다. 다른 한편으로는, 그가 「창립선언」과 「규약」을 집필한 〈국제노동자협회〉는 프랑스를 비롯한 대륙 여러 국가에서의 노동조합운동을 지원하는데 성공하였다. 또한 영국에서는 차아티스트와 결합하여 그 사회적 영향력을 확대하였다. 69년에는 동맹의 가맹자가 80만 명에 달하였다고 한다.

그러나 70년대는 엥겔스로부터 생활비를 제공받아 경제적인 곤궁은 벗어나기는 하였으나, 파리코뮌(1871)의 패배로 인해 사회적 고립화가 심화되어 가는 나날이기도 하였다.

마침내 그는 건강이 나빠져서 74년 이후, 영국, 구라파 각지를 전전하면서 그의 건강과 싸우며 동시에 자신의 학문적 연구를 계속하였다.

그는 한편으로는 젊었을 때부터 품고 있었던 〈경제학·정치학 비판〉 체계의 큰 테두리로부터 이론전선(理論戰線)을 후퇴·축소시켰다. 즉 경제학에 자신의 문제영역을 수렴시켰다. 더구나 50년대에 입안한 경제학 플렌(자본·토지소유·임노동·국가·외국무역·세계시장) 가운데, 앞의 세 항목에 초점을 맞추지 않을 수 없었다. 그러나 다른 한편으로는 미국에서 볼 수 있는 새로운 자본주의적 발전, 총칭하여 〈대공황〉으로서 모습을 나타내고 있던 70년대 자본주의에 대한 실증적·이론적 연구를 시작하지 않으면 안 되었다. 또한 새롭게 세계혁명의 일익을 담당하기 시작한 러시아의 토지소유의 역사적 사회적 조건에 대한 비판적 분석을 개시하지 않으면 안 되었다. 이것은 앞의 『자본론』 플랜 전반부의 토지소유와 직접 관련되는 동시에, 후반부 세 항목과도 깊이 관련되는 것이었다. 따라서 이들 연구대상을, 구축(構築)해야 할 체계 안에서 재확정하고자 할 때, 그곳에서 연구 중점의 확산과 혼돈이 일어나지 않을 수 없었다.

마르크스는 70년대 후반에는 자신의 경제학 비판체계를 완성하려는 시도를 거의 단념하였다. 그러나 죽기 2년 전까지 『자본론』 제2부의 초고를 계속 집필하였다. 그런대 이 집필은 새로운 사실을 첨가하는 것이 아니라, 체계적 사유(思惟)의 이론적 핵심을 서술하고자 한 것이었다. 그리고 그것은 뒤에 엥겔스에 의해서 『자본론』 제2,3부에 수록된 것 이외에는 미완성 초고로서 남아있다. 그 점에 관해서는 '자기 자신의 머리로 생각하고자 하는 독자'만이, 이 『자본론』의 후속편을 자기의 이론적 반사의 재료로 살릴 수 있다고 기대하였던 것이다.

마르크스가 많은 정력과 시간을 들여 육성한 〈국제노동자협회〉는 파리코뮌 패배 후, 한편에서 유럽 여러 나라의 경찰로부터 극악한 국제적 폭력 음모단체로 취급되었고, 또 다른 한편으로는 그 내부가 분열되어 제5차 헤이그대회(72년 9월)에서는 바쿠닌파의 제명·추방의 '성공' 및 총무위원회에 대한 중앙집권적 권력집중의 가결이라는 내부적 '승리'로 실질적으로 해체된다.

마르크스 앞에는 간행되지 않은 초고들이 쌓여져 갔으며, 또한 이와 더불어 방대한 규모의 새로운 연구대상, 즉 한없이 펼쳐져 있는 비서구세계가 지평 위에 놓여 있었다. 나이가 들어감에 따라 그는 점점 병상에 누워있는 시간이 늘었고 지중해 연안을 비롯한 휴양지로의 왕래는 더욱 빈번해졌다. 그러한 육체적 악조건 속에서 그의 정신세계는 새로운 현실적 대상을 포착하여 그 이론적 성찰을 심화한다. 이와 같은 이론적 고찰은 서구 근대시민사회의 현실적 전개과정에서의 변혁적 요인을 이론적으로 발견하기 위해서, 큰 관심을 가지고 수행되었다.

이러한 과정에서 그는 『자본론』 제2부의 초고를 8회에 걸쳐 집필하였다. 이와 함께 프랑스의 고고학자인 모간(J. Morgan)에게 계발되어, 고대사회 연구의 기초(『고대사회노트』)를 확립하고, 더 나아가서 러시아인 친구 코바레프스키(M.M. Kovalevskii)의 연구에 자극되어 아시아, 아프리카 등 비서구 지역에 있어서의 전통사회에 대한 연구기준(「공동체적 토지소유 노트」)을 기록해 두었다. 한편 당시 점차 유럽세계의 혁명적 서광 하에 그 자태를 나타내기 시작한 러시아의 한 혁명지도자(V.I. Zasulich, 1849~1919)의 질문에 대답하여, 러시아에 있어서의 미르공동체의 세계사적 위치를 확립하였다. 그리고 이러한 점에서 출발하여 서구문명적인 발전 제 단계를 거치지 않은 비서구 사회의 인류사적 발전과, 서구사회에 있어서의 문명사적 발전의 인류사에로의 지양이 동시적으로 전개될 수 있다는 것을 객관적으로 명백히 하고자 하였다.

이와 같은 그의 만년의 연구는 젊은 시절 이래 계속해 온 서구 근대시민사회에 대한 비판적 내재(內在)가 드디어 서구적인 한계를 넘어서 인류사로서의 세계사 전역에 미치려고 하는 것이었다. 그는 자수리치에게 보낸 편지에서 『자본론』에서 직접 기술한 사회발전의 서구적 기준이 세계에 보편·유일한 것이 아님을 명시적으로 말했다. 그리고 새로운 세계사적 기준을 탐구하는 시론을 그곳에서 제시하였다. 그리고 그는, 서구의 사상적 제 가치와 합리적 과학의 정당한 적자(嫡子)로서 자기위치를 정립해가면서, 그 사상과 과학의 진리성이 자기 자신에 대한 비관적 대상화로서 자기비판의 수행능력 가운데, 그리고 그 현실적 수행 안에 있다고 말하였다.

그 자신의 존재 자체가 그와 같은 서구 부르주아 사회의 자기대상화=자기비판으로서의 인격적 정재(定在)였다. 그는 젊은 시절 이래 수차에 걸친 정치적 패배와 자신의 체계 구축에 대한 좌절의 고배를 마시면서도, 자신이 살고 있는 사회와 역사에 대한 변증법을 탐구함으로써, 냉철한 철학자로서 가공할만한 예언자로 존재하였다. 그는 1883년 3월 14일 런던시의 한 모퉁이에 있는 임시 거처에서 파란 많은 생애를 마쳤다.

마르크스의 고백

당신이 좋아하는 덕성은—소박

　남성의 경우—강함

　여성의 경우—약함

당신의 주된 특징—목표에의 몰두

당신의 행복관—투쟁

당신의 불행관—굴종

당신이 가장 악덕이라고 생각하는 것—경신(輕信)

당신이 가장 혐오하는 악덕—비굴

당신이 싫어하는 것—마르틴 타퍼

좋아하는 일—독서삼매

좋아하는 시인—(단테), 에스킬러스(그리스 비극시인), 셰익스피어, 괴테

좋아하는 산문가—디드로,(레싱, 발자크)

좋아하는 영웅—스파르타쿠스, 케플러

좋아하는 여성영웅—그레첸(파우스트의 여주인공)

좋아하는 꽃—월계수

좋아하는 색—적색(좋아하는 눈빛과 머리 색깔—흑색)

좋아하는 이름—예니, 라우라(Laura, 마르크스의 딸)

좋아하는 요리—생선

좋아하는 격언—인간적인 것으로 나와 무관한 것은 없다

좋아하는 좌우명—모든 것을 의심하라

본고는 경제학의 저작과는 구별되는 사회사상사의 일부로서 예정된 것으로, 마르크스의 경제학 그 자체에 대해서 직접 논술하는 것을 삼가고, 그의 사회·역사인식의 사상적인 형성과정을 논술하는 데 있다. 단 이를 논술하는 데 있어서 〈사상적〉 형성과정을 이루고 있는 한 〈이론적〉 형성과정으로 서술한다. 그렇게 함으로써, 그의 경제학에 대한 사상적 접근의 실마리가 주어지기를 기대하는 것이다.

사상적 형성과정을 서술하는 데 있어서는 이러한 위대한 사상가가 젊은 시절 이래로 써온 모든 초고를 살펴볼 필요가 있다. 특히 그가 처음 가졌던 생각을 보여주는 『파리노트』를 재평가하는 의도에서 이 부문에 많은 지면을 할애하였다. 이와 함께 『독일 이데올로기』 이래 『경제학비판』에 이르는 초기, 중기 문헌에 있어서 '유물사관'과 공산주의의 동시적인 형성 과정을 고찰하였다. 그리고 마지막에 『경제학비판요강』 및 현행 『자본론』을 통해서 보이는 사회·역사의 변증법을, 즉 본고의 주제인 〈마르크스주의의 생성과 구조〉에 관련된 주요점에 대해 논술하기로 한다.

2. 경제학 및 철학과 프롤레타리아의 결합: 사회주의는 어떻게 형성되었는가?

1) 사회적 자기이해의 궤적으로서의 사회주의

마르크스가 언제부터 마르크스주의자로 되었는가라는 물음은 당연한 것으로 이 물음에는 마르크스주의란 무엇인가라는 내용이 포함되어 있다. 만년의 마르크스가 경제적 결정론으로 왜곡된 '마르크스'의 학설을 앞에 두고 "나는 마르크스주의자가 아니다"라고 말한 것은 널리 알려진 사실이다.

그러나 여기에 널리 알려지지 않은 것이 있다. 그것은 언뜻 보기에 모순되는 것처럼 보이는 다음과 같은 것이다.

그는 오늘날 모든 사람들이 인정하고 있는 19세기가 낳은 사상적 거인들 중에서 진실로 독창적인 학설을 창설하여 전개시킨 인물이다. 그러나 그는 뭔가 새로운 것을 찾아내어, 그것을 자신의 학설로 만들어 보려고 세상에 제기한 것은 아니었다. 그는 동시대인과 선인들을 다시 만나 그 오류를 밝히는 한편 진리를 찾아가며 자기 자신의 이론을 형성하였다.

그는 자신이 살고 있던 시대의 정신을 이해하여 자기비판하고, 또한 그 시대의 사회적 역사적 특성을 비판적으로 인식함으로써 같은 시대에 살고 있던 사람들과 함께 자기와 타인의 상호인식을 심화시켜 '과학=지식'의 근원적인 존재방식을 확인하였다.

그는 동시대의 사람들에 의한 비판적인 자기인식을 획득하는 과정에서 그 자신이 겪었던 종교적·정치적·사회적 사건에 대한 이론적 반성을 견주어 봄으로써, 그것에 참가하고 그것을 주체적으로 매개하고자 하였다. 그리고 이러한 시대정신

안에서 자신이 서야 할 위치와 소재를 끊임없이 측정해 나갔다. 그는 거기에서 '지식'이 가지는 본원적 자세를 발견해냈던 것이다.

그는 현대인으로서 과거의 사실과 사상을 정면으로 받아들였다. 그리고 '세계의 기존 제 원리 안에서 새로운 제 원리를 전개해 나가는 것', '시대가 자기 투쟁과 욕구에 대하여 자기이해를 갖는 것'들을 자신이 달성해야할 과제로 삼았다. 또한 현재 존재하고 있는 모든 종류의 의식형태를 비판적으로 분석하고, '자기 자신'은 물론이거니와 동시에 '세상 사람을 위하여' 그러한 의식을 자신이 이해함으로써, 자타가 서로 자기변혁을 수행하고 이러한 과제를 일보 전진시키는 것이 독일을 떠난 뒤의 그의 최초의 과제였다. 자기 자신의 의식', '자기 자신에 대한 꿈', '자기 자신의 행동원리'들에 대한 자기 비판적 이해, 이것이 마르크스가 독자적인 사상을 형성하기 위한 길을 걷기 시작하며, 자신에게 부과한 과제였다.

이로써 그는 사회주의자로서의 최초의 공동사업인 『독불연감』을 간행 하면서 그 공동 집필자인 루게에게 편지를 보냈다. "중요한 것은 과거와 미래 사이에 굵은 선을 긋는 것이 아니다. 〈과거의 사상을 완성하는〉 것이다.…… 결국 인류는 어떠한 새로운 일을 시작할 수 있는 것이 아니고, 자신의 옛일을 자각적으로 수행할 뿐이다."(1843년 9월)라고 그는 〈자신의 옛일〉을 중요시했으며, 일생동안 그렇게 하였다.

그는 '과거의 사상을 완성하는 것'으로써 혁명가로서의 생애를 시작하였으며, 이 사업에 일생을 바쳤다. 독창적 사상가 마르크스는 일생동안 헤겔과 스미스, 리카르도와 밀, 프루동과 바쿠닌, 루소, 콩도르세, 케네, 로크, 흄, 버클리, 그리고 데카르트, 스피노자, 아리스토텔레스 등에 관심을 가졌다. 여기에 열거한 위대한 선구자들뿐만 아니라 범속한 선인들 및 동시대 사람들에도 관심을 가졌다. 역사로서의 현대는 이들 선구자, 선인·동시대인의 사상과 행동에 의해 매개되어 있기 때문이다.

이들을 통해서 그는 당대의 역사에서 자명한 것으로 여기고 있는 의식이 실제로는 자명한 것이 아니라 신비적이고 진위(眞僞)가 애매한 것이며, 동시대인들과 함께 자기 스스로 이해하는 것이 현실적 의식을 변혁하는 과정이라고 깊이 확신하였다. 따라서 그는 이 잡지의 기본적 슬로간은 다음과 같은 점에 있다고 썼다. "종교적인 혹은 정치적인, 그것 자체로서는 전위가 애매한 신비한 의식(意識)을 비판적으로 분석함으로써 의식을 변혁 하는 것", 이것이 과제이다. "의식의 변혁은 세상 사람들로 하여금 자신의 의식을 자각하도록 하는 것, 세상 사람들로 하여금 〈자신의 꿈〉에서 깨어나도록 하는 것, 〈자신의 행동〉을 〈자기 자신〉이 명백하게 자각함으로써〈만〉 존재한다."(앞에 든 편지)

이와 같이 서술한 마르크스는 이미 마르크스주의자는 아닐 것이다. 즉, 그는 '지식'='과학'의 존재를 근원적으로 묻고 있는 사회주의자라고 할 수 있지 않을까? 만약 그의 사상을 '과학적' 사회주의로 정의하는 것을 인정한다면[1] 그것은 바로 이러한 점에서 정의된 것이라 할 수 있을 것이다. 이러한 점에 관하여 이미 사회주의자로서 등장한 마르크스는 다음과 같이 말하고 있다.

> 세상 사람을 향해서 독단적으로 새로운 원리를 내세우면서, '여기에 진리가 있으니 여기에 무릎을 꿇으시오.'라고 하는 식의 행동을 해서는 안 된다. 세상 사람들을 향해서, '당신이 하고 있는 투쟁에서 손을 떼시오, 그러한 투쟁은 어리석은 일입니다. 당신을 대신해서 우리들이 참된 투쟁목표를 제시해드리겠습니다.' 등의 일을 결코 해서는 안 된다.(앞에 든 편지)

2) 대상적·주체적인 자기변혁으로서의 사회주의: 독일인은 참된 '인간'이 될 수 있는가?

젊은 마르크스는 독일인 마르크스였다. 프로이센 국적을 갖고 있었지만 그것의 포기 여부에 관계없이 그는 독일의 청년혁명가였다. 그러나 이와 동시에 어디까지나 유럽 문명권에 대한 체제적 변혁자가 되려고 하였다.

그가 독일을 비판적으로 고찰할 때 그는 영국과 프랑스에 있어서의 자본주의 경제와 민주주의정치의 발전단계를 전제하였으며, 이러한 이론적 기준에서 '모국'을 비판적으로 파악하였다. 즉 영국 역사와 프랑스 역사로 독일의 현대를 측정하였으며, 또한 독일역사 가운데 있는 자기 자신까지도 측정하였던 것이다.

그러나 동시에 다른 한편에서는 이러한 특수한 독일에 있어서의 유럽적인 보편(普遍)을 독해하고, 자신을 이러한 기초 위에 정립시키려고 하였다.

그는 이러한 두 가지 측면을 동시에 수행하는 유럽인이 되고자 하였다.

---

1) 마르크스가 그의 생애 중에 자신의 사상을 적극적으로 과학적 사회주의라고 부른 적은 한 번도 없었다. 단 한 번, 사람들이 자신의 이론을 그렇게 부르고 있다고 말했을 뿐이다.

『독불연감』 즉 독일인과 프랑스인의 혁명적·지적 연대의 표명—운동을 그가 제기한 것은 이 때문이었다.

프랑스와 영국으로 대표되는 유럽에 있어서 당시 문제가 되는 것은, '부에 대한 사회의 지배'이다. 즉 사적소유의 대상적 표현인 자본=화폐에 대한 '사회'(뒤에 『요강』에서의 「사회적 개인」)의 '지배'(즉 혁명적 지양)이다.

이에 대하여 독일로 대표되는 유럽은 '국민에 대한 사적소유의 지배'이다. 즉 사적소유로서의 자본=화폐의 지배이다. '국민'에 대한 물상(物象)인 자본=화폐의 지배이다.

물상인 자본=화폐에 대한 '사회의 지배'가 문제로 되고 있는 바로 그때, 이 '국민'에 대한 자본=화폐의 지배가 문제로 되고 있는 이상, 거기에 있는 것은 정치경제상의 시대착오(Anachronism)이었다. 프랑스와 영국에서 혁명에 의해 이미 사멸한 〈구제도〉의 '공공연한 완성'이야말로 당시의 독일이 목표로 하고 있는 것이며, 그런 점에서 독일은 '세계질서의 희극배우'에 불과했다.

"프랑스와 영국에서는 끝나가고 있는 것이 독일에서는 이제 겨우 시작되고 있다." 그러므로 "내가 1848년의 독일의 상태를 부정하기는 해도, 나는 오늘날 제기되고 있는 문제의 초점에 입각하여 있기는커녕 프랑스 달력으로는 1789년에도 미치지 못하고 있는 것이다."(『헤겔법철학비판서설』)

그는 독일에서 전통적 신분질서가 붕괴되기 시작하고, 빈대로 근대적인 계급대립이 전개되기 시작하고 있음을 발견하였다. 그리고 이 두 과정이 서로 기묘하게 엉켜, 사유가 무개념적이고, 활동이 몰정신적(沒精神的)이었으며, 또한 정신생활이 몰실천적(沒實踐的)이었다. 한편 수입사상으로서의 자유주의 경제학설이나 사회주의사상은 정착되지 못하였고, 독일 낭만주의의 전통을 이은 제 사조는 역사의 현대에 등을 돌리고 있었다. 독일의 이데올로기는 이러한 의미에서 몰실천적=무개념적이었다. 다시 말해서 그것은 사회적, 정치적, 사상적인 총체혁명='보편적 〈인간〉해방'의 능력을 갖지 못했다.

그러므로 그는 자기 자신과 국민을 향해서, 독일인은 '모든 국민의 다음의 미래인 〈인간적인 높이〉에까지 끌어올리는 혁명'(사회혁명)에 도달할 수 있는가라고 묻고, 이에 대한 해답을 제시하였던 것이다.

독일에서는 "실천적 생활이 정신에 바탕을 두지 않았으며 정신적 생활이 실천에 연결되지 않았기 때문에, 시민사회의 어떤 계급도 그 직접적인 상태, 물질적인 필연성이라는 쇠사슬에 의해서 강제되기까지는, 전면적 해방의 욕구를 갖지 못하였고, 능력도 갖지 못하였다."(『헤겔법철학비판서설』)

이러한 해답은 언뜻 보기에 독단적이지만, 혁명적 정신에 불타는 독일 청년의 말로서는 절망에 가까울 정도로 절실한 것이었다.

그 자신을 포함한 독일 사람들은 '전반적 해방' = 보편적 인간해방의 능력을 갖고 있는가? 그렇지 않다! 왜냐하면 그들은 그러한 욕구조차 아직 갖지 못하고 있기 때문이며, 더구나 그 욕구는 이미 세계사의 운동 속에서 세계사적으로 생산되어 있을 것이기 때문이다.

우리들은, 마르크스가 자신을 포함한 독일 사람은 '인간'이 될 수 있는가라고 물으면서, 그의 사상(이미 사회주의인 그의 사상)을 '부에 대한 사회의 지배'라고 규정하고 있는 것에 주목해도 좋을 것이다. 여기서 말하고 있는 '사회'란 사적소유로서의 자본=화폐가 지배하는 '시민사회'의 심부에 있어, 그곳에 결합된 개개인에 의해서 형성된 유적(類的) = 사회적(물질적 및 정신적)생활=생산력으로서 형성된 협동='사회'이다. 외적인 '시민사회'는 이러한 '유'(類)개념으로서의 협동에 불과한 '사회'의 현실적인 형성자이나, 단 억압적인 추진자임에 주의할 필요가 있다. '사회주의'='사회'가 이 눈에 보이는 추진자인 '시민사회'의 잠세체(潛勢體)임에 거듭 주의해야 한다.

마르크스는 위의 질문을 제기하고 해답을 준비하면서 하나의 사실을 발견하였다. 그것은 '인간'이 될 수 있는가라는 물음의 대상인 독일사람 중에 현재 형성되고 있는 프롤레타리아, 즉 가장 비인간적인 상태에 놓여 있는 노동자계급의 존재, 바로 그것이었다.

그것은 이미 영·불 양국에서는 사회적 계급으로서 가장 다수를 차지하고 있었으며, 사적소유가 지배하는 시민사회에서 형식상으로는 사적소유자(이런 의미에서의 '시민사회'의 한 계급)이면서도, 실질적으로는 사적무소유자 계급('시민사회의 어떤 계급도 아닌' 시민사회의 한 계급)이다. 그것은 이미 존재하고 있는 차별적 신분의 해체의 결과이면서도 그 자체가 새로운 신분(임금노예)이며, '보편적 고뇌를 가지고 있으므로 보편적 성격을 갖는 계급', '역사적 권원(權原)에서가 아니라 단지 인간적 권원에만 의거할 수 있는 하나의 인구층', '인간의 완전한 상실이며, 따라서 단지 인간으로서의 권리를 완전히 회복함으로써만 자기 자신을 획득할 수 있는 하나의 인구층'이다. 프롤레타리아, 이는 '근본적인 쇠사슬에 묶여 있는 하나의 계급'이다. 그러나 그렇게 됨으로써 동시에 그것은 '근본적인 욕구의 혁명'인 '근본적인 혁명'(보편적 사회혁명)의 주체가 될 수 있다.

프롤레타리아의 발견, 그것은 일체의 신분사(身分史) 및 계급사로서의 역사의 해체요인을 발견하는 것이다.

젊은 독일인 혁명가 마르크스는 이러한 프롤레타리아를 발견할 수 있었을 때, '기존원리'인 헤겔철학 내에서 '새로운 원리'의 싹을 발견할 수 있었다. 즉 '시민사회'의 제 모순을 그 자체의 전개=전환인 '국가' 안에서 관념적으로 지양하는 철학이 아니라, 이러한 시민사회와 국가에로의 '시민사회'의 자기분열 자체를 지양하는 프롤레타리아의 전 계급적 투쟁으로 집약되는, 새로운 세계사의 철학을 획득하였다.

칸트철학은 프랑스혁명에 대한 독일 관념론적 해석의 정수이며, 헤겔철학은 프랑스혁명-영국의 산업혁명에 대한 세계사적 신학적 해석이었다.

마르크스는 프롤레타리아의 현실적 운동 안에서 프랑스혁명-영국 산업혁명의 세계사적=〈인간적인〉 활동과 현실적 지식을 발견하였다. 이러한 현실적 운동 안에서만 이론이 대중을 사로잡을 수 있었다. '철학과 프롤레타리아와의 결합.' 여기에서 이론이 사람의 마음과 몸에 호소할 수 있는 설득력을 가질 수 있게 되었다. 즉 이론이 〈인민의 근원〉에 도달하였던 것이다. 다시 말해서 "이론이 래디컬(Radical)하게 되었다."

"여기서 래디컬하다는 것은 사물을 근원으로부터 파악하는 것이다." 그리고 "〈인간〉에게 있어서 근원적인 것은 〈인간 그 자체〉이다." 독일인이 인간이 될 수 있는가라는 실재적인 물음은 그 자체가 이와 같은 철학적 물음이었다.

마르크스는 동시대의 사람들에게 이러한 의미에서의 이중(二重)의 의문을 제기하였다. 그러나 그것은 마르크스에 의해서 시작된 것은 아니며, 가깝게는 포이에르바하에게서, 또한 넓게는 독일 청년헤겔과 중에서도 선구자를 발견하게 된다. 그리고 멀리는, 루터를 비롯한 종교개혁의 지도자들 중에서도 그 선구자들을 발견할 수 있다.

그에 선행한 종교비판이 '인간에게 있어서 최고의 존재는 인간'이라는 것을 확인하기에 이르렀을 때, 이미 독일에서는 급전적인 혁명이 시작되고 있었다.

"독일의 이론이 근본적이며, 따라서 또한 실천적 에너지를 갖는다는 것에 대한 명백한 증거는, 그것이 종교에 대한 결정적이며 〈적극적인〉 지양에서 출발하였다는 것이다."(앞의 책)

이렇게 서술한 마르크스는, 독일에서 다행히도 이러한 의미에서의 종교 비판이 끝났다는 것을 확인할 수 있었다. 그리고 이곳에, 독일인에게 있어서 인간해방의 정신적 기초가 이미 확립되어 있다고 보았던 것이다.

이제 이러한 종교비판의 전개로서의 '철학'이 사회의 현실적 비판으로서의 '프롤레타리아'의 투쟁과 결합하는 것이 최대의 과제가 되었다. 그리고 이러한 과제는 '철학'과 '프롤레타리아' 쌍방에서 필연화되고 있다. 왜냐하면, '철학은 프롤레타리아를 지양하지 않고는 실현될 수 없고, 프롤레타리아는 철학을 실현하지 않고는 지양될 수 없기' 때문이다.

여기서 다시 한 번 확인하면, 마르크스에 있어서 사회주의란 앞에서 말한 의미에서의 대상적=주체적인 자기변혁의 실현과정이었다.

3) 자연주의=인간주의로서의 사회주의: '소외된 노동'의 의의

이제 마르크스는 시민사회의 자기해체야말로 세계사의 현 단계에 내재해있는 최고의 과제라는 사실을 확인하였다.

그에게 있어서, 시민사회의 자본주의적 완성과정은 동시에 부르주아 사회로서의 전사회의 파산=붕괴의 과정이기도 하였다. 그가 이러한 사실을 발견하였을 때, 그는 이러한 사실을 자신에게 대자 화시키려는 두 가지 사조(思潮)와 직면하게 되었다.

마르크스는 파리에 있는 동안, 사회주의자 또는 공산주의자로 자칭하는 사람들, 또는 그 외의 많은 사람들과 교제하였는데, 그들 집회에서 '부에 대한 사회의 지배'로서의 '협동연합'(Association)이 이야기되는 것을 목격하였다. 그리고 그가 거주하고 있는 노동자 거리의 술집이나 값싼 식당에서 노동자가 식사를 하면서 사회주의를 말하는 장면을 적잖이 목격하였다.

그리고 동시에, 프루동·페퀘르(C. Pecqueur, 1801~1887)·슐츠·데자미·뷰레·시스몽디 등의 사회주의자·공산주의자들의 여러 저서를 읽었고 '국민경제학'에 관한 서적을 프랑스어로 읽을 수 있는 한 닥치는 대로 탐독하였으며, 스미스·리카르도의 여러 저서도 프랑스어 번역판으로 읽어나갔다.(이 무렵 마르크스는 영어를 알지 못했다) 세이(J.B. Say), 가르니에(G.M. G-arnier 1754~1821) 등 당시 유럽에서 저명한 프랑스 경제학자의 서적도 빠짐없이 읽었다.

그에게 있어서 '국민경제학'이란 '국민'을 단지 '생산의 작업장' = 경제적 기계체계로 환원하고, '소비하고 생산하는 자동기계'로 해소하며, '맹목적으로 세계를 지배하는 경제적 제 법칙'을 발견하여 기술하는 과학=지식이다.(『제1초고』)

그가 '국민경제학'으로 총괄한 학설은 뒤에 그 자신이 사용한 용어로 말하여

'고전경제학'과 '속류 경제학' 모두를 포함한 것이었다.

이 시기의 마르크스는 '고전'도 또한 속류성=부르주아적 무개념성을 모면할 수 없는 것으로, 동시에 '속류'=통속적인 것에 불과한 것도 어느 정도는 고전적=현실적 성격을 가지고 있는 것으로 파악하고 있었다.

그것들은 '독일적 이론'=헤겔철학을 자체의 이론으로 하여야 할 실재적인 과학으로 그의 앞에 나타났던 것이다.

이러한 '국민경제학'은 현실적 시민사회에서 '사적소유가 사회적 원리로 확립되어 있는 것'을 우선 인정한다. 즉 사적소유를 취하고 있는 사회체제로서의 시민사회를 명백하게 주어진 것으로 전제한다.

그리고 그 점에서, 사적소유의 자본주의적=사회적 관철형태로서 '자본과 토지소유와 노동의 분리'가 보편화되어 있는 것을 자명한 것으로 보았다. 그리고 '이러한 사적소유가 현실 속에서 진행되는 물질적 경과'를 '보편적이고 추상적인 제 법식(諸範式)'으로 표현하고, 이것을 '법칙'으로 명시하는 것을 사명으로 하고 있다.

마르크스는 이러한 '국민경제학의 전제'를 일단은 받아들이고 또한, 〈국민경제학의 용어나 법칙도 과감하게 받아들였다.〉

이러한 자세는 시대정신, 시대의 일상적인 의식을 자신의 것으로 하면서, 대상적·비판적으로 이해하고자 하는 그의 기본적인 생활-학문태도에서 연유하는 것이다. 그는 시대의 과학인 '국민경제학'이 '법칙'으로 보여주는 것을 시대의 지(知)로 이해하고, 그 진위(眞僞)를 대조하면서 각 시점에서의 분석기준을 가지고 진리와 오류를 분류해 보려고 하였다.

여기에서 마르크스가 중요하다고 보았던 것은, 국민경제학이 사적 소유운동의 제 경과를 '사실'로서 이성적으로 분석하지만, 이들 운동에 포함된 제 계기의 모든 연관을 '개념파악'하지 않고 있다는 사실이다.

이와 같은 사실은 특히 다음과 같은 점에서 찾아볼 수 있다. 즉 '국민 경제학'은 분배관계와 생산관계 전체에 대해서 연구하고, 이들 제 관계를 관류하는 법칙을 검출하였다. 그러나 이 경우에, 그들은 분배 범주와 생산 범주를 〈사실상〉 구별해 두면서도, 이들을 〈개념적으로〉 파악하지 못하였다. 즉, 양자를 매개하는 이론적인 항목을 그 법칙을 통하여 검출함에 의하여 양자의 통일을 개념파악할 수 없었다.

매개의 검출을 동반하지 않은 사실상의 구별은 종종 사실상의 무개념적인 일체화=혼동으로 바뀔 수 있다. '국민경제학'은 이러한 특징을 가지고 있었다.

'국민경제학'에 있어서는, 자본주의적인 생산관계를 표시하는 '노동', '자본', '토지 소유'가 이러한 부르주아 사회의 생활원천으로 되는 '임금', '이윤', '지대' 등의 분배 범주의 원천으로 여겨지고 있다. 그리고 이러한 사회적 생산관계의 범주가 질료적(質料的) 생산관계의 범주인 생산적 노동('노동'), 노동수단('노동에 있어서의 생활수단'), 노동대상('노동의 대상')과 나란히 놓여 있다. 따라서 노동-임금, 자본-이윤, 토지소유-지대라는 경제학적 삼위일체 범식이 형성되어 있다.

이러한 삼위일체 범식은 '국민경제학'에 있어서 전(全) 체계적인 의의를 갖고 있다. 더욱이 '국민경제학'(특히 '고전경제학')은 이러한 범식의 이론적 분해 작업을 거의 무자각적으로 행하고 있다. 그리고 이러한 부단한 분해 작업 중에 역으로 이러한 방식을 보지(保持)하고 있었다. 이것이 바로 국민경제학이 갖는 고유한 〈체계적〉 모순이다.

마르크스는 '국민정제학' 특히 스미스 『국부론』의 발췌문을 작성 하면서 스미스에 있어서 가치구성론의 존재와, 또 다른 한편으로는 가치분해론의 존재를 지적하였다. 이 경우에, '가격의 구성부분인 '이윤·지대·임금'이 자본축적 과정 속에서 각각 어떻게 변동하는가에 의문을 제기하면서, 동시에 가치분해론의 기초로서 노동가치론의 성립을 말하고자 하였다. 부르주아적 자본축적론의 전개 과정에서 마르크스는 노동가치론의 성립을 뚜렷이 내다볼 수 있었다.

축적론과 가치론을 매개하는 것이 생산적 노동론(생산과정론)이라는 사실도 알게 되었다. 즉 축적의 기본을 이루고 있는 잉여가치의 원천이 생산적 노동이라는 것이 확인되어 있다. "국민경제학에 의하면, 노동이야말로 인간이 자연생산물의 가치를 증가시키는 유일한 것이다."(『제1초고』)

그리고 노동이야말로 '모든 물건의 유일·불변의 가격'이라는 것이 확인되었다. 즉 노동이 상품의 '유일하고 불변하는' 내재적인 가치 척도라는 것이 이해되었다.

이러한 노동이 가치형성(증대)의 요인인 '부르주아적 부의 본질'이라고 확인될 때, 그것은 '완전한 절대성 즉 추상성' 속에서 파악된다. 그리고 이러한 '일면적이고 추상적인 노동'이야말로 '부의 불변하는 본질'을 이루는 것으로서 체제적 '원리'로 재정립된다.

여기에서는 이미 중상주의적 화폐물신(貨幣物神)인 '대상으로서만 존재 하는 부에 대한 물신숭배'가 해체되어 있으며, 케네·스미스·리카르도의 노력에 의해서 이러한 해체가 진척되고 있었다.

그러나 해체되어야 했던 이러한 물신숭배가 완전히 해체되어 버리지 않고, 역으로 생산자본 물신으로 재건되고 있었다. "모든 것은 노동으로 살(買) 수 있으며, 자본은 축적된 노동에 불과하다고 국민경제학자들은 말하고 있다." 마르크스는 이러한 생산자본 물신을 해체하려고 하였다. 그러나 국민경제학의 방법적 제약 속에서는 그러한 이론장치를 해체할 수 없었다. 그러한 해체를 위한 방법상의 개념으로서 마르크스가 생각해낸 것이 헤겔변증법의 '주인과 노예'의 논리이며, 또한 이것과 논리적 골격을 같이하는 소외이론이다.

변증법의 전개로서의 이러한 사회=역사이론은 부르주아 경제학의 체계상의 곤란을 극복하기 위한 체계적인 논리, 즉 이론이다. 그것은 아래와 같은 네 가지 소외가 중복되어 전개된다.[(1) '노동생산물' 및 '자연'으로부터의 소외, (2) '노동'='생명활동'='인간 자신'으로부터의 소외, (3) '유적(類的)본질'='인간 자신의 신체'로부터의 소외, (4) '인간으로부터의 인간의 소외']

(1) 노동자의 노동생산물 및 자연으로부터의 소외

여기서 소외되는 '노동생산물'과 '자연'이란 노동의 성과인 최종적 '생산물'이며 동시에, 이러한 노동생산물을 산출하는 재료로 취급되는 노동수단·노동대상, 그리고 이것들 모두를 포함하는 대지이며, 이러한 의미에서 생산수단의 〈전부〉가 된다. 따라서 '노동생산물로부터의 소외'는 그 자체가 이미 '자연으로부터의 상실(=소외)'로 된다.

그러므로 노동생산물로부터의 소외란, 토지를 포함한 전(全) 생산수단의 자본가에의 배타적 귀속=노동자로부터의 소유박탈을, 따라서 '노동자의 현실성 박탈'을 의미하고 있다.

이런 의미에서, 노동생산물로부터의 소의란 부르주아적 생산관계의 적대성을 고전경제학=헤겔변증법의 논리로 표현된 것이다.

단 생산관계는, 여기서도 분배관계와 개념적으로 분리되어 있지 않고 사실상 혼동되어 있다. 소외된 노동생산물 안에는 노동자의 생활자료가 들어 있으며, 그것은 자본가에게 일단 귀속된 후, 노임이란 대가로 노동자의 손에 들어오게 된다.

"노동생산물은 그 기원에서 보나 개념상으로 보나 노동자에게 귀속되는 것이라고 국민경제학자들은 말하고 있다. 그러나 현실적으로 노동자의 손에 들어가는 것은 생산물의 최소 부분, 즉 필수불가결한 아주 적은 부분 만이라고 그들은 말하고 있다. 즉 노동자가 인간으로서가 아니라 노동자로서 생존하는 데 필요한 부분, 또한 인류로서가 아니라 노동자라고 하는 노예계급으로서 번식하는 데 필요한 부분만이 주어진다고 말하고 있다."(앞의 책)

여기에서는 리카르도주의·사회주의적 노동전수익권론(勞動全收益權論)이 소외론으로 전개되고 있다.

마르크스는 이 점에 대해서, "국민경제학자의 입장에 서서, 국민경계학자에 따라서 노동자의 이론적 및 실천적 권리청구를 비교하고자 하였다."(위의 책)

마르크스가 『초고』에 유고로서 남겨놓은 다음과 같은 말은 오늘날 널리 알려져 있다. "노동은 부자를 위해서 경이적인 작품을 만들어내지만, 노동자에게는 가난을 만들어낸다. 그것은 자본가를 위해서는 궁전을 만들어 내지만 노동자에게는 움막을 만들어내며, 자본가에게는 미를 생산하지만 노동자에게는 불구를 만들어낸다. 그것은 노동을 기계로 대신하게 하지만, 그러나 노동자의 일부를 야만적인 노동으로 바꾸고 다른 일부를 기계로 대체해버린다. 그것은 정신을 생산하지만, 노동자에게는 저능을, 백치병을 만들어 낸다."

이러한 대비적 명제는 부르주아적 생산 및 분배관계의 적대적 성격을 직접적으로 표현하는 것이다. '노동자(노동)와 생산 사이의 직접적 관계'라는 국민경제학적 표현에 있어서의 생산관계에 대한 비판적 파악이 여기서 기초 지어지는 것이다.

(2) 노동=생명활동=인간으로부터의 인간 자신의 소외

생산=분배관계의 적대성을 재생산하는 과정으로서의 부르주아적 생산=축적과정이 유도되어, 그 적대성이 '노동으로부터의 소외', '인간의 생명활동으로부터의 소외', '인간 자신으로부터의 소외'로서 비판적으로 파악된다. 따라서 앞에서 말한 노동생산물로부터의 소외는 이러한 의미에서의 노동으로부터의 소외에서 오는 '귀결'에 불과하다.

여기에서 주의할 것은, 부르주아적 생산=축적과정이 한편으로는 노동 과정의 강제적 성격에서 파악되는 동시에, 또한 전(全) 생산과정의 비인간적 성격으로서 파악되고 있다는 것이다. "노동자는 노동의 외부에 〔'먹고, 마시고 낳는 것, 또한 근근이 살고 입는 것에'〕 비로소 자신의 것이 있다고 느끼고(자유라고 느끼고), 노동 속에는 자신 아닌 것이 있다고 느낀다."(앞의 책)

이러한 "노동자가 노동 속에서 자기 자신이 아니라, 어떤 다른 사람에게 귀속되고 있는" 것은, 마치 "종교에 있어서 인간적인 상상력, 인간적인 두뇌, 인간적인 심정의 자기활동이 개입에게서 독립한 신적 · 악마적인 활동으로 개인 위에 작용하는 것과 같다.(위의 책) '종교·가족·국가·법·도덕·과학·예술 등은 생산의 특수한 양식에 불과하며, 생산의 일반법칙에 따른 것이다.(제3초고 『사적소유와 공산주의』) 단지 경제활동에서 위에 열거한 제반의 인간적 활동이 노동으로부터의 소외에 근거를 두고, 총체적으로 소외된다. 이 점에서 바로 전인간적인 소외가 필연화된다.

'노동으로부터의 소외'라는 문제가 이와 같이 거대하다는 것을 여기에서 확인할 수 있다. 그리고 이러한 광대한 문제영역을 생각한 바탕에서, "인간(노동자)은 단지 자신의 동물적 기능에 있어서…… 만, 자발적으로 행동하고 있다고 느끼는 데 불과하다. 그리고 인간적인 기능에서는 자신은 벌써 동물로서 밖에 느끼지 못하게 된다. 동물적인 것이 인간적인 것이 되고, 인간적인 것이 동물적인 것이 된다."(위의 책)고 하는 이미 잘 알려져 있는 명제를 돌이켜볼 때, 거기에는 이미 유물론적인 사회인식이 성립해 있다고 볼 수 있을 것이다. 또한 "먹고 마시고 낳는 것 등은 확실히 인산적 기능이다. 그러나 이러한 것을 인간적 활동의 다른 영역에서 분리하여 놓고, 최후의 유일한 궁극적 목적으로 하는 추상화가 이루어지는 곳에서는, 그러한 것들은 동물적이라고 마르크스가 말했을 때, 거기에는 이와 같은 '추상'을 필연으로 하는 시민사회의 냉소가 '국민경제학자'에게서 마르크스에게 전달되어, 그의 개념파악 과정에 나타나게 되었다.

(3) 유적 본질=인간 자신의 신체로부터의 소외

이러한 생산=축적과정의 적대성(敵對性)이 파악되었을 때, 이 생산=축적과정에서 재생산되는 사회적 생산양식 및 사회적 생산력의 적대성이 파악된다.

이러한 사회적 생산제력을 『초고』에서는 '유적 본질'('자연'을 자신의 것으로 하는 '인간의 정신적 유적 능력'로 표현하고 있다.(『제3초고』에서는 '인간의 본질제력')

이러한 개념은 이미 사회성을 인식하고 있는 것이다. 즉 〈사회적〉 생산력이 여기에서 문제시되고 있다는 것이 확인된다.

원래, 사회적 능력은 정신적인 능력인 동시에 물질적=자연적인 능력이다. '인간은 자연에 의해서 생성되는 것'이며, '인간은 자연의 일부이고' 자연에 대한 인간의 육체적·정신적인 관계행위는 그 자체가 '자연 자체에 대한 자연의 관계행위'이다.

여기에서, 사회적 능력이 동시에 자연적 능력이라는 것에 재차 주의를 하여야 한다.

이러한 사회적 생산제력을 통하여 인간은 자연과 관련을 맺는다.('관계 행위한다') 따라서 인간은 특정 개인의 개별적인 능력이나 수단에 의해서가 아니라 이러한 유(類)로서의 보편성에서 "모든 자연을 인간의 비유기적 신체로 한다." "인간의 보편성이 실천적으로 나타나는 것은 실로 이러한 점에서이다." 이러한 점에서 '하나의 종(種)의 성격'='유적 성격'이라고 할 수 있다. 이것은 '자유로운 의식적 활동'으로서 '인간의 유적 성격을 형성한다.' 그리고 이러한 "의식적 생명활동이 인간을 동물적 생명 활동으로부터 구분지어 놓는 가장 직접적인 요인이 된다."

이러한 '동물에 비한 인간의 장점'인 '의식적인 생명활동'이 인간으로부터 소외되고, 개개인의 '육체적 생존수단'-'인간의 개인적인 생존수단'으로 전환된다. '유적 대상성(類的對象性)'이 인간에게 있어서 외적인 부로서의 화폐-자본으로 외화(外化)해 버렸기 때문이다. 이러한 사회적 생산제력은 두말 할 나위 없이, 사회적인 생산=재생산과정에서 재생산되는 인간적인 힘이다. 인간으로부터 소외된 유적 본질은 '소외된 노동'에 의해서 재생산된다. 이러한 의미에 있어서 '소외된 노동'은 시민사회 형성의 비밀이기도 하다. 그것은 사회적 생산력을 개념적으로 제시하는 동시에, 사회적 생산관계로서의 '인간으로부터의 인간의 소외'를 개념적으로 제시하는 것이다.

(4) 인간으로부터의 인간의 소외

노동자로부터 그 노동생산물 및 자연이, 그의 노동 자체가, 그의 '인간의 본질적인 제력(諸力)'이 소외되어 간다는 것은, 그와 같이 소외된 자기 자신과 자신이 대립한다는 것을 의미한다. 타재화(他在化)된 자신과, 끊임없이 타재화하는 자신의 자기 분열.

여기에는 '다른 인간'이 그와 대립되어 있다는 것이 포함되어 있다. 타재화된 생산물, 타재화하는 '본질적인 힘'은 그 힘의 바탕인 자기 외부에서 대립하여 있는 현존하는 개인=사적 개인을 전제하기 때문이다.

다시 말하면, 노동자가 시민사회의 한 사회계급으로서 자기 자신의 '인간적인 고유한 한 힘'에 대립될 때, 자본가 및 지주라고 하는 '비노동자'가 적대적인 계급으로서 노동자계급 앞에 대치된다.

이러한 노동자와의 적대관계는 '노동자가 노동과 그 노동생산물 및 비노동자에 대해 갖는 관계'이며, 또한 '비노동자가 노동자 및 그 노동의 생산물에 대해서 갖는 관계'이다.

이와 같은 표현의 자본가적 생산관계는 마르크스의 『파리초고』에서 제시 되었다. 그리고 그는 '사적소유는 이러한 두 관계를 밖으로 나타내는 노동의 물질적인 표현'이라고 말하고 있다.

여기에서 처음으로 제시된 계급관계는 이미 변증법적 성격을 띠고 있다.

'주인과 노예'에 관한 논리의 구체화를 여기에서 볼 수 있다. 이러한 사실은 다음과 같은 것에서 단적으로 나타난다.

첫째, 노동자에게 있어서는 외화-소외 〈활동〉으로서 나타나는 것이, 비노동자에게 있어서는 외화-소외 〈상태〉로 나타난다.

둘째, 생산에 있어서, 생산물에 대한 노동자의 〈현실적 실천적인 태도〉(마음의 상태로서)가 노동자와 대치하고 있는 비노동자의 경우에는 〈이론적〉[관상적(觀想的)] 태도로서 나타나고 있다.

셋째, 노동자가 사기 자신에 반(反)하여 행하는 모든 것을 비노동자는 노동자에 반하면서 행하지만, 비노동자는 노동자에 반하면서 행하는 것을 자기 자신에게는 반하여 행하지 않는다.(『제1초고』, 끝부분)

고난 받는 존재로서의 노동자는 명백히 자연을 상실하고 자기 자신-인간을 상실하면서도 부단히 노동을 계속한다. 그런 점에서, 노동자는 '대상적 세계의 실천적 산출'을 '비유기적인 자연의 가공'으로서 실행하고 있는 것이며, 그러한 노동자의 '현실적 실천적 태도'야말로 '인간이 자각적이고 유적(類的)인 존재라는 확증'-'증언'을 거듭하는 것이다. 그들은 이런 일을 강제에 의해서 수행하고 있으며, 자기 자신에 반하면서 그것을 수행하고 있다.

그러나 여기에서 최종적인 문제로, 노동자가 비노동자와 대립되어 있는 자기 자신이라는 것을 자신에게 깨우친다. 그는 그 자신이 노동자로서의 현실성·실천성 속에서, 잃어버린 자연, 잃어버린 인간을 회복하지 않을 수 없게 된다. 즉 대상적 존재로서의 자기변혁을 결단할 필요성을 갖기에 이른다. 이에 반하여 비노동자는 지배자로서 소외 위에 안주하는 상태를 유지할 뿐이다. 그는 지배의지만을 실현시키나, 그의 육체를 유지할 뿐이지 육체를 움직여 자연과 서로 접촉하는 일은 없다.

그는 사람을 지배하고 이를 통해서 자연을 지배하지만, 그 자신으로서는 치부라고 하는 추상적인 활동을 할 뿐이다. 다시 말해서, 그 자신의 육체적 향락을 유지시킨다는 것 이외에는 어떠한 욕망도 갖지 못한다.

그 겁에 있어서, 사적 욕구와 추상적 세계의 재생산이라는 대항적 운동이야말로 사적소유의 운동이다. "사적소유의 운동, 실로 이러한 경제운동 속에서, 모든 혁명운동이 그 경험적이며 이론적인 토대를 발견한다."(『제3초고』)

이러한 혁명운동을 통하여 노동자가 잃어버린 자연과 인간을 탈환할 때, 거기에서 비로소 '성취된 자연주의로서의 인간주의'-'성취된 인간주의로서의 자연주의'를 발견할 수 있게 된다.

그것은 '인간과 자연의 완전한 본질적 통일'이며 '참된 자연의 부활'이다. 그리고 이러한 '본질의 일체성'-'부활'이야말로 '사회'이다. 시민사회 위에 그것을 지양하면서 성립하는, 이러한 '인간과 자연의 완전한 본질적 통일'로서의 '사회'의 실현이야말로 바로 『초고』에서 정의된 사회—사회주의였다.

독일인은 '인간'이 될 수 있는가라고 먼저 물었을 때, 거기에 포함되어 있는 것은 이런 의미에서의 '사회'로서의 인간이다.

4) 인간적 인격적 소유의 실현과정으로서의 사회주의

앞에서 본 노동자와 비노동자의 대립 관계가 인간으로부터의 인간의 소외과정이라는 개념으로 파악될 때, 이러한 사적인 대립관계가 바로 인간의 계급관계로서 이론적으로 정립되었던 것이다. 그리고 이러한 대립관계가 '노동과 자본의 대립'으로 정립될 때, '사적'소유가 자본주의적 대립관계로 정립되는 것이다.

이러한 '노동과 자본의 대립'은 단지 '무소유와 소유의 대립'만을 뜻하는 것은 아니다. 그것은 '사적소유 그 자체에 의해 규정되는 것으로 나타난다.'는 사실에서, 비로소 현실적 모순을 구성하는 것이다.—다시 말하면, 사적소유 그 자체가 '노동과 자본의 대립'으로 파악되어, 이러한 대립의 운동과정으로서 사적소유의 모든 운동이 파악될 때 비로소 사회형성의 자기 모순적 원리가 비판적으로 파악되는 것이다.

이러한 대립적 운동은 자본의 생산-축적과정에서 전개되는 것에 의해 비로소 '하나의 역동적인 자기해체로 치닫는 관계로서의 사적소유의 운동'이다. 이러한 운동과정 즉 이러한 의미로서의 '역사의 전체적 운동'이야말로 공산주의를 현실적으로 산출하는 행위인 것이다.

『경제철학초고』에서 마르크스는 이러한 생산=축적과정의 적대성을 국민경제학에서 받아들이는 한 100퍼센트 모두 받아들인다. 그러나 그는 아직 고전파 경제학체계의 해체에 필요한 체계적 출발점을 얻지 못하였다. 따라서 축적론적 서술은 일관된 체계성을 아직 띠지 못하였으나, 헤겔이 영국경제학에서 습득한 자본가적 축적의 적대적 성격을 충분히 이해한 토대 위에서 서술을 전개하고 있다.

그는 이러한 체계성에 대신하여, 그의 앞에 전개되고 있는 사회주의와 공산주의의 제 조류(潮流)에 대한 총괄적인 의의 해명을 전개하였고, 아울러 그에게는 필연적인 것으로 전망되는 사회주의를 제시한다.

이러한 것은 국민경제학을 비판적으로 섭취한 성과에 입각한 헤겔철학의 현실화=지양을 목표로 한 모든 노력의 표현이었다.

그가 발견한, 인간의 자기소외로서의 사적소유를 지양하는 여러 조류는 대략 다음과 같이 열거할 수 있다.

(a) **사회주의:** 대표 (i) 프루동 (ii) 푸리에 (iii) 생시몽

〔취급하고 있는 문제〕

(i) 프루동에 있어서는, '노동과 그 생산물에 대한 타자의 지배력'인 자본의 폐지(廢止), 즉 자본으로서의 사적소유의 '객체적 측면의 지양'. 결국 인간으로부터의 '노동생산물의 소외'의 지양.

(ii) 푸리에에 있어서는, 자본으로서의 사적소유의 주체적 측면에 관한 비판적 고찰. 즉 노동의 평준화, 세분화, 부자유화의 지양. 다시 말해서 노동의 소외 또는 '소외된 노동'의 지양.

(iii) 생시몽에 있어서는, 자본가적 사적소유에 관한 주체적 측면이 유적(類的) 산업 활동으로서, 다시 말해서 사적소유의 긍정적 본질로서 승인되는 동시에, 산업가의 전일적 지배와 노동자의 종속상태의 개선이 요망된다.

(b) **공산주의:** 사회주의가 앞에서 열거한 세 차원의 소외를 지양하는 데 관한 운동이라 한다면, 공산주의는 단적으로 말해서 인간으로부터의 인간의 소외=자본주의적 계급관계의 지양에 대한 운동과정이다.

(i) 초보적 단계의 공산주의: 사적소유에 대한 최초의 적극적인 지양으로서, 초보적인 평준화주의로 나타난다. 각 개인의 다양한 재능의 평준화, 따라서 노동의 평준화. 개인으로서의 인간의 '인격성'의 부정, '부인(婦人)의 공유'.

초보적 단계의 공산주의는 사적소유의 미숙한 부정으로서, 뒤집혀진 사적소유의 실현, 즉 '지양된 사적소유의 적극적인 표현'='보편적인 사저소유'의 달성에 귀결된다. 끊임없는 평준화는 그 자체가 '사적소유의 정신'의 완성과정이며, 그'질투'에 불타

는 운동과정은 '지금까지의 교양과 문명의 세계 전체에 대한 추상적 부정'인 것이다. 그리고 '가난하고 욕구를 가질 수 없는 인간이 부자연스러운 단순성에로의 복귀'하는 것에 불과하다.

(ii) 정치적 과도기 형태로서의 공산주의: 자본주의적 생산관계의 지양은 자본주의적 시민사회가 만들어 낸 국가와 이데올로기적 상부구조의 지양을 불가피하게 수반한다. 따라서 사저 소유의 지양으로서의 공산주의는 과도기적으로 다음과 같은 두 가지 형태를 띤다.

(α) 민주적이거나 전제적이거나, 정치적인 공산주의. 즉 다양한 형태와 성격을 가진 국가의 존재를 아직 지양하지 못한 공산주의.

(β) 국가의 지양을 수반하나 아직 그러한 지양을 완성하지 못하고 있는 공산주의. '국가'를 지양하고 있으나 '종교·가족·법·도덕 등'의 인륜적 도덕적 소외를 극복하지 못한 공산주의. 또한 '과학 및 예술의 부르주아적=사적 성격을 아직 지양하지 못한 공산주의'. 이러한 의미에서 '아직도 사적소유 즉 인간소외에 기인한 부정적 측면을 극복하지 못한 공산주의'.

(iii) 인간의 자기소외로서의 사적소유를 적극적으로 지양하기 위한 공산주의: 국가를 비롯하여 종교·가족·법 등의 소외형태를 적극적으로 지양한 단계. 즉 '종교·가족·국가 등으로부터 인간이 인간적 즉 사회적인 본연의 자세로 돌아가는' 상태가 이것이다. '사회적인 즉 인간적인 인간으로서의 자신에게로 돌아가는 공산주의'.

이것은 전항에서 이미 지적해 두었던 '성취된 자연주의로서의 인간주의, 성취된 인간주의로서의 자연주의' 상태=과정이다.

이것은 개념상의 '인류본사'(人類本史) 개시의 최초의 과정이다. 즉 '인간과 자연, 또한 인간과 인간 사이의 항쟁에 대한 참된 해결'의 길=구조이다.

특히 인간과 자연의 항쟁을 자신의 내부에 내포하는 '인간과 인간의 항쟁'이라는 주제에 관해서 말하면, 그것은 근대 부르주아 사회에서 불가피한 대립, 즉 '인간의 존재와 본질, 대상화와 자기획득, 자유와 필연, 개체와 유(類)간의 투쟁'이었으며, 그것이 지금, 참된 해결을 얻는 과정-구조('왕국')를 열어주고 있는 것이다.

그러나 이러한 과정=구조는 자연과 인간의 상실=부정으로서의 사적소유의 부정이기 때문에, '부정의 부정으로서의 긍정'이며, 또한 그런 점에서의 '긍정'에 불과하다. 즉 긍정성은 아직 부정성에 매개되어 있다. 따라서 그것은 역동적인 운동과정이지만, 아직도 소외의 그림자를 머금고 있으며, 따라서 그것을 지양하지 않으면 안 된다.

5) 사회주의로서의 사회주의

자본주의적 협업과 사회적 분업의 배후에 잠재된 세력으로서, 부르주아적으로 형성되어 있던 '인간적=사회적 개인'이 바야흐로 구체적으로 나타나게 된다. 부르주아 사회에서는, 인간의 특수성이 인간으로 하여금 '개인', '현실적인 개체로서의 공동 존재'가 되도록 하고 있으나, 동시에 그와 같은 정도로, 개인으로 하여금 '사유되고 감수(感受)된 사회 그 자체의 총체성', '주관적인 현존재'가 되게 하였다. 즉 이러한 관념적 총체성과 현실적 개체성-특수성의 모순이 해결되는 것으로 나타난다.

이 점은 1850년대 마르크스로 하여금 '사회적 개체'의 개념을 제기하도록 하는 사상적 계기이다. 그것은 이미 「유대인문제」에 제기된 인간해방의 전망에 대한 이론적 정착의 첫걸음이다.

「유대인문제」에서는, "현실의 개체적 인간이 추상적인 공민(公民)을 자신의 내부에서 찾고, 개체적인 인간이면서도 그 경험적 생활, 그 개체적 노동, 그 개체적 연관 속에서 유적(類的) 존재로 되고 있다." 즉 "인간이 그 〈고유한 힘〉을 사회적인 힘으로서 인식하여 조직하고 있다."고 제시한다.

국가, 종교, 법 등 소외된 인간의 보편적인 의식이 사회 그 자체 안으로 되돌아 올 때, 또 부르주아적 비노동자에게 독점된 과학이나 예술 가운데 인간의 공동적인 의식이 인간자신에게 되돌아 올 때, '인간적인 감각과 특성의 완전한 해방'의 길이 열린다.

이러한 길은 사적소유에 대한 단순한 부정에 의해 매개되고 있는 것은 아니다. 〈사적소유〉 즉 〈인간의 모든 정신적 육체적 감각의 완전한 소외〉는 추상적인 부(교환가치)에 대한 '소유감각'의 일방적 비대화, 즉 인간으로서는 '절대적인 빈곤'의 길이었다.

바야흐로 사적소유의 지양은 그 적극적인 내용을 그 자체로서 전개해간다.(이것은, '필연의 왕국' 〈안에서의〉 '자유의 왕국'의 전개가 '필연의 왕국'이라는 세계의 '피안에' 그 자체로서 '참된 자유의 왕국'을 전망하게 한다고 말한 마르크스 후년의 세계사 파악에 대한 단서적 표현이다.)

그 내용제시의 과정=구조에서 서로 표리가 상반되는 다음과 같은 두 가지 특기할 만한 것이었다.

여기서는, 인간과 생활=생산의 대상(노동수단·노동대상 및 소비수단)의 관계에 특기할 만한 것이 있다.

이 점에서는, 개개인이 상호간에 그 개체성을 공동성에서 발휘하기 때문에, '노동의 대상'은 한 인간의 〈개체성의 직접적 확증〉인 동시에, '〈다른 인간〉에게 있어서의 자기 자신의 〈현존재〉'이며, 게다가 '자기 자신에게 있어서의 다른 인간의 현존재'이기도 하다.

이러한 점에서 "〈그 자신이〉 자신에게 있어서 〈사회적인 존재〉가 되며, 이와 마찬가지로 〈사회〉가 이 대상에 있어서는 〈그에게 있어서의 존재〉로 된다." 즉 대상이, 사회를 구체적으로 구성하는 개개인의 사회적인 소유로 된다. 따라서 대상은 "인간에게 있어서 인간적인 대상, 혹은 대상적인 인간이 된다."

이와 같은 대상에 대한 인간의 관계('관계행위')를 마르크스는 '인간의 참된 인격적인 소유'(『파리초고』)='인간적 인격소유'(『밀(Mill) 평주』)라고 명명하였다.(이것은 후년에 나타나는 '개체적 소유' 개념의 '재건'인 '사회적 소유'에 관한 테제의 기초가 된다.)

이러한 소유에서 비로소 "내가 다른 사람과 공동으로 행하는 활동(공장에서의 협업)이 나의 생명을 발현시키는 한 기관이 되고, 인간적인 생명을 내 것으로 하는 하나의 방식이 된다."(『제3초고』)

그리고 "사회의 형태로 자신을 서로 조직하고 있는 개개인이 사회적인 조직(유기체)을 구성한다." 고로 여기서 한 개인은 이러한 유기체내의 하나의 눈이며 귀이고, 다른 사람들은 그에게 있어서 눈이며 귀이다. 〈다른 사람들의 여러 종류의 감각과 향락(享樂)이 나 자신의 것으로 획득된다.〉(위의 책)

이때, 인간의 눈은 사적소유에 의해서 더럽혀진 비천하고 조잡한 인간의 눈과는 다른 방식으로 향유(享有)한다. "눈으로 보는 대상이 사회적이고 인간적인 대상, 즉 인간을 위한, 인간에 기인하는 대상으로 되어 있듯이, 눈이 인간적인 눈으로 된다."(앞의 책)

일찍이 광물상인(鑛物商人)은 광물 속에서 그 상업상의 가치를 볼 뿐으로 광물의 아름다움과 특성을 볼 줄 몰랐다. 즉 광물적 감각을 갖지 못했다. 그러나 점차로, 광물학자가 가진 인간적인 감각은 개개인 사이에서 보편적으로 되어 간다.

'인간적 및 자연적 존재의 부(富) 전체에 적합한 인간적 감각의 창조'가 현실적 과제로 되고 있다. '오감(五感)의 형성이 지금까지의 전 세계사의 노력의 결과인 것'처럼 '인간적 감각의 창조'야말로 인간으로서의 인간역사의 과정'이다.

이러한 감각의 창조과정은 '풍요로운 인간과 풍요로운 인간적 욕구'의 창조과정이다. 그리고 '풍요로운 인간'은 동시에 '인간적인 생명발현의 총체를 필요로 하는 인간'이다. 즉 "자기 자신의 실현이라는 것이 내적필연성으로서 또한 필수적인 것으로서 그 속에 존재 하는 인간이다. 인간의 부(富) 뿐만 아니라 결핍도 사회주의의 전제(前提)하에서는, 인간적인 따라서 사회적인 의의를 함께 가지고 있다. 결핍은 〈인간에게 있어서 최대의 부(富)인 다른 인간을〉 욕구로서 느끼게 하는 수동적 유대이다. 자기 내부의 대상적 존재에 대한 지배, 나의 본질활동의 감성적 발동은 정열인 바, 이러한 정열이 여기(사회주의)에서는 동시에 나의 본질활동이 된다."(위의 책)

요컨대 '사적소유의 지양으로서의 공산주의에 의해서 매개되지 않는 인간의 현실성'으로서의 '사회주의'가 다시 말해서 '사회주의로서의 사회주의'가 나타난다.

우리들이 앞에서 발견한 것은, 헤겔변증법을 통한 '국민경제학'의 비판적 개작(改作)이 뜻밖에 가져온 세계사에 관한 최초의 인식이다. 유물사관이라고 불리는 마르크스의 사유와 존재의 변증법은 여기에서 최초로 사상적인 기초를 확립하였다.

3. 사적유물론과 공산주의

마르크스의 사상을 그 자신이 공산주의라고 부르게 된 것은 브뤼셀 시대(1845~1847)에서부터이다. 파리에서 추방당한 마르크스는 다음과 같이 마음속에 새겨두었다. "철학자들은 세계를 단지 여러 가지로 해석해 왔을 뿐이다. 그러나 중요한 것은 세계를 변혁하는 것이다."(포이에르바하에 관한 테제)

마르크스는 유럽 중 비교적 자유로운 런던의 망명지에서 그곳 노동자들과 함께 현실적인 변혁의 길을 찾으려 하고 있었다.

그들 노동자는 런던에서도, 파리에서도, 자신들을 흔히 공산주의자라고 불렀다. '사회주의'는 사상적으로는 쁘띠부르주아(Petit bourgeoise, 소시민)의, 그리고 객관적으로는 개명적(開明的) 부르주아지의 운동으로 되고 있었다.

생시몽주의자인 앙팡땡(B.P. Enfantin), 푸리에주의자인 V. 꽁시데랑도 이러한 경향을 깊게 하고 있었다. '사회주의'라는 개념을 유럽 역사상 처음으로(1824) 제기한 인물로 일컬어지는 시스몽디주의자인 삐에르 루루도 또한 '산업적 봉건제'로서의 현대사회의 모순을 지적한 가운데서, 카톨릭에 의한 구제를 기대하는 데에 그쳐버렸다.

이제 마르크스는 지금까지 독일 이데올로기의 최고 대표자로 간주되어 온 포이에르바하와 결별하고자 하였다. 그리고 '해석'만으로 시종하는 독일 이데올로기의 조류 전체를 극복하고자 하였다.

마르크스는 그들 독일 특유의 '철학적 사회주의'에 대하여 근본적인 비판을 제기하려고 하였고, 자기 자신은 '코뮤니스트'로서 공적인 무대에 등장하고 있었다.

당시의 '코뮤니즘'은 아직 명확한 내용을 규정하고 있지 않으나, 자본주의사회의 지양을 공공연한 목표로 하는 혁명운동인 동시에, 국가의 지양과, 법·종교·도덕 등의 이데올로기적 제 형태의 해체를 기도하는 운동=과정이었다. 따라서 부르주아적인 '영리활동'='분업'='노동'의 폐지', '화폐(상품)'의 폐지를 불가피한 필요조건으로 하고 있었다.

공산주의가 당시의 노동자들의 운동이었던 것은 적어도 위와 같은 내용을 내포하고 있었기 때문이다. '노동의 해방'은 그것이 상품으로 되는 노동(힘)의 폐지를 의미하는 한, 적어도 영리활동, 화폐의 폐지를 불가피하게 하고 있었다.

프롤레타리아로서의 노동자의 존재, 또한 그 같은 것으로서의 한 사회계급의 존재, 그것은 현 사회에 있어서 주어진 사실인 동시에, 이 사회가 부단히 재생산해낸 결과이다.

현 사회의 자체 산물인 프롤레타리아의 자기해방운동, 이것은 외부로부터 객관적으로 강요되는 동시에, 내부에서 주체적으로 요구되는 이 운동은 현 사회에 있어서의 '물질적 생활조건'이 '생산력의 보편적인 발전' 및 이와 결합된 '보편적인 유통(流通)의 발전'으로 전개되는 곳에서 발생한다. 그리고 이 운동은 이러한 사회적 역사적 발전과정에 입각한 사유와 행위의 철학('사적유물론')에서 이해되고 규정되는 것이다.

따라서 마르크스는 이러한 역사적 현실 외에 '파란스텔'이나 '홈 콜로니'나 '이카리아'를 건설하고자 하였던 푸리에, 오웬, 카베 등의 공산주의와 구별하여 자기 위치를 규정하였다. "이러한 공산주의란 자신들에게 있어서 성취되어야 할 어떠한 상태, 현실이 이를 향해서 형성되어야 할 어떠한 이상인 것은 아니다. 현 상태를 지양하는 현실운동을 우리들은 공산주의라고 명명한다. 이러한 운동의 존재조건은 바로 현실적으로 존재하는 여러 가지 전제로부터 발생한다."(『독일 이데올로기』)

이 무렵의 마르크스에게 있어서는 공산주의가 사회적=역사적 유물론의 형성과 함께 쟁취된 것이다. 이때 마르크스는 자기 자신도 그 성원의 한 사람으로 되어 있었던 철학적 사회주의자=독일 이데올로기에 대한 비판을 철저히 전개하고자 하였다. 그는 쉬티르너, 바우어, 포이에르바하 등을 '관념론자'라고 비판한다. 그러나 동시에 그들과 함께 있던 자기 자신의 '이전의 철학적 양심', 그 본연의 자세에 대해서 비판을 가했다.

이러한 비판은 지금까지의 자기의식에 대한 비판적 대상화이다. 여기에서 자기 자신의 이론을 설정할 근거를 부단히 자각하는 방법의식으로서, 마르크스의 독특한 사회적=역사적 유물론이 성립한다. 그 과정에서, 파리에서 사귄 친구 프루동과의 사상적 결렬을 통하여, 독일 이데올로기 비판에 대한 보다 구체적인 과제가 부여된다. 다시 말해서, 그 자신의 최초의 경제학설이 이러한 유물론의 전개로서 기술되지 않으면 안 되었던 것이다. 그리고 또한 경제학 및 사회과학에 불가결한 '방법'이 여기에서 비로소 체계적으로 서술되기에 이른다.

이러한 사적유물론 형성의 과정은 더 나아가서, 1847(~1848)년, 유럽을 휘몰아친 경제적 사회적 위기에서 오는 정신적 긴장에 매개된 하나의 총체적인 서술의 시발점을 맞이하게 된다. 『공산당선언』이 바로 그것이다.

새로운 세계조직체인 '공산주의자 동맹'의 결성에 임하여, 유럽 세계 전체에 현존하는 사회주의와 공산주의의 제 조류[(1) a. '봉건적 사회주의' b. '쁘띠부르(=소시민적)사회주의' c. 독일의 '진정한' 사회주의 등의 반동적 사회주의. (2) 프루동 등의 보수적=부르주아적 사회주의. (3) 생시몽, 푸리에, 오웬 등의 '근본적인 사회주의적, 공산주의적 제 학설' 즉 '비판적=공상적 사회주의']를 앞에 두고, '부르주아지와 프롤레타리아' 및 '프롤레타리아와 공산주의자'라고 하는 두 가지 주제를 들고, 세계사에서의 공산주의의 필연성을 호소하는 강령적 선언의 공표로서 그 사상 내용을 일단 총괄적으로 표현하는 데 그쳤다.

다음에, 『독일 이데올로기』(1846), 『철학의 빈곤』(1847), 『공산당 선언』(1848) 등의 문서에서 형성되는 공산주의와 사적유물론의 관련을 보다 초기의 저작인 『독일 이데올로기서』를 중심으로 하여 그 요점만을 발생사적으로 전개하고자 한다.

1) 철학적 양심의 대차대조 = 결산[2)]

독일의 이데올로기를 비판하기에 앞서, 마르크스는 이미 파리에서 헤겔을 비판하고 있었다. 마르크스는 헤겔의 변증법철학을 그것의 기본이 되는 『정신현상학』에서 검토하고, 그 이론적 공헌의 대차대조를 시도하고 있었다.

마르크스는 무엇보다도 먼저 다음과 같이 말하였다. “정신현상학에서 인간의 소외를 확고하게 취급하고 있는 한, 이 속에는 비판의 모든 요소가 숨겨져 있으며, 때때로 헤겔의 입각지점(立脚地點)을 훨씬 능가할 정도로 훌륭하게 준비되고 완성되어 있다.”(『제3초고』)

이러한 『정신현상학』은 그 ‘최종적 성과’인 자기운동=‘부정성의 변증법’과 함께 아래와 같은 ‘위대한 견지’를 갖는다. 즉 ‘인간의 자기산출을 하나의 과정으로서 파악하여 대상화를 대상성 박탈로, 외화로, 더욱이 이러한 외화의 지양으로 파악하는 것’, 따라서 ‘대상적인 인간을 인간자신의 노동의 결정체로서 개념 파악하는 것’, 그리고 ‘노동을 인간의 본질로 즉 자기 자신을 확증하면서 존재하는 본질로 파악하는’ 입장, 즉 ‘현대의 국민경제학의 입장’으로 일관되어 있는 것, 이러한 점들이 실로 위대한 견지인 것이다.

그러나 이 위대한 헤겔의 논리를 제약하는 문제점은, 그가 인간의 외화=소외의 역사, 더욱이 이러한 외화=소외로부터의 자기회복의 역사, 이러한 역사의 총체를 ‘추상적 즉 절대적인 사유의 생산사(生産史)’로, ‘논리학상 사변적인 사유의 생산사’로 파악했다는 데 있다. 그리고 이러한 역사의 모순이 철학으로서의 철학의 자기 완성적 행위에 의해서 해결될 수 있다고 한 점에 있다.

이제는 헤겔에 대해서, 또한 좌파 제자들에 대해서 문제를 제기하지 않으면 안 된다. 즉 정치·법·도덕·종교·형이상학 등의 ‘언어’로 표명되는 ‘정신적 생산’ 및 ‘정신적 소통’은 ‘물질적 활동과 물질적 유동이라고 하는 현실생활의 언어 안에 짜 넣어져 있는 것이다.’(『독일 이데올로기』)

또한 다음과 같이 지적되지 않으면 안 된다. “물질적 노동과 정신적 노동의 분할(分割)이 나타나는 순간에 비로소 진정한 분업이 시작된다.(이데올로그의 최초의 형태 즉 승려라는 형태가 때를 같이하여 생긴다.) 이러한 순간부터, 의식은 현재 있는 실천의식과는 어느 정도 다르다고 생각되는 것이 실제로 가능하게 된다. 현실적인 어떤 것을 생각하지 않더라도, 어떤 것을 현실로 생각하고 있다고 실제로 믿

---

2) ‘철학적 양심’(die PhilosoPhische Gewissen)의 ‘대차대조=결산’(Abrechnung)이란 철학적 ‘의식’의 단순한 ‘청산’은 아니다. abrechnen = déduire = décampter = défalquer. 긍정과 부정, 빌려주는 쪽과 빌리는 쪽을 대조하여 결산하는 것이지, 단순한 무화(無化)인 바 부정으로서의 청산은 아니다.

는 것이 가능하게 된다. 이 순간부터 의식은 세계로부터 해방되어 〈순수〉이론, 신학, 철학, 도덕 등등으로 옮겨 갈 수 있다."(위의 책)

헤겔과 포이에르바하가 '철학행위'의 자기완결을 확신할 수 있었던 것은, 현실의 사회 자체가 '물질적 노동'으로부터 '정신적 노동'을 분리하고, 이러한 분리에 의해서만 자기를 매개적으로 통일시키고 있기 때문이다.

'국민경제학'은 이러한 사회의 다면적인 분열=분업의 제 원리를 이론적으로 해명하고 있었다. 헤겔은 이 점에 착안하여 역사의 주체를 노동(단 '추상적·정신적 노동')으로 규정하고, 세계사의 주체적=정신적 자기형성의 길을 그 나름대로의 이론으로 정립하였다.

그러나 이 길은 영·불의 국민경제학에서 그러하였듯이, 주체적=대상적인 또한 정신적=물질적인 자기형성의 길이 되지 않으면 안 되었다.

헤겔→포이에르바하를 통하여 제기된 "크게 평가를 받은 〈인간과 자연의 통일〉은 이전부터 산업 안에 존재하였던 것으로서, 어떠한 시대에서도 산업발전의 경과에 따라 다양한 형태를 취하였다."(위의 책)

'산업'이라는 '물질적 생활 그 자체의 생산'이야말로 '역사의 근원적 조건으로서의 역사적 행위'이며, 이러한 '근원적 사실'을 그 의미와 범위의 전 영역에 걸쳐 관찰하고, '이에 상응하는 지위를 부여하는 것'이 문제인 것이다. 또한 이에 조응(照應)해서 여러 가지의 '정신적 생활의 생산'도 또한 '역사의 근원적 조건으로서의 역사적 행위'로 파악하여, 그것에 맞는 지위를 부여하는 것이 문제였다.

"프랑스인과 영국인은 이러한 사실과 이른바 역사 사이의 관련을 비록 극히 일면만을 파악하였다 하더라도…… 어떻든 그들은 역사서술에 있어서 유물론적 토대를 부여하는 최초의 시도를 하였다. 왜냐하면 그들은 시민 사회의 역사, 상업과 공업의 역사를 처음으로 서술하였기 때문이다."(위의 책)

이제 '시대의 역사가인 경제학사'로서 고진경제학자의 사회과학적 제 범주를 개조(改造)하면서, 독일철학의 제 범주를 현실화하지 않으면 안 되었다.

이로 인해서, 역사서술에 보다 현실적인 토대를 부여하지 않으면 안 된다. 그리고 반대로 이를 통해서 경제학의 여러 범주가 역사의 현실적 변증법을 표현하는 언어로서 재정립되지 않으면 안 된다. "언어는 실천적인 의식이다. 다른 사람을 위해서 존재함으로써 비로소 자기 자신을 위하여 존재하는 현실적인 의식이다." 이러한 의의를 갖는 언어가 이제 경제학=사회과학적 용어의 변증법적 재정립으로서 마르크스에 의해서 형성되려는 것이다.

이제, 철학 및 경제학과 프롤레타리아의 재(그리고 몇 번이나 되풀이된다.)결합이 문제이다. 그리고 그때마다 철학적 양심은 그 긍정과 부정의 대차대조를 결산하게 된다. 이러한 의미에서 그것은 참으로 비판적인 '자기이해'의 길이었다.

『독일 이데올로기』는 이러한 의미에서 '철학적 양심의 대차대조'의 결산이며, 또한 '자기이해라는 주목적을 이루었던' 것이다.

2) 시민사회와 사회혁명

바야흐로 마르크스는 국민경제학자의 선례에 따라서 '경험적인 방법으로 확인할 수 있는 모든 전제' 즉 '시민사회'의 '현실적인 개개인의 행위와 그 물질적 생활조건'에 주목한다.

그는 여기에서 개개인에 의한 '직접적 생명의 물질적 생산양식'='생활수단을 생산하는 양식'을 '생산양식' 또는 '생활양식'이라는 압축된 이름으로 표현하고, '이러한 생산양식과 결합하고, 그럼으로써 산출되는 유통의 제 형태'를 '시민사회'로 총괄한다.

이러한 경우, '유통의 제 형태'란 50년대 이후에 있어서의 생산 및 유통관계의 특수한 역사적 형태를 —아직은 생산과 유통의 이성적 구별과 그 개념적 통일에 입각한 것은 아니고, 양자의 사실상의 혼합 위에서— 표현하고 있는 것이다.

그리고 이러한 의미의 〈사회적인〉 유통형태에서, 개개인이 영위하는 '생산양식'이 획득하는 〈사회적〉인 능력은 '생산력'이라고 명명'된다. — 일찍이 '유적(類的)능력' 또는 '인간의 본질적 제력(諸力)'이라는 헤겔적 개념이 이제 이러한 사회적인 '생산력'의 개념으로 대체된다.

'이전의 모든 역사적 제 단계에 존재하였던 생산력에 의해서 규정되고, 반대로 이것을 규정하는 유통형태로서의 '시민사회'라고 하는 규정이 마르크스와 엥겔스에 의해서 공유되기에 이른 것이다. — "시민사회는 생산력의 일정한 발전단계 내에서의 개개인의 물질적 유동의 총체를 포괄하고, 일정한 단계의 상업과 공업의 전(全) 생활을 포괄한다."(『독일 이데올로기』)

우리들은 여기에서 다름 아닌 '시민사회'인식 그 자체에 있어서, '생산력'과 '생산(=유통)양식'이라는 '유물사관'의 기초범주가 획득되는 것에 주목하지 않으면 안 된다.

"이러한 역사관에 의해서 성립된 것은 여러 단계의 시민사회를 전(全) 역사의 기초(전역사의 진정한 아궁이=무대)로 파악하는 데에 있다. 그리고 이러한 시민사회를 국가로서의 작용으로 해명하는 동시에, 의식에 관한 모든 다양한 이론적 산물 및 형태, 즉 종교·철학·도덕 등을 모두 시민사회로부터 설명하고, 그들의 발생과정을 그것들이 기초하고 있는 각각의 바탕에서 추적해 보는 데 있다."(위의 책)

'시민사회'라는 말은 18세기에 나타났다. 헤겔이 '물질적인 생활관계의 총체'를 '18세기의 영국인이나 프랑스인의 선례에 따라서' '시민사회'라는 이름으로 총괄하였다. "그때는 소유관계가 이미 고대와 중세의 공동체(Gemeinwesen)로부터 이탈되어 있었다."

그것은 근대의 고유한 사회형태, 즉 사적소유가 전적으로 지배하는 사회 상태를 의미한다. 따라서 "이러한 시민사회 그 자체는 부르주아지와 더불어서만 발전한다."는 것이다. 이것이 곧 '〈근대〉시민사회'로서의 시민사회이다.

그러나 역사상 현대로부터 과거의 모든 시대를 되돌아볼 때, 거기에는 그 시대 나름대로의 사적소유가 존재하고, 생산과 유통의 구별, 사회와 국가 및 다른 관념적 상부구조의 분리가 사적소유의 사회적 규정 안에 존재하는 것을 확인할 수 있다.

따라서 '어느 시대에 있어서도 생산과 유통에서 직접 전개되는 사회적 유기체'로서의 '시민사회'가 개념으로 정립되고, 그것을 각 시대에 있어서의 '국가 및 다른 관념적 상부구조의 〈토대(土臺)〉'로서 확정하는 것은 역사인식상의 중대한 발견이다. '토대(土臺)'로서의 시민사회의 발견.

마르크스는, '시민사회의 역사'에 관한 '프랑스인·영국인'의 서술 및 헤겔에 의한 섭취로부터 그 자신의 시민사회 개념을 구축하였지만, 마르크스에게 있어서 수입어(輸入語)이었던 이러한 '시민사회'(die bürgerliche Gesellschaft)를 오늘날의 프랑스인들이 자국어로 번역할 때, 그들은 전자를 la société bourgeoise, 후자를 la société civile이라고 각각 분류하여 번역한다. 전자의 형용사 bourgeoise는 중세도시 이래의 부르주아지에 유래하는 역사적 형성을 단적으로 표현하며, 후자의 형용사 civile은 정치적(Politique) 및 군사적(Militaire), 더 나아가서 종교적(Religieuse)이라는 말과의 대립성을 단적으로 보인다. 본고에서 특히 전자와 후자를 구별할 필요가 있을 경우에는, 전자를 '부르주아사회', 후자를 '시민사회'라고 구별하여 번역하겠다.

이러한 근대 시민사회로서의 시민사회에서야말로 토대로서의 시민사회가 지배적인 개념으로 취급되며, 이러한 점에서 '생산력과 생산양식의 모순' 또는 '충돌'로서의 사회적 변혁 즉 '사회혁명'이 필요하게 된다. 이러한 근대 시민사회의 모순은 '대공업과 자유경쟁'='생산력의 보편적 발전과 이와 결부된 세계적 유통 하에서의, 자본과 자본의 대립 가운데 자본과 노동의 대립으로 전개된다.

이러한 대립은 '종래의 〔물상적 관련으로서〕 제약된 유통이, 각 개인이 개개인으로서 행하는 유통으로 전화되는 것과 마찬가지로,(자기 확증으로 되지 않는) 노동이 자기확증에로 전화되는' 것으로서 전개된다. 즉 '계급적 개인'인 바의 '우연적 개인'='추상적 개인'의 '전체적 개인으로의 발전'으로 전개된다. 계급투쟁이란 '〈계급적〉 개인'이 '〈인격적〉 개인'으로 자기를 지양하는 대상적 활동이다. 따라서 그것은 〈결합된 개개인이 생산력 총체를 자기 것으로 획득〉함으로써 실현되어 간다. "프롤레타리아가 생산력을 자기 것으로 획득하는 데 있어서 다수의 생산요인은 〈한 사람 한 사람의 개인〉에게 속하고, 또한 소유가 〈모든 사람〉에게 속하게 된다. 이와 같이 소유가 모든 사람에게 속하도록 하는 것 이외에는, 현재의 〈보편적〉인 유통이 〈개개인〉에게만 속하도록 하는 방도는 없다."(앞의 책)

우리들은 여기서, 생산력과 생산(=유통)양식 사이의 모순이라는 사적유물론의 기본에 대해 음미해 두지 않으면 안 된다.

그것들은 어느 것이나 〈개개인〉이 형성하는 사회적인 생산력이며, 사회적인 생산양식이다. 그러나 그와 같은 〈사회적〉인 것으로서의 '생산력과 유통형태의 관계'는 즉 '유통형태와 〈개개인의〉 활동 및 확증행위의 관계'이다. 여기서 말하는 생산(=유통)양식이란 자본·화폐 등의 물상에 의한 〈개개인의 사회적=계급적〉인 결합 형태이다. 따라서 그것이 개개인의 사회적=계급적 능력으로서 생산력의 자기편성=자기운동 형태인 한, 이러한 형태는 부단히 개개인의 계급적 정재(定在)와 인격적 정재 사이의 내적 모순을 개개인이 의식하도록 한다.

따라서 그것은 자본·화폐 등으로 외화(外化)되어 있는 물질적 생산력 하에서는 그러한 모습의 외화의 지양을 피할 수 없고, 거부할 수 없는 욕구를 간직한 혁명적 노동자를 만들어낸다.

여기서 산출되는 혁명적 노동자계급은 그 자체가 잠재세력으로서의 생산력이며, 그러한 명백한 자기모습으로서의 생산=유통양식은 〈인격적 개인으로서의 개개인〉에 의한 〈물질적 생산력의 직접적인 자기획득(영유)〉에 불과하다.(여기에서 바로 '모든 생산용구 중에서 〈최대의 생산력은〉 혁명적 계급이다.' —『철학의 빈곤』에서 말하는 사태가 일어난다.)

'근대 시민사회'에 있어서, 이러한 개개인의 자기획득=자기실현으로서의 '사회혁명'은 전 계급간의 투쟁의 형태로 전개된다.

따라서 이러한 사회에 있어서, '생산력과 생산양식 사이의 모순'은 현저한 경제적인 사회위기로 나타나는 동시에, 그것은 '마찰의 총체 즉 제(諸) 계급간의 충돌, 의식의 모순 즉 사상투쟁·정치투쟁 등'의 '부차적인 여러 형태'를 띠고 나타난다.

사회혁명은 그들 총체의 운동으로 전개된다. 마르크스는 브뤼셀에서 '공산주의자 통신위원회'를 설립(1846년 2월)한 데 이어 '공산주의자 동맹'의 창립대회 조직 등의 실천적 활동을 하면서, 대략 위와 같은 사회혁명의 원리적인 전망을 이론으로서 제시하고자 하였다.

3) 자유롭게 연합한 개개인에 의한 생산력의 영유와 통제

마르크스는 이 시기에 "연합한 개개인이 생산력 총체를 자기 것으로 획득(영유)함과 동시에 사적소유는 폐기 된다."(앞의 책)고 말하고 있다.

이러한 의미에서 생산력 총체의 영유란 '분업에 의한 인격적 힘(관계)의 물적(物的)힘으로의 전화'를 '폐지하는' 것, 자본·화폐 등 물상의 지배를 폐지하는 것을 의미한다.

그리고 그들의 폐지는 동시에, '의사(疑似) 공동사회'(Gemeinschaft)인 국가의 폐지 및 사적소유로서의 분업의 폐지를 포함한다. 그리고 적극적으로는 '개개인이 개개인으로서 참가하는 공동사회', '개개인이 그것을 통해서 그들 자신의 자유를 획득하는 협동연합(Association)'의 실현이었다. 그것은 기계=및 대공업으로 발달한 생산력을 '개개인의 자유로운 발전과 운동의 제(諸) 조건'으로 바꾸고, 이것을 '자신들의 통제 하에 두는 개개인의 연대'에 불과하다.

"공산주의가 종래의 모든 운동과 구별되는 점은 그것이 지금까지의 모든 생산 및 유통의 제 관계의 기초를 뒤엎고, 모든 자연발생적인 제 전제는 지금까지 인간들의 손에 의해서 이룩된 것이라는 판단을 처음으로 내리고, 그들의 자연성장성을 끌어내려서 연합된 개개인의 힘 아래에 복속시키는 데 있다."(앞의 책)

'협동연합'으로서 자타를 조직하는 '연합된 개개인'이라는, 『독일 이데올로기』에 처음으로 나오는 이 개념은 『철학의 빈곤』에서 '사회적 개인'이라는 명칭이 주어져, 이후 마르크스의 전(全) 사상을 표현하는 이론적 실천적 개념으로 확정된다.

이러한 역사적 개념을 적극적으로 제시함으로써, 마르크스는 '사적소유의 폐지'를 말하였다.

『공산당선언』에는 다음과 같이 서술되어 있다. — "공산주의자는 그 이론을 사적소유의 폐지라는 한마디로 요약할 수 있다." "공산주의자는 소유라는 문제를, 그것이 어느 정도까지 발달한 형태를 취하더라도, 항상 전체운동의 기본문제로서 강조한다."

『공산당선언』에 있는 이러한 말을 읽을 때, 우리들은 『파리초고』 및 『밀(Mill) 평주』에 있는 '인간적 인격적인 소유'의 실현으로서의 공산주의를 상기할 수 있다.

그리고 공산주의가 기도하는 사적소유의 폐지란 '소유일반의 폐지가 아니라, 〈부르주아적 소유〉의 폐지'라고 주의 깊게 서술되어 있음을 확인할 수 있다.

여기에서 '부르주아적 소유'란 사적소유의 한 형태, 즉 자본·화폐·상품이라는 형태로 대상화되어 있는 생산·유통수단의 특수한 계급적=사적인 소유형태(후년의 '자본가적 사적소유')이다.

이러한 의미에서 '부르주아적 소유'는 근대 시민사회에 있어서 종종, '개인이 획득한, 자기 자신의 노동에 의해 얻은 소유', '노동을 통해 획득한, 자신이 영유하고 번 소유와 혼동되고 있다. 그리고 전자의 부정은 후자의 부정임에 틀림없으며, 그것은 또한 '모든 개인의 자유와 활동과 독립의 기초를 이루고 있는 소유'의 폐지라고 생각된다. 그리고 더욱이 이러한 폐지는 근대(서구)가 걸어온 길에 역행하는 만행이라는 비난이 가해진다. 이에 대해서 마르크스는 '근대의 부르주아적인 사적소유'('자본가적 사적 소유')와 '이러한 부르주아적 소유의 이전에 있었던 소시민적 소유·소농민적 소유'는 두 가지의 상이(相異)한 것이라고 역설하고, 투자가 개개인의 자유와 활동과 독립의 기초라 하더라도, '이미 공업의 발전이 그것을 폐지하고 있고, 지금도 끊임없이 계속되고 있으며' 공산주의에 있어서 지양되어야 할 것이라는 점에서는 문제가 될 수 없다고 주장한다.

공산주의에서 문제가 되는 것은 '자본'이라는 '사회적인 힘'의 사회적인 성격이다. 자본(=소유)으로서의 부르주아적 사적 소유는 〈계급성으로서의 사회성〉에 의해 특징지어진다. 그리고 지금 여기에서 문제가 되는 것은 '이러한 소유의 사회적 성격이 변하는 것' 즉 '소유가 그 계급적 성격을 상실하는 것'이다. 『철학의 빈곤』 『공산당선언』을 통해서, 이와 같은 소유론의 의의가 강조되고 있다.

그러나 소유는 '사회적 제 관계의 총체'인 바의 최종 범주이다. 따라서 그것은 이들 '사회적 제 관계의 총체'를 개념적으로 재구성하는 과정에서, 비로소 그 내실이 비판적으로 해명될 수 있는 것이다. 여기에서 필요한 것은 비판적 자기이해의 과학으로서의 경제학, 즉 경제학 비판이었다.

'시민사회의 해부학'으로서의 경제학 연구, 이것이 바로 우리들이 앞에서 본 모든 명제, 즉 사적유물론을 자기규정의 원리로 하는 공산주의, 근대 시민사회의 사회혁명으로서의 공산주의, '자유로이 연합한 개개인에 의한 생산력의 영유(내 것으로서의 획득)와 통제'로서의 공산주의를 탄생시킨 것이었다.

물론 그것들은 경제학 연구에서, 더욱더 많은 이론적 근거를 제공받고 있다. 마침내(1846년 2월), 프루동의 저서 『경제학적 제(諸) 모순의 체계, 부제, 빈곤의 철학』이 간행되어, 마르크스에게 경제학의 새로운 방법에 대한 성찰을 촉진하였다. 프루동적인 방법의 비판에 의해 매개된, 자기 자신의 방법의 창조과정에서, 마르크스는 사회적·역사적 유물론의 명제를 여러 개의 범식으로 요약하였다. 그리고 후에 그것을 다시 상기하면서, '일반적 결론을 간결한 범식으로[3] 요약하였

---

3) 마르크스에 의해서 연구의 실마리가 잡힌 '일반적 결론' 이란 보통 유물사관의 정식이라고 불리는 다음과 같은 문장이다. 이해에 도움을 주기 위해서, 한 문장을 적당히 구분하여 이를 제시한다. 또한 여기에서 처음으로 나타나는 여러 종류의 통괄 개념은 강조 괄호를 붙여서 이를 예시 한다.

A. 사회의 실재적 토대와 상부구조

1. 인간은 생활의 사회적 생산에 있어서, 일정한 필연적인, 그들의 의지와는 독립된 관계, 즉 그들의 물질적 생산력의 일정한 발전단계에 대응한 생산관계에 들어간다. 이들 생산관계의 총체는 사회의 경제구조를 형성한다.
2. 이것이 실재적인 토대이며. 그 위에 하나의 법률적 및 정치적인 상부구조가 성립되며, 또한 이러한 토대에 일정한 사회적 의식의 제 (諸)형태 (제형태의 이데올로기)가 대응된다.
3. 물질적 생활의 생산양식이 사회적 · 정치적 및 정신적 생활과정 일반을 제약한다. 인간의 의식이 그들의 존재를 규정하는 것이 아니라. 반대로 그들의 사회적 존재가 그들의 의식을 규정한다.

B. 사회혁명의 기초로서의 생산력과 생산관계의 모순

1. 사회의 물질적 생산력은 일정한 발전단계에 이르면, 그것들이 그때까지 그 내부에서 운동해 온 기존의 생산관계, 또는 그 법적 표현에 불과한 소유관계와 모순되게 된다. 이들 관계는 생산력의 발전형태로부터 질곡으로 일변한다.
2. 경제적 기초의 변화와 함께 거대한 상부구조 전체가 서서히 혹은 급속히 변혁된다.
3. 이러한 변혁을 고찰함에 있어서는, 경제적 생산조건에 있어서 물질적 · 자연과학적으로 정확하게 확인할 수 있는 변혁과, 인간이 이러한 충돌을 의식하고 싸워서 얻는 법률적 · 정치적 · 종교적 · 예술적 또는 철학적인 여러 형태, 간단히 말해서 이데올로기의 여러 형태를 구별하지 않으면 안 된다.
4. 어떤 개인이 자신이 무엇인가를, 그 개인이 자기 자신을 어떻게 생각하고 있는가에 의해서 판단할 수 없는 것과 같이, 이러한 변혁의 시기를 그 당시의 의식으로 판단할 수도 없는 것이며, 오히려 이러한 의식을 물질적 생활의 여러 모순에서, 사회적 생산력과 생산관계 사이에 현존하는 충돌에서 설명하지 않으면 안 된다.
5. 하나의 <사회구성>은 그것이 충분히 포용할 수 있는 생산력이 모두 발전해 오기까지는 결코 몰락하는 것은 아니며, 고도의 새로운 생산관계는 그 물질적 존재조건이 낡은 사회 자체의 모태(母胎) 내에서 부화가 끝날 때까지는 결코 낡은 것을 대신할 수 있는 것이 아니다. 그러므로 인간은 항상 해결할 수 있는 과제만을 자신에게 제기한다. 왜냐하면 자세히 고찰해 볼 때, 과제 그 자체는 해결의 물질적

다.(『경제학비판』 서론)

'철학적 양심'은 이제 경제학적 즉 사회=역사과학적 관심에 의해 지양되어, 현실사회 변혁과정의 일개 기관(器官)으로 되어가고 있다.

4. 미완성의 경제학 비판 체계 속의 사회=역사의 변증법

1850년대 이후, 마르크스의 사회과학적 관심은 비판적 경제학을 건설 하려는 노력으로서 전개되지만, 그 경우 그에게 무엇이 기본적인 문제이며, 해결을 위해서는 어떠한 범주가 정립되어야만 하는가를 여기서 미리 검토하고, 이에 의거하여 그의 경제학이 어떠한 체계로 구성될 수밖에 없었던가는 아래에 요점만이라도 기술하고자 한다. 『경제학비판요강』과 『자본론』에서 일관하여 발견되는 사회=역사의 변증법의 주요 논점을 재검토하기 위한 기초 작업으로서 필요한 한도 내에서 기술하고자 한다.

바야흐로 그에게 있어서 비판적으로 해부되어야 할 주제(=주체)로서의 자본이 위치지어진다. 극히 상식적인 부르주아적 의식에서 자명한 존재로 여겨지고 있는 '자본이라는 것'이다.

이 자본이라는 것, 그것은 10파운드의 증가가치(Plus-Value=Mehrwert)를 산출하는 100파운드의 가치 즉 자기증식(自己增殖)하는 가치이다. 그것은 매년 일정한 양의 '열매'를 만들어내는 배나무와 똑같이 그 존재가 자명한 것으로 여겨져, 그 경제기능이 사회적으로 타당한 것으로 승인되어 있다.

제(諸) 조건이 이미 존재해 있거나, 또한 적어도 생겨나고 있을 경우에만 발생할 수 있음을 확인할 수 있기 때문이다.

C. 세계사, 인류사회의 전사(前史)

1. 개략적으로 말해서, <아세아적>·고전고대적·봉건적 및 근대시민적 생산양식을 경제적 사회구성의 계속적인 사회시기로 열거할 수 있다.
2. 시민적 생산관계는 사회적 생산과정의 최후의 적대적 형태(敵對的形態)이다. 여기에서 적대적이란 개인적 적대의 의미가 아니라, 개개인의 사회적 생산조건으로부터 생겨나는 적대의 의미이다.
3. 그러나 시민사회의 내부에서 발전하고 있는 생산력은 이러한 적대 해결의 물질적 조건까지도 창출한다. 따라서 이러한 사회구성을 취하고 인간사회의 <전사(前史)>는 끝나게 된다.

이와 같이 자명한 사회적 존재는 도대체 무엇 때문에, 이러한 것으로서 존재할 수 있는가? 이것이 1857~1858년 사이에 마르크스가 그 해결을 위해 자신에게 제기한 문제이었다.

그는 이러한 과제를 푸는 데 필요한 사회인식을 고전경제학에서 얻고 있었다. 그러나 그것을 전혀 반대의 역사적 전망을 가지고 재정립함으로써 자신의 과제에 대한 해답을 얻었다. 즉 시민사회의 해부학(解剖學)으로서의 고전경제학에서 실재적인 사회인식을 획득하고, 그것을 근대 부르주아 사회에 내재하는 자기모순(自己矛盾)적 개념으로 개작한 후, 그 자신의 비판적 체계를 구성하기 위한 밑바탕으로 하였다. ─ 그의 독특한 범주(특히 '노동능력'과 '비용가격')의 제시를 선회(旋回) 기축으로 하면서.

그는 영불(英佛)의 고전경제학으로부터 배웠다. 100파운드의 가치가 10파운드의 증가가치를 산출하는 것은, 이 100파운드의 가치=화폐로 생산수단(Pm)과 노동력(A)을 상품으로서 구입할 수가 있고, 이러한 조건에서 후자가 전자와 결합할 수가 있다. 즉 '생산적 노동'이 이루어질 수 있는 조건 하에서 그러하다.

즉 마르크스에게 있어서 선배격인 영불(英佛)의 고전경제학은 '자본'의 본질을 '과정으로서의 가치'라고 규정짓고, 이러한 '자본'의 개념으로서 '생산적 노동'을 파악하고 있었다. 그것은 중상주의적인 자본=화폐에 대한 인식, 즉 화폐자본이라는 물신(物神)을 해체하였다.

이와 동시에, 영·불의 고전경제학은 자본의 본질로서 조정된(Posited) 이러한 생산적 노동을, 사회적 잉여(잉여가치)를 산출하는 노동인 동시에, 인간의 생활=생산수단을 물적으로(동시에 상품형태로) 산출하는 노동으로 파악하고 있다. 또한 노동 그 자체를, 상품으로서의 생산물의 가치를 산출하는 노고인 동시에, 생활=생산수단을 산출하는 활동으로 파악하고 있었다.

그들은 생산적 노동을, 또한 노동 자체를 이와 같은 두 가지의 성격에서 파악하고 있었지만, 이러한 이중성이 대립적이라는 것을 자각하지 못했다. 그리고 이러한 이중성을 영원한 자연성으로 간주하고 있었다. 따라서 그들은 자본의 본질을 생산적 활동에 환원되는 것으로 파악하여, 중상주의적 화폐자본이라는 물신을 해체하고 있었으나, 생산자본이라는 물신이 이론적으로 재생산되고 있었던 것이다. 즉 생산적 노동으로서의 자본의 재생산과정이야말로, 역사 전체를 관통하는 인간과 자연사이의 질료교환과정(質料交換過程)이라고 하는 산업자본단계의 부르주아적 의식을 대표하는 이론가로서 그 학설을 세상에 내놓았던 것이다.4)

이러한 고전경제학을 섭취한 토대위에서 그 한계성을 극복하기 위해서 마르크스에게 필요했던 것은 무엇보다도 먼저 '노동능력' 및 '비용가격'이라고 하는 개념을 범주로서 위치지우는 일이었다. 이로써, 한편으로는 '생산과정'을 '유통과정'으로부터 분리시키고, 다른 한편으로는 '유통과정'으로부터 '영유(분배)과정'을 떼어내었다. 즉, 〈상업사회〉(Commercial Society)를 '생산과정', '유동과정', '영유(領有)과정' 사이의 과정의 통일적 체계(Gemeinwesen)로 개념파악(概念把握)하였다.

여기에서 성립되는 것, 아니 성립되지 않으면 안 되는 것, 그것은 그들 세 과정의 운동으로서의 순환=재생산과정의 이론이었다.

이러한 이론적 문제영역을 분석해내는 데 결정적인 것은 '노동력'이라는 범주의 설정이었다.

『경제학비판요강』에서, 마르크스는 그의 생애에 있어서 처음으로 증가 가치의 이론적 근거를 묻고, 그것을 고전경제학에서 배운 생산적 노동에서 찾았다. 그러나 그때, 노동을 그 활동태(活動態)로서의 현실(현세: 顯勢) 속에서 사실로서(재생산으로서) 파악할 수 있기 위해서는, 그것이 존재의 요소(Element)로서, 즉 물성(物性)으로서 위치지어지지 않으면 안 된다는 것을 확인할 수 있었다. 즉, 현실적인 활동으로 나타내기 위한 본원적 존재=잠재력으로서의 노동을 이론적으로 파악하지 않으면 안 된다는 것을 『경제학비판요강』에서 확인하였다. 따라서 여기에서 '노동능력'(Arbeitsv - ermögen)이라는 범주를 성립시켰다.

이와 같은 사실에 의해서, 고전경제학이 무개념적(無概念的)으로 말하고 있는 자본인 화폐와 자유로운 '교환'이라는 사태가, G-A라는 유통과정['소유통(小流通)']의 부단한 갱신으로서의 끊임없는 생산적 활동(p)의 실재를 보이는 것이라는 사실이

---

4) 고전경제학에 의한 중상주의적 화폐자본 물신의 해체 및 생산자본 물신의 규정=고정화는 다음과 같은 기호표현에서 순환론적 해명이 주어진다.

$$K=G(G+\Delta g)$$

$$K=G(G-G')$$

$$K=G(G-W-G')$$

$$K=G\left(G-W\left\langle\begin{array}{l}P_m\\ A\end{array}\right.\cdots P\cdots W'-G'\right)$$

$$K=P\left\{P\cdots W'\left\{\begin{array}{l}W\text{—}G'\text{—}\\ w\text{———}\end{array}\right.\left\{\begin{array}{l}G-W\left\langle\begin{array}{l}P_m\\ A\end{array}\right.\cdots P\\ g-w\end{array}\right.\right\}$$

비판적으로 언급되었다. 즉 고전학파의 명사(名辭) 그 자체가 생산과정과 유통과정의 무개념적 혼동이라는 것이 비판적으로 해명되었다.

뒤집어 말한다면, 그 점에 생산과정과 유통과정 사이의 매개적 통일이 파악된다. 따라서 어떠한 가치(G=W)가 과정 속에서 자기 증식시킨 부분, 즉 증가가치가 '이윤'으로서 파악될 때, 그 어떠한 가치는 증가분=잉여를 산출=획득하는 데 필요한 가격, 즉 '비용가격'으로서 개념화된다. 다시 말해서 자본은 이제 비용〈가격〉인 것이다. 따라서 현실의(자본제적) 상품은 '비용가격'인 자본가치(K로서의 G) 플러스(+) '이윤'으로서의 증가가치(p로서의 g)가 된다. W=(K+p)=(G+g).

이와 같은 상품(W)의 재생산과정으로서의 자본의 운동, 그것은 개별적 제(諸)자본의 유통과정으로서의 최고 차원의 자본순환과정이며, 또한 사회적 총자본의 내적구성의 재생산과정으로서 재생산=유통과정(=구조)이다. 그리고 더 나아가서, 자본 가치와 구별된 잉여가치의 분배범주(分配範疇)로서의 실현과정=구조이다.『경제학비판요강』에서『자본론』에 이르기까지의 체계적 구축에 있어서의 기본노선은 이러한 문제영역에서 진행된다.

1) 근대 부르주아적 소유의 개념파악: 영유권법의 전회

마르크스의 이러한 이론적 작업은, 그의 생애를 통해서 다음과 같은 문제의 해명을 적어도 하나의 요점으로 하고 있다.

즉 '부르주아적 부'는 〈근대적 수탈〉로서의 〈경제적 착취〉이며, 그와 같은 것으로서 사회적으로 재생산되고 있다. 그리고 거기에 내재되어 있는 모순은 그 자체의 지양을 필연적이게 한다.

이와 같은 문제설정과, 그 해답을 위한 이론의 전개는 그 고유의 영유권법론(領有權法論)을 창출시킴과 동시에, 이러한 창출을 가능케 하는 사회=경제이론에 고유한 역사이론을 산출하고, 나아가 이러한 사회=역사인식에 고유한 미래상을 내다볼 수 있게 한다. 여기에서는 우선 영유권법론에 대해서 그 요점을 서술하기로 한다.

부르주아적 부는 자본으로서 존재한다. 자본으로서 존재하지 않는 부(생활수단으로서의 부)는 역사 전체를 관통하는 존재로서, 억지로 말한다면 부르주아적이라기보다는 봉건영주적이다.

부가 부르주아적으로 사용될 때, 즉 자본으로서의 기능을 나타낼 때, 거기에는 증가가치가 취득된다. 이러한 증가가치가 노동력의 발현으로서의 노동, 즉 노동력의 가치 이상의 가치(잉여가치)를 산출하는 노동에 의해서 획득되는 것이라고 개념적으로 파악될 때, 이러한 부의 수탈성이 비판적으로 해명된다.

즉 이 잉여가치의 일부는 축적되어 일정기간 후 자본으로 전화된다. 축적(=재생산)과정은 부단한 반복과정이다. 이러한 반복과정을 통해서, 현존하는 자본가치(資本價値)의 대부분은 자본으로 전화된 잉여가치이며, 이제는 본원적 자본 가치는 양적으로 보아 하찮은(Negligible) 것으로 되었다. 결국 자본이란 잉여가치의 집적, 다시 말해서 부불(不拂)된 타인노동의 소산(所産)이다.(不拂勞動)

다음에, 문제가 되는 것은 잉여가치의 또 다른 일면이다. 그것은 개인적인 소비자금(Fund)으로서 자본가에 의해서 소비된다. 이 부분은 계급적 개인으로서의 자본가의 인간적 존재를 재생산한다. 더욱이 그에게서 이 자금은 그 계급성과 인간성으로 분열하고, 그 자신은 이 소비자금을 둘러싸고 분열한다. 그러나 그 인간성은 계급성 안에 갇혀 있게 된다.

이 소비자금을 소비하고 있는 한, 그는 본원적인 자본 가치를 소모하는 것이 아니다. 즉, 이 부분을 '수입'('자본가치의 주기적 증가부분 또는 과정적 자본의 주기적 과실')으로서 소비하는 한, 자본 가치는 금후에도 '열매'가 되는 증가가치를 산출하는 '자본'='배나무'로서 재생된다.

만약, 본원적인 가치를 부르주아적인 부로서가 아니라, 즉 자본으로서 사용하지 않는다면, 그것은 소비자금으로 지출되어, 일정기간 후에는 죄다 소모될 것이다. 그러나 지금 그것은 소진되지 않은 채 현존하고 있다. 그것은 자본으로서 기능하고 있기 때문이다. 그리고 이러한 자본으로서 기능을 나타내고 있다는 것에는, 거기에서 산출되는 잉여가치의 일부가 소비자금으로서 지출되고 있다는 것이 포함되어 있다. 따라서 현재 자본으로 존속하고 있는 가치는 일정기간에 걸쳐서 소비된 잉여가치에 의해서 환치(換置)되고 있는 것이다. 즉, 부불(不拂)노동인 바의 타인노동의 소산으로서 본원적 자본 가치는 그 존속을 계속하고 있다.

요컨대, 자본으로서의 부르주아적 부는 사실상 타인의 부불노동의 수탈이다. 더욱이 이러한 수탈은 타인의 노동(A)과, 자본으로서의 화폐(G)의 '교환'의 결과로서 성립하는, 근로하는 다수 개개인의 집단적 '사회적 노동'의 생산력을 '개발=독점'함으로서 수행되고 있는 '착취'(=Exploitation=Ausbeutung)인 것이다.

지금 여기에서 문제되고 있는 본원적 자본가치가, 다른 나라의 약탈 또는 타인으로부터의 폭력적 수탈의 소산이 아니라 스스로 땀 흘려 일한 성과라 하더라도, 더욱이 이러한 의미에서의 자기노동에 기초한 것이었다 하더라도, 그것이 자본으로서 기능을 나타내고 있는 한, 그 반복된 축적=재생산과정에서는 그 전부가 타인의 부불노동의 소산으로 전화(轉化)되고, 또한 그와 같은 것으로서 재생산 된다. 따라서 여기에서 자본이라는 것은 본질적으로 타인의 노동에 대한 착취이다. 이러한 의미에서 근대적인 수탈이라는 것이 개념적으로 파악되는 것이다.5) 그리고 이러한 개념과악은 "소유란 도둑질이다" 따라서 "소유는 불가능하다"고 단언하며, '자본주의를 탄핵한' 프루동이 그 해답을 준비하지 못하고 제기하는 데 그친 문제에 대한 마르크스의 경제학적 해답이다.

이 문제의 해결(그 표현으로서의 앞에서 말한 순환도식론)은, 프루동에게서 가장 적절한 전형이 발견되는 바의 '부르주아 사회주의'를 근원적으로 비판한 것이며, 프루동뿐만 아니라 대부분의 사회주의자가 공유한 국민경제학의 전제, 즉 부르주아적 소유관을 내적으로 비판한 것이었다.

상품으로서의 노동(='임금노동')이전에, 노동과 '교환'될 것으로 위치 지어진 자본으로시의 회페를 '자기노동의 소산에 대한 소유'로 간주하는 것은 근대 부르주아 사회에 공통된 일상적인 일이며, 국민경제학자가 근대사회의 근본전제로 확정한 것이었다. 그들에게 있어서 '자기노동'이야말로 근대적 소유의 '본원적 명의(本原的名義)' = '권리의 권원(權原)'이다! '자기노동에 기초한 사적소유' 이것이야말로 부르주아 사회의 '정의(正義)'이다!

그러나 이러한 '권원(權原)'과 '정의'가 그들이 주장하는 대로의 것이었다 하더라도, 현존하는 사적 소유로서의 자본은 부불(不拂)된 타인 노동의 영유(領有)로서의 사적소유이다. 이러한 것은, 반복되는 자본순환과정으로서의 축적과정 그 자체에 의해서 명백해진다. 그리고 그 점에서 이러한 근대적 수탈인 바의 자본은 허위의 권원에 입각한 것으로서, 오히려 근대적 정의의 실체로서 재정립되는 것

---

5) 이러한 개념파악은 앞에서의 순환론적 전개에 의해서 이해된다.

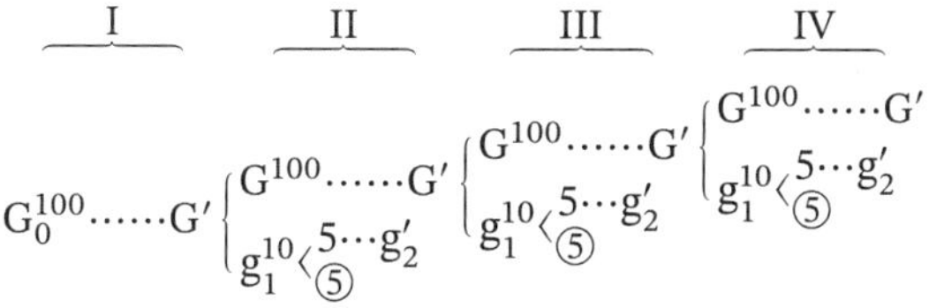

$$\overbrace{G_0^{100}\cdots\cdots G'}^{\text{I}}\overbrace{\begin{cases}G^{100}\cdots\cdots G'\\ g_1^{10}\left\langle\begin{matrix}5\cdots g_2'\\ \text{⑤}\end{matrix}\right.\end{cases}}^{\text{II}}\overbrace{\begin{cases}G^{100}\cdots\cdots G'\\ g_1^{10}\left\langle\begin{matrix}5\cdots g_2'\\ \text{⑤}\end{matrix}\right.\end{cases}}^{\text{III}}\overbrace{\begin{cases}G^{100}\cdots\cdots G'\\ g_1^{10}\left\langle\begin{matrix}5\cdots g_2'\\ \text{⑤}\end{matrix}\right.\end{cases}}^{\text{IV}}$$

이 비판적으로 해명되고 있다. 즉 '자유로운 노동'과 자본으로서의 화폐간의 자유로운 '교환'이란, 부불(不拂)된 타인 노동의 영유=착취에 의한, 새로운 타인 노동의 영유라는 지배과정=구조가 여기에서는 비판적으로 개념 파악되어, 국민경제학의 전제가 흔들리게 되는 것이다.

2) 순환론 = 물화론으로서의 역사이론: 세계사의 3단계 파악

근대 시민사회의 해부학으로서의 사회인식을 '고전경제학'에서 비판적으로 배우고 있던 마르크스는, 이러한 '고전(古典)'적 자본 인식이 입각하였던 생산자본순환(p···p)을 한편에서는, 자본제적 상품의 재생산과정(W······W)을 주시(注視)함으로써 총체적으로 위치 지움과 동시에, 다른 한편으로는 화폐자본순환(G···G)을 중상주의적 일면성에서 해방시켜 그것을 자본순환을 설명하기 위한 일반 법식(範式)으로서 재정립하였다.(앞 페이지에서 본 연속적인 제(諸) 순환 범식은 그 현실적인 전개의 한 실례이다.)

상품자본순환(W···W)에 대한 이론적 착안은 —그 사회적 총자본으로서의 재생산 유통과정의 대자적 파악에로의 전전을 스스로가 획득하고자 할 때, 제(諸) 자본 및 수입의 가치보전(價値補塡)의 사회적 연관에 주목하지 않을 수 없지만— 동시에 순환과정의 근원은 무엇인가에 대한 고유의 내적 성찰을 재촉한다. 즉 여기에서, 한편으로는 사회적 총자본의 상호보전(相互補塡)관계($W' = \left\{ W' \left\langle \begin{matrix} W \\ w \end{matrix} \right. G' \left\langle \begin{matrix} G-W \left\langle \begin{matrix} P_m \\ A \end{matrix} \right. \cdots P \cdots\cdots W' \\ g-w \end{matrix} \right. \right\}$)의 내적 구성을 구체적으로 묻지 않으면 안 된다. 거기에서의 자본가치와 잉여가치의 운동이 단순한 W-G-W와 w-g-w의 병존으로서 재파악되지 않으면 안 된다. 더욱이나, 생산수단으로서의 상품(W_{Pm})과, 소비수단으로서의 상품(W_{km})이 서로 적응하면서 존재하는지의 여부〔($W_{Pm}(v+m)=W_{km}(c)$)〕를 묻지 않으면 안 된다.

이와 동시에, 다른 한편으로는 다음과 같은 것을 묻지 않으면 안 된다.

자본의 일반적 범식(G-W-G′)은 왜 G-W를 제1단계로 하는가라고. 동일한 물음이지만, 자본은 왜 G-W-G′라는 운동 형태를 자기의 일반적 범식으로 하는가라고.

이러한 G-W-G′은 어디에서 발생하는가. W-G-W의 운동 속에서 불가피하게 발생 하는 G-W-G과정 속에서이다. 이 W-G-W 라는 형태로 사회형성이 전개되는 곳에서는, 거기에서 불가피하게 G-W-G로 운동하는 화폐는 이미 '사명으로서의' 자본이다. 그것은, 보편적 등가인 자기의 본질이 금·은 등의 물적 형태에 있어서는 양적으로 제한되어 있다는 조건 하에서의 자기규정의 모순성에 의해서 이미 잠재적으로 자본이다.

잠재적으로 자본인 이 화폐는 어떻게 발생할 수 있는가? 이러한 문제가 제기됨으로써만 앞에서의 물음에 대답할 수 있는 것이다. 그러나 이것은, 자본은 자기 자신의 근거를 자기 자신 이외에서도 가질 수 있는가라는 질문에 귀착된다. 만약 자기 자신 이외의 것에 근거 지어지게 된다면, 그것을 추구해가지 않으면 안 된다. 자기 외부에 있는 근거를 무한히 추구해가지 않으면 안 된다. 그 끝없는 추구의 결과는, 자기의 근거는 자기자산 속에 있다고 하지 않을 수 없다는 것이다. 자기 자신 안에서 찾은 것은, 자본이라는 역사적 형태규정(形態規定)을 성립시키는 근원으로서의, 역사적 형태규정인 상품(W)이다. 이러한 상품=형태야말로 화폐형태를 발생시키는 것, 따라서 자본=형태의 기원이기 때문이다.

상품은 그것이 사용가치인 동시에 가치이기 때문에, 그 대립적 이중 존재를 상품과 화폐의 분열로서 대자화(對自化)하며, 이러한 상품과 화폐의 분열은 노동력(A)과 생산수단(Pm)의 분열을 추진시키는 요인으로서, 또한 그 외적 형식으로서 사회적으로 위치 지어진다. 그리고 이것이 바로 자본의 창출이다.

순환론으로서의 재생산=축적론은 이제 자기 자신의 '자본' 범식의 기원으로서, 화폐-상품론을 독자적으로 전개하지 않으면 안 된다. 『경제학비판요강』에서 축적=재생산론으로서의 순환론을 전개함으로써, 비로소 「화폐에 관한 장」을 창설하고, 그곳에서 최초의 상품론을 전개해야 했던 이유이다. 또한, 『경제학비판』에서 「상품의 장」이 독자적으로 세워지지 않으면 안 되었던 것이다.

여기에서 '상품'='상품세계'가 시발점(始發點)으로 위치 지어졌을 때, 이러한 상품세계로서의 '상품생산 및 상품유통에 기초한 영유권, 즉 사적소유권법'이 '상호간에 자립적으로 행하여지는 사적노동'으로서의 자기노동에 기초하는 것으로 위치 지어진다.

그러나 이러한 자기노동이라는 것은, 노동의 산물인 상품이 교환됨으로써만 그 사회적 성격이 입증되는 사적노동이며, 그 자체가 대립적인 것이다. 이러한 사절 속에 포함되어 있는 것이지만, 이 노동은 사용가치 생산노동인 동시에 가치생산 노동이며, 그 대립적 이중성으로 특징지을 수 있다. 따라서 그것은, 그 발현인 상품이 상품과 화폐로 자기 분열하는 것을 불가피하게 한다. 그리고 이러한 분열에서, 자기를 대상적으로, 더 나아가서 매개적으로 통일하는 것이다. 즉 그 사적 성격과 사회적 성격의 대립을 대상화시키면서, 거기에서 대상화된 상품과 화폐의 형태운동 속에서 과정적으로 통일되는 것이다.

바로 이러한 것으로서의 자기노동이기 때문에, 그 소산으로서의 소유권법은 '자본가적 사적소유'='자본가적 영유권법'으로 '전회(轉回)'될 수 있는 것이다. 이 전회를 매개하는 획기적인 역사과정이 바로 '자본의 본원적 축적과정'이다.

그리고 이러한 과정 위에 전개되는 근대 부르주아사회는, 사회형태규정을 체현(體現)하는 물상으로서의 자본·화폐·상품의 상호관련으로서 계급적 개개인의 사회적 관련이 형성되고 있는 사회이다. 그와 같은 물상적 관련 위에 인격적 개인이 범주화(範疇化)되고, 또한 첨부되어 있다. 그러한 개인으로서의 자립성은 사회형성의 외면(外面)인 교환에 존재하는 가상(假像)에 불과하다.

따라서 여기에서 독자적인 사회=역사인식이 불가피하게 나타난다. '물상적 의존 위에 이루어진 인격적 자립성'으로서의 근대 부르주아 사회에서는, "교환가치에서 인격의 사회적 관련이 물상의 사회적 관계행위로 전화(轉化)되고, 인격적인 능력이 물상적인 능력으로 전화된다." 더욱이 이와 같은 보편적인 소외와 전화에서 오는 희생 속에서, '보편적이고 사회적인 질료(質料)변환(물질대사), 전 세계적인 대외적 관련, 전면적인 욕망 및 전 세계적인 능력이라는 체계'가 성립된다.

자본주의사회라는 계급사회는 이와 같은 물화가 관철되는 사회이다. 축적=재생산론으로서의 순환론이 정비되고 있을 때, 그것은 위에서와 같은 현대 인식을 제기함으로써 과거와 미래의 새로운 이론상(理論像)을 다시 제기하고 있었다.

'물적 의존관계'가 아니라 '인격적 의존관계'로서 그 본질이 규정되는 과거의 여러 사회, 그것은 여러 형태의 공동체 시대이다. 그 시대는, '본원적 소유'로서의 소유의 제 형태[생산활동, 유적(類的)귀속 및 의식관계 행위에 있어서의 유형적이고 단계적인 상위(相違)로 특징 되는 제 형태]로서 존재한다. 즉 '가부장적'='아세아적'인 관련=공동체, '고전고대적'='그리스·로마적' 공동체, '게르만적' 공동체='봉건제도' 및 '길드제도' 등이 그러한 제 형태=단계이다.

이러한 것으로서의 과거가 역사의 '제1단계'로서, '제2단계'인 근대 부르주아 사회에 대비되는 전사(前史)로 위치될 때, 이러한 제2단계인 현대는 그 부정적 제약인 소외로서의 물화의 지양을, 그 긍정적인 성과인 전 세계사적 생산력의 전개에 의해서 필연적이게 한다. 물화의 세계는 이제 객체적으로도 주체적으로도 자체 지양의 제 요인을 성숙시켜간다.

자본주의적 축적이 자체의 전개 안에 '보편적으로 발달한 개개인'으로서의 '사회적 개인'을 객관적이고 실천적으로 실현시키기 때문이다. 이러한 점에서 전망되는 미래는 다음과 같은 체제이다. '개개인의 전 세계적 발전위에, 개개인의 사회적 능력으로서의 그들의 협동적이고 사회적인 생산성을 개인에게 복종시킴으로써 이루어지는 자유로운 체제' 바로 이것이다. 그리고 그것은 또한 '자기들 자신의 협동적인 관련(규칙)에 따르는 사회적 관계를 갖는, 보편적으로 발달한 개개인'이 전개하는 사회이다.

여기에서 볼 수 있는 세계사에 대한 3단계 파악, 그것은 이미 되풀이해서 지적한 바와 같이, 물화의 경제이론인 순환론으로서의 축적=재생산론이 고유하게 내포하고 있는 사회=역사인석으로서의 세계사상(世界史像)이며, 이러한 이론에서 전망되는 근로자 개개인의 계급투전으로서의 공산주의=운동의 전(全) 과정을 변증(辨證)하는 것이다.

3) 개체적 소유의 재건으로서의 사회적 소유의 실현

우리가 앞에서 보아온 것은 세계사의 이론상(理論像)이다. 그것은 어디까지나 현실적인 당대의 비판적 내재(批判的內在)가 제기하는 역사상(歷史像)이다. 따라서 과거와 미래의 연관이 현대의 비판적 이론인식에 의해서 매개되고 있다.

그것은 위에서 보인 바로는, 공동체-시민사회-공동체이며, 인격-물상-인격이었다. 그리고 이들의 형태전환을 통한, 근로자 제 〈개인〉의 〈사회적〉 생산력의 세계사적 발전이었다. 이러한 양자를 총괄하는 것으로서, 우리들은 여기에서 새로이 '노동과 소유의 동일성'-'분리'-재결합으로서의 동일성의 회복이라는 범식을 제기할 수 있다. 그것은 무계급사회-계급사회-무계급사회라는 세계사의 전변(轉變) 도식(Scheme)의 큰 골격을 이루는 것이다.

그러나 이러한 '노동과 소유의 동일성'의 범식은, 그것이 내포하는 계급사회로서의 현대를 '근대 부르주아사회'로 한정할 때, 거기에서 한정된 이론적 역사상을 제시한다.

현대에서는 노동과 소유가 분리되어 있다. 근로자 개개인은 생산수단을 갖고 있지 않으며, 따라서 자기의 노동을 팔아 임금을 얻지 않고서는 생활 수단을 획득할 수가 없다. 그들은, 자신의 노동력을 자본인 화폐와의 '교환'을 통해서 양도(소외)하고, 그들의 사회적 노동력을 자본의 생산력으로서 창출한다. 거기에서 '협업'으로 형성된 '사회적 노동'은 그들의 인격성=개체성의 소외된 물상력(物象力)의 발현으로서 존재한다. 이렇듯이 근대 부르주아적 소유는 '자본가적 사적소유'인 것이다.

이러한 자본가적 사적소유와의 대비에 있어서, '노동과 소유의 동일성' 이라는 사태를 이론적으로 확정하면, 그것은 '스스로 일하여 얻은, 말하자면 개개의 독립적인 노동 개체와, 그의 노동 제 조건의 융합에 기초한 사적소유'로 정립된다. 거기에서 노동자의 인격적 개체성은, 근로자 개개인이 대지를 포함한 생산수단을 획득함으로써 실현된다. 그러나 그들의 노동은 생산과정에서 협업을 형성하지 않고, 생산수단은 분산되고, 그 기술적 수준은 발달하지 못한 채 행해진다. 즉, 사회적 생산력이 발전하지 못한 것이 특징적이다.

이러한('상품생산이라는 생산양식'에 고유한) 소유권법에 재차 대비해 보면, 자본가적 사적소유는 노동자에게는 생산수단의 박탈, 자본으로서의 사회적 생산력에 있어서 인격적 개체성의 상실로 특징지을 수 있다. 그러나 동시에, 자본으로서 형성된 그들의 사회적 노동은 생산수단의(공동소유는 아니지만) '공동점유' 위에서 전개되고 있다. 자본가적 사적소유는, 근로자에 의한 공동점유라는 사회적 〈사실〉에 대한 부르주아적 〈사권(私權)〉으로서, 즉 추상적인 정치적 지배로서 존재할 뿐이다. 그것은 그곳에 이미 개시 되고 있는 공동점유를 공동의 〈소유〉로 하는 것을 저지함으로써 자본 안에 소외된 근로자 개개인의 인격적 개체성의 회복=탈환을 허락하지 않는다.

자본축적 과정은 그 자체의 전개 속에, 점점 거대화해 가는 근로자 개개인의 사회적 노동과 사회적 생산력을 형성함으로서, 또한 동시에 자기 자신의 인격성으로서 개체성의 탈환이라는 계급적이고 인간적인 욕망을 산출함으로써, 자본인 물상에 대립하여 모든 생산 수단을 자기 것으로 소유할 것을 목표로 하는 사회를 재조직하기 위한 투쟁을 낳게 한다.

따라서 여기에서, 상품생산에 관한 소유권법의 자본가적 사적소유에 의한 부정(否定)이, '노동과 소유의 동일성'의 부정으로서의 양자의 '분리'를 부정(否定)하는 것, 즉 부정의 부정으로서 제시된다. 더욱이 다음과 같은 긍정적인 내용에서 그러하다.

"자본가적 생산양식에 조응(照應)하는 자본가적 영유(領有)는, 독립적인 개체 노동의 필연적 귀결인 사적소유에 대한 첫 번째의 부정을 구성한다. 그러나 이 자본가적 생산은 자연의 형태변경에 군림하는 숙명을 가지고, 자기 자신의 부정을 자신이 산출한다. 그것은 부정의 부정이다. 이러한 부정의 부정은 노동자의 사적소유를 재건하는 것이 아니라, 자본가시대에 이미 달성되어 있는 것, 즉 협업과 토지를 포함한 모든 생산수단의 공동 점유의 기초 하에 근로자의 개체적 소유를

재건한다.”(『자본론』 프랑스어 판)

4) 사회적 개인의 현실적 생성

이상에서 본 ‘부정의 부정’의 변증법은 현실적으로 진행되고 있는 자본가적 축적과정 속에서 진전되고 있는 실재적인 운동이며, 그러한 개념으로서의 실천적 운동이다. 따라서 그들은 축적과정의 구체적인 제 조건에 의하여 제약받는 동시에 그것에 의해서 매개되고 있다.

여기서 특히 ‘경쟁과 신용’의 매개적 기능에 관해서는, 그것이 직접적 생산과정으로서의 추상성에서 축적과정에 가져오는 특징적인 제 현상을 들어, 이러한 변증법의 현실적=실천적 의의를 다시 한번 우리들의 비판적 자기이해 속에서 재인식시켜야 한다고 생각한다.

이 경우, 여기에서 우리가 미리 확인해 둘 것은, 경쟁에 내몰린 결과 축적과정이 자본의 ‘집적’과는 구별되는 의미의 ‘집중’이라는 형태를 갖게 되며, 특히 ‘주식회사’라는 자본의 사회적 형태가 ‘신용제도’의 새로운 전개와 함께 중대한 의의를 갖게 된다.

‘신용업의 발전은 자본 소유의 잠재적 지양을 내포한다.’ 그리고, 이러한 신용업에 매개된 주식회사는 ‘회사=사회자본’으로 작용하기 때문에, 그 자체가 ‘자본주의체제 자체의 기초위에서의 자본가적 사적 산업의 지양인 것이다. 그러나 여기서는, 전체 생산수단에 대한 노동자의 공동점유가 자본가의 사적소유에 정면으로 대립하고 있다. 따라서 그것은 ‘자본가적 생산양식 자체 내부에서의 자본가적 생산방식의 지양’인 것이다.

이와 같은 ‘자기 자신의 지양’은 다음과 같은 계기에 의해서 규정되고 매개되고 있다.

(1) 상대적 과잉인구의 창출과 전면적으로 발달한 개인의 산출

자본의 축적 과정은, 이러한 축적이 필요로 하는 인구와, 이에 적응하는 인간존재를 창출해 낸다. 축적이 산업순환의 제 국면을 전개하면서 진전되는 한, 그것은 그 어느 국면에도 대응할 수 있는 인구를 인위적으로 창출한다. 즉 상대적 과잉인구가 그것이다. 노동자는 여기에서 산출되는 인구법칙에 의해서 포착된 존재로서, 과잉인구의 제 실존형태(유동적·잠재적·정체적 형태 및 피구제 빈민)를 나타나게 된다. 여기서는 ‘노동자계급의 희생, 노동력의 무제한한 낭비, 사회적 무정부성의 파괴작용'이 진행한다. ―이것은 '자본주의적 축적의 일반법칙'을 이루는 것이며, '자본의 증가가 노동자계급의 운명에 미치는 영향'의 한 귀결이기도 하다.

그러나 자본의 축적과정은 제 자본 사이에 점점 격렬해지는 경쟁에 내몰리어, 그 생산물 및 그 생산양식의 변환(變換)을 불가피하게 한다. 더욱이 이전의 분업구조내의 부분인 노동의 과잉부분에 대해서, 새로운 분업이 필요로 하는 노동력의 확보가 불가능하기 때문에, 취업중인 노동자의 재훈련을 통한 '기능의 전환'과 '유동(流動)' 및 그들의 '보편적 이동능력'의 육성→숙성을 불가피하게 한다. '대공업의 기술적 기초가 혁명적이기' 때문에, '각종 사회적 기능을 상호전환할 수 있는 활동 양식'을 자신의 것으로 하는 '전면적으로 발달한 개인'을 산출하는 것이, 자본에게는 사활의 조건이 되기까지 한다. 이러한 보편적 개인의 창조는, 자본축적이라는 특수한 사회적 형태를 통한 '보편적·사회적 생산법칙'이다.

이러한 보편적인 생산법칙은 전술한 바의 축적에 관한 일반법칙과 정면으로 대립한다. 또한 그것은 이윤목적에 제약되어, '과거의 분업을 기본으로 한 분립성과 함께 재생산하는' 경향과 모순된다. 이것은 '절대적 모순'으로서, 그 인격적 매개형태로서의 새로운 교육제도, 정치와 문화, 사회적 실천의 제 형태를 산출한다.

(2) 인간과 자연의 파괴, 질료변환의 체계적 재건

대공업의 전개로서의 자본축적은 농업에 반작용하여, 농업의 자본주의화를 축전하고, 자연조건에 대한 의존도가 높은 이 산업의 노동과정을 사회화하고, 또한 기계화한다. 그리고 여기서도, 노동수단은 노동의 생산성을 상승시키는 수단이지만, 동시에 '노동자의 억압수단, 착취와 궁핍화의 수단'으로 작용한다. 즉 '노동자로서의 개인의 활력, 자유 및 자립성에 대한 압박'으로 작용한다. 도시의 대공장에서와 같이 근대 자본주의의 대농장에서는 "노동생산력의 증대와 유동화의 증대는 노동력 자체의 황폐와 쇠약이라는 대가를 치른다."

단, 농업에 중대한 것이 첨가된다. 즉, '노동자를 약탈하는 기술의 진보'가 또한 '토지를 약탈하는 기술의 진보'이기도 하다는 것이다. 즉 "어떤 일정기간 동안 토지의 비옥도를 높이기 위한 모든 진보가 또한 이러한 비옥도의 지속적 원천을 고갈시키는 진보이기도 하다."

자본주의적 농업에 있어서의 이와 같은 인간과 자연의 파괴.

영원히 변치 않는 인간과 자연의 질료변환(質料變換)에 대한 자본주의적 파괴, 이것은 다른 어떠한 사회법칙보다도 더 한층 질료변환의 재건을 역사적 필연의 법칙으로 하고 있다. "그것은 이 질료변환을 사회적 생산에 관한 규율적 법칙으로, 또한 인간 발전에 적합한 형태로 체계적으로 재건하도록 강제한다." 그리고 이 일은 또한 인간과학과, 자연구조=물질과학과, 사회과학의 체계적 재건을 필연적으로 요구한다. 그것은 바로 농업과 공업의 사회적인 종합=재편성에 있어서의 물질적·사회적 전개과정인 것이다. 그것이 바로 지금 진전되고 있다. "자본가적 생산양식이 농업과 공업의 — 농업과 공업이 서로 대립적인 것으로 만들어진 자태를 기초로 한 — 보다 새롭고 고도한 종합·합일의 물질적 제 전제를 창조하고 있다."(이상의 여러 인용은 『자본론』 제1부 제13장)

(3) 노동과정과 교육과정의 사회적 결합

자본주의적 축적은 한편으로는 자본인 부의 축적 과정이며, 다른 한편으로는 '빈곤과 노동에서 오는 고역, 노예상태, 무지, 야성화(野性化) 및 도덕적 타락의 축적'과정이다. 체제저=계급적 종속 및 정신적 문화적 빈곤에 노동계급이 사로잡혀 있다는 의미에서, 노동자 개인에게는 '절대적 빈곤'이다.

이러한 의미의 '빈곤' 속에 사로잡혀 있는 노동자는 '공장법'과 '보건조례' 및 '교육조례'를 획득한다. 자본 자체, 다름 아닌 축적을 위한 체제적 요청에 기초해서, 임금과 노동시간의 절대한계를 규제하지 않을 수 없으며, 또한 최저한의 사회보건과 기술교육을 개별적 자본가의 반항을 제압하면서 강제하지 않으면 안 된다. 이를 위해서는 '국가의 강제법(强制法)에 의한 강행'이 불가피하게 요청된다. 이러한 사실은, 자본이 사회형성의 기본원리로서, 사회 구석구석에까지 그러한 규정=지배력이 관철되고 있다는 증거이다. 그러나 동시에 그것은 그 자체에서 형성된 사회체제의, 인간적 사회로서의 자연필연성(自然必然性)을 자신에게 갖추게 하지 않으면 안 될 증거이기도 하다. 따라서 자본주의적 축적은 실로 '지적 교육 및 체육과 근육노동의 결합, 따라서 근육노동과 지적 교육 및 체육의 결합 가능성을 증명한다. 또한(다음 항에서 상술할) 노동과정의 '과학화'를 촉진함으로써, 노동과정과 교육과정의 사회적 결합을 촉진시킨다. '부르주아지는 자신들의 자녀를 위해서는 이공대학이나 농과대학을 설립'하지만 프롤레타리아의 자제를 위해서는 보잘것없는 '직업교육학교'를 지어주는 데 그친다. 그렇지만, 고등교육의 재편과 고도화 또한 불가피하다.

'장래 교육'의 기초가, 여기에서는 '전면적으로 발달한 개인'에 대한 체적 형성으로서 확립된다. 그러나 이와 같은 교육의 진전은, '노동자에 의한 정권획득'에 의해 보장됨과 동시에, 그와 같은 재편된 교육의 전개야 말로 정권획득의 가능성을 현실화하는 것이기도 하다.

(4) 노동과정의 과학화: 가치법칙의 지양과 관철

자본축적의 전개가 직접적 생산과정에 미치는 영향 중에, 여기서 마지막으로 주목하여야 할 것은 한편으로는 축적이 '단순한 노동과정의 과학화'를 추진하는 것이며, 다른 한편으로는 아직 잔존해 있는 노동의 '사회적 노동'='협업'으로의 전개를 추진한다는 것이다.

자본주의사회는 '상대적 잉여가치의 생산'기구인 동시에, '절대적 잉여가치의 생산'기구이다. 축적은 전자를 극한에 이르기까지 전개시키는 동시에 후자의 메커니즘을 지양하는 것은 불가능하다. 그것이 자본축적의 진행인 한, 자기 자신을 부정하지 않고는 이것을 지양할 수 없다. 이러한 절대적 모순의 정점에서, 마르크스는 노동에 의한 가치규정 즉 가치법칙에 관한 체제적 의의를 확인한다.

이러한 절정적인 사실에 관한 증언을 아직까지 묻혀 있는 초고(『경제학비판요강』)의 제(諸) 명제 속에서 얻으면서, 『자본론』에서의 노동가치론에 대한 전(全) 사회=역사이론적인 의의에 접근할 때, 적어도 다음과 같은 것을 확인할 수 있다.

무엇보다도 먼저, 대공업의 자본주의적 발전은 주로 보편화된 과학과 기술의 진보, 또는 생산에의 과학의 응용에 의존하게 되며, '생산에 필요한 노동'에의 의존도가 낮아지게 된다. 그러나 노동자가 필요하지 않다는 것은 아니다. "노동자는 생산과정의 주요 작용인(作用因)으로는 될 수 없고, 생산과정의 밖에 몸을 두게 되었다." 그리고 '생산과정 자체에 대한 감시자 및 조정자로서 행동하기에'(위의 책) 이르게 된다. 이와 같이 '사회적으로 결합되고 과학적으로 처리되는 생산과정'(『자본론』 제1부 제23장)이 당면한 문제로 된다.

여기에서는 인간적 노동이 '부의 원천'이 되는 것을 멈추는 사태가 전개되고 있는 것이다. 따라서 "오늘날의 부의 기초인 타인의 노동시간의 절취는 새롭게 발달한 대공업이 창조한 기초에 비교하면, 초라한 기초로 보인다."

이러한 잉여노동시간의 축소과정은 부의 원천으로서의 노동시간에 부여되는 사회적 의의의 감소과정이기도 하다. 거기에서는, "직접적 형태로서의 노동이 부의 위대한 원천이기를 멈추는 이상, 노동시간은 부의 척도이기를 그만두고 또한 멈추지 않을 수 없다. 따라서 교환가치는 가치로 되는 것을 멈추며, 또한 그만두지 않을 수 없다."—가치법칙의 지양이 자본축적에 의해 노동과정을 과학화할 필요성 위에 전개된다.

그러나 축적은 여전히 인간의 노동에 달려 있다. 아니, 다른 일체의 상품을 자동기계장치에 의해서 산출할 수 있다고 하더라도, 단 하나 노동력만은 어떤 기계를 사용하더라도, 또한 새롭게 개발된 과학기술에 의하더라도 자동적으로 산출할 수가 없다. 절대적 상품으로서의 노동력, 자본주의적 축적은 노동을 줄이기 위한 극한적 노력 속에서 인간적 노동의 궁극적 의의를 확인한다. "자본은 그 자체가 과정적 모순이다. 자본은 노동시간에 있어서 최소한도로의 축소를 추진하는 동시에 다른 한편으로는 노동시간을 부에 대한 유일한 척도로서, 유일한 원천으로서 위치 짓고 있다."

계속 과학화되고 있는 노동과정의 역동성을 응시하여 자본축적론을 구축함으로써, 마르크스는 그의 노동가치설을 체계적 원리로서 수립하는 것이다.

부언하면 체제적 원리로서 관철되는 가치법칙은 그 자체의 지양의 필연성 속에서만 전개되는 것이다. 그리고 이것이 뜻하는 바는, 축적과정에서 필연적으로 나타나는 '전면적으로 발달한 개개인'이 모든 근로자 개개인의 전(全) 생산수단과의 현실적 융합에서, 즉 사회변혁에서 현실화된다는 것이다. 가치법칙 지양에 있어서의 필연성의 현실화.

5. 대립적 시간규정의 지양: 필연의 왕국과 자유의 왕국

자본주의적 생산=축적양식은 그 과정에 있어서 앞에서와 같은 변증법적 운동을 전개하지만, 이것과 서로 중첩되면서 다음과 같은 운동까지도 진전시킨다. 즉 자유시간과 노동시간의 대립, 그리고 이러한 시간규정의 대립에 응집된 바의 생산적 노동자계급과 기생적 지배계급의 현실적 투쟁이 그것이다. 그리고 이러한 투쟁의 전개를 통한 대립적 시간규정의 지양, 더구나 그것에 표현되는 '필연의 왕국의 피안'으로서의 '자유의 왕국'에 대한 전망이 그것이다.

자본주의적 축적은 그 거대한 생산력에 의해서, 직접적으로 물질적인 생산과정에서 '사회적 필요노동시간'을 단축시키고, 이러한 단축분(短縮分)만큼의 '비(非)노동시간'을 성립시킨다. 그것은 자본으로서의 생산적 노동이 획득한 상대적 생산성의 함수로서 성립하는 가능적 시간이다. 그것은 인간과 자연 사이의 질료변환(質料變換) 과정에 있어서, 자연필연성의 영역(왕국) 속에서 '처분이 자유로운 가능시간'이다.

이 시간은 앞의 사회적 〈필요노동시간〉에 대립하는 〈자유시간〉이다. 단, 여기서의 대립은 일정한 생산력 하에서의 자연필연(自然必然)='필요'와, 그것으로부터의 해방인 '자유'의 대립이다.

그런데 이 자유시간이 자본제적 축적과정의 산물인 한, 그것은 그 자체로서 절대적인 두 계기로 분열한다. 즉, 한편으로는 인류가 태초 이래 사회적 생산력을 발전시키면서 획득하여 온 자유로운 부(풍요)로서의 시간이다. 자본주의시대는, 그것이 자본에 의해서, 과학·기술에 대한 개발연구시간으로서 일부 실현됨과 동시에, 또한 노동자에 의해서 노동시간 단축 투쟁이 얻어내는 '여가시간'(노동자 개인의 예술적·문화적·과학적·체육적 자기형성시간)으로서 부분적으로 실현된다. 그들 쌍방에 있어서의 시간은 인류적 부이다.

그러나 다른 한편으로는, 처분이 자유로운 이러한 가능시간은 증가가치 산출을 위한 잉여노동시간으로 '전화'된다. 또한 기생적 지배자의 '비 노동시간'으로 실현된다. 더 나아가서, 사회적·정치적 지배체제의 기생적인 무위도식자·추종자(정치적·사회적·문예적인 건달) 등='비생산적 제 계층'의 유휴시간으로 실현된다. 이들 3자는 '과잉노동시간'이라고 총칭되어 그 계급적·대립적 성격을 보인다.

자본제적 축적의 전개는 과잉노동시간의 증대이며, 그 범위 내에서의 필요노동시간의 감소이다. 더욱이 필요노동시간의 감소는 노동자 자신의 상대적 과잉화, 즉 체제적 실업화인 것이다. 기생적 지배계급을 위한 잉여 노동시간과, 그들의 비 노동시간의 증대로서, '부의 축적'이 '빈곤의 축적'의 대극(對極)으로 실존하게 된다.

따라서 계급투쟁은 이미 사회적으로 획득되어 있는 생산력을 자기의 것으로 한 노동자계급이, 구지배=기생자를 위한 잉여노동시간과 비 노동시간을 폐지하는 것, 즉 자신의 자유시간으로 다시 바꾸는 것을 그 하나의 내용으로 한다. 그들 자신의 시간으로서 자기의 문화적·과학적·예술적·체육적 자기형성을 발전시키는 시간, 즉 '개인의 완전한 발전을 위한 시간'으로 한다. 그리고 "이러한 자유시간이 그들 자신 다시 최대의 생산력으로서 노동생산력에 반작용(反作用)을 가한다."

노동자가 이제 '시간의 점유자='시간의 주인'이 된다. 이미 이 시점에서, 자유시간과 과잉노동시간의 대립은 지양되어 있다. 그러나 자유시간과 사회적 필요노동시간 사이에는, 계급적인 대립성이 상실되어 있기는 하지만, 자연적 필연과 자유의 대립이 잔존한다. 즉 이러한 협동사회에 있어서, "시간의 경제가, 여러 종류의 생산부분에 대한 노동시간의 계획적 배분과 마찬가지로 여전히 이러한 협동적 생산의 기초 위에서의 제1의 경제법칙이 된다."(『경제학비판요강』) 그러나, 이러한 "제1의 경제법칙은 노동시간에 의한 교환가치의 측정과는 본질적으로 차이가 있다."(위의 책) 다시 말해서 노동에 의한 가치규정=가치법칙은 이미 그 직접적인 사회적 타당성을 상실하여 배경으로 물러나게 된다. '연합한 개개인'='사회화된 인간'(='사회적 개인')으로서의 노동자가, "최소한의 능력을 소모 하면서 가장 합리적으로, 또한 인간의 본성에 가장 적합한 조건"에서 '질료변환을 합리적으로 규제하고, 그것을 그들의 공동의 통제 하에 두는' 과정이 진행된다. 즉, '필연성의 영역 내에서의 자유의 왕국'이 이미 시작되고 있다. 그것은, 인류가 지금까지 탐구·추구하지 않을 수 없었던 형식적 및 실질적인 자유의 전개과정이며, 거기에서는 법적·윤리적 및 지적 자유가 인류의 부르주아 시대에 비해 백배의 깊이와 넓이로 전개된다.

여기서는 이미 생활시간이 노동시간에 해를 끼치는 것이 아니라, 반대로 생활시간의 일부로서 노동시간이 적극적으로 상정된다. 거기에는 여전히 '인간적 노고'가 남는다. 그것은 '(자기목적으로서의) 작곡이 엄연한 노고'가 되는 것과 마찬가지이다.

노동시간이 여전히 남아 있는 이 지평에서, 모든 개인들이 소유하게 된 많은 자유시간은, 그것이 실현되는 바의 전면적으로 발달한 현실적 개개인의 모든 능력을 전개함으로써, 극한적인 노동시간의 단축을 실현시킨다. 그리고 거기에서는 "부의 척도가 이제는 노동시간이 아니고 자유롭게 처분할 수 있는 시간이며, 필요노동시간은 그 척도를 사회적 개체의 욕망에서 찾는 과정"(=구조), 즉 '필연의 왕국 저편에 있는 참된 자유의 왕국'의 출현을 기대할 수 있다. 마르크스는 이러한 기대를 간직한 채 『자본론』에 이렇게 썼다. "노동일(勞動日)의 단축은 근본조건이다"라고.

이와 같은 노동일 단축의 길은 지금 이미 시작되고 있다. 자본제적 축적이 그것을 추진하고 있다. 그러나 축적과정으로서 이러한 노동일의 단축 과정은 또한 공공연하게 계급적이고 절대적이다. 이마 보아온 바와 같이, 그것은 한편으로는 노동자에게 있어서 상대적 과잉 인구=체제적 실업화의 필연이며, 다른 한편으로는 일체 기생적 계층의 계급적 실존의 필연이다. 따라서 거기에 있을 수 있는 것은 양 계급간의 정치적·사회적·문화적 전면대립일 수밖에 없다.

이러한 전면적 대결을 통해서만이 자본주의적 축적의 현실이 불가피하게 열어

놓는 전망이 이루어져 간다. 그것은 마르크스가 젊은 날에 파리에서 메모지에 기록한 테제, '완성된 자연주의로서의 인간주의'='완성된 인간주의로서의 자유주의'가 실현되어 가는 과정인 것이다.

마르크스에게 있어서, 이러한 현실적 운동의 모든 과정은 모두, 그 궁극목표를 자기 자신 안에 포함하고 있는 것이다. 그에게 공산주의란 항상 실천적으로 인식되고 전취되는 것이었다.

제8장

루카치와 서구 마르크스주의

1. 역사를 형성하는 변증법: 루카치

제1차 세계대전 말인 1919년 10월, 드디어 레닌(1870~1924)이 지도하는 볼셰비키는 러시아혁명을 전취(戰取)하였다. 세계대전과 이에 뒤이은 10월 혁명은 유럽 인텔리겐치아의 마음을 크게 뒤흔들어 놓았다. 오스트리아의 문학가 피셔(1899~)는 『젊은 세대의 문제』라는 글 속에서, 이 당시의 감동을 다음과 같이 기술하고 있다. "1917년의 혁명은 혁명적인 대담성과 실행력으로 낡은 세계의 전복이 가능하다는 것을 명백히 증명하였다. 갑자기, 인간은 물질의 힘보다 높은 자리를 차지하게 되었다. 의식적 결단이 과거를 전복하고, 미래를 현실화시켰다. 우리들만이 젊어진 것은 아니었다. 마치 세계가 젊어진 것 같았다. 미래의 빛이 현재를 비추어주게 되었다."

1918년 11월, 패전 독일에 혁명이 일어나고, 이 혁명은 다음 해인 19년 3월, 헝가리에 번져갔다. 그러나 이들 일련의 유럽혁명은 러시아혁명과는 달리 성공하지 못하였다. 좌익 인텔리겐치아 노동자계급이 의도했던 프롤레타리아혁명과는 반대로, 독일에서는 바이마르공화국이 성립되었을 뿐이었고, 헝가리에서는 루마니아군대의 무력간섭으로 임시혁명정부는 쉽게 붕괴되었다. 뿐만 아니라, 이런 동란의 과정에서 독일 스파르타쿠스단의 지도자 로자 룩셈부르크(1870~1919)나 칼 리프크네히트(1871~1919)를 잃었다.

18년의 독일혁명, 19년 헝가리혁명이 좌절한 원인은 도대체 무엇인가? 자본주의체제가 유럽 제국에서는 그렇게 쉽게 붕괴되지 않을 것인가? 아니면, 기존체제를 타도하고자 하는 변혁 주체 측에 결정적인 약점이 있었던가? 또 종래의 마르크스주의 사상에 기본적인 결함이 있지는 않았는가? 이러한 문제를 해결하지 않고는 독일을 위시한 중부 유럽제국에서 프롤레타리아혁명을 재현할 수 없을 것이다. 19년의 헝가리혁명에 투신, 좌절한 후, 비인에 망명하여 있었던 헝가리의 게오르그 루카치(1885~1971)의 위기의식에 비친 것은 실로 이러한 문제였다. 루카치는 1923년에 『역사와 계급의식』을 써내어 무엇보다도 먼저 역사에 있어서 의식적 주체가 수행한 능동적 역할을 해명하고자 하였다. 같은 해에, 독일에서 칼 코르쉬(1886~1961)가 『마르크스주의와 철학』에서 자신의 사상적 문제를 제기하였다. 뒤에, 메를로 퐁티는 『변증법의 모험』(1955)에서 양자를 '서구 마르크스주의'의 원형으로 보았다.

루카치는 역사에서의 의식적 주체를 계급의식으로 보고, 다음과 같이 말하고 있다. "어떤 계급이 지배할 사명을 갖고 있다는 것은, 사회 전체를 그 계급의 이익에 따라서 조직할 수 있다는 것으로, 그것은 실로 그들의 계급이익, 그들의 계급의식에 기초해 있다는 데 의미가 있는 것이다. 그리고 어떤 계급투쟁이고 그것을 최종적으로 결정하는 문제는, 어떤 계급이 어느 일정한 순간에, 이러한 능력과 계급의식을 뜻한 바대로 실천하느냐하는 문제이다." 이와 같이 루카치가 역사에 대한 계급의식의 능동적인 역할을 제기할 수 있었던 것은 주관적으로는, 유럽의 혁명이 태동하기 시작하는 시대에 살았던 그의 계급의식에, 헝가리의 좌익 공산주의적 이데올로기인 엘빈사보의 혁명적 노동조합주의(Syndicalism)가 커다란 영향을 주었기 때문이며, 또 당시 유럽의 지식계급에게서 일반적으로 볼 수 있는 바와 같이, 독일 고전철학에 깊이 심취하였기 때문이다. 이와 함께 객관적으로는, 극히 역설적이지만, 당시 아직 자본주의 발전이 성숙하지 못한 후진국 헝가리에서는 프롤레타리아가 충분히 창출되어 있지 않았으므로, 역사의 담당자를 이념으로서의 계급의식에서 찾지 않을 수 없었기 때문이다. 이렇게 보면 확실히 루카치가 인식의 객관성의 근거를 계급의식에서 구하였던 반면, 만하임(1893~1947)이 『이데올로기와 유토피아』(1929)에서 계급의 입장을 넘어서 '자유롭게 떠돌아다니는' 인텔리겐치아의 지성에서 구했다는 차이는 있지만, 모두가 19년의 헝가리혁명에 참가하였던 급진적 좌익 지식계급이었다는 사정도 명백해지는 동시에, 1920년대에 왜 헝가리 사상가의 손에 의해 독창적인 두 이데올로기론이 써졌는가 하는 것도 알 수 있을 것이다.

그런데, 루카치가 당시 유럽의 격동기에, 역사를 형성하는 주체의 역할(존재론)과 역사를 파악하는 의식의 능동적인 역할(인식론)을 제기했던 것은 마르크스주의 내부에 커다란 파문을 불러일으켰다. 지금까지, 특히 인간의 주체적 활동인 의식에 대한 문제는 주로 부르주아 관념사관의 영역에 맡겨져 있어, 마르크스주의자들은 엥겔스의 후기 대표작 『루드비히 포이에르바하와 고전철학의 종언』(1880)에서 정식화된 '유물론인가 관념론인가'의 도식에 따라서, 자신들의 원리를 '의식에 대한 존재의 우위성'에서 찾고 있었다. 그렇다면, 칼 카우츠키(1854~1936)나 부하린(1888~1936)의 『유물사관』(1921)에서와 같이 의식을 '존재의 반영'으로 보거나, 기껏해야 플레하노프(1856~1918)의 『역사적 일원론』과 같이 의식을 초월한 자연세계에서 객관적인 운동법칙을 파악하는 변증법을 주된 문제로 하지 않을 수 없었다. 이와 같은 객관주의적인 유물사관의 경향은 플레하노프 이후의 러시아 마르크스주의의 조류(潮流)를 형성하고 있다.

뿐만 아니라, 초기 루카치에 있어서, 마르크스주의에 깃들어 있는 이러한 객관주의적 경향은, 신칸트학파의 입장에서 인식주관과 객관을 분열시켜 단지 전자로부터 유물사관을 확립시킨 오스트리아 마르크스주의자 막스 아들러(1873~1937)의 주관주의와 같은 경향을 가지고 있으며, 또한 부르주아 이데올로기에 빠진 에드워드 베른슈타인(1850~1932)의 수정주의와 동일한 자세를 보이고 있다. 루카치가 주체적 변증법을 내세우며 대결 했던 것은 실로 이러한 제2인터내셔널의 객관주의적 경향이었다. 그들은 모두 역사를 돌파하는 의식인 변증법을 통찰하지 못하여, 자본주의 사회가 만들어낸 자연법칙성에 얽매여 경험적 사실을 있는 그대로의 형태로 고찰하는 데 그쳤다. 그렇다면, 힐퍼딩(1877~1941)의 『금융자본론』(1910)에서 볼 수 있는 바와 같이, 자본주의의 기성체제에 적합한 자연과학적인 인식방법이 그들의 과학적 방법이 되는 것이다. "자연과학의 순수한 사실이 성립하는 것은 무엇보다도 먼저 현실적 내지 사상적으로 다른 현상의 개재(介在)로 교란되지 않고, 생활현상을 합법칙성을 기초로 하는 환경에 의해 바꾸어 놓음으로써 형성된다. 그 위에 생활현상이 수와 수의 관계로 나타나는 본질로 환원되면, 이러한 순수사실의 성립과성은 점점 강력하게 된다. 이 경우 기회주의자들이 자본주의가 본질적으로 제 현상을 이와 같이 만들어낸다는 것을 간과하고 있는 것"도, 그들은 이러한 직접적 현실에 몸을 내맡기고 '정관(靜觀)하는 입장'에 서 있기 때문이다.

마르크스주의가 능동적인 의식적 주체의 작용을 간과하고, 객관적 세계의 합법칙성만을 추구하면, 부하린과 같이 '부르주아적인 자연과학적 유물론'이 되며, 생산관계를 넘어선 기술주의에 빠지게 되거나, 아니면 베른슈타인의 『사회주의의 제 전제와 사회민주주의의 제 임무』(1899)에서와 같이, 경험적 사실에 폭력을 가

하는 공허한 이론구성이라고 하면서 변증법을 마르크스주의에서 추방하고, 순수한 경험주의적 입장에 서지 않을 수 없게 된다. 혹은 카우츠키와 같이 유물사관을 유일한 경제결정론으로서 고정화해 버리거나, 혁명을 기다리는 정관주의에 빠질 수도 있다. 그러나 루카치의 방법론(方法論)에서 본다면 이러한 유물사관은 모두 전도된 관념사 관에 불과하다. 이렇게 말할 수 있는 것은, 역사를 만드는 행위의 입장에 서서 보면, 인간이 환경을 만들어내는 동시에 환경이 인간을 규정하는 상호작용의 변증법이 되기 때문이다. 따라서 현실의 본질은 주체적인 동시에 객체적이며, 관념적인 동시에 물질적인 것으로서, 의식과 존재의 전후 관계를 문제 삼는 것은 잘못이며 일면적이다. 이러한 의미에서, 루카치의 역사형성의 변증법은 주체와 객체의 변증법이며, 엥겔스도 이러한 입장에서 심판받지 않으면 안 된다. 즉, 엥겔스에 의하면, "변증법은 하나의 규정으로부터 다른 규정으로 유동적으로 이행하는 부단한 과정이며, 대립의 부단한 지양이며 상호이행이다. 따라서 일면적이고 경직된 인과성은 상호작용에 의해서 해소되지 않으면 안 된다." 그러나 루카치에게 있어서 "가장 본질적인 상호작용은 역사과정 속의 주체와 객체의 변증법적 관계이며, 이러한 규정 없이는 변증법적 방법이 혁명적인 방법일 수 없다."

주체가 객관적 역사 속에 밀고 들어가 역사를 변혁하는 실천의 입장에 섰을 때, 칸트적인 인식주관에 의한 과학성의 기초 확립과 '양질전화'(量質轉化)나 '대립물의 통일'에 대한 자연변증법까지도 극복될 수 있다. 루카치의 주체와 객체의 변증법은 첫째로, 자연변증법과는 달리 사회의 변증법이며 역사의 변증법이다. 왜냐하면, 인간이 역사적 현실과 마주침으로써 자연은 단순한 객관적 자연이기를 그만두고, 자기 모순적으로 자체의 법칙에 따라 운동하는 역사나 사회가 되기 때문이다. 즉, 인간은 주체적으로 역사를 만들지만, 객관화된 이 세계는 주체인 인간에게서 떠나 그 자체로 독자적인 합법칙성을 가지고 인간에게 다가선다. 뿐만 아니라, 20세기의 자본주의사회는 18세기 계몽시대와 같이 이미 있어야 할 미래사 회가 아니고, 또한 인간이 외부로부터 이에 대립하는 사회가 아니며, 헤겔의 『역사철학』이나 마르크스의 『자본론』에서 선명하게 예시되어 있는 것과 같이, 인간을 자체의 자연적 필연성의 세계에 강제적으로 짜 맞추지 않을 수 없는 형태로 인간에게 강박해 온다. 그러므로 인간은 사회와의 갈등을 자각함으로써 사회와의 모순을 극복하는 길을 취하게 된다. 루카치의 '역사형성의 변증법'이란 이러한 역사과정에 있어서 주체와 객체 사이의 분열성을 자각함으로써, 다시 한번 양자의 동일성을 회복하기 위하여 실천을 지향하는 논리이다.

둘째로, 이러한 현실의 변혁과 역사의식의 결합을 목표로 한 루카치의 변증법은 경험적 사실의 부분적인 계기만을 문제로 할 수는 없다. 19세기 후반부터 20세기 초엽에 걸쳐, 근대 자본주의사회가 고도로 발전하여 생활영역이 다양해짐에 따라, 기성체제에 적합한 부르주아과학은 각각의 개별 영역만을 취급하게 되었다. 그러나 이러한 고립적인 관점에 서면 정밀한 분석이나 관찰은 가능할지 모르지만, 그 반면에 역사적 발전의 모습을 생생하게 반영할 수는 없게 된다. 또한 개개의 사실이 그 자신의 개성을 명백하게 하는 것은, 오히려 역사의 총 과정 안에 그 위치가 정해짐으로써 이루어질 수 있다. 그러므로 마르크스주의의 본질은, "역사관에서 경제적 동인의 지배를 인정하는가 여부에서가 아니라, 총체성의 관점이 있는지의 여부이다. 총체성의 범주, 즉 전체가 부분에 대하여 전면적·결정적으로 우위에 서 있다는 것, 이것이 바로 마르크스가 헤겔로부터 계승하고 근본적으로 변경하여 새로운 학문의 기초로 삼은 방법의 본질이다." 그렇다면, 사회구성체가 고정된 자연 그대로의 형태가 아니라, 역사적으로 생성·발전·몰락하는 변화 가운데 있다는 것을 알 수 있으며, 또한 사실의 직접적인 현상형태에 눈을 빼앗기지 않고 발전경향으로부터 사실의 본질에 접근할 수가 있다.

그러나 루카치의 사상에서 특징적인 것은 이러한 총체성의 관점을 객관적 세계에서 구하고 있을 뿐만 아니라, 오히려 인식주체 자체의 총체성에까지 심화시킨 점에 있다. 즉 "대상의 총체성은, 이것을 정립하는 주체 자체가 총체성이 되어야 비로소 정립할 수 있다. 그러므로 자신을 총체성이라고 생각하기 때문에, 대상을 총체성이라고 생각하지 않을 수 없게 된다." 이와 같이 인식주체를 총체성으로 보는 것은 바로 역사 가운데 자기를 실천적 주체로서 투사하여 전(全) 인격을 자각하는 것이다. 그렇게 생각하면, 어쩌면 사르트르(1905~1981)와 같은 실존주의적 인간이 생각날지도 모른다. 사실상, 역사에 있어서 의식적 주체의 역할을 강조하고 주체 측으로부터 객관에 접근할 수 있는 가능성을 묻는 점에서, 루카치의 변증법은 명백히 실존주의와 중첩된다. 그러나 루카치의 사상은 다른 한편으로는 극히 결정론적이며, 또한 객관주의적이기도 하다. 즉, 결정론적이라고 하는 것은, 루카치에게 있어서 주체는 계급적 주체로서 생산관계의 일정한 지위에 의해서 결정지어져 있어, 개인이 그 속에서 활동할 수 있는 가능성을 허락하지 않기 때문이다. 또한, 객관주의적이라고 하는 것은, 개인으로부터 벗어난 객관적 역사는 그 자체의 합법칙성에 따라 운동하는 주체이며, 그 발전구조를 추구하는 경우에는 오히려 헤겔의 객관적 정신세계에 서 있기 때문이다. 그런 점에서 루카치는 사회사상과 관련을 가질 수 있으나, 다른 한편으로는 실존주의로부터 비판을 받게 된다. 어떻든, 이러한 개인과 계급의 관계는 극히 중요하기 때문에, 우리들은 제4절에서 상세히 다룰 것이다.

그러나 루카치의 역사의 변증법이 실천에 기초를 두는 한, 그것은 역사과정을 관조하는 헤겔의 역사철학을 뛰어넘어, 마르크스의 입장에 서있다. 그러므로 셋째로 언급되지 않으면 안 되는 것은, 이러한 행위의 변증법은 현재의 입장에 서서 지금까지 전개된 역사적 과정을 뒤에서 추인(追認)하는 것을 목표로 하는 것이 아니라, 오히려 현재에서 미래를 개척하는 전망의 변증법이라는 것이다. 이렇게 말하는 것도, 루카치가 말하는 역사를 담당하는 주체를 헤겔과 같이 프로이센 국가나 민족정신으로 파악하지 않고 현실에서 미래에로의 전환에 그 운명을 거는 프롤레타리아라고 생각하고 있기 때문이다. 이리하여, 미래를 창조하는 변증법이야말로 루카치사상의 기축이므로, 그것은 기성성(旣成性)을 부정하고, 새로운 것을 생성하는 변증법이 된다. "생성이란 과거와 미래를 매개하며, 더 나아가서 구체적인 역사적 과거와 똑같이 구체적인 역사적 미래를 매개한다. 과정에서 해소되는 구체적인 〈여기〉와 〈지금〉은 지나가버린 파악할 수 없는 시간이나 지나치는 직접성이 아니라, 극히 깊고 넓은 매개의 계기이며, 결단의 계기이며, 또한 새로운 것을 산출케 하는 계기이다.…… 변증법적 대립이 인간에게 미래를 창조하는 능력을 부여하는 발전적 경향을 현재 속에서 인식함으로써 현재를 생성하는 것으로서 파악할 수 있으며, 그때에야 비로소 현재, 그것도 생성되고 있는 현재는 그 자신의 현재가 된다. 그러므로 미래를 창조할 사명과 의욕을 갖는 사람만이 현재의 구체적 진리를 통찰 할 수 있는 것이다." 그리고, 이렇게 됨으로써만 변증법은 헤겔에 있어서와 같이 단지 폐쇄된 체계가 아니라 미래로 향하여 열려 있는 체계로 될 것이다. 이러한 생성의 변증법은 프랑스의 마르크스주의 철학자 앙리 르페브르의 사상까지도 지탱하고 있는 것으로서, 현대의 주체적 유물론에 일관하여 흐르고 있는 사고방식인 것이다.

2. 현대사회의 물화와 인간소외

현대사회에서 인간이 모든 생활 영역에서 비인간화된 상황을 실감함에 따라

〈인간소외〉라는 말이 널리 사용되어 왔다. 일찍이 까뮈(1913~1960)의 『이방인』(1942)이나 카프카(1883~1924)의 『성』(1926)에서 현대의 인간을 상징하는 것으로서, 인격을 완전히 상실한 채 가면을 쓴 인간을 생생하게 그려내고 있다. 그렇지만 이러한 인간의 소외현상이 최근에는 모든 영역에서 다양한 각도로 문제시되고 있다.

그 하나로는, 근대 시민사회가 성립되면서 생겨난 인간소외로서, 공동체가 해체되어 개인과 사회의 분열이 생기게 되면 반드시 모든 개인에게는 원자화라는 현상이 나타난다. 에리히 프롬(1900~1981)이 『자유로부터의 도피』(1951)에서 제기하고 있는 문제상황이 이것이며, 시민화가 고도로 진척하면 개인이 서로 고립되고, 지금까지 그들을 결합하고 있었던 유대가 끊어져, 인간이 불안한 감정에 내몰린다는 것이다.

둘째로는, 근대의 기술의 발전이나 사회기구의 거대화에 따라 인간의 주체성이 상실되는 국면이며, 기술혁신이나 매스컴의 부정적 측면을 계승한 것이다. 근대의 기계체계가 개개인의 손에서 완전히 독립하여, 그 자체의 합법칙성에 따라 작동하기 시작하면, 인간은 이러한 자동기계체계에 봉사하는 종의 지위로 떨어지게 된다. 뿐만 아니라, 압도적인 힘에 의해서 인간을 수동화하고 획일화하여, 완전히 개성이나 활력을 상실케 한다.

이러한 것과 관련하여 셋째로는, 근대의 정치제도 특히 관료 지배기구 하에서의 인간성의 왜곡이 비판의 대상이 된다. 이것도 또한 인간의 비합리성이 합리주의로는 청산될 수 없다는 측면을 명백히 하고자 하는 것으로서, 특히 정치기구의 이면에 있는 권력의 실체가 문제시되고, 특정 소수인에 의해서 이 기구가 조종되는 경우에는, 더욱더 관료제의 경직화를 초래한다. 이러한 양상의 일면을, 예를 들어 블라우는 『현대사회의 관료제』(1956)에서 명확하게 제시하고 있다.

마지막으로, 마르크스가 주된 문제로 삼은 것은 프롤레타리아의 '노동의 소외'로 사유재산사회에서 노동의 성과를 직접생산자가 향수하지 못한다는, 특히 자본주의적 상품생산사회에서 임노동과 자본의 모순이 극도로 전개된다는 고찰이다. 물론, 마르크스의 소외의 사상은, 뒤에서도 언급하겠지만, 이렇게 단순하지 않고, 현대 마르크스주의의 특색은 주로 이러한 착취성을 중심으로 하고 있다고 말할 수 있다.

이와 같이, 현대사회에서 인간의 비인간화 현상을 파악하는 관점은 다양하며, 실존주의 문학이나 철학으로부터 사회심리학, 현대정치학, 마르크스주의에 이르기까지, 인간소외에 대한 표상도 다양하다. 그러나 이들 제 영역을 포괄적으로 파악하고자 하는 시도도 행하여지고 있는데, 예를 들면 파펜하임의 『현대인의 소외』(1959)는, 인간소외의 의식으로부터 기술에로, 그리고 마지막으로 그 궁극의 원인을 자본주의사회의 사회구조에서 찾고 있다.

그런데, 인간소외의 사상이 일반화된 것은 말할 것도 없이 자본주의가 고도로 발전한 나라들에서이며, 따라서 역사적으로 그 발전단계와 깊은 관련을 갖고 있다. 이미 18세기에도, 루소 등의 선구적인 사상가에 의해서 그 맹아가 파악되었지만, 19세기 산업혁명으로 자본주의사회가 확립되는 과정에서, 이러한 사상이 헤겔이나 마르크스에 의해서 체계화되었다. 그러나 서유럽의 선진 자본주의국가가 19세기 말부터 20세기에 걸쳐 독점체제로 진척되어, 자본주의적 상품생산체제가 단지 사회의 경제구조 뿐만 아니라, 정치기구나 법률제도와 같은 상부구조에까지 관철되고, 더 나아가서 이데올로기 전체에까지 미쳤을 때, 비로소 일반 사람들의 위기의식에 반영되었다고 말할 수 있다. 뒤집어 말하면, 상품생산이 하부 구조를 지배할 뿐만 아니라, 상부구조의 전체를 지배하여, 사회는 완전히 자본주의화 되어버린 것이다. 이러한 의미에서의 인간소외 문제는, 특히 사회의 의식면에 관계될 뿐만 아니라, 그것은 자본주의체제의 전체적 모순에 대한 인식을 의미하는 것이다.

그러므로 이 시기에 인간소외의 사상이 집중적으로 다뤄지게 되었다. 부르주아 사회학 분야에서, 뒤르켕(1858~1917)을 비롯하여, 퇴니스(1855~1936), 짐멜(1858~1918), 더 나아가서 베버를 들 수 있다. 짐멜은 『화폐철학』(1900)에서 생(生)과 형식(形式)의 대립을 제기하고, 정신의 다양한 형성물은 확실히 개개인의 가장 독자적인 내적 자발성에서 나타나지만, 이것이 일단 형성되어버리면 그들은 그들 자신의 법칙에 따라서 운동한다. 짐멜의 생의 철학의 중심은, 이러한 '경직된 것'과 '살아있는 것'이 대립하여 여기에서 근대문화의 비극을 보게 된다는 것이다. 예를 들어, 짐멜은 『문화의 개념과 비극』(1911)에서 다음과 같이 말하고 있다. "객체로 되어 버린 정신은 실로 고정, 응결 및 불요(不撓)의 존재라는 형식으로서, 주관적인 마음이 가진 넘쳐흐르는 활기, 내적인 자기책임 및 변화하기 쉬운 긴장에 대립된다. 즉 정신은 정신에 가장 내면적으로 결합되어 있으나, 그 때문에 정신은 쉬지는 않지만 시간적으로 유한한 주관적인 생과, 한번 형성되면 부동(不動)하고 영구적으로 타당한 제 내용 사이에 있는 이러한 심각한 형식과의 대립 속에서 수많은 비극을 체험하는 것이다." 이에 대해서 짐멜로부터 커다란 영향을 받으면서도, 마르크스주의의 입장에서 20세기의 인간 및 문화의 모순을 파 들어간 사람은 초기의 루카치였다.

루카치는 기본적으로 헤겔변증법으로부터 외화(外化)의 범주를 끌어내어, 이것을 마르크스의 상품론과 결합시켜, 독특한 '물화' 이론을 전개하였다. 앞 절에서도 언급한 바와 같이 헤겔의 외화의 변증법에 의하면, 이 사회에서 인간은 사회를 만드는 주체이지만, 이러한 사회는 인간으로부터 독립하여 그 독자적 운동법칙에 따라 움직이는 물(物)이 된다. 이러한 인간과 물(物)의 대립·분열이라는 점에서는 짐멜에 아주 가깝다. 그러나 헤겔변증법의 특색은, 이러한 주체의 외화인 객관이 역으로 인간을 지배하고 한정하는 환경으로서 자신의 필연성의 세계로 끌어들인다. 이와 같이, 주체와 객체의 상호한정작용에 의해서 양자가 작용하는 것으로 되지 않으면, 변증법적 모순은 파악될 수 없다. 이러한 의미에서, 루카치는 단지 양자의 대립을 관망하는 짐멜과는 달리, 헤겔의 변증법에 기초하여 근대사회 및 근대인을 변증법적 모순으로 파악한다. 더욱이 이 경우에 있어서도 대상화된 자연적 필연성의 세계를 주체적 실천으로 돌파하고자 하는 점에서, 루카치는 명백히 헤겔의 관념론적 변증법과 결별(決別)하였던 것이다.

역사과정에서의 주체와 객체의 분열에서, 이것을 회복할 주체를 프롤레타리아에게서 찾은 것이 루카치의 독특한 변혁의 변증법인 것이다. 그러나 루카치의 변증법은 단순한 주체적 변증법이 아니다. 루카치의 변증법을 실존주의 쪽으로 끌어들여 보면, 주체 정재(定在)의 부정과, 그 부정으로부터의 회복이라는 점에서 확실히 중첩된다. 확실히, 변증법이 주체의 생명 운동인 이상, 이러한 요소가 없이는 루카치의 변증법은 생겨날 수 없다. 그러나 루카치의 변증법은 동시에 객관적이며, 사회적·역사적이다. 이 점에서 변증법은 개별과학의 영역과 결합되는 것이며, 이러한 점을 떼어내면 단순한 주관주의가 된다. 즉 그것은 객관적 세계의 합법칙적인 운동을 문제로 하는 것으로, 이러한 운동을 사실에 의거하여 파악함과 동시에 주체 측의 작용과 중첩되어 있다는 점에서, 어디까지나 물화된 세계의 논리에 철저하지 않으면 안 된다. 헤겔식으로 표현하면, 내부로 깊이 들어가는 것은 외부로 나오는 것이다.

두말 할 나위 없이, 루카치는 근대사회의 기축을, 인간과 물(物)이 분열하여 인간이 물로 되는 물화의 범주에서 찾고 있다. 자본주의사회에서는, 인간이 생산한 생산물이 상품형태를 취하고, 그 상품세계의 운동법칙에 인간이 휘말려 들어간다. 나아가서, 근대적으로 대량생산되는 상품은 더욱더 농후하게 그 자신의 합법칙성을 전개시켜 간다. 그러나 분열은 인간과 물의 사이에서만 일어나는 것은 아니다. 이 점에만 한정시키면 소박한 소외론 밖에 나올 수 없다.

루카치는 한걸음 더 나아가서, 물 자체가 그 자체로서 두 가지 범주로 분열된다고 지적한다. 이러한 점이 루카치 특유의 사고방식으로서, 말하자면 대상성(對象性)의 세계가 자기분열하여 전개하는 것이다. 철학이 개별 사회과학에로 향하는 하나의 통로는 이러한 점에 있다고 볼 수 있다. 루카치는 마르크스의 『자본론』에 따라, 상품생산 사회에서 물은 지금까지 사람들의 욕망을 충족시키기 위한 수단(사물로서의 자연대상성)이라는 질적인 성격을 갖는 데 불과하였지만, 이제는 인간노동의 생산물(사회적 대상성)이라는 양적인 성격을 갖기에 이르렀다고 한다. 대상의 이러한 성격은 전혀 새로운 성격으로서, 물 그 자체가 본래의 질적 성격을 상실하고 하나의 양적인 성격을 취하고 있어, 질과 양의 세계로 분열하고 있다는 것이다. 더욱이 물질의 자기소외라는 현상은, 외견상으로는 그 양이 대상의 본질인 것같이 보인다는 것으로서, 루카치가 말하는 물화라는 것은 인간이 물이 될 뿐만 아니라, 물 자체가 다른 물로 전화되는 것을 의미한다. 마르크스가 『독일 이데올로기』I에서 '물 자체가 소외된다.'고 하는 것은 위에서 말한 것이다.

그런데, 이 경우 루카치가 이와 같은 대상 세계에서의 분열을 추구할 수 있었던 것은 실은, 이들의 운동 속에 인격이 투영된 형상을 보고 있기 때문이며, 객관의 변증법은 동시에 주체의 변증법이기 때문이다. 객체가 상품형태라는 대상화형태를 취하는 데 조응해서, 주체도 새로운 물질형태를 취하여, 객체와 분열하는 동시에 그 자체 내부에서 분열하고 있다. 이러한 주체성의 분열현상이 오늘날의 소외론에 극히 커다란 영향을 주고 있으며, 이러한 점은 이상에서 말한 논리구성 가운데에서 생겨난다. 즉, 자본주의사회에서는 주체 그 자체도 상품화되어, 상품세계 법칙의 침투를 받는다. 『자본론』에 의하면, "자본주의 시대를 규정지우는 것은 노동자 자신이…… 그에게 속한 하나의 상품형태를 받아들인다는 것이다. 이 순간부터 노동생산물의 상품형태가 일반화된다." 인간의 상품화란 정신적으로나 육체적으로 비인간화된 존재로서의 인간을 생산하는 것으로서, 일체의 인격이 무시되고, 모두가 대상성의 법칙 그 자체에 짜 넣어진다. 예를 들면, 노동과정에 있어서 노동이 구체적·개별적인 노동과 추상적인 노동으로 나누어지는 상황이 그것이며, 루카치는 인간상품이 양적 인간과 질적 인간으로 구별되어, 개인이 갖는 개성이 양화(量化)된 등질(等質)의 인간으로 전화된다는 것을 강조하고 있다.

주체의 물화라고 하는 경우, 루카치는 분업에 따른 노동과정의 합리화를 들어,

인간의 합리성과 비합리성 사이의 갈등을 말하고 있다. 자본주의적 분업이 기계체계의 합리화를 도입하면, 주체성의 분열은 극도로 진척된다. 노동과정이 합리적으로 되면, 경제과정의 주체와 객체에 결정적인 변화가 생긴다. 즉, 객관적으로는 노동과정의 대상인 생산 수단과 노동 작용 그 자체가 갖는 통일성이 상실되고, 작업과정을 구성하는 개개의 요소가 뿔뿔이 분해되어, 각각 계산되는 양적인 성격만을 갖게 된다. 이와 같이 대상 측에서 유기적 통일성을 상실하면, 주체 자체도 변화한다. "노동 과정이 합리화되면, 그 결과 인간으로서의 노동자의 개성과 특성은, 합리적으로 예측되는 이러한 추상적인 부분법칙의 기능 앞에서 더욱더 잘못을 범하는 원천이 될 뿐이다." 뿐만 아니라, 이러한 합리적인 기계체계도 또한 인간 자신이 만들어낸 것이면서도, 인간이 더 이상 제어하지 못하고 반대로 인간 자체가 기계화된 부분으로 되어 거대한 기계체계 속에 짜 넣어진다. 그 자체가 하나의 커다란 자동장치인 이러한 자본주의 체제 안에서 인간이 할 수 있는 것은, 거우 그 합법칙성을 인식하는 정도일 뿐이며, 인간은 대상에 대해서 단지 '정관적인 태도'를 취할 수밖에 없다. 즉, 인간은 이미 객관적 세계에 들어가서 이를 변혁할 힘을 상실하고 말았다.

합리성과 비합리성의 대립은 근대사회의 숙명이며, 소외론의 기초이기도 하다. 그러나 이러한 사실에서 착취설에 입각해 있는 사람은 루카치를 마르크스 소외론에서 벗어난 수정주의라고 비난하며, 혹은 반대로 베버의 근대주의에 입각해 있는 사람들은 베버를 루카치에 중첩시키려고 한다. 칼뢰비트(K. Löwith, 1897~1973)의 『베버와 마르크스』는 후자에 속한다고 말할 수 있다. 그러나 어느 것이나 루카치의 외관만을 보았을 뿐으로 그 참된 모습을 파악한 것은 아니다.

루카치가 제기한 문제는 보다 심원한 것이다. 즉, 사적유물론의 객관주의적이고 실증주의적인 이해방식과 대결하여, 인간의 주체성으로부터 어떻게 사적유물론을 직접적으로 구성하는가 하는 문제로, 현재에도 사적유물론과 소외론의 관계는 해결되지 못했다. 이러한 경우에 문제는, 소외론이 흔히 빠져드는 인간의 전체성의 회복이라고 하는 주체성의 문제를 경험적인 형태로 해결하는 것이고, 또한 무엇보다도 마르크스가 미해결상태로 남겨놓은 상부구조의 물화를 해결하는 것이다. 루카치는 그 문제를, 헤겔을 따라 물화 범주의 전개라고 하는 형태로 파악하고 있으며, 근대 정치제도 및 근대 법률체계로부터, 더 나아가서 이데올로기의 제 형태로의 상향운동은 지극히 시사하는 바가 크고, 개념적으로도 이러한 운동은 동시에 모순의 심화과정을 의미하고 있다.

자본주의사회는 새로운 법체계를 산출하지만, 이러한 법체계는 항상 기성적인 것, 응고된 체계가 되어버려, 사회생활의 구체적인 사건과 대립한다. 두말 할 나위 없이, 이러한 외화의 범주는 나중에 『젊은 시절의 헤겔』(1948)에서도 일관되고 있는 루카치의 사고방식이다. 뿐만 아니라 내용면에서 부단히 변화하는 근대법이 오히려 유동성(流動性)을 잃고, 합리주의적인 고정성(固定性)을 띠게 된다. 이러한 합리화가 근대 관료제도에도 관철된다고 할 수 있는 상부구조의 경우, 이러한 모순은 한층 더 확대된다. 루카치는 현대 관료제의 모순을 다음과 같이 정확하게 지적하고 있다. 근대적 관료제도 하에서는, "한편으로는 객관적인 면에서, 모든 문제를 취급하는 방법이 더욱더 형식적·합리주의적으로 되어, 그 결과 관료제도의 사무와 관련을 맺고 있는 사물의 질적·소재적 본질로부터 점점 분리되는 동시에, 다른 한편으로는 주체적인 면에서, 분업 내에서의 인간과 인간의 본질을 압박하는 획일적인 전문화가 무서울 정도로 진행된다." 이와 같은 토대로부터의 분리나, 전체성의 상실은 이데올로기 부문에서 정점에 도달한다. 루카치가 가장 역점을 둔 것은 근대사회의 객관적 구성에 의거하여, 하부구조인 경제학에서 정치학으로, 더 나아가서 이데올로기로의 전개과정이며, 그 귀결로서의 철학에 있어서의 모순을, 부르주아철학에 있어서의 형식적인 부분체계와 인간의 실존 전체 사이의, 또는 합리주의와 비합리주의 사이의 이율배반이라는 입장에서 바라보고 있는 것이다. 이러한 이율배반(Antinomy)의 전개가 인식 원리로부터 실천원리, 더 나아가서 예술 원리로 진행되는 형태를 우리들은 이곳에서 살펴볼 수는 없다. 여기에서는 단지 루카치가 1930년대의 소외론과는 달리, 프롤레타리아의 자기 소외보다는 오히려 부르주아 이데올로기의 비판에 초점을 맞추고 있던 점에서, 또 모순이 경제과정에서보다는 상부구조에서 나타난다는 점에서, 그 사상적 의의가 인정되고 있다.

자본주의사회에서는 상품관계의 범주가 이와 같이 이데올로기에 이르기까지의 사회생활 자체를 관통하여, 이들 일체를 상품의 형태로 변형시켜 버린다. 역으로 말하면, 상품관계의 범주가 사회의 개별적 형태로부터 보편적 형태로 될 때, 비로소 자본주의사회가 완성되었다고 볼 수 있으며, 상부구조까지 자본주의화가 완성되는 것은 독점자본주의 단계에 이르러서이다. 이와 같이 보편적 형태라는 것은 한편으로는 물화가 하부구조로부터 상부구조 전체에 침투하는 것을 의미할 뿐만 아니라, 다른 한편으로는 프롤레타리아나 부르주아지를 포함하여 사회의 총체를 지배하는 것이며, 마르크스는 자본주의 사회에서는 '소유자계급이든, 프롤레타리아계급이든 인간은 모두 자기소외되어 있다'고 기술하고 있다. 그렇다고 하지만 물화는 오히려 프롤레타리아보다도 부르주아지에 관철된다.

그러면, 루카치는 이러한 소외로부터 어떻게 탈출할 수 있다는 것일까? 이 문제에 대해서도 루카치는 문제해결의 길을 이데올로기의 비판에서 찾고, 프롤레타리아의 실천적 입장을 요청하고 있다. 즉, 부르주아 이데올로기는 그 계급적 입장에 제약되어서, 주체와 객체의 분열성을 극복하고 양자의 동일성을 회복한다는 역사의 궁극적인 목표에 도달할 수 없다. 여기에, 개별성이나 분열성에 안주하는 부르주아적 분석논리의 입장에 비하여 루카치의 변증법적 이성의 입장이 우위에 있는 것이며, 루카치는 마르크스에 따라 이러한 입장과 프롤레타리아의 실천적 과제를 결합시켰다.

그러나 현실에 있는 그대로의 프롤레타리아에 의해서 이러한 과제가 수행된다는 것은 아니다. 오히려, 프롤레타리아도 자본주의적 물화의 영향을 받아, 개별적 이해관계에 사로잡혀 전체성에의 관점을 상실하고 있다고 말할 때에는, 현재의 노동자계급, 특히 자연발생적인 계급투쟁에 대한 통렬한 비판이 되는 것이다. 이러한 의미에서, 프롤레타리아의 역사파악도 객관적 가능성의 문제로서, 자본주의적 물화에 빠져 있는 자신을 자각하고, 이것을 극복하기 위해서는 고통스런 발걸음을 내딛지 않을 수 없다. 바로 여기에서 역사변혁에 있어서의 의식의 역할이 제기되는 것이다. 그러나 이 경우에, 뒤에 언급하겠지만, 『프롤레타리아의 입장이 단순이 생산과정 속에 유형적 지위로 결정되어 있어, 주체가 계급으로서만 규정되고 있다. 개인의 주체성은 오히려 부르주아적 입장이라고 가차 없이 꾸짖음을 받고 있기 때문에, 지식인의 역사참여 문제가 제기될 수는 없다. 이러한 문제는 오히려 실존주의나 제2차대전 후의 소외론에 남겨졌다.

3. 파시즘 통치기의 물화와 소외사상: 마르쿠제, 르페브르, 아도르노

1920년대 말부터 30년대에 걸쳐, 세계공황을 계기로 하여 독일을 중심으로 유럽에 파시즘의 회오리바람이 세차게 휘몰아오는 동시에, 다수의 혁명적 인텔리겐치아가 파시즘에 저항하기 위해서 인민통일전선에 가담하였다. 이 시기에 인간의 기본적 권리와 자유의 문제가 마르크스주의 내부에서도 다시 한번 거론되기에 이르렀고, 한편 인텔리겐치아들은 파시즘에 저항하는 역사변혁의 주체성 문제에 대해서 관심을 갖게 되었다. 이미 20년대 말에는 루카치와는 달리 안토니오 그람시(1891~1937)도 파시즘의 횡포로 인해 투옥되어 옥중에 있으면서, 인간의 전체성의 회복문제에 몰두하고 있었다. 마침 이 무렵 1932년에, 마르크스의 『독일 이데올로기』와 『경제학 ·철학노트』가 『마르크스 엥겔스 전집』으로서 공간된 것을 계기로 하여 유럽의 마르크스주의자들은 휴머니즘과 마르크시즘의 관계를 〈소외사상〉 속에서 추구하였다. 우리들은 1930년대의 마르크스주의 소외론을 주로 당시 푸랑크푸르트 암 마인의 사회연구소에 관계하였던 허버트 마르쿠제(1898~1980)와 실존주의로부터 마르크스주의에 들어선 프랑스 철학자 앙리 르페브르(1901~1991)에게서 엿볼 수 있다. 다른 한편으로는 푸랑크푸르트학파의 창설자, 막스 호르크하이머(1995~1973)와 테오도르 아도르노(1903~1969)는 소외사상보다도 오히려 근대적 이성이 물화되어 어떻게 기술적 도구로 전화되는가를 명백히 하여, 파시즘, 나아가서는 근대사회 자체의 비합리성을 고발하였다.

이 시기의 소외론의 특색이라면, 한편으로는 루카치의 물화론을 계승하여 헤겔의 외화의 변증법과 초기 마르크스를 결합시키는 것이다. 그리고 역사에 있어서 인간의 의식적 활동과 대상화된 세계의 생생한 관계를 설명하고, 이 관계를 통하여 역사의 전체성에 접근하려고 한다. 그러나 다른 한편으로는, 루카치가 자본주의적 물화의 범주에서 부르주아 이데올로기를 비판하고, 경제과정보다 오히려 상부구조의 문제에 파고들어가, 마르크스의 유물사관을 보완하고자한 데 반하여, 그들은 첫째, 『경제학·철학노트』와 『독일 이데올로기』에 기초해서 생산과정에서의 '노동의 소외'에 초점을 맞추고 있다. 그 결과, 부르주아 이데올로기의 물화보다는 오히려 프롤레타리아 자체의 계급적 자기소외의 문제가 중심논점이 된다. 그러므로 지금까지의 유물사관의 하부구조 환원주의와는 다른 방향에서, 경제학과 철학이 소외론을 매개로하여 결합된다. 이와 함께 둘째로는, 루카치가 지금까지의 자연변증법에 대한 비판으로서 인간과 사회의 관계를 전면(前面)에 내세워, 자연의 세계와는 다른 역사의 변증법을 해결하고자한 데 비하여, 이 시기에는 노동을 매개로 한 인간과 자연 사이의 물질대사 과정이 소외론의 입장에서 새롭게 다시 고찰된다. 휴머니즘의 문제가 두드러져 자연주의(Naturalism) 문제와 중첩된다.

마르쿠제는 『경제학·철학노트』가 공간된 1932년에 「사적유물론의 확립을 위한 새 사료」를, 다음 해인 1933년에 「경제학적 노동개념의 철학적 기초」를 저술하여, 자본주의적 상품생산 과정 속의 노동의 의의와 구조를 해명하고자 하였다.

이 경우, 마르크스의 초고에 기초하는 한 당연한 것이지만, 노동은 사회적 생산력의 담당자라기보다는, 오히려 인간이 노동을 통해서 자기를 대상화하고 이것에 의해서 자기를 자각한다는 헤겔식의 자기의식으로서 파악되고 있다. 그러나 이러한 것보다도, 인간의 노동은 인류 고유의 생명활동으로서, 인간은 이러한 의식적 활동을 통해서만 자유로운 주체가 된다는 의미에서 '보편적인' 존재이다. 그리고 인간은 이러한 자유 속에서 전(全) 자연을 재생산하고, 인간 자신의 생산을 영위한다. "이러한 생산행위 속에야말로 인간의 현실적 존재가 있다. 이와 같이, 인간의 생활사는 또한 본질적으로 그들의 대상적 세계, 즉 전 자연의 역사이다. 인간과 자연의 통일은 존재에 합당한 통일이다." 생산적 실천을 통해서 인간이 자연과 결합하고 또한 그것에 대하여 자유롭게 행동할 수 있음에도 불구하고, 자본주의사회에서는 노동의 성과가 사유재산이기 때문에, 인간과 자연의 분열이 일어날 뿐만 아니라, 노동 자체가 부정되어 유적(類的) 본질이 소외되고 있다. 여기에서 재차 소외의 회복이 행하여지나 이 경우 마르쿠제는 경제적인 인간소외 속에서 인간의 전면적인 자기소외를 보고 있으므로, 여기에서 마르크스의 고전경제학 비판이 가능하다고 생각하여, 경제학과의 결합방법을 찾고자 한다. 역으로 말하면, 인간의 자기소외의 기초는 이미 서술한 바와 같아 생산과정, 즉 사회체제의 하부구조에서 찾을 수 있다는 것이다. 원래 마르쿠제는 『경제학·철학초고』와 『자본론』의 관계를 구체적으로 파악하지 않았기 때문에, 마르크스에 있어서의 철학과 과학의 관련이 충분히 해명될 수 없었다.

그보다 조금 뒤에, 『독일 이데올로기』을 기축으로 하여, 인간의 소외 문제를 추구한 사람은 르페브르였다. 1938년에 집필하여 1939년에 출판한 『변증법적유물론』에서, 르페브르는 프랑스의 전통적인 데카르트식의 정신 활동을 헤겔변증법에 맞춰서, 마르쿠제의 경우보다는 한층 더 인간정신의 창조적 에너지를 강조하였다. 인류는 부단히 역사 속에서 활기차게 활동하면서, 생산과 의식은 그 안에서 발산되는 활력에 의해서 자기를 외화 한다. 이러한 부정하는 힘이야말로 생성의 원동력이다. 〈부정성은 창조적이며, 운동의 근원, 생의 고동(鼓動)이다.〉 객관적인 마르크스주의와는 다른 주체적 변증법에 일관되게 흐르는 기조(基調)는 이러한 인간생명의 숨결일 것이다. 살아있는 인간의 창조성을 추구하는 한, 그것은 루카치의 변증법에 결부되며, 또한 역사는 그 담당자를 창조하는 주체로 보아야만 생성(生成)하는 역사가 된다. 마르크스주의에 있어서의 실천의 의미도 또한 거기에 있다. "창조적 에너지는 인간적으로는 실천, 즉 인간의 전체적인 활동, 행위와 사유, 물질적인 노동과 인식 속에서, 또한 그것을 매개로 하여 전개되고 표현된다." 이러한 의미에서 르페브르는 극히 인간주의적이며 '관념론과 자연주의 내지 유물론을 지양하고 통일할 하나의 적극적인 인간주의'를 제창하는 것이다.

그런데, 이러한 경우에 생성의 근원인 부정성의 계기가 사실은 외화이고 소외이지만, 르페브르는 이것을 살아있는 주체성과 죽은 외계 사이의 투쟁으로 생각한다. 개인은 자기의 활동에 의해서 객관적 사물을 생산하지만, 이것은 그에게는 타자(他者)이며, 그에 대한 부정으로 나타난다. 여기에서 객관은 고정된 것, 생명이 없는 추상물이면서도 실재로서 나타나는 것은 실은 외견적인 것에 불과하다. 르페브르가 말하는 소외란 이러한 '물신숭배'인 것이다. "행동하는 인간은, 자신이 서 있는 현실과 역사에 있어서의 적극적인 요소이다. 그것을 소홀히 해서는 갖가지 추상만이 존재할 뿐이다. 인간의 활동은 허구의 실체 속에서만 소외될 수 있을 뿐이다. 인간은 자신의 역사를 만든다. 역사적인 실재가 하나의 역사적·경제적 또는 사회적인 실체, 신비한 생성의 주체로서, 살아있는 인간에게 외재적일 수 있는 것은 단지 그 외관뿐이다. 생성의 참된 주체는 살아있는 인간이다. 그런데 갖가지 추상(抽象)이 그를 둘러싸고 그를 초월하여, 하나의 기묘한 존재조차도 신비한 효능을 발휘한다. 물신이 그들 위에 군림한다." 르페브르는 자본을 위시한 일체의 외적 사물은 모두 이러한 물신이며, 환상성을 띤다는 것을 명백히 한다. 이 경우 동일한 주체적 변증법의 입장에 서있으면서도, 루카치가 대상성 형태 내부의 자기운동을 취하고자 한 데 비하여, 살아있는 주체에 대해서 대상이 경제생활이든 정치생활이든 무차별적인 환상성을 갖는다고 하는 한, 르페브르는 루카치보다 주관적이라고 할 수 있을 것이다.

더욱이 르페브르에게 특징적인 것은 분열과 동일, 부분과 전체, 개인과 공동체의 대립을 문제로 삼고 있다는 점이다. 경제학이 고립적인 영역에 머문 채 전체성을 상실하면, 이데올로기로 전화되는 것은 별도로 하더라도, 개인이 전체로부터 혹은 공동체로부터 분리될 때에 소외가 생긴다. 〈인간적인 인간은 공동체를 떠나서는 생각할 수 없다.〉 이러한 점에서 실존주의에서 마르크스주의로 들어간 르페브르의 사상의 궤적을 엿볼 수 있는 동시에, 인민전선시대에 있어서 인텔리겐치아의 역사참여에 대한 태도를 반영하고 있다. 뿐만 아니라, 공동체가 내적인 분열을 보일 때는, 공동체라고 해도 참된 공동체일 수는 없다. 가장 중요한 근대 프롤레타리아 집단은 현재 공동체에서 제외되어 있으며, 계급투쟁은 실은 공동체에의 집단적 참가이다. 개인이 공동체에서 이탈함으로써 자기를 실현한다고 생각하는 것은 오히려 소외의 표현이다. 이러한 점에서 개인과 조직의 분열이나 공동체 그 자체의 소외가 문제로 된 헝가리사건 이후의 소외론과는 지평을 달리하고 있다. 그러나 르페브르의 특색은 분열을 회복하는 전체적 인간이다. "전체적 인간은 생성의 주체이며 대상이다. 그것은 대상에 대립하여 이러한 대립을 초극(超克)하려는 살아있는 주체이다. 그것은 부분적인 제 활동과 분산된 제 규정으로 분열되었으나, 그러나 분산을 초극하는 주체이다.…… 전체적 인간은 우선 먼저 분열되고, 분해된, 또한 필연성과 추상에 연결된 살아있는 주체=대상이다. 이러한 분열을 통해서 그는 자유의 방향 쪽으로 나아간다. 그는 자연 속에서 형성되나, 자유이다. 그는 자연과 같이 전체가 된다. 그러나 자연은 정복함으로써 그렇게 된다. 전체적 인간은 〈소외가 해결된〉 인간이다." 르페브르는 이러한 전체적 인간을 자유로운 개인이 자유롭게 결합하는 참된 공동체에서 발견하고자 한다.

이러한 공동체에 있어서의 소외회복의 길에 대해서, 파시즘 더 나아가서 국가독점자본주의 체제가 완전히 프롤레타리아의 역사변혁의 정신까지도 빼앗았음을 확인하고, 역사적 이성-근대적 합리성의 변질을 물화론으로 전개한 것은 푸랑크푸르트 학파의 창시자 호르크하이머와 아도르노였다. 특히 아도르노는 루카치의 상품형태의 물화론을 상부구조인 음악에 적용하였다. 아도르노는 「음악에 있어서의 물신적 성격과 청각의 퇴화」(1938)에서, 대중생산-소비사회가 음악이라는 예술생활을 손에 넣자마자, 대중음악과 참된 음악으로 균열이 생기게 되었다. 대중음악의 유행은 실로 음악에 있어서의 시장가치의 지배인 것이다. 거기에서는 문화 상품의 "순수한 사용가치는 순수한 교환가치에 의해서 대치되고, 교환가치는 교환가치로서 사용가치의 기능을 기만적으로 인수한다. 이러한 대역(代役)이 음악의 특수한 물신적 성격이다." 뿐만 아니라, 이러한 물화는 청중의 의식의 퇴화까지 초래한다. 즉, 음악을 향수하는 주체 측에 확산과 분열이 생긴다. 부분이 전체로부터 분리되기 시작하면, 음악적 관심은 성적 자극으로 바뀐다. 이렇게 보면, 루카치가 『역사와 계급의식』에서 전개한 물화론과 통하는 바가 있음을 알 수 있을 것이다.

그러나 아도르노나 호르크하이머는 1930년대 말에 이르면, 더 이상 루카치와 같이 프롤레타리아의 계급의식에 의해서 이러한 물화를 극복할 수 있다고 생각할 수 없었으며, 소비에트 사회주의에 인류해방의 기대를 맡길 정도로 미래에 대해 희망을 가질 수도 없었다. 사회주의가 되면 그만큼 관료제나 형식적 합리성이 침투하여, 권위주의적 국가가 된다는 점에서는, 명백히 만년의 베버의 사회주의상에 가깝다고 할 수 있을 것이다. 아도르노는 엥겔스의 형이상학적인 자연개념을 배척하는 동시에, 루카치의 계급의식도 형이상학적인 주제와 객체의 동일성 개념이며, 비록 그것이 허위의식의 변증법을 걸치고 있다 하더라도, 마침내는 볼셰비키당과 프롤레타리아의 계급의식이 결국에는 동일성에 이르고 말 것이라고 날카롭게 공격하였다. 이점에서 아도르노의 부정의 변증법은 헤겔이 말하는 이성의 교지(狡智)와는 명백히 다르다. 아도르노에 있어서, 헤겔철학은 그것이 부정성을 포함하고 있는 한 유효하지만, 그 부정성이 재차 지양되어 긍정적인(Positive) 것으로 변하면 오류이다. 그렇다면, 아도르노의 입장은 상대주의적으로 되고, 칸트적인 불가지론으로 역전되지 않을까?

아도르노는 호르크하이머와 함께 파시즘뿐만 아니라 국가독점자본주의를 권위주의 국가로 파악하였다. 이와 함께 뒤집어보면, 그 전(前) 단계인 자유경쟁자본주의에 본래부터 인간의 물화를 낳게 하는 근거가 있다. 그들에게 특징적인 것은, 이러한 자본주의를 상품교환사회로 보고 근대적 이성이 기술적 도구성(道具性)으로 변했다고 파악한 점이다. 이러한 사실을 가장 명백하게 전하고 있는 저술은 대전말기에 망명지 미국에서 공동으로 집필한 『계몽의 변증법』(1947)이다. 두 사람은 헤겔이나 마르크스와 같이, 근대를 인류의 자기실현을 위한 필연적인 역사과정으로는 보지 않는다. 왜냐하면, 로크가 주장한 바, 노동에 의한 개인적 권리의 확정이나, 헤겔이 주장한 바, 노동에 의한 자기교양의 의의를 완전히 부정해 버리기 때문이다. 그들에게 근대는 결코 자유나 평등 또는 연대(連帶)의 부르주아 혁명이 아니라, 르네상스적 근대 지성이다. 확실히 지성에 의해서 〈계몽의 프로그램은 세계를 주술(呪術)로부터 해방하였다.〉 그러나 이러한 지성은 결코 인류를 해방한 것이 아니라, 새로운 주술로서 인류를 속박했던 것이다. 즉, 계몽적 이성의 본질은 수적(數的)인 양화(量化)의 지배이며, 상품교환에 있어서의 방정식이 전부이다. 시민사회는 공동분모로 통분할 수 없는 것을 추상량(抽象量)으로 환원해 버렸다. 오히려, 노동은 독립적인 원리를 이루지 못하고, 이러한 수적인 합리성이 노동이나 정의의 원리를 관철하여 시민사회는 고립적 단자(單子)가 집합해 있는 세계에 불과하다. 거기에서는 협업에 의한 사회적 결합의 논리나 사회형성의 논리는 찾아볼 수 없다고 말할 수 있다.

근대적 이성이 이러한 기술적 도구성-물상성(物像性)을 낳았으며, 이것을 고발하는 이성으로서 비판적 이성을 대치하였다. 그러나 근대적 이성 내부에서는 도구적 이성과 비판적 이성의 모순을 인정하지 않고 있다. 오히려 이러한 형식적·

수리적 합리성을 조작하는 범주를 그들은 지배의 원리에서 찾는다. 이러한 점에서는 명백히 단순한 낭만주의적인 반계몽(反啓蒙) 비판과는 다르다. "계몽주의의 비(非)진리는 그것의 적인 낭만파가 옛날부터 계몽에 덮어씌워왔던 분석적 방법, 제 요소에로의 환원, 반성에 의한 해체라는 등의 비난에 나타나 있는 것은 아니다. 계몽에 있어서는, 과정은 이미 결정되어 있다는 것에 계몽의 비진리가 존재한다."는 것이다. 그러면, 이러한 과정을 결정하는 것은 무엇인가? 이것을 조작하는 주체는 대중을 지배하는 소수자가 아니다. 대중사회라는 상황에서는, 때로는 학급에서 노동조합에 이르기까지를 감시하는 압력 단체(Pressure Group)가 나타난다. 더욱이 이러한 권력의 실체는 바로 인간을 사물화(事物化)하는 산업주의라고 할 때, 다시 한번 아도르노는 계몽적 이상에서 궁극적 지배의 근거를 찾고 있다고 말할 수 있을 것이다.

근대사회의 물화는 계몽적 이성에 의한 자연지배의 결과이다. 더욱이 이러한 이성은 근대에 고유한 것이 아니라, 이미 파르메니데스에서 러셀에 이르기까지의 역사적 이성을 관류하고 있다고 할 때, 고대와 근대의 구별도 없어지고, 신의 계율을 범한 인간의 원죄관(原罪觀)을 볼 수 있지 않을까? 역설적으로 말한다면 근대사회는 그만큼 물화가 침투하여, 빼도 박도 못할 정도로까지 인간을 주술로 속박하고 있다. 아도르노는 사이렌(호메르스의 「오딧세이아」에 나오는 바다의 정령)의 노래속의 노동이 현대의 물화된 세계에서의 노동의 운명을 상징하고 있다고 하면서 다음과 같이 말하고 있다. "노동은 강제 하에, 감각을 압살(壓殺)할 정도로까지 절망적이고 무리하게 행하여진다. 노예는 육체와 영혼이 송두리째 쇠사슬에 묶인 형상이고, 주인은 퇴화해 간다." 합리화된 현대사회조직에 짜 맞추어진 노동은 결코 '자주화'나 '교양'을 낳는 모태는 아니다. 바로 이러한 점에서, 근대사회 및 프롤레타리아에 대한 철저한 염세주의가 만연한다. "신화시대 이래, 유순한 프롤레타리아가 변함없이 지속해 온 귀머거리 짓이 명령사의 무감동보다 조금도 나을 것이 없다.…… 생산체제가 오랫동안 육체를 그 조작에 동조(同調)시켜온 사회, 경제, 과학의 기구가 점점 복잡·미묘하게 됨에 따라서, 육체가 성취할 수 있는 체험은 빈약해진다. 질을 소거하여 그것을 기능으로 환산하는 경향은 합리화된 노동양식을 통하여, 과학에서 일반 대중의 경험세계로 전파되어 가고, 그 세계는 재차 물고기의 세계와 유사한 경향을 보이게 된다." 그러므로, 이러한 "노동자의 무기력은 단지 지배하는 자의 모략뿐만 아니라, 이러한 산업사회의 논리적 귀결인 것이다."

이렇게 보면, 아도르노의 물화론은 역사적 이성의 탄생과 함께 필연적으로 따르는 인류의 숙명인 것 같다. 신의 계율을 깨뜨린 지성은 이제 산업주의를 만들어내어 그 기술적 도구로 전락하고, 노동도 또한 같은 운명을 겪는다. 이런 점에서는, 자유로운 자본주의와 국가독점자본주의, 마침내는 파시즘 사이의 차이도 없다. 오히려, 파시즘이야말로 합리화된 권위주의 국가의 전형인 것이다. 뿐만 아니라, 그에게는 사회주의도 전혀 인류의 해방이 아니다. 그것은 여전히 필연성의 세계에 불과하다. "사회주의는 시민사회의 철학적 유산을 너무나도 경직되게 고수하고 있다. 그러나 그렇게 되면, 자유의 왕국에 대한 필연성의 관계는 단순히 양적·기계적인 것에 불과하게 되고, 최초로 짜 맞춰진 신화에서와 같이, 인간에게는 아주 낯선 것으로 설정된 자연은 전체화되고, 나아가서는 자유를 사회주의와 함께 삼켜버리고 말 것이다."

아도르노에게 있어서, 현대사회는 완전히 물화가 침투된 세계이며, 그 지배로부터 어떠한 것도 도망쳐나갈 수 없다. 그들은 체제에 완전히 짜 맞추어진 프롤레타리아에도, 사회주의에도 완전히 절망하고 있다. 그렇다고 해서 다른 것에 미래를 걸 수도 없다. 이렇다기보다는 차라리 비판적 이성은 이러한 미래에 대한 이야기를 처음부터 단념하고 있다. 바로 이 점이 푸랑크푸르트 학파의 물화론의 특색이다. 이것은 근대적 이성이나 노동의 의의를 완전히 부정하고, 비판적 지성을 예술적 직관에서 찾지 않을 수 없었던 현대 서구 인텔리겐치아의 하나의 귀결이 아닐까?

4. 계급의식과 지식인: 레닌, 그람시, 사르트르

루카치에 의하면, 역사는 인간으로부터 분리되어 객관적이고 자동적으로 전개되는 것이 아니라면, 숙명적인 운동에 주체가 몸을 위탁하는 것도 아니며, 끊임없이 경화되는 객관적인 기성체제에 작용하여, 이를 움직이게 하는 창조적 주체이다. 루카치는 실로 이러한 주체의 창조력이 역사생성의 원동력이라고 확신하고 있었으며, 이러한 확산에 기초하여 짜인 주체와 객체의 변증법적인 논리를 전개하고 있다.

그런데, 이러한 역사를 창조하는 주체를 루카치는 어떻게 파악하고 있는 것일까. 개인인가? 계급인가? 민족인가? 행동하고 사유하는 주체가 개인인 이상 우리들은 현실적인 개인에서 출발한다. 계몽사상은 이미 기술한 바와 같이, 봉건적 공동체에 항거하여 거기에서 분해된 개인으로부터 출발하였다. 그러나 19세기에 들어오면서 체제가 개인을 속박하게 되자, 헤겔은 역사를 관철하고, 역사를 움직이는 원동력을 이러한 개인의 배후에 있는 국민정신 또는 민족정신에서 찾았고, 루카치는 이러한 역사의 객관적 과정을 반영해 내는 주체를 계급의식으로 간주하였다. 두말할 나위 없이, 역사 속에서 작용하는 힘은 마르크스주의에서는 계급이기 때문이다. 이 경우에 마르크스주의의 고유한 사고방식은 집단의 출발점을 개인으로 보는 부르주아 이데올로기와 대결하여, 개인의 배후에 있으면서 이를 규정하는 집단의지를 설정한다. 마르크스는 『경제학비판서설』 가운데에서, 부르주아 경제학의 방법론적 개인주의를 비판하여, 로빈슨이야기식의 '고립된 개인'의 입장이라고 질타하고, '사회적인 것'의 우위를 주장하였고, 엥겔스도 또한 『루드비히 포이에르바하와 고전철학의 종언』 가운데에서, 다음과 같이 말하고 있다. "역사 속에서 작용하고 있는 많은 개개의 의지는 대개 의욕 하는 결과와는 매우 다른 결과를 초래한다. 따라서 개개의 의지의 동기는 어느 것이나 마찬가지로, 거기에서 일어난 전체 결과에 대해 부차적인 의의를 가질 뿐이다."

루카치도 또한 이러한 방법론적 개인주의와는 결별한다. "계급의식은 계급을 구성하는 개개의 인간들이 생각하거나 느끼는 것의 합계도 아니며, 그 평균도 아니다. 결국 계급 전체가 행하는 역사적으로 의미 있는 행위는 계급의식에 의해서 규정되는 것으로서, 개개인의 사유에 의해서 규정된다거나 하지 않는다." 왜냐하면, 역사의 전체성에 관련되는 것은 계급이므로, 계급의식이야말로 이러한 과정의 총체를 반영하고 있는 것으로서, 개인의 일시적인 경험을 기초로 한 부르주아 사회학이나 경험적인 심리학적 방법은 사상(捨象)된다. 개인은 자신이 만들어낸 것이면서도, 이러한 역사의 객관적 총체를 알지 못하기 때문에, 엥겔스는 이러한 개인의식을 '허위의식'이라고 명명하였다. 원래, 엥겔스나 루카치는 개인의식의 역할을 전혀 무시하지는 않았다. 그러나 역사에 참가하는 주체는 사회로부터 밖으로 나온 추상적이고 고립적인 개체가 아니라, 일정한 생산관계에 의해 규정되는 집단적 인간이다. 마르크스도 『독일 이데올로기』에서 계급적 개인이라고 불렀지만, 루카치도 또한 인격 내부에서 생동하는 역사의 요청을 받아들이는 이러한 집단의식을 설정한다. 이것도 개인의 호오(好惡)와는 관계없이, 자본주의사회 안에서는 모든 것이 사회관계에 필연적으로 짜 맞춰지지 않을 수 없기 때문이다.

그러므로 역사의식의 객관성도 또한 만하임처럼 계급관계에서 벗어난 '부유(浮

遊)하는 인텔리겐치아'의 지성에 요구할 수는 없다. 루카치는 부르주아과학의 인식이 사이비 객관성이라고 규정하면서 다음과 같이 비판하고 있다. "부르주아 역사과학의 오류는 경험적·역사적 개체 안에서, 또한 개체가 경험적으로 받아들인 의식 안에서, 역사적인 사건이 갖는 구체적인 것을 발견하고자 하는 점에 있다. 그런데, 그것이 가장 구체적인 것을 발견하였다고 믿고 있는 경우에도, 사실은 그것을 놓치고 있는 것이다." 루카치가 보기에는, 베버에 의한 이념형(理念型) 인식도 또한 이러한 방법론적 개인주의였다. 왜냐하면 루카치는 부르주아사회가 되어서야 비로소 계급의식이 성립하고 역사의 전체상을 객관적으로 파악하는 것이 가능하게 되었으나, 이러한 계급의식은 계급이해에 제약되어, 부분적인 인과인식(因果認識)에 빠질 수밖에 없는 숙명을 가졌다고 생각하기 때문이다. 물론 프롤레타리아의 계급의식이 즉각 사회의 본질을 통찰할 수 있는 '진실한 의식'이라고 할 수는 없다. 루카치는 계급의식 그 자체에 대해서도 '허위의식'과 '진실한 의식'으로 구별하고, 두 의식이 서로 대립하는 모습을 생생하게 그려내고 있다. 그렇기 때문에, 프롤레타리아의 인식에도 개인의식에 얽힌 '허위의식'이 침투되어 있음을 볼 수 있으며, 따라서 또한 프롤레타리아 내부에서의 자기비판이나 계급교육의 의의가 주장되며, 여기에서도 이데올로기론이 갖는 강점을 엿볼 수 있을 것이다. 그러나 프롤레타리아만이, 자칫하면 빠지기 쉬운 허위의식을 배제하고, 역사발전의 궁극적 목적인 자유를 실현하고 인식할 수 있다.

확실히, 일면에서는 루카치의 주장처럼, 계급이해나 생산관계 속의 지위에 따라서 인식상의 차이가 나타나는 것은 틀림없으며, 프롤레타리아의 의식적(意識的) 과제를 탐구할 수가 있다. 그렇다면, 인식의 객관성을 두개의 계급적 입장으로 나누어 버리면, 역시 하나의 사회적 결정론에 빠지지 않을까. 확실히 인간의 내부에서 개인의식과 사회의식의 분열이 생겨, 이러한 사회의식이 사회적 실천으로 인간을 몰아가지만, 그 반면에 개인의식으로부터 계급의식으로 향하는 통로는 어떻게 설정될 것인가? 특히, 지식계급은 어떻게 프롤레타리아트의 계급의식을 끌어올릴 수 있을 것인가? 루카치는 이러한 의식성(意識性)의 담당자가 곧 프롤레타리아라고 보고 있다.

이미 금세기 초, 제1차 러시아혁명 직전에 레닌은 『무엇을 할 것인가』(1901~1902) 가운데에서 역사변혁에 있어서 자연발생성과 의식성의 대립 문제를 다루면서, 의식성의 역할을 높이 평가하는 동시에, 의식성을 담당하는 혁명적 인텔리겐치아의 역할 문제를 제기하였다. 일면에서는 합법적 마르크스주의자들이 베른슈타인의 경제주의에 빠진 나머지 자연발생적으로 사회가 진화한다는 견해를 가지고 있었던 것에 반대하여, 레닌이 〈혁명적인 이론이 없이는 혁명적인 운동은 있을 수 없다〉고 하면서, 혁명적 사회 민주주의의 이론투쟁을 역사변혁 속에서 적극적으로 확립하고자한 점에서는 루카치와 통한다. 그러나 다른 면에서는 레닌은 혁명의 이데아를 단지 프롤레타리아의 존재구조 그 자체에서 찾는 것이 아니라, '혁명적·사회주의적 인텔리겐치아'의 사상적 발전의 독자성을 다음과 같이 강조하고 있다. "사회주의 학설은 교육받은 유산계급의 대표자, 즉 인텔리겐치아에 의해서 완성된 철학적·역사적·경제적 이론에서 성장해 왔다. 근대의 과학적 사회주의의 창시자인 마르크스와 엥겔스는 그들의 사회적 지위에서 본다면, 부르주아 인텔리겐치아에 속해 있었다. 러시아에서도 이와 꼭 마찬가지로 사회민주주의 학설은 노동운동의 자연발생적 성장과는 완전히 독립하여 발생하였다." 원래, 루카치 자신도 독일 고전철학에서 변증법을 도출해내어, 그 안에서 역사변혁의 이데아를 구한 점에서는 사상의 독자적인 발전을 승인하는 것이지만, 레닌만큼 혁명적 인텔리겐치아의 역할을 명확히 제기하지는 못했다.

그러나 레닌이나 루카치는 소(小)부르주아지, 특히 인텔리겐치아를 일반적으로 변혁의 주력으로는 보지 않고, 오히려 반대로 끊임없이 동요하는 불안정한 계층으로서 어느 편인가하면, 반동적인 역할을 수행한다는 고전적인 사고방식을 취하고 있다. 예를 들면, 레닌은 『러시아 사회민주주의자의 임무』(1897)에서, 프롤레타리아의 역할이 민주주의와 사회주의의 양면에 있다고 규정하는 동시에 소부르주아 인텔리겐치아의 이중인격적 성격을 명백히 규정하고 있다. 즉 소부르주아는 "그 본성 자체에서부터 이중인격적이며, 한편으로는 프롤레타리아와 민주주의에 마음이 끌리면서도 다른 한편으로는 반동계급에 마음이 끌리어 역사를 저지하고자 할 뿐만 아니라, 소(小)소유자로서 자기의 지위를 강화하기 위해서, 프롤레타리아에 반대하고 지배계급과 동맹을 맺는다. 이러한 성격은 그대로 인텔리겐치아에 일관된다. "교양 있는 사람들, 일반적으로 인텔리겐치아는 사상과 지식을 박해하는 절대주의의 야만적인 강압적 억압에 대해서 반항하지 않을 수 없으나, 이러한 인텔리겐치아의 물질적 이해가 그들을 절대주의와 부르주아지에 묶어두고 있어, 그들을 일관성이 없는 존재로 만들어 타협하게 하고, 반정부적이고 혁명적인 정열을 관청의 봉급이나, 이윤이나, 배당금과 교환하여 팔아넘겼다."

역사 속에서 인텔리겐치아 본연의 자세나 역할의 문제를 다양한 각도에서 받아들인 마르크스주의자로서는 안토니오 그람시(1891~1937)가 있다. 그는 이탈리아의 본토에서 멀리 떨어진 후진지역 사르디니아섬의 가난한 집안에서 태어나, 초등학교 때부터 아르바이트를 하면서 통학하였다. 향학열에 불타는 젊은 그람시는 역경에도 굴하지 않고 학업을 계속하여, 마침내 장학금을 얻어 20세에 이탈리아 북부의 토리노대학에 입학할 수 있었다. 이 대학에 입학한 친구 중에 이탈리아 공산당서기장 톨리아티(P. Togliatti)를 만나, 이때부터 이들은 행동을 같이하게 되었다. 대학에 재학 중, 그람시는 학업만으로는 만족할 수가 없어, 그 지방 노동자들과 접촉하여 1913년에 사회당에 입당하고, 1921년에는 이탈리아공산당 창립에 참여하였다. 그 사이에 ≪오르디네 누우보(L. Ordine Nouvo, 신질서)≫를 창간하여, 자신이 편집자가 되는 한편 자주 코민테른대회에 출석하고 있었으나, 1926년 파시즘 때문에 투옥되어 1936년까지 옥고를 치렀다. 그는 옥중에서 주저인 『신(新)군주론』을 비롯하여 여러 논문을 저술하였다. 레닌이 러시아혁명의 지도자였다면, 그람시는 사회주의 운동을 이탈리아의 현실에 정착시킨 지도자였다. 유년기를 남부 이탈리아서, 생의 후반을 북부 산업도시 토리노에서 보낸 그람시는, 이탈리아 변혁의 장애요인인 남북문제에 눈을 뜨게 되었으며, 특히 이 지방 주요도시인 피에몬테의 선진적 산업기술과 노동자 계급에 접근한 것이 마르크스주의 사상의 전개에 있어서도, 그에게 귀중하고 독특한 업적을 남기게 하였다.

그람시는 남국인답게 파토스(Pathos)의 소유자였으며 동시에, 토리노의 지식인과의 교류를 통해서 지적 교양을 몸에 익혀 사회주의사상과 프롤레타리아의 실천운동을 결합시키려고 고투했다. 그의 가장 특색 있는 견해는 인민의 집단의지와, 이를 실현하는 공장위원회를 구상한 것이었으나, 여기에서 문제삼고자하는 것은 이러한 집단의지의 형성을 완수하는 지식계급의 적극적인 역할의 문제이다. 레닌이나 루카치의 경우와 마찬가지로, 그람시도 또한 지적 요소가 역사 속에서 관련되는 실천적 힘을 중시한다. 그러나 그람시의 지식인론에 고유한 사고방식은 마찬가지로 그들을 중간 계급의 일부로서 위치지우면서, 이것을 한편으로는 독립적인 계층으로 간주하고, 특히 근대 자본주의사회에서는 단지 분해되는 것이 아니라 끊임없이 새롭게 재생산되는 계층으로 파악하고 있으며, 다른 한편으로는 단순한 부르주아 사회학과는 달리 그들을 항상 집단의지 또는 계급의지와 관련시켜 논(論)하고 있다.

지식인은 역사적으로 형성되어, 사회에서 여러 가지 다양한 기능을 수행해왔다. 그람시는 『지식인의 형성』 가운데에서 지식계급을 두 유형으로 구분하고 있다. 봉건사회로부터 현대사회에 이르기까지, 성직자나 교사, 법률가 등이 존재해왔으나, 그들은 자신을 지배집단에서 독립한 자율적인 존재로 위치지우고, 이러한 위치설정을 통하여 이데올로기 분야나 정치 분야에서 매우 광범위한 영향을 행사해왔다. 오늘날 일본에서도 상업적 저널리즘이 자신의 지적활동은 이데올로기로부터 벗어나 있다고 자부하는 것을 자주 볼 수 있다. 그러면, 지식인이란 도대체 무엇인가? 그람시에 의하면, 모든 인간은 어떤 형태로든 '제작하는 인간'(Homo Faber)인 동시에 '사고하는 인간'(Homo Sapience)으로 이들을 분리 할 수 없다. 이것은 역사적·사회적으로 규정되는 것이다. 그람시는 위와 같이 시대를 초월하여 연속하는 지식인을 '전통적 지식인'이라 부르고, 자본주의사회가 만들어낸 현대에 고유한 지식인을 '유기적 지식인'이라고 명명하고, "현대세계에 있어서는 공업노동과 밀접하게 관련되어 있는 기술교육이 바로 새로운 형태의 지식인의 토대를 형성한다."라고 말하고 있다. 그람시는 흔히 말하고 있듯이, 단지 상부구조에만 중점을 둔 것이 아니라, 항상 생산이라는 관점에 입각해 있었기 때문에, 이러한 일정한 생산의 장(場)을 매개로 지식과 노동의 관계를 파악할 수 있어, 금후의 지식인 문제를 고찰하는 데 있어서 새로운 지평을 열었다고 할 수 있을 것이다.

다른 문제에서도 그렇지만, 지식인에 관한 그람시의 사고방식은 극히 다원적이다. 즉, 한편으로는 생산이라는 관점에서 지식활동을 파악하면서, 다른 한편으로는 상부구조를 둘로 나누어, 시민사회(민간단체) 차원에서의 직원층(職員層)과, 정치사회 또는 국가차원에 서의 관료층의 유형을 생각하고 있다. 원래, 그들이 기능을 발휘하는 장(場)이 다르다고는 하지만, 있는 그대로의 형태에서는 지배적인 사회집단이 주도권(Hegemony)을 잡기 위한 유기적인 기구가 되는 것이다. 그러나 체제 측만이 이와 같은 지식인을 만들어내는 것은 아니다. 체제를 변혁하는 노동자집단도 또한 지식인을 만들어 낸다. 그람시는 이와 같은 반체제 측의 지식인의 문제를 『사적유물론』 가운데에서, 이론과 실천의 통일이라는 시점에서 제기한다. "비판적인 자기의식이라고 하는 것은 역사적·정치적으로는 지식인이라는 엘리트의 창조를 의미한다. 대중은 자기를 구별하지 못하여, 독립된 대자적 존재로는 되지 못하며, 지식인 없이는 조직은 없다." 이러한 의미에서 그것은 레닌의 『무엇을 할 것인가』에 아주 가깝다. 루카치식으로 말하면, 진보적인 지식인은 자각된 프롤레타리아의 계급의식을 갖는다. 이러한 지적 행위(知的行爲)가 역사변혁과정에 끼어들지 않으면, 프롤레타리아혁명은 조직될 수 없다. 그렇다면, 인민의 집단의지와 지식인의 관계는 분리될 수 없을 것이다. 그람시는 이러한 유기적 지식인이 창출되는 과정은 장기간의 모순에 가득 찬, 끊임없는 이합집산(離合集散)의 과정이었다는 것을 제시하고, 지식인과 대중 사이에 끊임없는 반발과 흡인의 변증법이 성립되는 것을 명백히 하고 있다. 다시 한번 살펴보면, 지식인과 집단의지는 이원적인 것처럼 생각되지만, 그람시의 기조는 어디까지나 양자 사이의 유기적 결합에 있다. “지식인과 민중 사이에 감정적 결합이 없으면, 정치-역사는 노(怒)하지 않는다.” 그리고 이러한 결합이 있을 때라야 “사회세력을 이루는 전체의 생활이 실현되어, 〈역사권(Historical block)〉이 만들어진다.”

그람시가 근대사회에 있어서의 지식계급을 소멸되지 않고 재생산되는 계층으로서 파악하여, 사회관계 전체 속에서 그 존재방식과 기능을 위치지운 것은 마르크스주의를 일보 전진시키는 것이었으며, 이것은 북부 이탈리아의 서구적 정신풍토에 근거한 것이라 하겠다. 그러나 그람시의 지식인론을 좀 더 깊이 파고들어가 고찰해 보면, 역시 하나의 문제에 부딪치게 된다. 즉 마르크스주의의 기조(基調)에 따라서, 그람시의 경우에도 지식계급이 이미 지배집단과 피지배집단으로 분류되어 있어, 진보적인 지식계급도 인민의 집단의지를 끌어올려 그것을 조직하도록 예정되어 있다. 그러나 현실적으로 지식계급은 소(小)부르주아 층으로서 한편으로는 체제 내에 발을 들여놓고 있는 동시에, 다른 한편으로는 체제에 대한 비판의 가능성을 숨겨놓고 있다. 그러므로 지식계급은 자본주의사회의 생산 관계에 따라서, 그 자신의 내부에 이러한 내부모순을 가진 〈독자적 계층〉으로서 파악되지 않으면, 지식인 역시 일면적일 따름이다. 이 점에서는, 사르트르의 『지식인을 위한 변명』(1966)에서 문제의 방향을 올바르게 지적하고 있다고 할 수 있을 것이다.

근대사회는 필연적으로 지식인이 생겨날 수밖에 없으며, 동시에 또한 지식인을 배제한다고 하는 관계에서 본다면, 실로 양자의 관계는 변증법적이다. 체제와 지식인의 이러한 모순관계는 지식계급 자체의 〈내부모순〉에도 반영되어 있으며, 루카치가 소부르주아계급의 모순으로 보여준 것과 결부된다. 즉, 지배체제가 요구하는 개별적 이익을 실현하는 측면과, 진리와 사상의 자유에 대한 보편적인 담당자라고 하는 측면은 지식인의 고유한 성격이다. 이 경우에 보편성의 요구는 때때로 체제에 대한 특수한 이익과 모순되는 것으로서, 참된 지식인이라면 이러한 지배계급의 이데올로기와의 대결을 자기의 역사적 사명으로서 치러내지 않으면 안 된다. 물론, 부르주아지도 표면상으로는 보편적 진리를 요구하고 있으나, 이러한 진리의 허위성 또는 특수성을 깨뜨릴 수 없는 사람은 허위적인 지식인인 것이다. 지식계급에는 이러한 〈진실〉과 〈허위〉라는 두 가지 요소의 대항이라는 숙명을 항상 짊어지고 있으며, 비판주의를 철저히 지킴으로써만 이러한 내면적 모순을 극복할 수 있다.

진리의 보편성이란 단순히 눈앞에 주어져 있는 것은 아니다. 언뜻 보면 보편성으로 보이는 것도 그것이 허위인 경우가 종종 있다. 그러므로 사르트르가 지식인에게 급진적인(radical) 태도를 요구하는 것은, 마르크스가 말하고 있는 것과 같이, '사물을 그 근본에서부터 파악하는' 것으로서 지식계급의 사명은 부르주아사회에서의 자신의 개별적 지위와, 역사의 〈보편성〉 사이의 내부모순을 자각하고, 끊임없이 개별성에서 보편성에로 지향하는 변증법적 운동을 하는 데 있다. '계급없는 사회의 도태에 의한 개별주의의 소멸'이라는 보편성을 목표로 하는 한, 지식인과 프롤레타리아의 요구는 합치된다. 그러나 이보다는 지식인은 프롤레타리아와는 다른 계급적 입장에 있으면서, 오히려 프롤레타리아의 현실적 생활기반인 소외상황으로부터 자기를 자각할 수가 있다. 이와 같이 프롤레타리아의 계급의식과 지식인의 자각이 유기적으로 결합되는 점에서, 또한 지식인이 프롤레타리아의 내부에 들어가 보편화의 싸움을 전개함으로써 인류의 미래를 창조한다는 사명을 갖는 점에서는, 사르트르 자신이 말하고 있는 바와 같이 그람시와 일치한다.

그러나 그 반면에 이러한 지식인은 그람시와는 달리, 어디까지나 단독적인 존재이다. 그것은 무엇으로도 환원될 수 없는 개체인 동시에, 어떠한 계급과도 구별되는 개별적인 존재이다. 그러므로 지배계급은 물론이거니와 노동자계급으로부터도 때때로 따돌림 당한다. 〈지식인은 고독하다.〉 그는 보편성에 철저하다고 하는 독자적인 사명을 갖는 한 그러하다. 여기에서, 보편성이나 집단에 의해서 개별성을 해소하려고 하는 소위 마르크스주의와 실존주의의 결정적인 차이를 볼 수 있다. 그러므로 단독자인 지식인은 어디까지나 개별에서 출발하여 보편성을 지향한다는 의미에서는, '단칭적 보편(單稱的普遍)'일 것이다. 그러나 그것은 또한 보편화를 지향하는 개체이며, 프롤레타리아의 보편성을 매개로 하여 자기부정을 수행하는 개체이다. 이 사실은 현대사회를 살아가는 지식인의 모순된 구조를 단적으로 지적한 것이라고 할 수 있을 것이다.

■ 연표

연도	정치 경제 사회	연도	사상 문화
		1304	신곡(단테)
1434	메디치가(家) 피렌체 지배(이)		
36	후스전쟁 종결(독)		
1453	동로마제국 멸망		
55	장미전쟁(~85)(영)		
		69	마키아벨리(~1527), 에라스무스(~1536)
		78	모어(~1535)
79	스페인왕국 설립		
		83	루터(~1546)
85	튜더왕조 성립, 절대왕정 개시(영)		
		89	뮌쩌(~1525)
92	콜럼버스 아메리카 발견(에스)		
98	바스코 다 가마, 인도항로 발견		
		1500	격언집(에라스무스)
		08	텔레지오(~1588)
		09	캘빈(~1564)
		11	고젠치아(~1488), 우신(愚神)예찬(에라스무스)
		13	군주론집필(마키아벨리, 1532간행)
		15	카스틸리오네(~1563)
		16	그리스도교 군주교육론(에라스무스) 유토피아(모어)
17	루터 95개조, 종교개혁 발단(독)		
18	츠빙글리 종교개혁 제창(스)		
		20	그리스도 교회의 개선에 대해서 독일국민의 크리스천 귀족에게 보냄(루터) 크리스천의 자유(루터) 선한 일에 대해서(루터)
21	보름스의 국회 루터 추방(독) 비텐베르크의 소요(~1522)(독)	21	전술론(마키아벨리)
24	독일농민전쟁(~1525)		
		30	보댕(~1596(?)), 포에시(~1563)
		33	몽테뉴(~1593(?))
34	예수회 성립(~1773(해산))		
35	영국 국교회 성립(영)	35	토머스 카트라이트(~1603)
		36	그리스도교의 강요(綱要)(캘빈)
40	예수회 법왕 공인		
41	캘빈 재차 제네바에서 종교개혁, 신권정치 개시(스)		
45	트리엔트 종교회의		
46	슈말칼덴 전쟁(독)	46	버클레이(~1608)

		1557	J. 알투지우스(~1638)
		61	프란시스 베이컨(~1626)
62	위그노 전쟁 개시(불)		
		63	순교자전(존 폭스)
68	네덜란드 독립전쟁(~1648)		
72	성 바르톨로메오제의 대학살(불)		
		73	J. 던(~1631)
		77	국가론(J. 보댕)
79	유트레히트 동맹, 네덜란드 북부 7주의 연합(네)		
		80	수상록(몽테뉴)
81	네덜란드 연방공화국(네)		
		83	H. 그로티우스(~1645)
88	스페인 무적함대 격파(영)	88	홉스(~1679)
89	앙리 4세 즉위(~1610), 부르봉 왕조 성립(~1792)(불)	89	필머(~1653) 갈릴레오 갈릴레이 낙체의 법칙 발견
		90	신대륙자연문화사(아코스타)
92	스코틀랜드에 장로파교회 설립(영)		
		94	교회통치법론(R. 후커)
		96	데카르트(~1650)
		97	수상록 초판(베이컨)
98	낭트칙령, 위그노전쟁 종결(불)	98	자유왕국의 참된 법 (제임스 1 세)
		99	크롬웰(~1658)
1600	동인도회사 설립(영)		
01	구빈법 공포(영)		
03	제임스1세 즉위(~1625), 스튜어트 왕조 성립(~1714)(영)	03	관습법의 원리(베이컨), 정치학(알투지우스)
		05	학문의 진보(베이컨)
		08	밀턴(~1674)
		09	G. 윈스탠리(~1652)
		11	세계의 해부(J. 던)
		15	정치경제학(A. 몽크레티앙)
18	30년 전쟁 시작(~1648)		
		20	신기관(베이컨)
		23	태양의 도시(캄파넬라)
		25	전쟁과 평화의 법 (그로티우스)
		27	뉴 아틀란티스(베이컨)
28	권리청원(영)	28	혈액순환의 법 (하비)
		32	로크(~1704), 스피노자(~1677), S. F. 푸펜도르프(~1694), 천문학대화(갈릴레이)
		37	방법서설(데카르트)
		38	신(新)과학대화(갈릴레이)
42	청교도혁명(~1649)(영)		

1643	루이14세 즉위(~1715)		
		46	라이프니츠(~1716)
49	찰스1세 처형, 공화제 선언(영)		
1651	크롬웰 항해조례 발표(영)	51	리바이어던(홉스)
52	제1차 영란(英蘭)전쟁		
		55	C. 토마지우스(~1728), 물체론(홉스)
		58	인간론(홉스)
60	왕정복고, 찰스2세 즉위(영)	60	보편법학원리(푸헨도르프)
62	왕립협회 창립(영)	62	조세공납론(페티)
64	제2차 영란전쟁	64	잉글랜드의 재보(T. 먼)
		66	뉴턴, 인력의 법칙 발견
		67	실락원(밀턴)
		69	팡세(파스칼)
70	허드슨만(彎) 회사 설립	70	신학정치론(스피노자)
		71	아메리카론(오길비)
72	제3차 영란전쟁	72	자연법과 만민법(푸헨도르프) 자연법의 철학적 탐구(R. 컴버랜드)
		73	인간과 시민의 의무(푸헨도르프)
		74	진리의 탐구(N. 말르브랑슈)
		77	윤리학 Ethica(스피노자)
		78	천로역정 (J. 번연)
79	왕위배척법안 하원 통과(영)	79	볼프(~1754), 비히모스(홉스)
		80	가부장론(필머)
		81	가부장은 군주가 아님(티엘)
		82	혜성론(베일)
83	라이 하우스 음모사건(영)		
85	루이14세 낭트칙령 폐지(불) 제임스2세 즉위(영)		
		87	자연철학의 수학적 원리(뉴턴)
88	명예혁명(~1689)(영)		
89	권리장전(영) 오렌지공(公) 윌리엄 즉위(영)	89	관용에 대한 서간(로크) 몽테스키외(~1755)
		90	인간오성론(로크), 정부론(로크), 정치산술(페티), 교역론(J. 차일드)
		92	이자·화폐론(로크) 자연법소론(티렐)
		93	교육에 관한 고찰(로크)
94	잉글랜드 은행 설립(영)	94	볼테르(~1778), 케네(~1774)
		95	프랑스상론(봐큐베르) 기독교의 합리성(로크)
		97	역사적 비판적 사건(베일)
		98	정부론(시드니)
1701	스페인 계승전쟁(~1714), 프러시아 왕국 설립, 프리드리히1세 즉위(~1713)(프)		

1702	앤여왕 즉위(~1714)(영)		
		04	광학(光學)(뉴턴)
		05	꿀벌의 우화(만데빌)
		06	프랭클린(~1790)
07	대브리튼왕국 성립 (잉글랜드와 스코틀랜드의 병합)(英)		
		09	라 메트리(~1751)
		10	인간지식의 원리 (G. 버클리), 변신론(라이프니츠)
		11	인간·생활양식·여론·시대의 특징 (샤프츠베리)
		12	루소(~1778)
		13	디드로(~1784) 영구평화론(생 피에르)
		14	단자론(라이프니츠)
15	월폴내각 성립(~1742)(영)	15	콩디약(~1780), 엘베시우스(~1771)
		19	로빈슨 크루소(디포우)
		21	페르시아인의 편지 (몽테스키외)
		23	P.H.D. 돌바하(~1779)
		24	칸트(~1804)
		25	신과학의 원리(비코) 완전한 영국 상인(디포우)
		26	걸리버 여행기(스위프트)
		28	잉글랜드 상업의 구상(디포우)
		33	철학서간(볼테르)
		34	로마인성쇠원인론(몽테스키외)
		35	자연의 체계(린네)
		39	인간본성론(흄)
40	프리드리히 2세(대왕) 즉위(~1786)(프)		
		43	콩도르세(~1794)
47	보스론 폭동(미)		
		48	E.J. 시에이에(~1836), 법의 정신(몽테스키외), 인간기계론(라 매트리)
		49	미라보(~1791), 괴테(~1832), 맹인에 대한 편지(디드로), 박물지 (G.L.L. 뷰퐁)
		1750	학문·예술론(루소)
		51	루이14세의 세기(볼테르) 백과전서 간행 개시(디드로 등)
		52	정치논집(흄)
		53	자연의 해석(디드로)

1754	영·불 식민지전쟁(~1763)	1754	영국사(~1762)(흄)
		55	인간불평등기원론(루소), 감각론(콩디약), 영어사전(S. 존슨), 정치경제론(루소), 자연의 법전(모렐리), 도덕철학체계(F. 허치슨), 상업용(R. 칸티용), 천체의 일반적 자연사 및 이론(칸트),
56	7년 전쟁(~1763)	56	풍속사론(볼테르), 인간의 친구(미라보)
		58	정신론(엘베시우스), 경제표(케네), 로베스피에르(~1794)
		59	깡디드(볼테르), 도덕감정론(스미스)
60	케이,상하동저상(上下動杼箱)발명 (영) 스미튼, 수차(水車) 개량(영)	60	바뵈프(~1797)
61	칼라즈사건 발생	61	신에로이즈(루소)
		62	사회계약론(루소), 에밀(루소)
		63	관용론(볼테르)
64	예수회를 금지(불), 하아그리브스 제니방적기 발명(영) 윌크스 사건(영)	64	철학사전 초판(볼테르)
		67	정치경제학원리(스튜어트), 중농주의(듀퐁 편)
68	산업혁명의 진행(~1825경까지)(영), 아크라이트 수력방적기 발명(영)		
		69	부의 형성과 분배(~1770, 튀르고)
		70	헤겔(~1831)
		71	오웬(~1851)
		72	S.T. 코울리지(~1834) 백과전서 완결
73	보스톤항 차(茶)사건(미), 영국제 신직기(織機)를 아미앵 공장에 도입(불) 예수회 해산(불)		
74	튀르고, 재정개혁(불)		
75	아메리카 독립전쟁(~1783), 와트 증기기관 제조공장 설립(영)	75	시민적 자유(R. 프라이스)
76	아메리카 독립선언	76	상식(T. 페인), 국부론(스미스), 로마제국멸망사(E. 기본), 정부론(벤덤)
		77	렛싱 만년의 스피노자주의를 둘러싼 범신론 논쟁(~1778)
79	크롬프턴, 뮤울방적기 발명(영)	79	사비니(~1861)
80	네케르 징세청부제 폐지(불)	80	인류의 교육(렛싱)
		81	순수이성비판(칸트), 군도(群盜)(쉴러)
		84	인류사의 철학(헤르더)
		85	인륜의 형이상학적 기초 확립(칸트)
88	아메리카합중국 헌법의 발효(미)	88	실천이성비판(칸트)

1789	프랑스혁명(~1795), 삼부회 소집, 국민의회 성립, 인권선언(불), 제1회 연방회의 및 워싱턴 초대대통령 취임(~1797)(미)	1789	제3신분이란 무엇인가?(시에이에), 도덕 및 입법의 원리서설(밴덤)
90	앗시니아 발행, 국유재산 및 교회재산매각법(불)	90	프랑스혁명에 즈음하여(E. 버크), 판단력 비판(칸트)
91	르 샤프리에법(불)	91	인권론(페인)
92	국민공회 성립(~1795)(불)		
93	자코뱅당의 공포정치(~1794)(불) 제1회 대불동맹	93	정치적 정의(고드윈), 단순한 이성한계내의 종교(칸트), 프랑스혁명에 관한 공중의 판단을 시정하기 위한 기여(피히테)
94	테르미도르 반동(불), 로베스피에르 처형(불), 프로이센 일반 토지법 성립(프)	94	지식학(피히테), 인간정신발달사(콩도르세)
95	국민공회 해산(불)	95	영구평화를 위하여(칸트)
96	바뵈프의 음모발각(불)	96	자연법의 기초(피히테), 자연법의 신영역(쉘링)
		97	자연철학(쉘링), 인륜의 형이상학(칸트), 기독교의 정신과 그 운명(~1798, 헤겔), 히페리온(~1799. 횔더린)
		98	인구론(맬서스), 학부의 논쟁(칸트), 피히테를 둘러싼 무신론 논쟁
99	부루메르 쿠데타(불), 나폴레옹 보나파르트 정권탄생(불), 제2회 대불동맹		
1800	프랑스은행 창설(불)	1800	봉쇄상업국가론(피히테), 인간의 사명(피히테)
01	아일랜드 병합(영), 신성로마제국 사실상의 붕괴	01	이데올로기요론(트라시)
		02	세네바 주민의 편지(~1803,생시몽) 독일헌법론(헤겔)
		03	정치경제학 개론(세이)
04	나폴레옹법전 성립(불)		
05	제3회 대불동맹		
07	쉬타인의 개혁 개시(프)	07	정신현상학(헤겔)
		08	독일 국민에게 고함(피히테), 네 가지 운동과 일반사명의 이론(푸리에), 파우스트(괴테)
		10	국가학요론(뮐러)
11	러다이트운동(영)		
		12	대논리학(~1816, 헤겔)
		13	신사회관(오웬)
14	나폴레옹 퇴위(불), 루이 18세 즉위(~1824)(불), 비인회의(~1815)	14	입법 및 법학에 관한 현대의 사명(사비니)
15	신성동맹, 곡물법 성립(영)		
16	신화폐법 채용=금본위제도 확립(영)		
		17	경제학 및 과세의 원리(리카르도)
		18	영령(英領) 인도사(제임스 밀)

1819	피달 학살(영)	1819	경제학 신원리(시스몽디) 조직자(~1820, 생시몽)
20	카르보나리(탄소)당의 공화주의 운동 발생(이)		
		21	법철학(헤겔), 라나크주(州)에 대한 보고(오웬), 산업체계(~1822, 생시몽)
		23	산업자의 교리문답(생시몽)
25	최초의 자본주의적 경제공황, 데카브리 스트의 난(러), 노동조합 승인(영)	25	신그리스도교(생시몽) 노동옹호론(T. 호지스킨)
		26	인간교육(프되 벨)
		28	유럽문명사(~1830, F.P.G. 기조), 평등을 위한 소위 바뵈프의 음모(보나로티)
		29	산업적 협동사회적 신세계(푸리에)
30	7월 혁명 루이 필립 즉위(~1848)(불)	30	실증철학강의(~1842, 꽁트)
31	리용직공 폭동(불)		
32	제1차 선거법 개정(영) 관세동맹 성립(독)	32	전쟁론(~1834, 클라우제비츠)
		33	프랑스사(~1867, 미슐레)
		34	로마사(랑케) 독일의 종교와 철학의 역사(하이네)
		35	예수의 생애(쉬트라우스) 아메리카의 민주주의(토크빌)
		36	신도덕세계의 책(오웬)
38	반곡물법 동맹(영), 차티스트운동 개시(~1848)(영)		
		40	소유란 무엇인가(프루동), 노동의 조직(루이 블랑), 비글호 항해기(~1843, 다윈), 이카리아 항해기(J. 가베), 요한복음서 역사의 비판(B. 바우어)
		41	국민경제학체계(리스트), 기독교의 본질(포이에르바하), 유럽 삼두정치(헤스)
		43	헤겔법철학비판서설(마르크스), 과거와 현재(칼라일), 논리학체계(밀), 철학의 근본문제(포이에르바하)
44	실레지엔 직공 폭동(독)	44	유태인 문제에 대하여(마르크스), 경제학·철학초고(마르크스), 독일 겨울이야기(하이네)
		45	도이치 이데올로기(~1846, 마르크스, 엥겔스), 영국 노동자계급의 상태(엥겔스), 유일자와 그 소유(M. 쉬티르너)
46	곡물법 폐지(영)	46	경제적 제 모순의 체계, 부제 빈곤의 철학(프루동)
47	공황(영), 10시간 노동법(영)	47	철학의 빈곤(마르크스) 임노동과 자본(마르크스)

1848	2월 혁명, 제2공화제 성립(불) 3월 혁명(독, 오)	1848	공산당선언 (마르크스, 엥겔스) 경제학원리(밀) 사회주의의 원리(P.V. 꽁시데랑)
		49	죽음에 이르는 병(키에르케고르)
		1850	프랑스에 있어서의 계급투쟁 (마르크스)
		51	19세기에 있어서 혁명의 일반이념 (프루동)
52	루이 나폴레옹, 나폴레옹 3세에 즉위(~1870), 제2제정 개시(불)		
		54	독일어사전 제1부(J. 그림)
		57	경제학비판요강초고(~1858, 마르크스)
		58	혁명과 교회에 있어서의 정의 (프루동)
		59	종의 기원(다윈), 경제학비판(마르크스), 자유론(밀)
61	이탈리아왕국 성립(이) 남북전쟁(~1865)(미)	61	대의정부론(밀), 기득권의 체계(F.J. 라살)
		62	노동자강령(라살)
63	링컨 노예해방 선언(미)	63	공리주의론(밀)
64	제1인터내셔널 결성(~1876)	64	베버(~1920)
		65	노동자계급의 정치적 능력(프루동)
		66	19세기 대사전(~1890, P.A. 라루즈)
67	제2차 선거법 개정(영)	67	자본론 제1부(마르크스) 영국헌법론(W. 배즈호트)
69	독일 사회민주노동당 결성(독)		
70	독불전쟁(~1871), 이탈리아 통일국가 성립(이)	70	레닌(~1924)
71	파리코뮌(불), 독일제국 성립(독)	71	독일제국의 채찍과 사회혁명(바쿠닌), 프랑스에 있어서의 내란(마르크스), 조국은 위기에 처해 있다(블랑키)
		72	자본론 불어판(~1875, 마르크스)
		73	국가와 아나키(바쿠닌)
75	고타강령, 사회주의노동당(독일사회민주당) 성립(독), 대불황시대(~1895)	75	고타강령비판(마르크스)
76	제1인터내셔널 해산	76	사회학 원리(스펜서)
		77	고대사회(모간), 반듀링론(엥겔스)
78	사회주의자진압법(독)		
79	비스마르크 보호관세 정책(독)	79	사회주의론(밀), 진보와 빈곤(헨리 죠지), 인형의 집(입센)
80	프랑스노동당 결성 (불)	80	L. 포이에르바하와 고전철학의 종언(엥겔스) 신과 국가(바쿠닌)
		82	짜라투스트라(니체)
83	페비안협회 설립(영)	83	가족, 사유재산 및 국가의 기원(엥겔스)
84	제3차 선거법 개정 (영)	84	자본론 제2부(마르크스)(엥겔스 편)
		85	게마인샤프트와 게젤샤프트(퇴니스), 도덕의
		87	계보(니체)

1889	제2인터내셔널 결성(~1945) 프랑쥬사건(불)		
		90	경계원론(마샬), 유토피아소식(모리스)
91	독일사민당「에르푸르트 강령」(독)	91	그람시(~1937)
		92	빵의 탈취(크로포드킨)
		93	사회분업론(뒤르켐)
94	드레퓌스 사건(~1906)(불)	94	노동조합운동사(B. 웨브), 자본론 제3부(마르크스)(엥겔스 편)
95	노동총동맹 결성(불)	95	국민국가와 경제정책(베버), 사적일원론(플레하노프)
		97	산업민주주의(~1898, 웨브), 러시아 사회민주주의자의 임무(레닌)
		99	사회주의의 제 전제와 사회민주당의 임무(베른슈타인), 농업문제(카우츠키), 러시아에 있어서 자본주의의 발전(레닌)
		1900	화폐의 철학(짐멜)
		01	사회주의적 프랑스혁명사 전 12권(1909, 죠레스), 무엇을 할 것인가(~1902, 레닌)
02	프랑스사회당 결성(불)	02	상호부조론(크로포드킨)
03	사회민주노동당, 볼셰비키·멘셰비키로 분열(러)		
		04	사회과학 및 사회정책 인식의 객관성(베버)
05	피의 일요일(러)	05	프로테스탄티즘의 윤리와 자본주의정신(베버), 민주주의혁명에 있어서 사회민주당의 두 가지 전술(레닌)
06	노동대표위원회 개칭, 노동당 결성(영)		
07	삼국협상(영·러·불)		
		08	폭력론(소렐)
		10	정신분석(프로이트) 금융자본론(R. 힐퍼딩)
		11	국법학의 주요문제(켈젠)
		12	마르크스주의와 민족문제(스탈린)
		13	자본축적론(로자 룩셈부르크), 마르크스주의의 제 문제(M. 아들러)
14	사라예보사건(오), 제1차 세계대전		
16	폴란드 독립선언(폴)	16	제국주의론(레닌)
17	러시아 3월혁명(러), 러시아 11월혁명 (러)	17	국가와 혁명(레닌), 독일에 있어서 선거법과 민주주의(베버), 산업자치(G.D.H. 코울)
18	볼셰비키, 러시아공산당 개칭	18	프롤레타리아혁명과 배교자 카우츠키(레닌), 신질서 독일의회와 정부(베버)
19	제3인터내셔널(코민테른) 결성	19	직업으로서의 학문(베버), 직업으로서의 정치(베버), 정치적 로맨티시즘(슈미트), 평화의 경제적 귀결(케인즈)
		20	공산주의와 좌익소아병(레닌), 사회주의와 국가(켈젠), 데모크라시의 가치와 본질(켈젠)

1921	네프(~1928)(소)	1921	독재론(슈미트), 유물사관(부하린)
		22	정치적 신학(슈미트) 마르크스주의의 국가관(아들러)
23	레닌헌법(소)	23	현대의회주의의 정신사적 상태(슈미트), 역사와 계급의식(루카치), 마르크스주의와 철학(K. 코르쉬)
24	스탈린, 트로츠키 대립(소)	24	레닌주의의 기초(스탈린), 마르크스주의와 법의 일반이론(파슈카니스)
25	트로츠키 실각(소)	25	나의 투쟁(~1927, 히틀러), 영국노동운동사(G.D.H. 코울)
		26	성(카프카)
		27	존재와 시간(하이데거)
29	세계공황(~1932)	29	옥중노트 집필(~1935, 그람시) 이데올로기와 유토피아(만하임)
		30	근대국가에 있어서 자유(라스키), 20세기의 신화(로젠베르크) 정신병리학과 정치학(라스웰)
32	총선거에서 나치스, 제1당으로(독)	32	경제학·철학초고(마르크스)의 공간(公刊), 사적유물론의 기초확립을 위한 새 자료(마르쿠제)
33	히틀러내각 성립(독), 뉴딜(미)	33	위기에 선 데모크라시(라스키)
		34	총통은 법을 지킨다(슈미트) 정치권력(메리암), 순수법학(켈젠)
35	제7회 코민테른, 인민전선 채용	35	변혁기에 있어서 인간과 사회(만하임)
36	스탈린헌법(소), 스페인 내란	36	고용, 이자 및 화폐의 일반이론(케인즈)
		37	생명의 기원(오파린)
		38	변증법적 유물론과 사적유물론(스탈린), T. 홉스의 국가론에 있어서 리바이어던(슈미트)
39	독·소불가침조약, 독일군 폴란드에 침입, 제2차세계대전 개시	39	역사의 연구(토인비) 변증법적 유물론(H. 르페브르)
40	페탕내각 독일에 항복(불) 트로츠키 암살(소)		
		42	이방인(까뮈)
		43	현대혁명의 고찰(라스키) 존재와 무(사르트르)
		44	신앙·이성·문명(라스키)
45	얄타회담, 뭇솔리니 처형(이), 독일 무조건 항복(독), 포츠담선언, 국제연합 성립		
		47	계몽의 변증법(호르크하이머, 아도르노)
		51	자유로부터의 도피(프롬)
		66	지식인을 위한 변명(사르트르)

※ 연표의 국명은 약어로 썼음.
영국(영), 독일(독), 프랑스(불), 프러시아(프), 이탈리아(이), 스위스(스), 러시아(러), 오스트리아(오), 미국(미), 폴란드(폴), 소련(소), 스페인(에스), 네덜란드(네)

색인

【ㅂ】

【ㅇ】

【ㅈ】

【ㅎ】

옮긴이 **장하진**

이화여자대학교 사회학과를 졸업하고 동대학원 사회학과에서 석사학위와 박사학위를 받았다. 충남대학교 사회학과 교수로 재직했고, 정책기획위원회 위원, 여성가족부 장관을 역임했다. 현재 한국미래발전연구원 원장이다. 옮긴 책으로 『사회계층론』, 『사회학』 등이 있다.

한울총서 3

사회사상사

비판적 사회인식의 발생사

지은이 히라타 기요아키(平田淸明)
옮긴이 장하진
펴낸이 김종수
펴낸곳 한울엠플러스(주)

초판1쇄 발행 1982년 12월 1일
재판17쇄 발행 2022년 9월 10일

주소 10881 경기도 파주시 광인사길 153 한울시소빌딩 3층
전화 031-955-0655
팩스 031-955-0656
홈페이지 www.hanulmplus.kr
등록번호 제406-2015-000143호

Printed in Korea.
ISBN 978-89-460-4413-5 93300

※ 책값은 겉표지에 표시되어 있습니다..